Retrouvez l'ensemble de nos publications sur
www.editionsjourdan.com

Intéressé(e) par nos publications ?
Laissez-nous vos coordonnées électroniques et nous nous ferons un plaisir de vous tenir au courant de nos nouvelles parutions.
Mail : info@editionsjourdan.com

ISBN : 978-2-87466-085-6 – EAN : 9782874660856
Dépôt légal : D/2009/9685/11

LE CHOC DES TYRANS

B. Wołoszański

LE CHOC DES TYRANS

Traduit du polonais par Robert Bougeois

Jourdan
EDITEUR

Première partie

Pourquoi sommes-nous toujours en retard ?

Le jour le plus long de l'année 1941

La soirée à Moscou était torride, étouffante, comme l'avait été toute cette journée du samedi 21 juin 1941. Dans le cabinet du premier étage du Kremlin, on ne le sentait pas, parce que les murs épais et les vitres blindées verdâtres ne laissaient pas entrer l'excessive chaleur. Vers le soir, Staline baissa les jalousies des trois grandes fenêtres qui allaient du plancher jusqu'au plafond, bien que le ciel fût encore clair, et il alluma la lampe de bureau. Il attendait impatiemment des nouvelles de Viatcheslav Molotov[1], commissaire aux Affaires étrangères, à qui il avait ordonné de rencontrer sous un prétexte quelconque l'ambassadeur d'Allemagne, Friedrich von der Schulenburg[2]. Il voulait que le fidèle Molotov le sonde sur la situation à la frontière qui l'inquiétait depuis des semaines.

Le commissaire convoqua l'ambassadeur sous un prétexte on ne peut plus plausible, celui que fournissaient les fréquentes violations de l'espace aérien soviétique par les avions allemands. Comme il s'y attendait, von der Schulenburg qui se présenta à son bureau à 21 h 30 n'avait pas grand-chose à dire. Il promit de transmettre au plus vite la protestation soviétique à Berlin. Molotov ne s'attendait pas à une autre réponse, et n'en voulait pas une autre.

– J'ai entendu dire que non seulement les entrepreneurs et les commerçants, mais aussi les femmes employées à l'ambassade et les enfants du personnel quittaient notre pays, dit-il tout à coup.

Schulenburg sembla embarrassé par cette remarque.

– C'est le début des vacances, dit-il un peu gêné. Ils vont tout simplement les passer chez eux. D'ailleurs, toutes les femmes ne sont pas parties...

Il était si peu convaincant que Molotov décida de ne pas insister. Il réagit par un haussement d'épaules. L'entretien était terminé, et le commissaire soviétique ne savait toujours que penser des desseins des Allemands. Le comportement de l'ambassadeur ne donnait aucun motif d'inquiétude, et c'est cette conclusion que Molotov transmit à Staline. Mais, pouvait-on attendre des révélations d'une conversation avec un diplomate allemand ?

Les informations en provenance de Berlin ne permettaient pas non plus d'obtenir quelque éclaircissement. Là-bas, seuls l'ambassadeur Vladimir Diékanozov et le premier secrétaire de l'ambassade, Valentin Biériejkov, se trouvaient à leur poste. À part eux, tout le personnel diplomatique avait profité des attraits d'une chaude journée pour aller passer ce samedi sur les plages berlinoises des lacs de Wannsee et Nikolassee. On ne pouvait exclure que l'ambassadeur ait sciemment donné congé à ses collaborateurs pour ne pas attiser l'atmosphère de tension, qu'il craignait beaucoup. Il savait que son ennemi invétéré du temps où il appartenait au NKVD, le chef de cette institution, Lavrientiï Béria, ne laissait échapper aucune occasion de le compromettre aux yeux de Staline. Lorsque, deux jours auparavant, il avait envoyé à Moscou une note de mise en garde contre une agression allemande, Béria en avait profité immédiatement pour écrire à Staline :

J'insiste une fois de plus pour que notre ambassadeur à Berlin, Diékanozov, qui me bombarde sans arrêt de « rapports » prétendant que Hitler se prépare à attaquer l'URSS, soit rappelé et puni. Il a écrit que l'attaque était pour demain, mais moi et mes hommes, Joseph Vissarionovitch, nous avons gravé dans la mémoire votre sage analyse : Hitler ne nous attaquera pas en 1941.

Pendant ce temps, Molotov exigeait, sur l'ordre de Staline, que l'ambassadeur prenne contact le plus vite possible avec le ministre des Affaires étrangères d'Allemagne, Joachim von Ribbentrop[3]. Mais tout le samedi, celui-ci fut insaisissable. Il n'y avait pas lieu de s'alarmer pour autant. On ne pouvait exclure que, même si son secrétariat répondait que monsieur le ministre avait une conférence importante, en fait, ce sybarite de Ribbentrop ait préféré aller dans sa propriété des Alpes plutôt que de rester dans la ville surchauffée. Quand à 21 h 30, Diékanozov réussit enfin à être introduit auprès du secrétaire d'État, Ernst von Weizsäcker sous le prétexte employé par Molotov avec Schulenburg, la violation de l'espace aérien soviétique, l'entretien n'apporta rien de nouveau. L'Allemand rejeta la protestation, affirmant que les avions soviétiques survolaient aussi le territoire allemand. Son comportement était naturel et ne donnait pas la moindre raison de soupçonner le gouvernement allemand d'intentions hostiles.

Staline feuilleta les rapports diplomatiques. De ces sources n'émanait aucun avertissement. Seuls les militaires insistaient.

Le général Guiéorguiï Joukov[4], chef du grand état-major, avait téléphoné deux fois dans la soirée pour demander la mise en état d'alerte des unités frontalières. Il s'appuyait sur des déclarations de déserteurs selon lesquelles l'attaque allemande serait lancée le dimanche à l'aube. Il attirait aussi l'attention sur le fait que les chefs des unités frontalières signalaient une intensification considérable des mouvements des troupes allemandes. Pouvait-on continuer longtemps à prendre ces avertissements à la légère ?

Staline souleva le combiné de son téléphone.

– Passez-moi le commissariat à la Défense, dit-il à mi-voix.

Le général Joukov attendait avec impatience d'être convoqué au Kremlin. Il se rendait compte que les rapports alarmants reçus depuis quelques jours prouvaient l'imminence de l'attaque. Les commandants des troupes stationnées tout le long de la frontière signalaient depuis le 18 juin que les Allemands regroupaient leurs unités.

On entendait les moteurs de centaines de chars. De longs convois de camions circulaient. Un mouvement exceptionnel régnait sur les aérodromes. Les stations d'écoute soviétiques enregistraient un échange fréquent de messages chiffrés. La garde-frontière du NKVD signalait une activité accrue des groupes de sabotage. En vérité, on n'avait arrêté que huit nationalistes ukrainiens, mais établi leur appartenance au groupe *Nachtigall*, fondé en 1941 par les Allemands qui recrutaient des membres de l'OUN[5]. Le 21 juin, Joukov reçut les procès-verbaux des interrogatoires de plusieurs déserteurs allemands affirmant que l'artillerie était prête à ouvrir le feu et que les chars se tenaient sur leurs positions de départ avec leur plein d'essence et de munitions. Chaque heure comptait. Il ne pouvait pourtant rien faire sans l'accord de Staline. La directive diffusée par le grand état-major entre le 15 et le 18 juin était toujours valable pour les unités de première ligne, elle interdisait de concentrer les détachements et d'ouvrir le feu sur les avions de reconnaissance allemands. En conséquence, les régions militaires les plus importantes, au lieu de se préparer au combat, réalisaient un plan d'entraînement de routine. Dans la région militaire Ouest, le 28e corps d'infanterie responsable de la défense du secteur de Brest était allé sur le champ de manœuvre, les soldats des bataillons du génie travaillaient à la construction de fortifications et les unités de défense antiaérienne étaient à l'exercice sur un polygone près de Minsk. Le chef de corps estimait qu'il lui faudrait un jour, peut-être même deux, pour rassembler ses détachements.Peu de chefs conscients du danger décidèrent d'agir sous leur propre responsabilité. Au nord, le général V. Frolov, commandant de la 14e armée de la région militaire de Léningrad, sans l'accord du commissariat à la Défense pour un regroupement de ses troupes, ordonna dans la soirée du 21 juin à la 52e division d'infanterie de prendre position dans le secteur de Mourmansk, jugeant possible une attaque finlandaise sur ce point.

L'aide de camp se tenait sur le seuil du cabinet de Joukov, il avait ouvert largement la porte. D'habitude, il attendait que le général lui permette de prendre la parole, mais cette fois, il dit à la hâte, pour souligner l'importance de son message :

– Le camarade Staline veut vous voir, vous et le camarade commissaire !

Joukov pencha la tête en arrière, comme s'il avait voulu étirer les muscles fatigués de sa nuque et il passa deux doigts sous son col, desserrant pour un moment la pression de la chemise. Il prit la serviette qui renfermait l'ordre de mettre en état d'alerte les unités frontalières.

– Ma voiture ! lança-t-il en se dirigeant vers le secrétariat.

Il s'arrêta un instant, réfléchissant à ce qu'il devait encore prendre avec lui, mais il renonça vite à cette idée. Il devinait la raison de cette soudaine convocation : la situation à la frontière, qu'il connaissait parfaitement. Il n'avait pas besoin de cartes ni de rapports. Depuis des semaines, il étudiait ceux qui provenaient des états-majors des unités frontalières avec une telle attention qu'il se les rappelait tous.

– Elle vous attend déjà en bas, répondit l'aide de camp en ouvrant la porte du corridor. Le camarade commissaire descend tout de suite.

Dans les grands escaliers de marbre, Joukov rencontra le commissaire à la Défense, Siémione Konstantinovitch Timochenko6 qui se dirigeait à pas pressés vers la sortie.

– J'ai signalé à Staline, dit-il en voyant Joukov, les derniers rapports de Kirponos.

Il voulait parler de Mikhaïl Piotrovitch Kirponos, chef de la région militaire de Kiev. Il poursuivit :

– Ils ont quelques déserteurs allemands qui affirment que l'attaque est pour cette nuit. Staline m'a ordonné de me présenter immédiatement devant lui, avec vous et Vatoutine, pour une réunion du Bureau politique.

Le général Nikolaï Vatoutine, adjoint au chef du grand état-major, les rattrapa juste à la porte.

De la rue Frounzé, où se trouvait le siège du grand état-major et du commissariat du peuple à la Défense, il y avait jusqu'au Kremlin à peu près une demi-heure de route. Pendant tout le trajet, ils n'échangèrent pas un mot. Chacun se demandait si au cours de la réunion à laquelle ils devaient participer, quelque chose serait décidé. Dans le cas contraire, ce serait une catastrophe.

Ils entrèrent dans le cabinet de Staline à 22 h. Juste après avoir passé le seuil, ils restèrent debout au garde-à-vous. Ils se ressemblaient : trapus, le teint frais, hâlé, la tête rasée. Ils attendaient que Staline leur permette de rapporter que des déserteurs allemands pris par les gardes-frontières affirmaient que les troupes étaient sur leurs positions de départ et attaqueraient à l'aube.

– Vraisemblablement, les généraux allemands ont envoyé des déserteurs pour provoquer un conflit, fut le commentaire de Staline.

Les trois officiers contredirent d'une seule voix :

– Non, camarade Staline ! Nous pensons que le déserteur a dit la vérité.

Timochenko ajouta :

– Il faut absolument mettre les troupes en état d'alerte dans les régions frontalières.

Staline le regarda en dessous sans répondre.

« Ne pas céder à la provocation, ni de la part des Allemands, ni de celle de nos propres officiers ! » Cette idée semblait constituer toute sa politique depuis quelques jours. Autant il avait été enclin à croire que les Allemands pouvaient commencer la guerre en mai, autant cela lui semblait impensable en juin. Hitler avait laissé passer mai à engager ses armées dans les Balkans. Il y avait mené avec succès une brillante campagne. En un mois, il avait vaincu la Yougoslavie et la Grèce et remporté en plus une victoire en Crète, mais il avait manqué le meilleur moment pour entrer en guerre avec l'Union soviétique. Il devait comprendre qu'il était déjà trop tard pour lancer ses armées à la conquête de cet immense pays et compter en finir avant l'hiver. Non, il ne pouvait pas être aussi déraisonnable. Seuls ses généraux avaient pu insister pour commencer les opérations. Ils vivaient de la guerre. Elle leur donnait promotions, richesse, gloire et pouvoir de vie et de mort, ils pouvaient donc recourir à la provocation pour placer Hitler devant le fait accompli. Il ne fallait donc laisser en aucun cas un incident fortuit à la frontière déclencher l'avalanche.

Toutes les décisions prises par Staline ce soir-là, tous les ordres qu'il donna, étaient dictés par la peur folle de voir les armées entraînées dans un engagement fortuit. Il demanda à Molotov qui venait d'entrer :

– Que devons-nous faire ?

La question resta sans réponse. Staline regarda Boulganine, mais ce dernier fit des bras un geste signifiant qu'il réfléchissait sérieusement à la réponse à une question aussi grave.

Timochenko prit la parole :

– Camarade Staline, pour moi, cela ne fait aucun doute, il faut donner immédiatement l'ordre de placer toutes les troupes en état d'alerte au long de la frontière.

Joukov intervint :

– Nous avons préparé un projet de directive.

– Lisez-le, soupira Staline.

Il était comme un boxeur acculé dans un coin, mais il n'avait pas envie de céder. Ils ne l'avaient pas convaincu de la nécessité de proclamer l'état d'alerte. Cela aurait été trop risqué. Le seul fait aurait accru la tension à la frontière. Le désordre inhérent aux mouvements de troupes allant prendre leurs positions pouvait facilement entraîner un conflit. Il aurait suffi que le premier blanc-bec de chef de bataillon venu, juge la situation comme un étourdi et commande d'ouvrir le feu pour qu'un malheur arrive.

Staline se décida à quelques préparatifs de défense, mais pas à la frontière. Il avait téléphoné le matin de bonne heure au commandant de la région militaire de Moscou, le général Ivan Tiouléniev[7], qu'il joignit dans sa datcha des environs de la capitale, où le général était allé passer le dimanche pour se reposer.

– Camarade Tiouléniev, quel est l'état de la défense antiaérienne de Moscou ? demanda-t-il.

Mais il n'écouta pas la réponse jusqu'au bout.

– Écoutez, la situation est incertaine et la défense contre avions de Moscou doit être prête à 75 %.

Aussitôt après, il ordonna aux chefs des comités régionaux du parti de rester au travail. Il s'en expliqua dans un entretien avec le secrétaire de l'organisation moscovite du parti, Alexandre Chtcherbakov :

– Une attaque allemande est possible.

Il ne put cependant se décider à accepter la proclamation de l'état d'alerte dans les unités cantonnées aux frontières.

– Il est trop tôt pour donner une telle directive, dit-il sans paraître avoir écouté la proposition de Joukov. Il sera peut-être possible de résoudre le problème par des moyens pacifiques. Il faut diffuser une directive courte, déclarant qu'une attaque allemande pourrait résulter d'une provocation. Pour éviter des complications, les troupes en position dans les régions frontalières ne doivent pas se laisser provoquer.

Il avait parlé d'un ton qu'ils connaissaient bien : plus de discussion. Ils allèrent donc au secrétariat pour y préparer le projet d'une nouvelle directive.

Ils revinrent peu après minuit présenter le texte remanié. Staline y apporta quelques corrections et donna son feu vert pour qu'on l'envoie.

Aux conseils militaires de la région militaire de Léningrad, de la région militaire de la Baltique, de la région militaire Ouest, de la région militaire de Kiev, de la région militaire d'Odessa. [...]

1. Les 22 et 23/06/1941, une attaque par surprise des Allemands sur les fronts des régions militaires de Léningrad, de la Baltique, de l'Ouest, de Kiev et d'Odessa est possible.

2. Nos troupes doivent s'attacher à ne pas répondre à des actions de provocation, quelle qu'en soit la forme, ce qui pourrait entraîner de sérieuses complications. Cependant, les troupes de ces régions militaires doivent être sur le pied de guerre, afin de repousser une attaque par surprise des Allemands ou de leurs alliés.

La directive ordonnait de disperser les avions et de les camoufler, de mettre les unités en état d'alerte sans rappeler les réservistes et de ne pas éclairer les villes.

Le dernier point déclarait : *Aucune autre mesure ne pourra être prise sans autorisation spéciale*. Elle fut signée le 22 juin à minuit et demi par Timochenko et Joukov. Tous deux partirent immédiatement pour le grand état-major, où le message devait être chiffré et envoyé dans les régions militaires. Il avait une chance de parvenir aux destinataires avant l'aube.

Staline estimait qu'il n'y avait plus rien d'autre à faire. Avant de sortir de son cabinet, il répondit à un appel téléphonique de Joukov. Le général l'informait d'un nouveau rapport de la région militaire de Kiev :

– Le commandant Bytchkovski interroge un déserteur allemand du 222e régiment d'infanterie de la 74e division, il se dit ouvrier, communiste munichois. Il s'appelle Alfred Liskov. Il est arrivé dans nos lignes à 21 h. Il affirme que l'attaque allemande aura lieu aujourd'hui à quatre heures du matin…

Staline l'interrompit :

– Fusillez-le pour avoir semé la désinformation.

Là-dessus, il raccrocha le combiné*.

Il sortit de son cabinet, suivit le corridor au sol recouvert d'un épais tapis rouge jusqu'à l'ascenseur qui l'emmena au rez-de-chaussée. Une grosse limousine noire attendait déjà devant la porte. Le colonel Nikolaï Vlassik[8], chef de sa garde personnelle, ne posa pas de questions superflues.

Un violent orage d'été éclata sur Moscou et la pluie tomba à verse. Mais l'intempérie ne dura pas longtemps, et les rues vides à cette heure-là commencèrent vite à sécher.

Une demi-heure plus tard, la voiture de Staline, protégée par deux autos du NKVD, s'engagea sur la route menant à Kountsévo, à trente-cinq kilomètres de Moscou. Là, la courte nuit de juin pâlissait déjà quand Staline alla dans sa chambre à coucher, il quitta sa vareuse, enleva ses bottes et s'étendit sur le lit. Il s'endormit bientôt du sommeil paisible d'un homme fatigué.

À Berlin, Adolf Hitler travaillait encore dans son bureau de la chancellerie du Reich. Il dictait une déclaration qui devait être diffusée cette nuit même :

Soldats allemands ! Un dur combat vous attend, un combat dans lequel vous devez donner tout de vous-mêmes, car le destin de l'Europe, l'avenir du Reich allemand et l'existence de notre peuple sont entièrement entre vos mains. Que Dieu vous vienne en aide dans cette lutte !

La secrétaire Christa Schröder ferma son bloc-notes, se leva de sa chaise installée près du bureau et se hâta d'aller au secrétariat pour dactylographier le texte.

* Alfred Liskov ne fut pas fusillé, parce qu'au moment de l'attaque, l'interrogatoire n'était pas terminé.

Hitler attendait Albert Speer[9]. On aurait pu croire que le projet que venait lui soumettre son architecte l'absorbait au même degré que la guerre à l'Est qui devait commencer d'une heure à l'autre. C'est peut-être parce qu'il existait un lien étroit entre ces deux événements. Speer devait venir avec les plans d'une nouvelle ville pour les Allemands qui devait être fondée en Norvège aux environs de Trondheim, où l'on envisageait d'entreprendre la construction d'une grande base maritime ; Hitler et le chef de la marine de guerre, le grand amiral Erich Raeder, en avaient parlé dans la journée.

Hitler se leva de derrière son bureau en voyant entrer l'architecte.

– Vous voici, Monsieur Speer, je vous attendais.

Il alla à sa rencontre et le conduisit à une petite table sur laquelle se trouvait un gramophone.

– J'ai déjà choisi un passage d'un prélude de Liszt qui précédera les bulletins d'information annonçant nos victoires à l'Est. Écoutez…

Il fit signe à l'aide de camp qui mit le gramophone en marche, il avait les yeux fixés sur Speer, attendant son approbation.

– Prochainement, vous l'entendrez souvent. Cela vous plaît-il ?

Speer semblait satisfait :

– Magnifique, *mein Führer !* Digne des victoires qui vous attendent.

– À ce que je vois, vous avez déjà les plans de notre nouvelle ville en Norvège.

Il passa son bras sous celui de Speer et alla vers le bureau.

– Je n'ai pas trop de temps aujourd'hui, mais je suis tellement curieux de les voir que je vais y jeter un coup d'œil. Je peux vous dire que bientôt, nous ferons venir de Russie autant de granit et de marbre que nous voudrons !

Hitler donnait l'impression d'être excité par la situation, mais en même temps sûr de lui et détendu. Ceux qui l'avaient observé depuis quelques semaines, alors qu'il était visiblement sur les nerfs, qu'il se mettait facilement en colère ou tombait dans un abattement s'exprimant par des monologues de plusieurs heures, remarquaient le changement. La tension accompagnant la dernière phase des préparatifs de guerre était passée. La concentration des troupes s'était déroulée sans accrocs. Les Russes ne semblaient pas s'attendre au déclenchement des hostilités, on avait donc réussi à remplir la condition essentielle à la réussite d'une guerre éclair. Hitler avait peut-être craint pendant un certain temps de voir Staline le devancer et donner le premier l'ordre de commencer la guerre, ce qui aurait évidemment décidé de son résultat, mais depuis le début de juin, cela ne l'inquiétait plus. Selon un rapport envoyé le 13 par le service de renseignements de *Fremde Heere Ost*, appuyé sur l'analyse de milliers de photographies aériennes, on avait observé dans l'ouest de l'Union soviétique des mouvements de grandes unités, mais il n'y avait pas lieu de voir là les préparatifs d'une attaque imminente. Les services de renseignements signalaient que les Russes avaient envoyé dans les régions frontalières cinq divisions d'infanterie, une division blindée et une brigade mécanisée, mais on estimait qu'il s'agissait d'actions de routine, liées aux plans d'instruction pour l'été. Des mouvements de troupes analogues avaient été observés aux environs de Rostov-sur-le-Don, d'où d'importantes formations s'étaient dirigées vers le sud, mais dans aucune des régions la mobilisation n'avait été décrétée. Les agents rapportaient que dans de nombreuses localités, on avait levé des recrues pour les unités du génie. Il n'y avait donc pas la moindre raison de s'inquiéter. Ce samedi soir, un message du chef du 48e corps mécanisé arriva encore à la chancellerie :

À Sokal, le black-out n'a pas été imposé. Les positions russes sont éclairées normalement. Il est évident que personne ne se doute de rien.

À minuit, sur le pont de Brest-Litovsk, la garde frontière soviétique laissa passer l'express Moscou-Berlin. Il était suivi de près par un train chargé de blé pour l'Allemagne*.

Adolf Hitler resta dans son bureau jusqu'à deux heures et demie. Comme Staline, il pensait devoir aller se coucher plus tôt qu'il n'en avait l'habitude. En sortant de la pièce, il s'arrêta à côté du général Gerhard Engel, aide de camp de l'armée de terre.

– Avant trois mois, la Russie tombera. Une chute comme on n'en a jamais vue dans l'histoire universelle, lui dit-il, et il sortit aussitôt.

Le premier ministre Churchill arriva dans la propriété nationale de Chequers** près de Londres tard dans la soirée. Dès que sa grosse Bentley noire eut franchi la porte en fer forgé barrant l'entrée de ce manoir victorien, il ouvrit la vitre et tendit son chapeau à bout de bras pour saluer ses invités, John Winant, ambassadeur des États-Unis à Londres et Anthony Eden[10], ministre des Affaires étrangères et, en plus, ami intime et conseiller du premier ministre. Ils étaient arrivés juste avant lui et, à peine avaient-ils eu le temps de donner leurs valises aux domestiques, qu'ils aperçurent sa voiture.

* À l'aube du 22 juin seulement partit de Moscou l'ordre *d'arrêter tout le transit et les exportations à destination de l'Allemagne*.

** Chequers Court, résidence de campagne officielle des premiers ministres du gouvernement britannique, entourée d'un parc de 600 hectares, à 50 kilomètres au nord-ouest de Londres. En 1917, le Parlement donna son accord pour que dans ce manoir du XVIe siècle (modifié au XIXe), les premiers ministres passent leurs week-ends. Le premier à en profiter fut David Lloyd George, en 1921.

Churchill, déjà dans ses vêtements de week-end, une combinaison grise boutonnée haut sous le cou, qu'il appelait son costume de sirène, et un chapeau à large bord, sortit en souriant, mais on voyait que les nombreuses obligations de la journée l'avaient fatigué. Légèrement voûté, il suivit ses invités qui se dirigeaient vers la large porte du manoir, où sa femme les attendait. Elle était manifestement contente de voir son mari car depuis quelque temps, cela ne lui arrivait pas souvent. La situation en Afrique du Nord où les troupes anglaises se retiraient sous les coups de boutoir de l'Afrikakorps et les raids sur Londres obligeaient le premier ministre à rester dans l'abri gouvernemental sous le ministère des Affaires étrangères. Puisque ce samedi soir, il était venu à Chequers, on pouvait avoir l'impression que rien de mauvais ne se passait sur le front et qu'il pourrait se reposer au moins une journée. Lui-même ne faisait pas voir qu'un moment historique approchait, en face duquel la bataille en Afrique et les raids sur Berlin passeraient au second plan.

Ce matin-là, comme tous les jours, il avait eu un long entretien avec Stewart Menzies[11], chef des services secrets. Leurs rencontres avaient lieu dans des circonstances sortant de l'ordinaire, Menzies arrivait dans la chambre du premier ministre à neuf heures quand celui-ci était encore couché ou venait juste de se lever et disait en plaisantant en allant à sa salle de bain, enveloppé dans une robe de chambre chinoise, que « C », comme on nommait familièrement le chef des services secrets, ce qui était une abréviation de Chief, méritait le titre glorieux de *Companion of the Bath*, allusion à l'Ordre du Bain*. Ces conversations duraient environ vingt minutes, et, malgré leur caractère

* L'Ordre du Bain, distinction instituée par le roi George Ier en 1725, accordée pour le courage sur le champ de bataille, ou pour des mérites civils particuliers. Le nom est lié au rite des ablutions au moment d'être armé chevalier, remontant au XIe siècle.

particulièrement grave, elles avaient un ton très badin. Un jour, Churchill encore au lit mit un doigt sur ses lèvres en voyant Menzies pour lui commander le silence, puis tendit la main pour prendre les papiers. Il expliqua au chef des services secrets surpris qu'il les signerait mais qu'il ne pouvait pas parler.

Menzies était franchement étonné :

– Pourquoi ?

Churchill montra d'un geste furtif son chat persan nommé Nelson qui se prélassait sur le parapet de la fenêtre. Il expliqua :

– Stewart, tu aurais pu découvrir cela plus vite, c'est un agent allemand, il communique le contenu de nos conversations aux pélicans sur le lac* qui, eux, les transmettent évidemment aux Allemands.

En ce matin du 21 juin 1941, Churchill n'avait pas envie de plaisanter. Les rapports que lui apportait Menzies, en particulier les écoutes des stations de radio allemandes effectuées par le *Radio Security Service* montraient sans équivoque que les Allemands étaient prêts à attaquer l'Union soviétique. Il était donc insolite que ce samedi soir, à un moment aussi brûlant, alors que toutes les analyses et les rapports des services de renseignements britanniques annonçaient l'attaque allemande, Churchill ne soit pas resté à Londres où il aurait pu immédiatement avec les membres du Cabinet de guerre envisager les premières mesures à prendre. Chose curieuse, pour le week-end, il avait invité à Chequers le ministre des Affaires étrangères et l'ambassadeur des États-Unis. Sans aucun doute, c'étaient des personnalités dont la présence pouvait aider à décider des dispositions imposées au gouvernement britannique par l'annonce du déclenchement de la guerre germano-soviétique. En même temps, l'absence des autres membres

* Dans le parc Saint-James sur lequel donnaient les fenêtres du premier ministre.

du gouvernement permettait au premier ministre d'éviter de longues discussions dont l'issue aurait pu ne pas lui convenir.

Depuis le 15 juin au moins, il se préparait à réagir à l'annonce de l'ouverture des hostilités. Le plus important pour lui était de se mettre d'accord sur les actions à entreprendre avec le président Franklin D. Roosevelt qui avait accepté son point de vue en disant : *[...] nous devons apporter aux Russes un soutien sans réserve et toute l'aide possible, en partant du principe que Hitler est l'ennemi à abattre absolument.* Toutefois, Churchill devait préalablement garantir au président qu'une telle prise de position ne susciterait pas de réaction politique en Grande-Bretagne et n'attirerait pas de difficultés au président.

Le sous-officier Kurt Koschke déplia son matelas de feutre et l'étendit sur la tourelle du char. Il s'assit aussi confortablement que le permettaient les aspérités du blindage. Quelques heures auparavant, les jeunes soldats de son équipage avaient fait le plein de carburant et attaché des nourrices d'essence supplémentaires. Ils avaient pris aussi plus de munitions que le règlement ne le prévoyait.

Un an plus tôt, Koschke avait commencé de la même manière sa carrière de combattant en France. Cet été-là, il avait eu de la chance. Quand il roulait vers les côtes de France, les obus ennemis avaient glissé sur le blindage de son char ou y avaient creusé des sillons et des trous sans importance. Devant Arras enfin, le 21 mai 1940, un projectile anglais avait percé un gros trou dans la carapace de son *Panzer* et tué le conducteur et le pointeur. Lui-même avait reçu une blessure dont il gardait une légère cicatrice à la cuisse gauche. Emmené à l'hôpital, il n'était plus retourné sur le front français.

Depuis ce jour-là à Arras, il avait peur. Il ne pouvait oublier cette seconde où tout avait été secoué et où une vague brûlante l'avait frappé. Il n'avait pas entendu l'explosion, mais sans doute seulement parce qu'il avait perdu un moment connaissance. Il avait vu disparaître dans des flammes brillantes la veste sur les épaules du conducteur qui, la tête appuyée sur les leviers, restait immobile. Kurt n'avait même pas eu le temps de regarder s'il était vivant. Il ne voyait pas le pointeur, affecté à son équipage depuis quelques jours seulement, probablement affaissé au fond du véhicule où il gisait caché par les nuages de fumée.

Kurt avait trouvé encore assez de force pour saisir la poignée de la trappe de secours sur le côté de la tourelle, se tirer par les mains et sortir de l'engin en flammes. Étourdi par la fumée, il était tombé sur l'herbe. Pris d'une peur panique à l'idée que le char allait exploser, il s'était mis à ramper vers le fossé pour se jeter au fond avec ses dernières forces. Juste à temps, car un instant plus tard un puissant souffle d'explosion avait lancé en l'air des morceaux de blindage. Il s'était levé pour regarder l'endroit d'où il venait de se sauver. Il avait vu la caisse en feu sans sa tourelle arrachée par la déflagration et renversée, à plus de dix mètres comme une casserole retirée d'un réchaud.

C'est peut-être la raison pour laquelle, lorsqu'il avait reçu l'ordre de regagner son corps le 10 août, il s'était porté volontaire pour une nouvelle unité de chars amphibies[12] qui avait été formée pour l'invasion de la Grande-Bretagne. Ils s'étaient entraînés sur l'île de Sylt en mer du Nord, mais en octobre 1940, tous les équipages avaient été répartis dans diverses unités. Koschke avait échoué dans la 18e division blindée pour aller avec elle sur le Bug, convaincu qu'il allait s'entraîner là à franchir des eaux côtières peu profondes, mais il apparut bientôt que le char ne roulerait pas au fond de la mer, mais dans un fleuve. Le long tuyau élastique partant du sommet de la tourelle et terminé par un flotteur maintenant l'orifice au-dessus des vagues fut remplacé par un tube rigide en acier de deux mètres et demi de long, tout à fait suffisant pour traverser le Bug.

Le pointeur barbouillé de graisse sortit en se glissant par la petite trappe sur le côté de la tourelle. Il s'essuya les mains avec de la bourre.

– J'ai amarré les obus, mais je ne sais où fourrer les bandes de cartouches.

– Laisse cela, grogna Kurt, nous aurons vite tout tiré. Vérifie seulement cette cheminée du diable. Je n'ai pas confiance en cette installation. Et regarde un peu à l'étanchéité de la tourelle.

Depuis quelques jours, il y avait beaucoup de mouvement. On avait complété à la hâte les provisions de carburant emmagasiné dans des tonneaux rangés dans une longue tranchée derrière le village et cachés par des filets de camouflage.

Dans les magasins sous de grandes bâches arrivaient à tout instant des camions qui apportaient des pièces de rechange pour les chars et des munitions. Il n'y avait aucun doute : l'heure de l'attaque approchait. Ce jour-là, le long d'une haie de chars rangés sous des arbres au bord d'une route de campagne commencèrent à défiler de longues colonnes de camions portant des pontons verts.

Kurt jeta son mégot et regarda le cadran phosphorescent de sa montre. Il était un peu plus d'une heure. Il enfonça son béret sur ses yeux avec le geste qu'il avait observé il y avait des années dans les films de Tom Mix qui rabattait avec la même nonchalance son chapeau de cow-boy. Il restait deux heures jusqu'au moment fixé pour l'attaque.

Sur un large front, de la mer de Barents à la mer Noire, trois millions de soldats étaient prêts à se battre.

À l'aile droite, le groupe d'armées *Sud* commandé par le général Gerd von Rundstedt avait 42 divisions dont cinq blindées et trois motorisées.

Au centre, de Lublin à Suwałki*, le groupe d'armées Centre en comptait quarante-neuf, dont neuf blindées, six motorisées et une de cavalerie.

Au nord, en Prusse-Orientale, le groupe d'armées Nord sous le commandement du feld-maréchal Wilhelm von Leeb se tenait prêt avec 29 divisions dont trois blindées et trois motorisées.

Les troupes allemandes de première ligne comptaient 120 divisions dont 17 blindées (sur 21 pour l'ensemble de la Wehrmacht en 1941) disposant de 3 090 chars, plus 12 divisions motorisées (sur 14). La 2e armée du général Maximilian von Weichs resta en réserve, avec deux divisions blindées, deux motorisées et environ 24 divisions d'infanterie. Ce n'était pas beaucoup pour une opération si importante, mais Hitler ne s'attendait pas à une sérieuse opposition des troupes soviétiques surprises.

Les Allemands étaient renforcés par les armées des pays alliés : Roumanie, Hongrie, Slovaquie, Finlande et Espagne. En outre, l'Italie, dont le gouvernement ne fut informé du plan *Barbarossa* que le 21 juin au soir, forma un corps expéditionnaire qui, intégré à la 11e armée allemande, entra dans la guerre le 7 août 1941.

En tout, les pays alliés placèrent sous commandement allemand, en plus du soutien logistique, 50 divisions, mais leur équipement, leur formation et leur combativité (à l'exception des finlandaises) étaient inférieurs à ceux des Allemands, qui estimaient que sous l'angle du moral des soldats, de la formation et de l'équipement, une de leurs divisions en valait deux de leurs alliés.

À 3 h 15, un éclair illumina l'horizon au-dessus du Bug, comme au début d'un orage d'été arrivant bizarrement, à l'improviste, sans vent ni nuages lourds masquant le ciel.

* Ces villes polonaises, comme Białystok dont il est question un peu plus loin, avaient été occupés en septembre 1939 par les Russes qui s'étaient joints aux Allemands pour abattre la Pologne. (Note du Traducteur).

Un instant plus tard, on entendit un grondement sourd. Et ainsi coup sur coup, tant que tout se fondit en un seul éclair dans le roulement des tirs et des détonations lointaines.

– Montez !

Koschke se glissa sur le siège en cuir et tourna le verrou de la trappe. Il regardait sa montre pour donner l'ordre à 3 h 20 exactement. Il resserra la courroie du laryngophone à son cou et cria :

– En avant !

Le *Panzer III* avec le long tube se balançant sur la tourelle partit brusquement et, ses chenilles lançant des plaques de gazon arrachées, roula vers la rive abrupte dans laquelle les sapeurs avaient taillé une rampe praticable jusqu'au fleuve.

Haut au-dessus de leurs têtes filaient des avions de bombardement qui devaient frapper juste après la fin du tir d'artillerie, pour ne pas laisser à l'ennemi le temps de respirer. À 3 h 30, ils attaquèrent 66 aérodromes en Biélorussie. D'autres frappèrent Kovno, Odessa, Sébastopol, Minsk.

Des éclaboussures masquèrent le périscope et aussitôt, le char s'enfonça dans les eaux sombres du Bug.

– Surveille le régime, cria Koschke au conducteur.

Lui même se concentrait à observer le gyrocompas, la seule indication lui permettant dans les ténèbres sous l'eau de garder la bonne direction.

Il savait que pour l'instant, le plus grand danger pour eux était de noyer le moteur. S'il s'était arrêté, ils n'auraient pas pu s'échapper du courant violent du fleuve. Ils entendaient des explosions lointaines, mais ne pouvaient pas dire qui tirait. Les éclatements d'obus étaient rares, ce qui signifiait que les Russes étaient pris tout à fait au dépourvu. Les douze ou quinze chars forçant un passage au fond du fleuve s'avéraient tout à fait inutiles. Ils auraient rempli leur rôle si les Russes avaient réussi à faire sauter les ponts, mais les piles en béton étaient intactes et on ne savait pas si des saboteurs avaient réussi à couper les fils reliés aux charges explosives ou si dans l'extrême confusion, les sapeurs soviétiques n'avaient pas eu le temps d'allumer les détonateurs.

L'avant du char se dressa brusquement et dans les périscopes, ils virent la rive éclairée par le halo des incendies et des explosions. Peu à peu, les engins émergèrent et se hissèrent sur le sable de la plage. Il y avait déjà là des soldats arrivés sur des bateaux en bois à moteur et sur des pontons. On ne tirait toujours pas sur eux. Des obus filaient seulement au-dessus d'eux avec un sifflement terrible. Il n'y avait pas moyen de dire s'ils venaient des canons allemands ou si les Russes répondaient, mais visaient trop haut.

Les chars montèrent sur la berge et s'arrêtèrent à l'abri de la végétation épaisse. Les équipages sortirent en toute hâte pour démonter les tuyaux qui avaient permis de traverser l'eau, mais gêneraient dans un combat sur la berge.

Koschke alluma une petite lampe et regarda la carte pour vérifier si en roulant au fond de l'eau, il ne s'était pas trompé de direction. Leur objectif devait se trouver à droite de la route qui longeait le fleuve. Il le découvrit. Un bâtiment d'un étage : le poste des gardes-frontières de Patouline. Les fenêtres étaient éclairées et de la fumée montait de la cheminée, comme si les soldats cantonnés là avaient été en train de préparer leur petit déjeuner.

– Prêt !

Il entendit dans les écouteurs le rapport du conducteur. Le grondement du moteur s'amplifia quand le char se fraya un chemin à travers les broussailles et arriva sur la route.

– Objectif : la maison en bois, six cents mètres à droite de la route !

Koschke regarda dans le périscope. Il vit apparaître aux fenêtres ouvertes, toujours brillamment éclairées, des silhouettes de soldats. Ils couraient de tous les côtés. Ils ne tiraient toujours pas.

Les chars écrasèrent un réseau de fils barbelés. Ils étaient déjà à deux cents mètres, et c'est alors qu'il entendit un crépitement caractéristique sur le blindage. Les Russes avaient ouvert le feu. Il aperçut les flammes sortant des canons de quelques mitrailleuses à gauche du bâtiment.

– Tu vois où ils sont ? demanda-t-il au conducteur.

– À gauche de la maison.

– Vas-y.

Il avait décidé de ne pas gaspiller de munitions. Il était certain que les Russes n'avaient pas d'armes antichars. Ils ne pouvaient rien leur faire.

Déjà près de la tranchée, il aperçut deux soldats. Ils avaient lâché pied en voyant le blindé approcher et, craignant d'être écrasés, ils avaient pris la fuite. Pliés en deux, se retournant à chaque instant, ils couraient vers la maison, espérant y trouver un abri sûr.

Le char s'inclina brutalement et roula dans l'abri. Il s'arrêta un instant et recula. Pas beaucoup, peut-être un mètre, un mètre et demi. Et encore en avant, faisant légèrement déraper la chenille droite. Koschke savait que le conducteur « nettoyait la tranchée » ; c'est ainsi qu'ils appelaient le fait de littéralement « écrabouiller » les points de résistance ennemis. Ils s'élancèrent encore une fois en avant et le moteur travaillant à plein régime tira le char de l'autre côté. Il vit encore les deux Russes. L'un atteignait déjà la porte du poste de garde. L'autre était plus près, tombé. Il avait dû s'empêtrer dans un rouleau de fil barbelé ou s'enfoncer dans un trou. Il se tourna sur le côté et s'efforça de rouler pour échapper aux chenilles. Il n'en eut pas le temps. Il sembla à Koschke entendre, au milieu du hurlement du moteur, les chenilles écraser le corps du soldat. L'autre à la porte du bâtiment n'eut pas le temps de l'ouvrir, il s'affaissa, fauché par une rafale de mitrailleuse. Koschke regarda par la fente arrière de la tourelle. Il vit des soldats allemands qui couraient. Il devait leur laisser nettoyer le terrain.

– Si ça continue comme ça, nous ferons aujourd'hui dans les cinquante kilomètres, dit-il dans le laryngophone.

Le soleil éclairait déjà vivement le champ de bataille. Devant eux s'étalait la vaste prairie des bords du Bug sur laquelle roulaient des chars. Koschke ne se trompait pas.

Vers l'Europe

Staline ne voulait pas croire que son grand projet, auquel il travaillait depuis seize ans, sans regarder aux sacrifices et aux victimes, pouvait s'écrouler d'un seul coup.

Dès 1921, il avait compris que la révolution d'octobre s'était terminée sur un échec. Lénine n'avait pas réussi à réaliser un seul des objectifs qu'il s'était fixé en se décidant en 1917 à prendre le pouvoir.

Lui et ses amis avaient compté que la révolution allumée à Pétrograd gagnerait bientôt toute l'Europe, dont les peuples en avaient assez de la longue guerre destructrice. De cette manière, de nombreux pays socialistes auraient vu le jour sur l'ancien continent. Or, partout où les communistes envisageaient de s'emparer du pouvoir : en Allemagne, en Italie, en Finlande, en Hongrie et en Roumanie, la révolte avait été étouffée dans l'œuf. Lénine n'avait pas réussi non plus à instaurer un régime socialiste dans d'autres pays européens à l'aide de l'Armée rouge qui avait été arrêtée et repoussée devant Varsovie en août 1920. Cela voulait dire que la route de l'Allemagne et de l'Europe occidentale était barrée. L'Union soviétique resta le seul pays socialiste, elle se trouvait de ce fait dans une position politique, militaire et économique extrêmement difficile devant forcément tôt ou tard la conduire à sa perte. Ceci d'autant plus que la situation intérieure était aussi très dramatique. En 1921, après d'importantes révoltes chez les paysans et chez les marins, Lénine dut renoncer au communisme de guerre et il inaugura une Nouvelle Politique Économique (NPE), en fait le retour au régime de libre marché. L'État s'efforçait évidemment de contrôler l'économie, mais après la Première Guerre mondiale, la révolution et la guerre civile dévastatrice, ce n'était plus possible. La NPE permettait un développement rapide des classes que les bolcheviks voulaient tellement liquider : le dynamisme avec lequel la bourgeoisie et les riches paysans se relevaient montrait sans nul doute que dans quelques années, ils feraient table rase des rigueurs socialistes, d'autant plus que les ouvriers, considérés par Lénine et par Staline comme la base sociale naturelle des grands changements en Russie, étaient encore peu nombreux. La classe ouvrière comptait à peine deux millions de personnes, une goutte d'eau dans la mer de la paysannerie.

Que pouvait donc faire Staline lorsqu'il devint le maître du pays en janvier 1924 après la mort de Lénine ? Il décida de mener une deuxième révolution pour atteindre les objectifs qui avaient échappé à son prédécesseur.

Pour commencer, de 1929 à 1933, il réalisa la collectivisation destinée à transformer la structure de la société et à inaugurer à la campagne une économie socialiste. Environ dix millions de paysans payèrent de leur vie cette étape de la nouvelle révolution, morts de faim, tués pendant la pacification, décimés par les maladies et par la cruauté des gardes des camps sibériens.

En même temps, il mena à bien le premier plan quinquennal, au cours duquel environ 1 500 établissements industriels furent construits en Russie, dont les combinats gigantesques de Magnitogorsk, Kharkov, Stalingrad. Comme ils constituaient de grosses concentrations d'ouvriers, ils étaient censés former la base sociale et matérielle des étapes ultérieures de la révolution.

Dans la deuxième moitié des années trente, Staline exclut du parti communiste, de l'armée et de l'Administration les hommes susceptibles de nuire à ses plans, et il terrorisa la société, en se faisant donner un pouvoir qui dépassait de loin l'absolutisme des tsars.

De cette manière, un peu plus de dix ans après avoir pris le poste, modeste à l'époque, de secrétaire général du parti communiste de l'Union soviétique, il avait achevé la révolution intérieure et entreprenait de mettre à exécution son plan le plus important : changer le régime des pays voisins, peut-être même de toute l'Europe. Il ne pouvait y parvenir que par une intervention militaire.

Les raisons de l'échec de la première incursion contre l'Europe en 1920 étaient évidentes pour Staline : les soldats trop peu nombreux, indisciplinés et démoralisés comme le montraient les nombreuses désertions, manquaient de matériel et d'armes modernes. Quinze ans après cette défaite, les choses avaient beaucoup changé dans le pays.

En 1930, les nouvelles usines d'armement avaient construit 170 chars, un an plus tard, 740, en 1932, 3 038, pour finir par atteindre le rendement maximum de 4 803 en 1936. Jusqu'en 1937, 20 239 avions, 21 010 chars, 30 216 canons, près de 2 500 000 fusils furent livrés à l'armée. Aucune des plus grandes puissances industrielles du monde ne pouvait alors se vanter de telles réalisations.

L'armée, dotée de nouveaux armements et remaniée, se préparait à réaliser l'étape la plus importante de la révolution de Staline, la marche vers l'Occident. À la fin de 1932, les deux premiers corps blindés étaient déjà formés, c'étaient des groupements tactiques opérationnels, composés chacun de deux brigades mécanisées, d'une brigade de mitrailleuses et d'une division autonome d'artillerie antiaérienne. Ils devaient constituer le fer de lance blindé qui briserait la défense ennemie.

Alors que l'Armée rouge créait des groupements d'une grande force de frappe, l'Allemagne était absolument dépourvue d'armée blindée, interdite par le Traité de

Versailles, mais les chefs de la Reichswehr* mettaient au point leurs conceptions relatives aux opérations menées par des unités blindées autonomes en employant sur leurs champs de manœuvres des maquettes en carton montées sur des roues de bicyclettes. Les Britanniques ne faisaient que des expériences avec des unités indépendantes, vivement recommandées par le général John F. C. Fuller[13]. Ce dernier réussit bien à obtenir l'accord des autorités militaires pour que la British Army expérimente une unité blindée, mais le soutien du gouvernement s'arrêta là. Les généraux français, eux, imbus de leur supériorité après leur victoire de 1918, ne se cassaient pas du tout la tête pour chercher à former de telles troupes.

Dans ce contexte, l'Armée rouge s'étoffa jusqu'à devenir la force la plus grande et la plus novatrice.

Les analyses et l'expérimentation dans de grandes manœuvres montrèrent que l'effectif d'un corps devait s'élever à 9 865 soldats et officiers équipés de 469 chars et de 200 camions. Avant 1936 avaient été formés quatre corps mécanisés, six régiments blindés autonomes, quinze régiments mécanisés appartenant à une division de cavalerie et 83 bataillons et compagnies de chars au sein de divisions d'infanterie. Le plus ardent partisan de la construction de grandes unités blindées, le maréchal Mikhaïl Toukhatchevski[14], eut le temps d'organiser assez d'unités pour forger un énorme rouleau compresseur blindé de quarante à cinquante mille chars qui auraient facilement écrasé les armées polonaises et ensuite les allemandes, belges et françaises. Entre Moscou et la Manche, de vastes plaines constituaient un terrain rêvé pour eux. Seuls les cours d'eau auraient pu gêner et ralentir leur marche. C'est pourquoi au milieu des années trente, Toukhatchevski

* Reichswehr, armée allemande de métier comptant 100 000 soldats. Elle devint la Wehrmacht en 1935.

s'employa activement à créer des unités aéroportées, formations absolument inconnues en Occident. Elles auraient été chargées de prendre les ponts et de conquérir des têtes de pont à partir desquelles les blindés auraient pu poursuivre leur irrésistible avance.

Lors des grandes manœuvres de Kiev en 1935, Toukhatchevski fit une démonstration de la force de l'Armée rouge. 1 040 chars arrivèrent sur le champ de manœuvre. Après avoir parcouru 650 kilomètres, ils se déployèrent sur leur lancée en formations de combat, ce qui ne permettait aucun doute quant à la maîtrise des chefs et des équipages des *T-26* modernes, copie, d'après un brevet britannique, du *Vickers 6*, ni de ceux des chars moyens *T-28* à trois tourelles et des *T-32* lourds.

Cette exhibition éblouit et surprit les observateurs étrangers. Ils regardèrent avec étonnement l'attaque de parachutistes largués par les gros bombardiers. Les commandos aéroportés étaient chose inconnue à l'Ouest. Seuls les Allemands avaient entrepris de former de petits groupes de policiers parachutistes destinés à fondre sur les repaires communistes, mais c'était peu de chose à côté de la masse des troupes aéroportées soviétiques.

C'est au cours de ces manœuvres que furent présentés pour la première fois les bombardiers *TB-3* adaptés au transport de soldats et de matériel. Dans leurs carlingues furent acheminés des chenillettes, des voitures blindées et des canons. Une unité disposant d'artillerie et de blindés se forma sous les yeux des observateurs. C'était un bélier apte à démolir la défense de l'ennemi, incapable dans un temps aussi court de se mettre en état de repousser une attaque loin derrière la ligne de front.

Vraissemblablement, Staline qui ne s'y connaissait guère en art militaire ne comprit pas le grand tournant que le maréchal Toukhatchevski et ses collaborateurs avaient fait prendre à l'Armée rouge et il estimait qu'il fallait liquider ces hommes, sans prendre en compte leurs mérites envers l'armée, mais simplement parce qu'ils auraient représenté une menace pour son pouvoir. On n'a pas encore réussi à établir avec certitude si ses craintes étaient fondées, il existe toutefois des indices révélant la possibilité d'un complot antistalinien au sein de l'Armée rouge, à la tête duquel aurait été Mikhaïl Toukhatchevski.

Quelques mois après les manœuvres de Kiev qui avaient prouvé le haut niveau de préparation de l'Armée rouge, le NKVD arrêta de nombreux officiers supérieurs. Le chef de la 8e brigade autonome de chars lourds, Dmitriï Schmidt, se retrouva en prison, accusé d'avoir voulu assassiner le commissaire du peuple à la Défense, Kliment Vorochilov, et d'avoir ensuite fomenté un soulèvement dans sa propre brigade. Les chefs de corps Vitaliï Primakov, Vitovt Poutna et Siémione Tourovski ainsi que le commandant de brigade Iouriï Sabline furent arrêtés, et le 22 mai 1937, ce fut le tour du maréchal Mikhaïl Toukhatchevski. Torturé, il avoua avoir trahi et collaboré avec le service de renseignements allemand. En juin de la même année, il fut condamné à mort. Collé au mur, il cria aux soldats du peleton d'exécution :

– Vous ne tirez pas sur moi, mais sur l'Armée rouge !

La grande vague de purges engloutit plus de 36 000 officiers condamnés à mort, à de longues peines de prison ou limogés. Les meilleurs étaient du nombre : les plus expérimentés, formés avec des officiers allemands, les plus ouverts, ceux qui comprenaient l'évolution de la technique militaire. Il allait falloir des années pour réussir à réparer ce gâchis.

Pendant ce temps, l'histoire prit un tournant qui pesa sur l'évolution des idées et de la technique militaires.

La guerre civile en Espagne, qui éclata en juillet 1936, juste au commencement de la Grande Purge en Union soviétique, fournit aux Allemands un vaste champ d'expérience pour des armes nouvelles : les chasseurs Messerschmitt *Bf 109* dont la fabrication avait commencé en février 1937, les bombardiers Heinkel *He 111* construits pour l'armée de l'air à partir du milieu de 1936, les canons antiaériens *Flak 36* qui, en Espagne justement, se révélèrent extraordinairement efficaces contre les blindés, ainsi que les chars *PzKpfw I* et *II*. Les chefs allemands apprirent à coordonner l'action des forces blindées et de l'aviation. Ils expérimentèrent la puissance de leurs bombardiers dans des raids sur de grandes agglomérations ; Guernica, ville basque détruite par eux en 1937, en fut la victime.

Toutes ces expériences leur permirent de mettre au point la doctrine de la guerre éclair qui, dans la première phase de la Seconde Guerre mondiale, leur donna leurs plus grandes victoires.

Or les Russes, au lieu de saisir l'occasion d'expérimenter, en Espagne, des armes et des techniques de combat nouvelles, tirèrent pour comble de malheur des conclusions erronées. Les conseillers soviétiques des armées républicaines décidèrent, par exemple, que les chars ne pouvaient pas opérer de façon autonome et ils sous-estimèrent absolument les avantages d'une collaboration de l'arme blindée et de l'aviation. Cet aveuglement amena Staline à décider, à la veille de la Seconde Guerre mondiale, de dissoudre les formations blindées autonomes. En 1940 seulement, lorsque les raisons des succès remportés par la Wehrmacht en Pologne, en Norvège, en Belgique, en Hollande et en France sautaient aux yeux, il comprit enfin les erreurs et entreprit d'y remédier à la hâte. Trop tard. Il avait perdu trois ans et, dans le contexte mondial extrêmement mouvant, avec une technique qui changeait radicalement, c'était déjà un retard irréductible.

Staline voyait bien que Hitler attaquerait l'Union soviétique. C'était inscrit dans l'idéologie nazie, tout comme la haine des Juifs. Et pourtant, jamais il n'a ordonné de préparer l'Armée rouge à défendre le pays.

C'était impossible car cela serait revenu à confier à un loup la garde d'un troupeau de moutons. L'Armée rouge avait été créée en 1918 comme force agressive destinée aux conquêtes. Sa structure, son organisation, sa doctrine militaire, son armement, étaient conçus pour l'attaque, non pour la défense.

Elle recevait chaque année 4 000 chars, type même du matériel offensif, destiné à rompre les lignes de l'ennemi et non à défendre les siennes. En 1938, les constructeurs soviétiques entreprirent de fabriquer des avions d'assaut, arme n'ayant rien à voir avec la défense. Les unités aéroportées de l'Armée rouge étaient très nombreuses, et c'était une troupe qui n'avait qu'une mission : attaquer ! En 1941, la Marine rouge avait 209 sous-marins et les Allemands avaient commencé la guerre avec 57 seulement, les sous-marins sont faits pour attaquer les lignes de communication et les bâtiments ennemis, non pour se défendre.

Dès la signature du pacte Ribbentrop-Molotov* le 23 août 1939, Staline se lança dans des préparatifs intensifs de guerre contre l'Allemagne. L'occupation des territoires

* Pacte germano-soviétique de non-agression signé dans la nuit du 23 au 24 août 1939 à Moscou par le ministre des Affaires étrangères d'Allemagne, Joachim von Ribbentrop et le commissaire du peuple aux Affaires étrangères de l'Union soviétique, Viatcheslav Molotov. Il stipulait que les deux pays ne se livreraient à aucun acte d'agression mutuelle et que si l'un des deux était l'objet d'actions militaires de la part d'un pays tiers, son partenaire resterait neutre. Il fut convenu en outre qu'aucun des deux signataires n'adhérerait à aucune association de pays agissant de quelque façon contre l'autre. Un protocole secret fut annexé au traité (dont l'Union soviétique nia l'existence pendant des dizaines d'années), il fixait le partage de l'Europe centrale et orientale entre les deux signataires ; l'article 2 traçait la frontière des zones d'intérêts de l'Allemagne et de l'Union soviétique sur le territoire de l'État polonais suivant la ligne du Narew, de la Vistule et du San (cette ligne fut rectifiée dans le traité germano-soviétique d'amitié et de délimitation des frontières du 28 septembre 1939).

polonais dans lesquels l'Armée rouge était entrée le 17 septembre 1939, l'annexion des régions frontalières de la Finlande après la guerre de 1939-1940, de la Lituanie, de la Lettonie et de l'Estonie en 1940 et l'extorsion à la Roumanie la même année de la Bucovine du Nord et de la Bessarabie donnaient à l'Union soviétique une large ceinture de territoires protégeant ses zones industrielles les plus importantes et formant une excellente base pour lancer ses soldats dans les directions essentielles.

Staline préparait tranquillement son armée à la grande offensive. Il estimait avoir le temps de former de nouveaux cadres pour remplir le vide creusé par sa Grande Purge. En fait, les événements de 1938, quand Hitler rattacha l'Autriche au Reich et s'empara d'une grande partie de la Tchécoslovaquie, furent un choc pour lui, mais il retrouva sa sérénité après la conclusion d'une alliance avec les Allemands, le 23 août 1939. À partir de ce moment, il pouvait tout simplement observer le déroulement des événements et profiter du fait que d'autres problèmes absorbaient Hitler pour lui prendre sous le nez les morceaux les plus gras. Il était persuadé qu'après avoir battu la Pologne, l'armée allemande marcherait contre l'Europe occidentale. Et là, elle rencontrerait un adversaire beaucoup plus fort et de surcroît bien protégé par de puissantes fortifications : la ligne Maginot et les forts belges. Il comptait sur une guerre longue et sanglante à l'Ouest, ce qui aurait donné à l'Armée rouge, préparée au combat, un bon prétexte pour intervenir et « défendre la paix » quand les deux parties auraient été exsangues. Même s'il ne réussissait pas à entrer dans le jeu au cours des combats menés par les armées françaises et allemandes, il pourrait, pensait-il, le faire plus tard, après la fin de la guerre à l'Ouest, quand la Wehrmacht panserait ses blessures. Le 19 août 1939, il déclara lors d'une réunion du Bureau politique :

– Dans une France vaincue, le parti communiste français sera toujours très fort. Une révolution communiste éclatera inévitablement et nous pourrons profiter des circonstances pour apporter notre aide à la France et en faire notre alliée. Par la suite, tous les peuples qui se seront trouvés sous le « protectorat » de l'Allemagne victorieuse deviendront également nos alliés. Nous aurons alors un large champ d'action pour soutenir la révolution mondiale.

Il revenait donc à la conception de 1920, lorsqu'il croyait que la révolution gagnerait les pays européens et que l'Armée rouge n'aurait qu'à aider les communistes à prendre le pouvoir.

Or, la guerre à l'Ouest ne répondit pas à ses espérances. La victoire sur les Alliés fut extraordinairement rapide et la Wehrmacht ne la paya pas très cher : 27 074 tués, 18 384 disparus et 111 043 blessés. Les pertes matérielles furent beaucoup plus sensibles, surtout pour l'aviation. Pendant la campagne de Belgique et de France, 1 428 appareils furent détruits et 488 endommagés, soit au total 1 916, ce qui représentait jusqu'à 36 % des avions de combat de la Luftwaffe à la date du 4 mai 1940. Pour les Allemands, ces pertes eurent des répercussions fatales sur le déroulement de la bataille d'Angleterre et, comme les événements allaient le montrer en 1941, également sur les combats du front de l'Est. D'autant que la situation économique de l'Allemagne se détériorait. En 1941, il manquait à l'industrie d'armement 300 000 ouvriers qualifiés et malgré cela Hitler voulait porter ses forces terrestres à 200 divisions. Augmenter les effectifs de l'armée et fournir à l'industrie la main-d'œuvre indispensable étaient deux objectifs inconciliables.

Le plus important fut toutefois la résistance de la Grande-Bretagne dont le nouveau Premier ministre Winston Churchill rejeta toute éventualité de pactiser avec Hitler et de conclure la paix. En conséquence, les Allemands s'engagèrent de plus en plus dans la guerre contre ce pays.

Convaincu que Hitler ne se déciderait pas à se lancer à l'Est avant d'en avoir fini à l'Ouest, Staline pouvait en toute quiétude préparer l'Armée rouge à une marche victorieuse à travers l'Europe, d'autant que les analyses des opérations allemandes en France qui lui étaient communiquées montraient la nécessité d'équiper massivement ses armées de nouveaux modèles de chars et d'avions.

Le premier plan de guerre contre l'Allemagne fut élaboré par l'état-major soviétique pendant l'automne de 1939, vraisemblablement en octobre, et modifié au cours des mois suivants. Le 18 septembre 1940, le grand état-major dressa un nouveau plan d'attaque contre l'Occident qui prévoyait que deux armées du front Nord-Ouest comptant 25 divisions (dont quatre blindées) et deux brigades attaqueraient au nord en direction d'Olsztyn. Des éléments du front Ouest (quatre armées, soit en tout 45 divisions, dont trois blindées, et trois brigades) opérant au centre d'un large front partageraient leurs forces et avanceraient au nord vers Olsztyn et au sud vers Lublin. Au sud, le front Sud-Ouest (cinq armées comptant 77 divisions dont trois blindées, et deux brigades) devait attaquer à partir de Przemyśl sur Radom et Łódź. Simultanément, la 9e armée de ce front attaquerait la Roumanie par le nord et par l'est pour s'emparer des champs pétrolifères de la région de Ploesti. Si Staline avait su que les Allemands avaient alors en Pologne à peine vingt-huit divisions, il n'aurait sans doute pas hésité à donner l'ordre de commencer l'offensive. Mais les renseignements du grand état-major parlaient de 243 divisions, et c'était déjà une force qui l'obligeait à regrouper une armée aux effectifs beaucoup plus importants.

Les idées directrices d'une offensive furent modifiées en mars et en mai 1941. Le nouveau plan prévoyait que l'attaque principale serait menée à partir de l'ouest de l'Ukraine et de Brest-Litovsk en direction du sud de la Pologne. En même temps furent dressés des plans de mobilisation, confirmés par le gouvernement soviétique le 12 février 1941 ; ils prévoyaient la mise sur pied de guerre de neuf millions de soldats disposant de 37 800 chars et de 22 200 avions ! C'est dire à quel point les stratèges soviétiques avaient été impressionnés par la puissance et la mobilité dont la Wehrmacht avait fait la démonstration pendant la campagne à l'Ouest. Toutefois, les opinions sur la force et les possibilités de l'Armée rouge étaient très critiques. La guerre de Finlande déclenchée le 30 novembre 1939 avait montré nettement combien elle était mal commandée, entraînée et équipée. Pour battre la petite armée finlandaise comptant environ 400 000 soldats, sans chars ni artillerie lourde, avec une aviation très faible (200 avions périmés), il lui fallut, alors qu'elle était bien des fois supérieure en nombre, cent cinq jours, et elle subit des pertes énormes* sans commune mesure avec celles des défenseurs. D'après des données officielles, les Soviétiques perdirent en Finlande environ 126 000 morts et disparus, 264 000 blessés. 800 avions et environ 2 300 chars furent détruits. Les défenseurs eurent 24 923 soldats tués et 43 557 blessés.

Un kriegspiel mené en janvier 1941 par le grand état-major donna une image tout aussi pessimiste des possibilités de l'Armée rouge. Le général Guiéorguiï Joukov y prenait le commandement des assaillants et le général Dmitriï Pavlov celui des défenseurs.

* Dans la première phase de la guerre, les forces soviétiques comptaient 27 divisions d'infanterie, 1 division de cavalerie, 1 corps mécanisé, 3 brigades de chars et environ 800 avions. Les forces armées de la Finlande (après la mobilisation) comptaient 14 divisions d'infanterie, 1 brigade de cavalerie, au total 400 000 soldats appuyés par une faible aviation (200 appareils), sans arme blindée ni artillerie lourde. Le gouvernement soviétique entreprit à partir de janvier 1940 de renforcer ses armées : au début de février, elles comptaient environ 850000 hommes, 55 divisions, 2 000 chars et 2 500 avions.

Le scénario prévoyait que les « bleus » (dans lesquels on pouvait aisément reconnaître la Wehrmacht) commandés par Joukov attaquaient avec 80 divisions sur un front s'étendant de la Prusse-Orientale aux marais du Pripet.

Joukov lança trois attaques puissantes, détruisit les forces « rouges » de Pavlov et emmena ses divisions profondément en Union soviétique.

Certes, dans la deuxième manche, le résultat ne fut pas aussi mauvais pour les défenseurs, mais ils n'avaient toujours pas de quoi être fiers.

Devant de telles estimations de l'efficacité de l'Armée rouge, il ne convenait pas de se hâter d'attaquer la Wehrmacht dont le moral après les campagnes victorieuses était au plus haut. Les soldats et les officiers étaient aguerris, le matériel et l'armement éprouvés et perfectionnés à la suite de l'expérience des champs de bataille, l'organisation et la logistique poussées à la perfection. Sans aucun doute, Staline attendait pour réaliser son plan de mobilisation : appeler sous les armes neuf millions de soldats et produire pour eux assez d'armes modernes.

Le char *T-34*[15] construit à partir de l'automne de 1937 par l'équipe du bureau d'études de la fabrique de locomotives de Kharkov dirigée par M. Kochkine fut agréé en décembre 1939 par le comité à la Défense qui ordonna d'en fabriquer 220 exemplaires en 1940. Le premier, encore expérimental, fut prêt en février 1940 et après une période d'essais intensifs, la production en série démarra en juin 1940. À la fin de l'année, cent quinze exemplaires du nouvel engin étaient sortis de deux usines. En 1941, des progrès modestes furent réalisés puisque 1 110 chars furent produits au cours du premier semestre, mais c'était toujours peu par rapport aux attentes de Staline. Le problème était le même avec le char lourd nommé *KV*[16] en l'honneur du commissaire à la Défense, Kliment Vorochilov. 234 véhicules de ce type furent produits en 1940 et 393 pendant le premier semestre de 1941. Évidemment, tous ne furent pas livrés aux unités de première ligne. Le 22 juin 1941, l'Armée rouge avait 967 *T-34* et 508 *KV*. Ainsi dans la masse inimaginable de 22 600 chars dont elle disposait en juin 1941, très peu étaient modernes. Toutefois, cette quantité de véhicules de combats nouveaux, modeste comparativement à l'ensemble des forces blindées soviétiques, ne donne même pas une image exacte de la modernité, puisque c'est là le nombre des chars livrés aux troupes avant le 22 juin 1941 et non pas de ceux qui étaient opérationnels. Beaucoup d'entre eux en effet avaient des vices de fabrication auxquels il fallait remédier ; les équipages bien formés et les services de véhicules blindés de secours capables de tirer ceux qui venaient à s'embourber ou de remorquer hors du champ de bataille les engins endommagés faisaient défaut, ainsi que les véhicules de transport de munitions, les pièces de rechange, etc. Et il ne fallait pas voir seulement le nombre de chars dans les unités combattantes, mais encore la capacité de l'industrie de compenser les pertes. Deux ou trois mille chars modernes pouvaient être détruits avant d'arriver à Varsovie et les capacités de production des usines soviétiques étaient encore insuffisantes pour en fournir assez, avec les pièces de rechange nécessaires, pour maintenir à son niveau la capacité d'attaque de l'armée blindée. Les équipages à qui les confier étaient aussi en quantité insuffisante.

C'était pire encore en ce qui concernait les modèles anciens *BT* et *T-26*. D'après les sources officielles soviétiques, 27 % d'entre eux seulement étaient opérationnels, cela signifie que le 22 juin 1941, l'Armée rouge pouvait lancer dans la bataille 6 210 chars de modèle ancien, donc d'une médiocre valeur au combat[17].

L'aviation était dans le même état.

La doctrine militaire soviétique assignait aux forces aériennes un rôle d'appui, de couverture et de reconnaissance au service de l'armée de terre. Pour cette raison, les bombardiers y étaient en minorité (environ 45 % du total, et 31 % dans les régions militaires de l'ouest), on n'avait pas entrepris la construction en grand d'appareils de bombardement à long rayon d'action (le *Pe-8* qui répondait à ces critères ne fut sorti qu'en 79 exemplaires). La conception du début des années trente qui prévoyait la collaboration de biplans d'interception avec des monoplans poursuiveurs rapides eut un effet négatif sur le développement de l'aviation de chasse. Malgré l'augmentation considérable de la production d'avions (10 565 en 1940, 15 735 en 1941), peu de modèles nouveaux furent créés. En 1941, 3 719 appareils de construction moderne seulement sortirent des usines aéronautiques soviétiques. La construction des excellents chasseurs *Iak-1* et *Mig-3*, de l'avion d'assaut *Il-2* et du bombardier *Pe-2*[18] fut lancée avec beaucoup de retard. En 1940, par exemple, le bombardier *Pe-2* ne fut construit qu'en deux exemplaires. Il en alla de même avec les avions d'assaut *Il-2*[19], considérés comme les meilleurs de cette catégorie pendant toute la Seconde Guerre mondiale. Leur production démarra à pas de tortue en 1940 et pendant le premier semestre de 1941, il n'en sortit que 249. Le niveau technique très bas de l'industrie soviétique et les multiples problèmes technologiques retardèrent encore la fourniture aux unités combattantes d'une arme bien au point. Sur environ 8 500 avions basés dans les régions militaires de l'ouest de l'Union soviétique, il n'y en avait que 1 540 de modèles récents et un tiers seulement du personnel volant savait se servir du nouveau matériel. Pire, même ceux qui connaissaient ces appareils n'avaient passé à leurs commandes que quelques heures alors que, à titre de comparaison, dans l'aviation américaine, un pilote ne pouvait aller se battre que s'il s'y était entraîné pendant cent cinquante heures.

La réorganisation inachevée des forces aériennes aggrava encore le problème. Par exemple, entre janvier et juin 1941, dix-neuf nouveaux régiments d'aviation seulement sur cent six prévus avaient été formés. La répartition de l'aviation opérationnelle sur le front et dans les armées qui empêchait de bien la tenir en main et de la concentrer dans les secteurs les plus importants, ainsi que le faible niveau des pilotes et de l'encadrement engendrèrent une pagaille telle qu'il aurait été difficile de s'attendre à ce que l'Armée rouge puisse entrer en confrontation avec la Wehrmacht, une force si redoutable, qui avait prouvé sa valeur et son efficacité en battant les armées les plus puissantes du monde d'alors.

Staline comprenait parfaitement cela. Des envoyés du grand état-major et du Bureau politique qui inspectaient les unités à l'ouest du pays ne cachaient pas ces carences. Les rapports qui arrivaient sur le bureau de Staline parlaient de l'insuffisance de la préparation. Des mois devaient donc encore s'écouler avant que l'Armée rouge ne réponde aux attentes et ne garantisse une marche victorieuse à travers la Pologne et l'Allemagne.

Mais la situation avait changé. Malgré son engagement à l'Ouest, Hitler concentrait depuis juillet 1940 des troupes sur la frontière avec l'Union soviétique. Cette opération était trop voyante pour que les Russes puissent croire à des exercices de regroupement des armées chargées d'assaillir les îles Britanniques dans une zone où les avions de bombardement et de reconnaissance anglais ne pouvaient pas les voir. Si toutefois Staline pouvait penser que les Allemands aient jamais envisagé une invasion de l'Angleterre.

Des mises en garde contre une agression affluaient.

Richard Sorge[20], espion soviétique travaillant à Tokyo, où il avait accès à des informations secrètes grâce à l'amitié d'Eugen Ott, attaché militaire puis ambassadeur d'Allemagne, prévenait depuis mars 1941 que les Allemands seraient prêts à déclencher les hostilités à la fin de mai. Le 15 juin, il donna la date définitive du commencement de la guerre : le 22 juin.

De Berlin, Arvid Harnack (*alias* Le Corse), haut fonctionnaire du ministère de l'Économie qui collaborait depuis juillet 1938 avec le service de renseignements soviétique, ainsi que Harro Schulze-Boysen (*alias* Sergent-chef), lieutenant du service de renseignements de la Luftwaffe, faisaient parvenir des informations importantes. En s'appuyant sur elles, le résident du service de renseignements soviétique, Alexandre Korotkov, lança de Berlin un cri d'alarme le 16 juin 1941 : *Les Allemands ont achevé l'instruction des troupes pour attaquer l'Union soviétique et on peut s'attendre à une offensive d'un jour à l'autre.*

Des avertissements très sérieux parvenaient de Londres où travaillaient cinq agents qui avaient accès aux plus grands secrets du gouvernement et des services de renseignements britanniques. Kim Philby, Anthony Blunt, Cairncross, Guy Burgess et Donald Maclean interceptaient les rapports confidentiels du département *MI-6* pour le gouvernement de Churchill, établis d'après les messages allemands déchiffrés à Bletchley Park. Grâce à eux, le résident du service de renseignements soviétiques put envoyer de Londres à Moscou, pendant le premier semestre de 1941, 7 867 documents britanniques secrets concernant des questions politiques et diplomatiques, 715 documents militaires, 127 ayant trait aux affaires économiques, et 51 touchant l'espionnage.

Entre le 1er janvier et le 21 juin 1941, Staline reçut par les services de renseignements plus de cent rapports prévenant de l'imminence d'une guerre avec l'Allemagne. Les diplomates étrangers joignirent leurs mises en garde à celles des résidents des services de renseignements.

Au début de juin 1941, l'ambassadeur d'Allemagne à Moscou, le comte Friedrich von der Schulenburg, invité à déjeuner chez Vladimir Diékanozov, ambassadeur d'Union soviétique à Berlin, l'avertit de l'imminence d'une agression allemande. Il lui dit :

– Hitler a décidé d'attaquer l'Union soviétique le 22 juin.

Et il ajouta :

– Vous me demandez pourquoi j'agis ainsi ? J'ai été élevé dans l'esprit de Bismarck qui a toujours été opposé à une guerre contre la Russie.

Ces paroles du diplomate allemand suscitèrent un commentaire très bref de Staline :

– La désinformation est montée au niveau des ambassadeurs.

Et il réagit de même à toutes les mises en garde.

En marge du rapport sur les messages provenant de Schulze-Boysen, il écrivit : *Vous pouvez renvoyer votre « source » des forces aériennes allemandes à sa putain de mère. Ce n'est pas une source, mais un désinformateur.*

Sorge s'attira la même remarque :

C'est une désinformation d'un merdeux menteur qui a fait son nid dans les petits ateliers et les bordels du Japon.

Pourquoi fermait-il les yeux sur le danger qui se rapprochait et ne voulait-il pas accorder foi aux sources qu'on avait toujours considérées auparavant comme très crédibles ? La réponse semble très simple. C'était l'une des nombreuses conséquences fatales pour l'Union soviétique de la Grande Purge réalisée sur son ordre dans les années 1937-1938. Les services secrets avaient subi alors plus de pertes qu'aucun des autres milieux. Leur activité était absolument paralysée.

En 1938, trois chefs successifs des renseignements étrangers : Abram Sloutski, Zelman Passov et Sierguiéï Chpigelglas avaient été assassinés. Le même sort fut réservé à la plupart des résidents dans les villes les plus importantes du point de vue de l'espionnage soviétique : Londres,

Berlin, Paris, Helsinki, Vienne et Tokyo. Les agents les plus expérimentés, ayant à leur compte la création de réseaux d'espionnage s'étant assuré l'accès aux plus grands secrets des pays où ils travaillaient, furent convoqués à Moscou et périrent dans les tortures.

Le vide était tel que le NKVD fut obligé de modifier la façon de former de nouveaux espions pour remplir rapidement les places devenues vacantes. Jusqu'alors, les recrues recevaient une instruction individuelle dans des appartements secrets situés dans divers quartiers de la ville, et ils ne se connaissaient pas. C'était une bonne méthode garantissant les meilleurs résultats, mais assez lente. Le 3 octobre 1938, le NKVD ouvrit à Balachitsa dans la banlieue de Moscou une école à destination spéciale. Dans les trois premières années de son existence, cent vingt apprentis de l'art d'espionner y furent formés, hébergés dans des conditions très luxueuses.

Dans le même temps, la place des résidents et des espions exécutés fut occupée par des gens inexpérimentés, n'ayant pas suivi la formation nécessaire et commettant les erreurs les plus grossières qu'on puisse faire dans leur métier. Par exemple, Alexandre Korotkov, nouveau résident à Berlin, reprit les contacts avec Arvid Harnack, interrompus après le rappel à Moscou du résident précédent, et il se rendit à son appartement privé pour lui proposer une réunion à l'ambassade. À Londres, un envoyé spécial de la centrale jugea que le meilleur endroit pour rencontrer les agents était un jardin public tout proche de l'ambassade soviétique et il expliqua naïvement que chaque agent pouvait s'y rendre en faisant semblant de se promener.

Dans une période d'une extrême importance pour la politique mondiale, mai 1939, Pavel Fitine devint à l'âge de trente et un ans chef du service de renseignements soviétique qui l'avait recruté en février 1938 et l'avait envoyé à l'école de Balachitsa où il se serait fait remarquer comme *étudiant zélé et intelligent doué d'un talent peu commun d'administrateur*. On ne connaît pas le mécanisme qui fit nommer chef des renseignements étrangers cet homme absolument inexpérimenté, n'ayant même pas achevé l'instruction. Pendant les sept années suivantes, il sut si bien louvoyer qu'il resta en vie.

C'était pire encore dans le service des renseignements militaires, le GROU*. À partir de juillet 1940, il fut commandé par le général Fiodor Golikov ignorant à peu près tout du fonctionnement de l'espionnage et n'ayant pour toute expérience que son travail d'informateur du NKVD. Craignant que son incompétence n'apparaisse au grand jour, il s'efforça de la dissimuler en organisant dans l'armée de vastes opérations de chasse aux espions, aux saboteurs et aux ennemis du peuple. Les cadres de nombreuses garnisons procédèrent sur l'ordre de Moscou à l'inspection des bottes parce que des informations secrètes signalaient que des saboteurs avaient répandu du verre pilé dans le feutre ou, encore, on cherchait dans les chaussures des soldats des clous en saillie susceptibles de leur blesser les pieds et de diminuer ainsi leur aptitude à combattre.

Les rapports des espions soviétiques qui avaient accès aux plus grands secrets du gouvernement du Troisième Reich et envoyaient des notes sur les préparatifs de guerre constituaient le problème majeur de Golikov. Il ne pouvait pas les jeter à la poubelle, il les envoyait donc à Staline avec des annotations en marge : vendu aux Britanniques ou : agent double. Le 20 mars 1941, il transmit un rapport qui présentait l'organisation de l'armée allemande et prévenait qu'elle attaquerait le 15 mai. Il conclut : *les rumeurs et les documents parlant d'une guerre inévitable ce printemps-ci avec*

* GROU (Glavnoïe Razviedivatelnoïe Oupravlieniïe), service de renseignements militaires fondé le 21 octobre 1918. L'appellation GROU fut acceptée officiellement en juin 1942, mais elle était déjà en usage auparavant.

l'Union soviétique doivent être traités comme de la désinformation provenant des services de renseignements anglais, et peut-être même allemands.

Les données sélectionnées par des résidents ne sachant guère ce qu'était l'espionnage et parvenant à la centrale où il ne restait plus d'analystes connaissant la réalité des pays d'où elles provenaient ne pouvaient pas valoir grand-chose. Les rouages du vaste appareil ne tournaient pas convenablement. Le renseignement avait perdu son sens fondamental dans le processus d'orientation de la politique étrangère et militaire de l'Union soviétique.

Staline voyait bien que les rapports des espions et les estimations et analyses qu'on en tirait constituaient un terrain trop peu sûr pour pouvoir y fonder des décisions essentielles pour le pays. D'autant qu'à côté des informations sur des préparatifs de guerre allemands, il en arrivait d'autres absolument divergentes et, semblait-il, tout aussi crédibles. La résidence de Londres par exemple fit état d'un rapport établi le 23 mai 1941 par le Joint Intelligence Committee, organe coordonnant le travail des services de renseignements britanniques pour le premier ministre Winston Churchill. Les spécialistes britanniques auraient conclu : *Pour l'Allemagne, les avantages d'une entente avec l'Union soviétique sont énormes.* Il en ressortait indiscutablement que cette organisation britannique experte en la matière ne croyait pas possible le déclenchement d'une guerre par l'Allemagne.

Dans une telle situation, Staline ne voulait pas recevoir d'analyses, d'estimations et de pronostics. Il exigeait des rapports des espions et, comme il se perdait dans leur masse et dans les communications détaillées qui présentaient tout en noir, il jugeait probablement préférable de ne s'en remettre qu'à son intuition et à son instinct politique qui lui soufflaient que tant que Hitler n'aurait pas terminé la guerre à l'Ouest, il n'en commencerait pas une deuxième à l'Est. C'est pourquoi la nouvelle du vol de Rudolf Hess[21], suppléant du Führer, qui, le 10 mai 1941, avait gagné l'Écosse dans un bimoteur Messerschmitt *Bf 110* l'inquiéta beaucoup. Hess avait sauté en parachute et s'était livré aux Britanniques. Le gouvernement de Winston Churchill donna étonnamment peu d'éclat à l'affaire, et Hitler déclara que son suppléant avait perdu l'esprit. Pour Staline, c'était la preuve alarmante que la Grande-Bretagne et l'Allemagne n'étaient pas loin de conclure la paix. Quelques mois auparavant, il avait dit au général Vassiliï Tchouïkov :

– Même maintenant, en ces temps difficiles pour les Britanniques, ceux qui veulent amadouer l'adversaire font des allées et venues entre Berlin et Londres. Ils sont prêts à de nouvelles concessions, pourvu que l'agresseur se retourne contre nous.

Staline était persuadé que les Britanniques essayaient de provoquer l'Union soviétique et de fomenter une guerre germano-soviétique. C'était le seul moyen pour eux de faire cesser les raids allemands sur leurs villes et de conclure la paix pour mettre fin à une guerre qu'ils n'étaient pas en état de gagner. Il était à tel point convaincu des intrigues britanniques que lorsque le nouvel ambassadeur de Grande-Bretagne à Moscou, sir Stafford Cripps[22] lui remit, le 25 juin 1940, une lettre par laquelle Winston Churchill le prévenait que Hitler visait à vaincre l'Europe entière et lui proposait de joindre ses forces à celles de la Grande-Bretagne, il ordonna, le 13 juillet 1940, au commissaire aux Affaires étrangères, Molotov, d'en envoyer une copie à Hitler, accompagnée, par-dessus le marché, d'un sténogramme de son entretien avec Cripps. L'ambassadeur britannique revint le 16 avril 1941 avec une nouvelle mise en garde, il apportait une lettre personnelle de Churchill, c'était un cri d'alarme, il prévenait que les Allemands avaient transféré des divisions blindées des Balkans dans le sud de la Pologne, ce qui pouvait être regardé comme une preuve évidente de leurs desseins agressifs envers l'URSS. Staline n'y répondit jamais.

En juin 1941, les forces terrestres allemandes comptaient 208 divisions, dont 153 devaient attaquer l'URSS, et 120, plus une ne possédant que les deux tiers de ses effectifs, furent concentrées à la frontière. Ce n'était pas beaucoup contre un tel Empire ! Pour la guerre contre la France, les Allemands en avaient aligné 128, et depuis lors, des changements défavorables étaient intervenus dans leur armée, avant tout, l'augmentation du nombre des unités blindées et motorisées insuffisamment fournies en matériel. Ainsi, au lieu des dix divisions blindées de la Wehrmacht en 1940, on en vit apparaître vingt et une, mais le nombre de chars dans chacune d'elles fut réduit de 258 à 196, autrement dit, au combat, leur force avait baissé.

La Luftwaffe engagea 2 770 avions, ce qui représentait 65 % du total de 4 882. Le 21 juin 1941, 2 082 seulement étaient prêts à entrer en action, moins qu'en mai 1940 lorsque la Wehrmacht était partie en guerre contre la France !

Comment donc prendre pour véridiques les mises en garde contre une agression de la part de l'Allemagne, quand ses forces étaient encore insuffisantes ? Staline avait toutes les raisons de croire qu'elle ne commencerait pas la guerre en 1941. Il avait toutes les chances de la devancer !

Les unités de l'Armée rouge se dirigeaient sur la frontière. Au 22 juin 1941, elle y avait concentré 170 divisions et deux brigades. 80 autres divisions étaient mobilisées, certaines d'entre elles faisaient déjà route vers les lieux de regroupement. D'après les plans du général Joukov, 259 divisions devaient entreprendre les premières opérations de harcèlement. À cette date, l'Armée rouge dont les préparatifs de guerre contre l'Allemagne étaient très avancés, n'était donc pas encore prête à attaquer. La date prévue pour l'ouverture des hostilités reste un secret des archives soviétiques. Peut-être même n'y avait-il pas du tout de date fixée, et Staline voulait-il voir ses armées concentrées sur la frontière ; le jour de donner l'ordre d'engager le combat dépendrait de l'évolution des relations politiques entre l'Allemagne et la Grande-Bretagne et de l'état d'avancement des préparatifs de guerre.

Sans nul doute, pour l'Armée rouge, le moment le plus favorable aurait été le printemps de 1942. Les unités blindées soviétiques auraient eu alors au moins de deux à trois mille *T-34* et environ mille *KV*. Cette masse de chars supérieurs à n'importe quel modèle allemand par leur puissance de feu, leur vitesse, leur maniabilité et leur résistance aux projectiles donnait l'avantage à l'Armée rouge. Ce n'était pas encore assez pour contenter les stratèges soviétiques, mais le moment venu, l'industrie aurait atteint dans le domaine de la fabrication des blindés sa pleine capacité et on pouvait compter sur un accroissement rapide du nombre des engins modernes malgré les pertes au feu. En plus, l'attaque de véhicules de combat nouveaux aurait été appuyée par les opérations menées par une masse énorme d'engins vieillis mais capables d'accomplir des tâches de soutien, de reconnaissance, d'appui de l'infanterie, etc.

Il en aurait été de même pour l'aviation qui aurait disposé en 1942 d'une quantité de chasseurs, d'avions d'assaut et de bombardiers modernes suffisante pour briser efficacement la défense de l'ennemi et couvrir les opérations des forces blindées.

C'est pourquoi la politique de Staline envers l'Allemagne en juin 1941 n'avait qu'un but : ne pas répondre à des provocations, éviter le déclenchement d'une guerre par un acte accidentel, gagner le plus de temps possible pour préparer l'offensive. La puissance de l'Armée rouge grandissait de mois en mois.

Staline poussa sa politique d'apaisement envers Hitler jusqu'à entreprendre en mai et juin 1941 des purges dans l'armée ! Le vice-commissaire aux Forces aériennes, le général Pavel Rygatchov, se retrouva en prison. On disait que Staline se vengeait de la remarque qu'il avait formulée au début de 1941 lors d'un conseil au sujet de l'état déplorable de l'aviation. Il aurait dit :

– Il y aura encore plus d'accidents, puisque vous nous obligez à monter dans des cercueils volants.

Ces paroles avaient choqué l'assistance. Staline tenait à l'aviation comme à la prunelle de ses yeux et cette remarque de l'homme qui la commandait l'avait piqué personnellement.

– Vous ne devriez pas dire cela, avait-il répondu.

La femme de Rygatchov, Maria Nestérenko, pilote également, fut emprisonnée aussi, un peu plus tard. Constructeurs, directeurs d'usines, responsables de l'aviation furent victimes d'une vague d'arrestations. Boris Vannikov, commissaire à l'Industrie d'armement, le général Grigorii Chtern, chef de la défense antiaérienne, le général Ivan Proskourov, chef de l'aviation à long rayon d'action, le général Piotr Poumpour, chef de l'aviation de la région miliaire de Moscou, le général Fiodor Arjénoukhine, ancien chef d'état-major des forces aériennes, le général Piotr Volodine, chef d'état-major des forces aériennes, le constructeur Iakov Taoubine furent incarcérés. Il faut noter que les Juifs représentaient un pourcentage important des personnes arrêtées. On ne peut expliquer la décision de Staline d'enfermer ces hommes autrement que comme une tentative de rassurer Hitler, de prouver que l'Union soviétique n'avait aucunement le dessein d'attaquer l'Allemagne ; quel pays en effet mettrait en prison à la veille de commencer une guerre les chefs de l'aviation et les responsables de la production d'armements ?!

Adolf Hitler ne pouvait pas connaître les véritables intentions de Staline et il ne savait à peu près rien des plans du grand état-major soviétique. Le service des renseignements militaires, l'Abwehr ne pouvait pas glaner grand-chose dans le pays de Staline, ce n'était pas comme en Allemagne où l'espionnage soviétique pénétrait jusqu'aux plus grands secrets.

Le général Ernst Köstring, attaché militaire à l'ambassade d'Allemagne à Moscou depuis le 1er octobre 1935, disait :

– Il serait plus facile à un Arabe en burnous flottant de traverser Berlin sans se faire remarquer qu'à un agent étranger d'entrer en Russie.

Aussitôt après sa prise de fonctions à l'ambassade, il écrivit au chef du service de renseignements du grand état-major :

L'expérience du travail ici pendant ces derniers mois montre qu'il est absolument hors de question de collecter des informations soit sur les questions militaires, soit sur ce qui touche même de loin à l'industrie d'armement, fût-ce sur les détails les plus insignifiants.

Les vols des avions de reconnaissance appartenant à une unité spéciale commandée par le colonel Theodor Rowehl constituaient la source fondamentale de renseignements pour les Allemands. Après une période d'activité très intense en 1939 et pendant la première moitié de 1940, Hitler interdit en septembre 1940 les vols de reconnaissance au-dessus du territoire de l'URSS, parce qu'il ne voulait pas gâcher les relations avec son allié. Au début de 1941, lorsque les préparatifs de guerre marchaient à fond de train, le colonel Rowehl reçut l'ordre de reprendre les vols de reconnaissance au-dessus du territoire soviétique dans une zone de 350 kilomètres au-delà de la frontière.

Sur les photographies fournies par les aviateurs, on voyait de grandes unités faisant mouvement vers la frontière, des secteurs de regroupement, de nouveaux aérodromes de campagne. Aucun spécialiste analysant ces clichés ne pouvait avoir l'ombre d'un doute : l'Armée rouge se préparait à attaquer, mais les analystes allemands ne surent pourtant pas évaluer pleinement sa puissance. Ils firent une estimation erronée des possibilités de mobilisation et du potentiel de l'industrie d'armement. Ces erreurs devaient leur coûter la victoire.

Sans nul doute, cette sous-estimation des forces soviétiques a contribué à entretenir Hitler dans l'illusion qu'il pourrait les vaincre en quelques mois. Il devait pourtant bien se rendre compte que la Wehrmacht n'était pas encore prête à la guerre contre un aussi grand pays. L'élan des armées blindées s'épuisait au bout d'environ 300 kilomètres, l'expérience de la guerre en France le montrait de façon évidente. Une pause était alors nécessaire pour faire avancer les arrières, organiser l'acheminement des approvisionnements, reconstituer les réserves de carburants, de munitions, etc. En France, Paris était à 300 kilomètres de la frontière allemande. En Union soviétique, cela représentait à peine un tiers du chemin à parcourir jusqu'à Moscou. Cet énorme pays exigeait la mise en œuvre de moyens absolument différents de ceux d'une guerre à l'ouest de l'Europe. Pourquoi donc Hitler n'a-t-il pas voulu attendre que la Wehrmacht dispose de tels moyens ?

Vraisemblablement, comme Staline, il se fiait plus souvent à son intuition et à son instinct politiques qu'à un froid calcul. Il rejeta les avertissements des généraux qui faisaient ressortir que la Wehrmacht n'était pas prête pour une nouvelle guerre. Il n'oubliait pas qu'ils s'étaient toujours opposés à ses plans en se plaignant du manque de moyens nécessaires pour obtenir la victoire. Il en avait été ainsi avant la campagne de Pologne comme avant l'offensive à l'Ouest. Rien d'étonnant à ce qu'ils reprennent leurs noires prédictions au moment de se lancer à la conquête du vaste Empire. Mais Hitler ne pouvait pas remettre cette guerre à plus tard. Repousser l'offensive d'un mois ou deux aurait signifié que ses troupes seraient obligées de se battre dans des conditions climatiques très défavorables en automne et en hiver, ce qui ne pouvait être envisagé. Remettre toute l'opération au printemps de 1942, c'était risquer de voir Staline frapper le premier. Le boutoir blindé de l'Armée rouge serait alors tombé sur l'armée allemande prête à l'attaque et non à la défense.

La situation qui était celle de juin 1941 était le résultat de la course folle de deux puissances pour se mettre en état d'attaquer. Celle qui frapperait la première remporterait la victoire !

Le Kremlin, premier jour

La première sonnerie sur le bureau du général Joukov retentit à 3 h 07 du matin. Le vice-amiral Philippe Oktiabrski, commandant de la flotte de la mer Noire téléphonait pour signaler l'approche d'un grand nombre d'avions non identifiés. Il était plus de trois heures et demie lorsque le général I. Klimovskikh, chef de la région militaire Ouest, informa que les avions allemands bombardaient des villes de Biélorussie. Des communications téléphoniques apportèrent aussitôt des nouvelles analogues de Kiev, puis de Vilna. Joukov n'avait aucun doute : la guerre était commencée. Le commissaire à la Défense, le maréchal Siémione Timochenko qu'il mit au courant des appels téléphoniques l'informant du bombardement aérien de villes soviétiques lui ordonna de transmettre les nouvelles à Staline. Cela est surprenant. Pourquoi le commissaire à la Défense chargea-t-il Joukov, son subordonné tant par le grade que par la fonction, de dire au chef de l'État que les hostilités avaient éclaté ? C'était là une tâche qui aurait dû lui incomber personnellement.

Joukov savait que Staline était allé dans sa datcha à Kountsévo. Il était l'un des rares à en connaître le numéro de téléphone, mais un long moment s'écoula et personne ne décrochait l'écouteur. Un officier de la garde tout essoufflé finit par répondre.

– Qui est à l'appareil ?

– Le chef du grand état-major, Joukov. Je vous prie de me mettre immédiatement en communication avec le camarade Staline.

– Comment ? Maintenant ?! Le camarade Staline dort.

– Je vous demanderai de le réveiller, sans tarder ! Les Allemands bombardent nos villes !

Staline vint au téléphone au bout de quelques minutes. Il écouta le rapport et ne répondit rien. Le silence dans l'écouteur se prolongeait. Joukov se décida à demander ;

– M'avez-vous compris ?

Le silence se poursuivit. Au bout d'un long moment seulement, Staline demanda :

– Où est le commissaire du peuple ?

– Il est en conversation avec la région militaire de Kiev.

– Venez au Kremlin avec Timochenko. Dites à Poskriébychev de convoquer tous les membres du Bureau politique.

Staline rentra lui aussi immédiatement au Kremlin. Vers quatre heures, sa voiture s'arrêta devant la porte spéciale que lui seul empruntait pour entrer dans le bâtiment. En bas se tenait Alexandre Poskriébychev[23] visiblement énervé.

– Appelle les autres. Tout de suite ! hurla Staline.

Il passa devant le secrétaire épouvanté et entra dans l'ascenseur pour suivre un instant plus tard le corridor qu'il avait quitté en toute quiétude il n'y avait pas si longtemps.

Les membres du Bureau politique : Andriéïev, Vorochilov, Kaganovitch, Mikoïan, Kalinine, Chvernik, Béria, Malenkov, Vozniessienski et Chtcherbakov avaient déjà été prévenus, car ils arrivèrent très vite dans le cabinet. Aussitôt après eux, à quatre heures et demie, entrèrent Joukov et Timochenko.

Staline pâle comme un linge était assis immobile derrière son bureau, sa pipe éteinte à la main. Peut-être ne croyait-il pas encore que la guerre avait éclaté et gardait-il l'espoir que ce n'étaient que quelques incidents de frontière sans gravité, comme il peut toujours en arriver quand trop de gens armés se trouvent rassemblés sur un espace restreint.

– Il faut téléphoner immédiatement à l'ambassade d'Allemagne pour convoquer l'ambassadeur von der Schulenburg, dit-il à Molotov qui entrait juste dans le cabinet. Il avait réussi à avoir un entretien avec un haut fonctionnaire du ministère allemand des Affaires étrangères, mais il n'en était rien résulté. Ensuite, il n'était plus arrivé aucune nouvelle de Berlin. À Moscou, on ne savait pas que l'ambassadeur n'avait été reçu qu'à cinq heures, heure de Moscou, par le ministre Joachim von Ribbentrop qui lui avait remis une note contenant un « relevé » des « agissements hostiles » du gouvernement soviétique. Diékanozov se hâta de rentrer à l'ambassade pour transmettre cette information à Moscou, mais il s'aperçut que les téléphones ne fonctionnaient pas. Il envoya donc un diplomate porter dans une Opel jaune *Olympia* la dépêche au bureau de poste central ouvert à cette heure-là. Quant à lui, il s'assit près d'un récepteur de radio pour écouter les nouvelles de Moscou. Il fut très étonné d'entendre la voix paisible de la présentatrice invitant les citoyens à faire leur gymnastique matinale. Puis le bulletin d'informations donna une liste des nouvelles performances de l'agriculture et de l'industrie soviétiques. Le télégramme de l'ambassade annonçant la déclaration de guerre n'est jamais arrivé à Moscou.

Molotov revint au bout d'un quart d'heure environ et, visiblement décontenancé, il dit :

– Le gouvernement allemand nous a déclaré la guerre !

Il regarda la feuille de papier qu'il tenait à la main et ajouta :

La justification alléguée est la suivante : *Les Allemands se sont décidés à devancer l'attaque des Russes.*

Staline qui s'était levé d'un bond en voyant entrer Molotov se laissa retomber sur sa chaise. Il resta de longues minutes sans parler. Le maréchal Timochenko se décida à rompre le silence :

– Camarade Staline, puis-je faire un exposé de la situation ?

– Oui, grogna Staline.

Le suppléant du chef du grand état-major, le général Nikolaï Vatoutine[24] entra dans le cabinet. Son rapport n'expliquait pas grand-chose, à part la confirmation du fait que les armées allemandes avaient pénétré sur le territoire soviétique et que les pertes étaient considérables.

Timochenko sortit du cabinet pour téléphoner à Minsk, au général Dmitriï Pavlov, commandant du front Ouest, duquel il espérait obtenir de nouvelles précisions au sujet de l'évolution des événements dans la zone frontière la plus importante, celle par où passait la route de Moscou. Il savait déjà ce que Staline et les membres du Bureau politique ne voulaient pas se mettre dans la tête et comprendre. C'était la guerre et il fallait agir au plus vite. Dans ces circonstances, chaque heure comptait…

La guerre ou pas la guerre ?

Aux premières lueurs de l'aube, le général Ivan Boldine[25], adjoint au commandant du front Ouest entra, appelé d'urgence par téléphone, dans le bureau du général Dmitrii Pavlov[26]. Ce dernier, l'uniforme non boutonné, buvait du café dans une grande tasse, penché sur des cartes sur lesquelles deux officiers marquaient les positions des troupes.

– Que se passe-t-il ? demanda Boldine dès le seuil.

Pavlov agita la main en signe de désespoir.

– Je n'arrive pas à comprendre... quelque chose de bizarre. Kouznietsov a téléphoné de Grodno il y a quelques minutes. Il dit que les Allemands ont franchi la frontière sur un large front et qu'ils bombardent Grodno et le quartier général de son armée. Les lignes téléphoniques ont été coupées et ses unités ne peuvent plus communiquer que par radio. Deux émetteurs ne fonctionnent plus, ils ont certainement été détruits. Goloubiev a téléphoné aussi de la 10e armée et Sandalov de la 4e. Les nouvelles qu'ils donnent sont encore pires. Les Allemands bombardent partout.

Boldine resta silencieux. Il se revoyait assis quelques heures plus tôt dans la salle de théâtre du club des officiers de Minsk où on donnait une comédie : *La Noce à Malinouvka*. Le colonel Blokhine, chef du service de renseignements de la région militaire, était entré tout à coup. Il s'était penché sur l'épaule de Pavlov et lui avait murmuré quelque chose à l'oreille.

– Cela ne peut pas être vrai ! avait répondu Pavlov avec emportement.

Puis il avait ajouté en se tournant vers Boldine :

– Il me semble que c'est une absurdité. Nos renseignements signalent que la situation sur le front est alarmante. Les unités allemandes semblent prêtes à entrer en action, elles ont même bombardé nos positions...

Il avait manifesté son incrédulité d'un signe de tête et montré la scène :

– Regardons plutôt ce spectacle.

Ceci s'était passé il y avait quelques heures et maintenant, Pavlov, visiblement soucieux et énervé, attendait d'être confirmé dans son espoir qu'on n'assistait dans le secteur de Grodno qu'à une escarmouche accidentelle de petits détachements dont les chefs s'étaient laissés emporter par leurs nerfs.

Malheureusement, les rapports suivants dissipèrent définitivement ces illusions. Les avions allemands bombardaient les aérodromes de Grodno, de Brest, de Volkovysk et d'autres villes. Le commissaire Timochenko téléphona vers cinq heures.

– Camarade Boldine, rappelez-vous qu'il est interdit d'entreprendre à notre insu aucune action contre les Allemands. Faites savoir au général Pavlov que Staline a interdit d'utiliser l'artillerie contre eux...

– Comment est-ce possible ?!

Boldine était manifestement surpris au plus haut point par un tel ordre.

– Nos unités reculent. Des villes entières sont en flammes, des gens périssent partout...

Timochenko lui coupa la parole. Il ne voulait pas commenter l'ordre de Staline.

– Non ! En outre, ne pas pousser les vols de reconnaissance à plus de cinquante kilomètres de la frontière !

Toute discussion était absolument superflue.

Un spectacle cauchemardesque se déroulait dans le cabinet du Kremlin. Personne n'analysait les faits, personne ne cherchait à savoir quelles forces l'ennemi avait engagées, ni où. On ne parlait pas de la mobilisation, de l'utilisation des réserves, de la coordination de la défense. Tous écoutaient seulement avec la plus grande attention les rapports sur de violents combats apportés par Vatoutine. Et, en plein désarroi, ils cherchaient fébrilement une issue à la situation qui s'aggravait d'heure en heure.

S'ils avaient encore espéré au début que les accrochages à la frontière n'étaient qu'une démonstration montée par Hitler afin de leur arracher des concessions et, s'ils estimaient nécessaire d'empêcher les troupes de se laisser entraîner dans des combats plus importants, dès midi, il leur fallut bien se rendre à l'évidence : ce n'était pas une provocation ni des incidents frontaliers, mais une guerre à laquelle l'Armée rouge n'était pas préparée.

Un événement extraordinaire s'était produit, le sol se dérobait sous leurs pieds. Pendant vingt ans, Staline et ses hommes avaient, comme des dieux, créé la réalité et ils la dirigeaient. Leurs décisions faisaient périr des villages et naître dans les déserts de grands combinats et des villes. Les ennemis, vrais ou imaginaires, étaient anéantis aussitôt la sentence tombée dans le cabinet du Kremlin boisé de chêne. Des peuples entiers, Polonais, Ukrainiens, Lituaniens, Lettons, Estoniens, Roumains, Finlandais, étaient obligés de se soumettre à leur loi. Des dizaines de milliers d'êtres humains étaient emmenés loin au nord et installés dans la taïga sibérienne ou dans des camps. Ces maîtres de la vie et de la mort des peuples, enfermés dans les frontières de l'Union soviétique étaient convaincus que le jour était proche où leur armée mettrait sous leur domination les hommes de l'Europe entière et qu'ils leur diraient comment ils devraient vivre. Cependant, il venait de se produire une chose qui échappait à leur pouvoir.

Staline ne pouvait pas comprendre cela. Il jeta un coup d'œil en coin à Molotov et à Béria qui évitaient manifestement son regard, s'attendant à d'amers reproches qui pouvaient signifier leur mort. En effet, depuis des mois, ils affirmaient au dictateur que les Allemands n'engageraient pas les hostilités. Béria, le chef de la police secrète, qui avait sous ses ordres directs le service de renseignements étrangers, avait écrit la veille à Staline :

[...] moi et mes hommes, Joseph Vissarionovitch, nous avons bien gravé dans l'esprit votre judicieuse appréciation : Hitler ne nous attaquera pas en 1941.

Staline n'avait toutefois pas l'intention de les punir pour leurs mauvais conseils. Et que pouvait-il attendre d'eux ? Ils n'étaient que des médiocres. Il les avait choisis uniquement pour en faire ses assistants, pour qu'ils disent amen, qu'ils fassent croire à une démocratie de parti, qu'ils l'aident à combattre les coteries. Que devait-il faire face à une menace telle qu'il n'en avait pas connue depuis la guerre civile ? Dans un mouvement de panique, il eut recours aux anciennes méthodes, sans se rendre compte qu'en l'occurrence elles ne valaient rien.

Il donna son accord pour que le grand état-major publie la directive numéro 2, plutôt un appel aux chefs qu'un ordre :

Le 22 juin 1941, les forces aériennes allemandes ont effectué sur nos aérodromes et nos villes le long de notre frontière occidentale des raids que rien n'avait provoqués. Simultanément, les armées allemandes ont déclenché des tirs d'artillerie en plusieurs endroits et franchi notre frontière.

Face au cynisme de l'attaque allemande contre l'Union soviétique, j'ordonne :

1 – Que nos troupes emploient toutes leurs forces et tous leurs moyens contre les armées ennemies et les détruisent là où elles ont traversé la frontière.

2 – Les avions de reconnaissance et de combat devront reconnaître les points de concentration des forces aériennes et terrestres ennemies. Les avions de bombardement et d'assaut doivent détruire les appareils ennemis au sol et les principales concentrations de forces terrestres. Les missions de bombardement doivent être conduites sur une profondeur de 100 à 150 kilomètres en territoire allemand. Memel et Königsberg** doivent être bombardés. Jusqu'à nouvel ordre, aucune attaque aérienne ne doit être menée contre le territoire finlandais ou roumain.*

Signé : Timochenko, Joukov, Malenkov.

Le spectacle, comme une commémoration d'anniversaire, se poursuivait.

Staline renfermé et sombre semblait absent. Il était plongé dans ses pensées comme s'il ne se rendait pas compte de ce qui se passait autour de lui. Soudain, alors que Molotov, Jdanov et Malenkov étaient en train de discuter de la formation d'un grand quartier général du Haut commandement, ce qui aurait dû être fait longtemps avant la guerre, il se leva brusquement de sa chaise et se mit à arpenter la salle et à exposer une idée qui l'avait beaucoup frappé : les officiers supérieurs du grand état-major devaient se rendre sur les secteurs les plus menacés : les fronts Ouest et Sud-Ouest.

– Aujourd'hui ! Immédiatement ! dit-il avec détermination.

Que pouvaient faire des envoyés de Moscou sur un terrain que les chefs locaux connaissaient mieux qu'eux ? Comment auraient-ils pu les aider alors que tout changeait d'un moment à l'autre et qu'il leur faudrait à eux-mêmes

* Memel, c'est le nom allemand de Klaïpeda, en Lituanie. Le 23 août 1939, l'Allemagne et l'Union soviétique avaient signé le pacte germano-soviétique. Les deux pays s'étaient partagés la Pologne et les pays baltes. La Lituanie était revenue à l'Allemagne. (N.d.T.)

** Königsberg, rebaptisée Kalilingrad en 1945, la ville fait aujourd'hui partie de la Russie. (N.d.T.)

des heures et des heures pour arriver, s'informer du déroulement des combats, des réserves et des possibilités ? Or il ne s'agissait pas d'aider. Un soupçon germait dans l'esprit de Staline : la trahison des commandants des unités en ligne expliquait les mauvaises nouvelles en provenance de la frontière. En effet, pendant la Grande Purge, on n'avait pas réussi à démasquer tous les traîtres. Ce général Dmitriï Pavlov, par exemple. Il avait combattu en Espagne où il avait pu être contaminé par les idées trotskistes et il avait été assez rusé après son retour, alors qu'on avait occis tous ceux qui revenaient de là-bas pour, non seulement réussir à ne pas être démasqué mais, même à devenir Héros de l'Union soviétique. Et c'est sur son opinion quant à l'inefficacité des formations blindées autonomes qu'a été prise la décision malheureuse de dissoudre les corps mécanisés. Et maintenant, cet homme dirige le front principal qui couvre la route de Moscou. Il faut immédiatement contrôler son activité et exposer la trahison au grand jour ! Il faut envoyer sur le front des hommes de confiance.

Les maréchaux Boris Chapochnikov[27] et Grigoriï Koulik[28] devaient aller sans délai au quartier général de Dmitriï Pavlov et le général Guiéorguiï Joukov à celui du général Mikhaïl Kirponos[29], commandant du front Sud-Ouest. Staline ne soupçonnait pas ce dernier à l'égal de Pavlov, d'autant que les nouvelles arrivant du front Sud-Ouest n'étaient pas aussi alarmantes, mais on ne risquait rien à contrôler ses activités et à le surveiller étroitement.

Staline revint au bureau sur lequel il s'appuya en disant avec insistance :

– Immédiatement !

Il semblait retrouver sa force et son énergie. Il ordonna aussitôt au général Vatoutine de rédiger la directive N° 3 enjoignant aux forces soviétiques de détruire entre le 23 et le 24 juin les formations ennemies dans la région de Suwałki. Au sud, la 5e et la 6e armée reçurent des instructions analogues et eurent l'ordre d'occuper Lublin avant le 24 juin.

Il ne comprenait toujours pas ce qui se passait à la frontière. Lui, dictateur sans formation militaire et ignorant des principes fondamentaux de la stratégie, confronté à la nécessité de prendre une décision, il se référa aux hypothèses du *Plan de défense des frontières du pays* élaboré sous la direction de Joukov fin mai, début juin 1941. Le plan prévoyait que les unités en première ligne opposeraient *une résistance inébranlable, dans des secteurs fortifiés, afin de couvrir la mobilisation, la concentration et la répartition des formations de l'Armée rouge*, et que les armées en deuxième ligne passeraient à l'offensive puis, après avoir repoussé « l'agression traîtresse », poursuivraient leurs opérations en territoire ennemi.

Staline acheva de dicter la directive à Vatoutine par ces mots :

– De la Baltique jusqu'à la frontière hongroise, j'autorise à traverser la frontière, quel que soit son tracé, et à entreprendre des opérations.

Le front, premier jour

Le Général Boldine s'approcha de la vitre de la cabine pour mieux voir la zone survolée. L'avion arrivait à Białystok et le pilote se dirigea vers l'aérodrome, au sud de la ville au-dessus de laquelle s'élevaient de hautes colonnes de fumée pareilles à celles d'une usine gigantesque qui aurait travaillé là-bas.

– Ils ont bombardé, dit le pilote, comme s'il avait vu du coin de l'œil ce qui avait attiré l'attention du général. Il regardait tout le temps autour de lui avec inquiétude.

– Et vous, qu'est-ce que vous avez à regarder comme cela ?

Boldine ne semblait pas tranquille de voir que le pilote cherchait toujours quelque chose dans le ciel au lieu de surveiller ses instruments.

– S'il y a des bombardiers, il peut y avoir des chasseurs aussi, expliqua laconiquement le pilote.

Aussitôt, il cria, visiblement effrayé :

– J'aurais mieux fait de me taire ! Là-bas ! Maudits fascistes !

Il montrait un beau cumulus clair d'où émergeait un avion. Il grossissait rapidement, à croire qu'il voulait heurter leur appareil.

Le pilote poussa violemment les commandes, il fit un virage serré, de petites flammes apparurent sous les ailes du chasseur et un instant plus tard, ils entendirent un crépitement, comme si quelqu'un avait jeté des cailloux contre un mur en bois.

Les moteurs tournaient à fond, mais Boldine se rendait bien compte qu'ils n'avaient pas beaucoup de chances d'échapper à l'ennemi qui, juste derrière leur queue, se balançait d'un côté à l'autre mais ne tirait plus. À un certain moment, il se redressa brusquement, fit demi-tour et disparut.

Le pilote mit son appareil en rase-mottes en observant toujours le ciel avec inquiétude.

– Il n'est plus là, dit-il au bout d'un instant. Il revenait sans doute d'une opération et il n'avait plus de munitions, ou ses mitrailleuses se sont enrayées. Nous avons eu de la chance, camarade général.

Loin, entourée d'arbres, ils aperçurent la pelouse verte de l'aérodrome, ce qui soulagea grandement Boldine. Pourtant, jusqu'à l'atterrissage, il ne regarda plus le sol mais scruta craintivement le ciel. Il était vide, mais à peine eurent-ils le temps d'atterrir et de descendre que neuf bombardiers surgirent et, comme à la parade, décrivirent un grand cercle en cherchant manifestement leurs cibles, puis lâchèrent leurs bombes au-dessus des hangars.

Boldine qui, épouvanté, s'était sauvé le plus loin possible, se laissa tomber à terre et se protégea la tête de ses bras, mais les Allemands décrivirent encore un cercle et s'envolèrent sans renouveler leur attaque. Pas un coup de feu n'était parti du terrain d'aviation. Il n'y avait pas un canon antiaérien ni même une mitrailleuse.

Boldine se releva du gazon et secoua son uniforme. Il regarda autour de lui. La voiture qui devait l'attendre n'était pas là. Il ne savait pas si le chauffeur n'avait pas réussi à atteindre l'aérodrome ou s'il avait pris la fuite en voyant les bombardiers. Il vit un camion caché dans l'ombre d'un grand tilleul. Un officier et quelques soldats qui s'étaient mis dessous à l'abri des éclats sortirent en rampant.

– Il faut que j'aille au quartier général de la dixième armée, leur dit Boldine. Savez-vous où il est ?

– Oui, camarade général.

L'officier salua. Il semblait hébété par l'attaque et par l'explosion des bombes et complètement désorienté. Il restait à saluer, incapable de se décider, soit à rester là, soit à accompagner le général pour lui servir d'escorte. Boldine prit place dans la cabine et les soldats se hissèrent dans la caisse.

– Camarade général, c'est un trajet dangereux...

Le chauffeur mit le moteur du Zis en marche, mais on voyait bien qu'il n'avait pas envie de partir.

– Vingt minutes avant votre arrivée, des parachutistes allemands se sont posés. C'est le commandant de l'aérodrome qui me l'a dit.

– En route ! lança Boldine.

Pourtant, la nouvelle d'un lâcher de parachutistes allemands l'inquiétait.

La route était bonne, ils allaient donc vite en levant les yeux à tout instant pour voir s'il n'arrivait pas d'avions allemands. La Luftwaffe semblait être maîtresse du ciel et un bombardier ou un chasseur pouvait surgir à tout instant. Ils remarquèrent certes neuf appareils, mais ceux-ci se dirigeaient vers l'est et n'attaquaient pas les véhicules sur la route de Białystok.

– Arrêtez !

Boldine avait vu une longue colonne de voitures. En tête roulait une automobile particulière *Zis 101*, la vitre baissée laissait dépasser de grandes feuilles de palmier. Il sauta sur la chaussée et fit signe au chauffeur de s'arrêter. Il y avait dans la voiture deux femmes et deux enfants. L'une des femmes portait sur ses genoux un palmier qui ne tenait pas à l'intérieur.

– Dans des moments pareils, vous devriez transporter des choses plus importantes qu'un palmier. Vous auriez pu prendre des vieillards et des enfants.

Boldine s'adressait au chauffeur. Il était convaincu que quelque fonctionnaire local du parti s'était décidé à évacuer sa famille et ses affaires.

Les femmes restèrent silencieuses. Le chauffeur aussi, tête basse, fit demi-tour sans dire un mot. Il n'alla pas loin, un chasseur allemand apparut au-dessus de la route. Il volait si bas qu'à un certain moment, le général distingua le visage du pilote. L'avion suivit la chaussée, monta en chandelle, décrivit une boucle pour revenir et ouvrir le feu de ses mitrailleuses. Sur la route apparurent de petits flocons de fumée, comme si on avait lancé des cailloux. Boldine réussit à faire quelques pas en courant, à se cacher dans le fossé, loin des flammes et des projectiles qui cassaient les branches des arbres et faisaient voler la poussière. Il entendit le vrombissement du moteur de l'avion s'éloigner et disparaître. Il leva la tête et regarda la route. Les flammes avaient enveloppé le camion si vite qu'il ne reconnaissait plus qu'avec difficulté les contours de la cabine. À quelques dizaines de mètres plus loin, légèrement penchée dans le fossé se trouvait la Zis d'où dépassait le palmier. La carrosserie était percée par les balles. La vapeur jaillissait du radiateur crevé. À l'intérieur, personne ne bougeait, tous les occupants avaient été tués.

Boldine arriva au cantonnement de la dixième armée tard dans l'après-midi. Dans l'une des deux tentes dressées dans un bosquet dans les faubourgs de Białystok, le chef de la dixième armée, le général Goloubiev, essayait d'entrer en communication avec le commandement du front.

– Il n'y a pas de liaison téléphonique.

Il brandissait l'écouteur comme s'il avait voulu exhiber la preuve que la ligne était coupée.

– Et à chaque instant, les fascistes brouillent la radio.

– Faites-moi un compte rendu de la situation !

Boldine prit place à une longue table rectangulaire sur laquelle étaient éparpillées des cartes.

– À l'aube, trois corps allemands appuyés par une masse de chars et d'avions de bombardement ont attaqué mon cinquième corps d'infanterie à l'aile gauche. Au cours des premières heures, nous avons subi de lourdes pertes. Je peux fumer, camarade général ?

Boldine fit oui de la tête et tendit la main pour prendre une cigarette que lui présentait Goloubiev.

– Pour éviter d'être bloqué au sud et encerclé, j'ai établi le treizième corps mécanisé le long de la rivière Kourets, mais, comme vous le savez, Ivan Vassiliévitch, nous n'avons pas beaucoup de chars. Et que peut-on attendre des *T-26* ? Tout juste bons pour la chasse aux moineaux.

Il aspira une profonde bouffée et reprit :

– C'est dur, très dur. Mes hommes se battent comme des héros, mais que peuvent-ils faire contre des chars et des avions ?

– Camarade général, nous avons la liaison avec Minsk.

Le soldat assis à l'écart près de l'appareil téléphonique passa l'écouteur à Boldine :

– Le commandant du front, pour vous.

– Cette nuit, la dixième armée doit passer à la contre-offensive, ordonna Pavlov après avoir écouté le rapport de Boldine. Il semblait ne pas comprendre dans quelle position difficile se trouvait la dixième armée qui n'avait déjà que la force d'opposer une résistance désespérée, mais chaotique, et certainement pas de se reformer et de passer à la contre-offensive.

– C'est un ordre ! dit fermement Pavlov quand Boldine essaya de lui exposer la situation difficile. À vous de l'exécuter !

Boldine ignorait que l'entêtement aussi soudain qu'insensé du commandant du front était dû au fait qu'il savait que des envoyés du grand état-major allaient arriver d'une heure à l'autre à son quartier général. Il lui fallait se présenter à eux comme un chef énergique dont les troupes avaient l'initiative, entreprenaient des actions de harcèlement, ne reculaient pas devant l'ennemi. Il connaissait bien le fonctionnement du pouvoir stalinien. Les envoyés du grand état-major n'accouraient pas à son secours. Ils venaient pour montrer du doigt les coupables et pour les confondre. C'est pourquoi il devait donner l'image d'un chef actif dont les ordres étaient sabotés aux échelons inférieurs. Boldine était bon pour servir de bouc émissaire et pour cette raison, il lui donnait un ordre impossible à exécuter.

Le lendemain, il envoya un nouveau message pour demander qui était responsable de lui avoir désobéi et de ne pas avoir conduit les unités de la dixième armée à la contre-offensive.

Passez à l'action sans délai. Ne paniquez pas, mais dirigez ! L'ennemi doit être attaqué d'une façon organisée, pas par une charge sans commandement. Vous devez connaître chaque division, savoir où elle est en position, ce qu'elle fait, et suivre ses progrès.

Un nouvel ordre de Pavlov arriva quelques heures plus tard :

Le 25 juin à vingt et une heures au plus tard, préparer les unités à décrocher. Les chars en avant-garde, la cavalerie et une forte défense antichars en arrière-garde. La retraite doit être effectuée rapidement dans la journée et dans la nuit et couverte par une forte arrière-garde. Le recul doit avoir lieu sur un large front. La première étape doit être de soixante kilomètres en un jour, ou davantage. Autoriser les soldats à se ravitailler par leurs propres moyens pour qu'ils prennent sur les réserves locales ce dont ils ont besoin.

Le général Pavlov ne savait pas que les quatre armées auxquelles il adressait cet ordre n'avaient pas de carburant pour former une forte avant-garde ni une arrière-garde, ni que les commandants des armées ignoraient où se trouvaient leurs unités et comment les informer alors que les communications étaient coupées. Dans le chaos dans lequel était plongé le front Ouest, aucune action coordonnée, même une retraite, n'était possible.

Le général Boldine le savait bien, mais il ne pouvait en informer le commandement. Il avait certes envoyé des agents de liaison, mais deux avions avaient été abattus. Il réussit à rassembler un petit groupe d'hommes avec lesquels il se mit en route vers l'est, rencontrant de plus en plus de soldats perdus et de formations disloquées. Son détachement erra pendant trente-cinq jours et rassembla deux mille soldats, puis finit par atteindre les lignes soviétiques aux environs de Smolensk.

Que dire à la nation ?

Staline s'est-il effondré en apprenant de partout la force de l'attaque allemande et les dimensions du chaos qui régnait dans les rangs soviétiques ? Non, sans aucun doute. Il savait depuis longtemps que les divisions allemandes étaient à la frontière et qu'elles se préparaient à la guerre, pourtant la nouvelle de l'attaque prit tout le monde au dépourvu. Il n'y avait donc aucune raison de se laisser abattre en apprenant que les choses n'allaient pas pour le mieux dans les secteurs frontaliers. La confusion initiale dans les formations de l'Armée rouge prises de court devait apparaître comme une chose naturelle. Les pertes étaient sensibles, mais elles ne préjugeaient en rien de l'issue de la guerre. Le 22 juin à midi, les avions allemands avaient déjà détruit 528 chasseurs et bombardiers soviétiques avant qu'ils aient eu le temps de s'envoler. Une victoire aussi facile de la Luftwaffe résultait évidemment de l'impréparation des aérodromes soviétiques. La moitié des bases avaient été installées en toute hâte dans les dernières semaines précédant le déclenchement des hostilités. Beaucoup d'entre elles étaient dépourvues de défense antiaérienne et les pilotes qui ne s'attendaient pas à une attaque avaient rangé leurs avions bien en lignes, ce qui permit aux Allemands d'y semer la dévastation. Les balles de leurs mitrailleuses perçaient en chaîne plusieurs appareils et les flammes gagnaient rapidement les autres. Les hommes ne pouvaient qu'assister impuissants à la destruction de leurs avions pour lesquels on n'avait livré ni carburant ni munitions, ni, pour les appareils tout frais arrivés des usines, d'armement. Ceux qui réussissaient à prendre l'air ne pouvaient pas engager un combat d'égal à égal avec les Allemands, mieux formés, aguerris dans les combats au-dessus de la Pologne, de la Belgique, de la Hollande et de la France et manœuvrant de meilleures machines. À midi, 210 appareils soviétiques étaient déjà tombés en flammes.

C'étaient des pertes énormes, mais il restait sur les terrains à l'ouest du pays environ 8 000 avions dont les pilotes ne pouvaient plus être surpris. Dans les jours suivants, les pertes soviétiques furent déjà moindres, bien qu'encore considérables selon les estimations : d'après l'inspecteur général de la Luftwaffe, Erhard Milch, le 23 juin, 800 avions soviétiques furent détruits, 557 le 24, 351 le 25 et seulement 300 le 26.

Staline savait, qu'à la frontière, ses effectifs surpassaient ceux des Allemands. Il pensait qu'en maîtrisant la panique due à l'effet de surprise et en éliminant les traîtres, on arrêterait l'ennemi sous le feu des chars et des avions supérieurs en nombre. Dans une semaine ou deux, on verrait déjà clairement où en serait le front, il s'adresserait au peuple pour dire combien ces journées avaient été difficiles et quelle grande victoire avait été remportée grâce à sa direction.

En outre, il voulait que la population fût informée du déclenchement des hostilités par Viatcheslav Molotov, commissaire du peuple aux Affaires étrangères. Les gens en effet n'oubliaient pas que c'était lui qui avait conduit les négociations avec Hitler et Joachim von Ribbentrop et signé les pactes : celui de non-agression en août 1939 et celui d'amitié en septembre de la même année. Le peuple se souvenait qu'il n'y avait pas si longtemps, en novembre 1940, Molotov était allé à Berlin et que sa visite et ses entretiens avec Hitler avaient été présentés comme un grand succès diplomatique. C'est à lui qu'il aurait dû demander : « Comment ! Vous avez signé des traités avec un partenaire aussi peu digne de confiance ? Vous vous êtes assis à la même table qu'une vipère fasciste qui aujourd'hui brûle nos villes et assassine notre peuple ? » Donc, que le commissaire s'exprime, qu'il s'explique et se plaigne d'avoir été à ce point trompé par les fascistes retors. Staline l'exposait à la vindicte populaire.

Dans l'après-midi du 22 juin, la voix du commissaire aux Affaires étrangères coula des postes de radio et des haut-parleurs installés sur des poteaux dans tous les villages et dans toutes les villes, une voix de bureaucrate, plate, étouffée, incolore.

– Hommes et femmes, citoyens de L'Union soviétique ! Le gouvernement soviétique et son chef, le camarade Staline, m'ont chargé de vous annoncer ce qui suit : à quatre heures du matin, sans déclaration de guerre et sans exprimer la moindre exigence envers l'Union soviétique, les armées allemandes ont attaqué notre pays, franchi notre frontière en de nombreux endroits et effectué des raids de bombardement sur Jitomir, Kiev, Sébastopol, Kaunas et d'autres villes. Il y a plus de deux cents morts et blessés. De semblables bombardements par avion ou au canon ont été effectués à partir des territoires roumain et finlandais. Cette agression inouïe contre notre pays est un acte sans précédent dans l'histoire des peuples civilisés. L'attaque a été menée en dépit de l'existence d'un pacte de non-agression entre l'Union soviétique et l'Allemagne, dont les clauses ont été rigoureusement respectées par l'Union soviétique.

Molotov avait rempli son rôle. Il se présentait comme un exemple vivant de victime de la perfidie fasciste. Il conclut son allocution par les mots : « Nous vaincrons. »

Staline travaillait intensivement. Le premier jour de la guerre, il assista à vingt-neuf réunions. Vingt et un conseils se tinrent dans son cabinet le 23 juin. Des dizaines d'hommes prirent place devant son bureau et à la longue table de conférence contre le mur. Le lendemain, ce furent vingt débats, le 25 juin, vingt-neuf conférences. Toutes ces réunions se terminaient rarement avant une heure du matin. Il venait des maréchaux, des ministres, des membres du Bureau politique et même le chef du Komintern, Guiéorguiï Dimitrov. Ils prenaient des mesures pour tenter de dominer le chaos et d'organiser la défense. Le 23 juin fut instauré le quartier général du commandant en chef que Staline baptisa Stavka* car tel était le nom du grand état-major au temps des tsars.

L'effondrement eut lieu tout à coup.

Le 27 juin au matin, les membres du Bureau politique se réunirent comme chaque jour dans le cabinet de Staline, mais lui-même n'était pas là. À un certain moment, ils le virent par la fenêtre entrer dans le bâtiment avec Molotov et Béria.

– Les Allemands ont sans doute pris Minsk, dit Poskriébychev.

On avait en effet appris au matin que deux groupes blindés allemands avaient encerclé les troupes soviétiques devant

* Stavka, quartier général du commandant en chef, organe stratégique suprême du commandement des forces armées soviétiques instauré par Joseph Staline le 23 juin 1941. Il avait à sa tête le commissaire à la Défense, le maréchal Siémione Timochenko. Staline ne fut d'abord que l'un de ses membres, mais le 10 juillet 1941, il en prit la direction en tant que chef suprême. Les membres du quartier général du commandant en chef étaient : Viatcheslav Molotov, Kliment Vorochilov, Boris Chapochnikov, Siémione Boudionny, Guiéorguiï Joukov, Alexiéï Antonov, Alexandre Vassilevski, Nokolaï Kouznietsov, Nikolaï Boulganine. Les réunions avaient lieu à l'initiative de Staline et c'est le dictateur lui-même qui prenait la plupart des décisions. L'organe exécutif était le grand état-major qui élaborait les plans d'opérations sur la base des directives reçues, et qui veillait à leur exécution.

Minsk. L'entrée des Allemands dans la ville n'était plus qu'une question d'heures. Staline qui avait cru jusqu'alors que la situation sur le front s'améliorait comprenait avec épouvante que les armées allemandes s'étaient enfoncées de 600 kilomètres en territoire soviétique et qu'elles allaient d'un moment à l'autre occuper la capitale de la Biélorussie, ce qui pouvait signifier une menace directe pour Moscou. Pourquoi personne ne l'avait-il informé de la gravité de l'heure ?

– S'ils n'envoient pas de rapports, nous irons voir nous-mêmes.

Staline parlait de Joukov et de Timochenko.

L'apparition de Staline dans le bâtiment du grand état-major dans la rue Frounzé suscita la surprise et l'inquiétude.

– Nous sommes venus prendre connaissance des rapports du front et envisager de nouvelles dispositions, dit Staline en entrant dans le bureau du chef d'état-major.

On voyait qu'il retenait avec peine une explosion de colère. Timochenko fit signe aux officiers de sortir. Seuls Joukov, Vatoutine et lui-même restèrent.

– Et quoi, devant Minsk ? Nous contrôlons la situation ? demanda Staline.

– Je ne suis pas encore prêt pour le rapport, répondit Timochenko.

– Vous avez l'obligation de tout voir, en pleine lumière, et de nous informer de tout au fur et à mesure, dit Staline en laissant éclater sa colère. Vous avez tout simplement peur de nous dire la vérité !

– Camarade Staline, permettez-nous de poursuivre notre travail.

Joukov avait parlé bas, mais avec fermeté.

Béria intervint :

– Nous vous dérangeons peut-être ?

– Vous savez que le front connaît des heures critiques. Les chefs attendent des instructions du commissariat à la Défense et le mieux sera qu'il s'en occupe lui-même...

Joukov avait mis tout à coup de l'eau dans son vin et il s'efforçait visiblement d'apaiser l'atmosphère qui devenait explosive, dans sa voix perçait toutefois l'énervement. Or Béria se sentait soutenu par Staline et il n'avait pas l'intention de reculer d'un pas. Il s'écria :

– Nous aussi, nous pouvons donner des instructions.

– Si vous en êtes capables, donnez-en !

Joukov avait lui aussi élevé la voix.

Béria n'abandonnait pas la partie :

– Si le parti nous en charge, nous le ferons !

Joukov ignora cette remarque. Il s'approcha de Staline et dit d'un ton conciliant :

– Excusez-moi pour le ton, camarade Staline. Nous allons voir où les choses en sont, après quoi, nous irons au Kremlin et nous vous présenterons un compte rendu.

Timochenko prit la parole :

– Camarade Staline, il nous faut tout d'abord penser aux moyens d'aider le front et nous vous informerons après seulement.

Staline qui s'était apaisé ne voulait pas non plus envenimer l'ambiance.

– En nous laissant de côté, vous commettez une erreur, dit-il tranquillement. C'est ensemble que nous devrions voir comment aider le front.

Il se tourna vers Molotov et Béria et ajouta :

– En effet, qu'ils se mettent d'abord au courant. Allons-nous en, camarades.

Une fois dans la rue, Staline dit :

– Lénine a créé ce pays, et nous, nous y avons mis la merde.

Il passa devant le général Nikolaï Vlassik qui lui ouvrit la portière et il monta dans sa voiture. Il n'alla toutefois pas au Kremlin, mais il se fit conduire à sa datcha de

Kountsévo. Là, sans ôter son uniforme, il se laissa tomber sur son lit. Il resta ainsi allongé jusqu'au soir, les soldats de sa garde l'entendirent alors se lever et arpenter la pièce. Au milieu de la nuit, il ouvrit la porte de la chambre du chef de la garde, le général V. Roumiantsev. Celui-ci se leva d'un bond de sa chaise, mais Staline le regarda avec des yeux qui ne voyaient pas et recula dans le corridor.

Les jours passaient. Staline ne venait pas au Kremlin. Il ne téléphonait pas, dans la datcha, il ne prenait pas les communications. Alexandre Poskriébychev informait seulement ceux qui s'inquiétaient que « le camarade secrétaire ne viendrait probablement pas aujourd'hui ».

Que se passait-il ? Pourquoi Staline avait-il réagi d'une façon aussi hystérique à l'algarade au quartier général ? Pourquoi avait-il brusquement quitté Moscou et ne s'était- il pas montré dans son cabinet le 28 juin, ni le lendemain ? On n'a jamais pu expliquer totalement les raisons d'un tel comportement du commandant en chef.

Peut-être avait-il compris pendant le vif échange de mots avec les officiers à quel point la situation était tragique et combien elle allait encore empirer dans les jours à venir. La prise de Minsk par les Allemands leur donnait un point d'appui solide pour une offensive sur Moscou et privait les Russes de la possibilité de défendre la route importante conduisant tout droit à la capitale. Il devait déjà entrevoir le spectre de l'irrémédiable défaite dont il portait l'entière responsabilité. Il était saisi d'une peur paralysante encore accrue par l'attitude arrogante des officiers qui l'avaient toujours craint, n'avaient jamais osé s'opposer à lui et qui, maintenant, relevaient tout à coup la tête. Ils s'enhardissaient. Qu'est-ce que cela pouvait vouloir dire ? Était-ce le signe évident d'une prochaine révolte ? Est- ce qu'aux militaires n'allaient pas se joindre les membres des plus hautes instances du parti arrivés à la conclusion qu'il fallait le déclarer coupable de la tragédie nationale et le condamner à mort pour calmer le peuple ? Ensuite, ils pourraient conclure une paix avec les Allemands. Peut-être Staline prévoyant un tel déroulement des événements au Kremlin avait-il pris peur et s'était-il enfui de Moscou ?

On pourrait en effet chercher à expliquer ainsi son comportement dans les derniers jours de juin, la vérité était autre.

Staline n'était pas un chef qui, voyant venir le danger, se serait sauvé et caché au milieu des arbres. Et qu'est-ce qui l'aurait effrayé à ce point ? Le déclenchement des hostilités ? La guerre pénétrait l'idéologie stalinienne comme le sang un organisme humain.

Il avait consacré toute sa politique à la préparer. C'est à cela qu'avaient servi la collectivisation et l'industrialisation. C'est à cela qu'avait servi la Grande Purge dans l'appareil du parti et de l'armée au milieu des années trente. Il avait construit la gigantesque Armée rouge absolument soumise à sa volonté et à ses ordres pour s'emparer de l'Europe le jour venu. Il attendait la guerre car elle devait créer les conditions idéales à la réalisation de ses plans.

Il s'attendait à une agression, mais quand elle arriva, il se sentit pris à l'improviste. Cela pouvait-il être la raison de son abattement ? Dans la première semaine des combats, Staline, d'ailleurs comme tous ceux qui l'entouraient, était incapable de mesurer l'immensité de la défaite. Les formations allemandes avançaient rapidement, les pertes étaient grandes. À combien s'élevaient-elles ? Il l'ignorait. On ne fut capable d'en faire le bilan que bien plus tard. Toutes les guerres entraînent des pertes : des hommes meurent, des villes brûlent, du matériel est détruit. Même les armées qui remportent les plus brillantes victoires y sacrifient des centaines de milliers de soldats, des milliers de chars et d'avions. Dans toutes les guerres, il y a des batailles perdues. Il en allait ainsi en juin 1941, mais Staline était pleinement conscient de la puissance soviétique.

L'Armée rouge avait plus d'hommes que la Wehrmacht, bien des fois plus d'avions et de chars, derrière elle des réserves industrielles plus puissantes. Quelle longue route auraient dû parcourir les armées allemandes depuis le Bug pour parvenir à l'Oural, car c'est alors seulement que Hitler aurait pu se considérer comme vainqueur. Staline pouvait donc à loisir attendre avec confiance le tournant, l'essoufflement de la poussée allemande et la reprise de l'initiative par l'Armée rouge.

Sans aucun doute, l'état d'esprit de son entourage l'inquiétait. Il y avait toujours attaché la plus grande importance, sachant que seuls ses collaborateurs, membres des plus hautes instances de l'État et du parti, pouvaient le renverser. Pendant dix ans, il avait veillé à ne pas avoir près de lui de concurrent et il avait écarté brutalement tous ceux que le peuple pouvait estimer plus dignes que lui d'exercer le pouvoir. C'est pourquoi il avait réussi à pousser Léon Trotski[30] hors de Russie et à le faire assassiner. C'est pourquoi il avait supprimé Boukharine[31], Kamiéniev[32] et Zinoviev[33] qui l'avaient d'abord soutenu dans sa lutte pour le pouvoir puis s'étaient retournés contre lui. En 1934, il avait fait assassiner Sierguiéï Kirov[34] trop populaire et trop influent à son goût dans le pays et dans le parti.

Tous ses rivaux, réels ou imaginaires, dans les instances du parti, dans l'armée et dans l'administration de l'État avaient été liquidés. Il ne restait dans son entourage que des minables, ce dont il était parfaitement conscient, puisqu'il disait par exemple en parlant du maréchal Kliment Vorochilov : « Il est bête mais il ne se pousse pas vers le pouvoir. »

Si malgré tout, ses collaborateurs l'avaient évincé, il leur aurait fallu ensuite entreprendre une longue lutte entre eux. Auraient-ils pu proposer aux Allemands de faire la paix ? Et Hitler qui remportait des victoires aurait-il voulu traiter avec eux, sachant qu'il avait devant lui un groupe faible, en querelle, sans soutien populaire ?

Non, Staline n'avait pas lieu de redouter d'être renversé. Mais il pouvait craindre que l'attaque allemande et les défaites de l'Armée rouge n'ébranlent son autorité, en effet, sa responsabilité dans la catastrophe était évidente. Il avait beau présenter au public Molotov comme le signataire naïf d'un pacte infâme avec les Allemands, ou les généraux comme n'ayant pas répondu à ce qu'on attendait d'eux, comme s'étant avérés incapables de préparer la guerre et la défense, il ne pouvait pas faire croire la même chose aux membres du Bureau politique. Ils savaient bien, eux, qu'il avait pris seul toutes les décisions. Il fallait donc étouffer dans l'œuf tous leurs doutes et leur faire croire que lui seul était capable de maîtriser cette situation exceptionnelle. Il lui fallait donc commencer par faire le ménage dans son entourage immédiat : écarter ceux qui perdaient confiance, remanier l'organisation du pouvoir. Toutefois, dans les conditions de la guerre, les méthodes employées jusqu'à présent et grâce auxquelles non seulement il avait conservé le pouvoir, mais encore il l'avait renforcé jusqu'aux extrêmes limites de l'absolutisme, ne suffisaient plus.

Instruit par l'histoire, il prit exemple sur la politique d'Ivan le Terrible[35]. Ce despote cruel a toujours été un modèle pour lui. Il estimait donc que l'heure était venue d'agir exactement comme ce tsar l'avait fait lorsque son pouvoir avait été ébranlé et que les boyards avaient relevé la tête : il avait feint d'être à l'agonie et de son lit de mort, il observait leurs agissements. Ayant d'un seul coup recouvré la santé, il avait brutalement réglé ses comptes avec ceux qui s'étaient révélés ses ennemis. Staline prenait modèle sur lui. Il s'était enfermé à Kountsévo et observait le comportement de ses « boyards ». Il voulait que pendant quelques jours, alors que le pays était à feu et à sang, ils se sentent désorientés et comprennent qu'ils étaient incapables de mener la guerre. Ils seraient alors obligés de venir le trouver et de renouveler leurs serments d'allégeance, et ceux qui manifesteraient des doutes seraient cruellement punis. Comme au temps d'Ivan le Terrible.

Le 30 juin, des automobiles arrivèrent devant la villa de Kountsévo. Molotov, Béria, Mikoïan, Vozniessienski et quelques autres membres du Bureau politique en descendirent.

– Passe le premier, Viatcheslav, dit Nikolaï Vozniessienski à Molotov. Nous te suivrons.

Staline était assis dans un fauteuil dans la salle à manger, abattu, amaigri, les yeux cernés, le teint terreux.

Dès ce moment-là, les témoignages divergent. D'après Anastase Mikoïan[36], Staline aurait demandé :

– Que venez-vous faire ici ?

D'après Nikolaï Boulganine[37], il aurait prononcé une tirade :

– Non, le grand Lénine n'est pas parmi nous. Il aurait pu nous regarder et voir à qui il avait confié les destinées du pays. Les hommes et les femmes soviétiques envoient des milliers de lettres et demandent judicieusement : « ne peut-on arrêter l'ennemi, le repousser ? » Il en est certes qui rejetteraient bien la faute sur moi...

Molotov l'interrompit :

– Merci de ta franchise, mais je t'assure que si quelqu'un essayait de me dresser contre toi, j'enverrais ce crétin au diable. Nous te prions de revenir au travail et nous t'aiderons.

Les autres firent chorus, à haute voix, clairement, pour que Staline ne pût soupçonner le moins du monde que l'un se taisait parce qu'il était d'un autre avis :

– Oui, nous t'en prions !

– Demandez-vous bien si je ne décevrai pas les espoirs que vous mettez en moi, si je conduirai le pays à la victoire. D'autres candidats sont peut-être plus dignes que moi ?

Le maréchal Kliment Vorochilov intervint :

– Je pense pouvoir dire au nom de nous tous que personne n'en est plus digne que toi !

– Tu as raison ! approuvèrent les autres.

Là, Staline aurait dit :

– Bien !

Molotov présenta une motion en vue de créer un Comité National de la Défense (GOKO*). Il aurait à sa tête Staline, évidemment. Staline accepta. Il avait déjà un plan d'action.

La prostration simulée et la fuite à Kountsévo n'auraient-elles été qu'une dérobade pour échapper aux affaires courantes, un moyen de gagner du temps pour pouvoir tranquillement élaborer dans son esprit une stratégie de guerre et trouver en soi-même la force nécessaire à sa réalisation ?

Il revint au Kremlin tel qu'ils le connaissaient depuis des années : féroce, brutal, décidé à atteindre son but, sans souci des victimes. Dès ce moment, la vie et la souffrance de milliers d'êtres humains n'eurent plus aucune importance, comme au temps de la collectivisation et de l'industrialisation.

* Comité National de la Défense (Gossoudarstviennii Komitet Oborony), créé le 30 juin 1941 pour coordonner les efforts de guerre du pays dans tous les domaines : militaire, économique et politique. Le président en fut J. Staline et son adjoint, Viatcheslav Molotov. Les premiers membres furent : Malenkov, Vorochilov, Béria, puis, dans les années 1942-1945, Vozniessienski et Mikoïan. En novembre 1944, le Comité coopta Nikolaï Boulganine. Lazar Kaganovitch en fit également partie en 1944.

Comment arrêter l'ennemi ?

D'abord le discours à la nation. Le temps était arrivé de le prononcer. La situation sur le front était déjà claire.

Staline était un mauvais orateur. Sa voix était pointue, désagréable. Il parlait avec un fort accent géorgien. Il se tenait comme un mannequin, sans mouvement, il se penchait seulement de temps en temps, on aurait pu croire alors qu'il voulait avaler une bouffée d'air. Il ne gesticulait jamais. Il tenait sa main infirme derrière son dos ou la fourrait sous le plastron de sa veste dans un geste à la Napoléon. Il prenait de temps en temps le verre d'eau toujours présent sur la tribune ou il dévissait le bouchon d'une bouteille d'eau minérale *Borjomi* pour remplir le verre. C'est peut-être pour tout cela que le discours du 3 juillet ne fut pas filmé. Il fut lamentable : plat, souvent interrompu par le tintement du verre et le bruit de la déglutition.

– Camarades ! Citoyens ! Combattants de notre armée et de notre marine de guerre ! Frères et sœurs ! Je m'adresse à vous, mes amis !

Il ne commençait jamais ainsi ses allocutions officielles ! Aucun des auditeurs ne se rendit non plus compte combien ses paroles étaient pour lui lourdes de menaces :

– Une lutte impitoyable doit être engagée contre les déserteurs et les paniquards. [...] Nous devons anéantir les espions, les saboteurs et les parachutistes ennemis. [...] Les tribunaux militaires doivent juger immédiatement tout individu qui par panique ou par lâcheté nuit à notre défense, sans égard à sa position ou à son rang.

Personne ne pressentait les dimensions énormes qu'allait prendre la lutte contre ceux qui seraient considérés comme des obstacles à la défense.

– Partout où les unités de l'Armée rouge seront obligées de reculer, elles devront enlever tout le matériel ferroviaire. Il est interdit de laisser à l'ennemi un seul véhicule, un seul wagon, un kilo de pain, un litre d'huile. Les kolkhoziens doivent emmener tout le cheptel, livrer les réserves de céréales aux organismes gouvernementaux afin de les évacuer vers l'arrière. [...] Tous les biens, grains, carburant, métaux non ferreux, qui ne pourront être transportés doivent être détruits.

On était en juillet. Il faisait chaud. Les gens pouvaient quitter leurs maisons et mettre le feu aux granges, aux greniers à blé et aux bâtiments des kolkhozes. Ils vivraient dans la forêt de la cueillette des fruits et des champignons. Ils pouvaient faire des dizaines de kilomètres pour trouver un toit dans d'autres villages. Mais qu'allait signifier en automne l'exécution de l'ordre de Staline ? La mort de ceux qui étaient obligés de se sauver, d'incendier leurs maisons, de détruire leurs provisions. La nature n'offrirait plus alors ni abri ni nourriture. Or Staline n'envisageait pas de changer de politique. Le 17 novembre 1941, il signa l'ordre 0438 :

1 – Toutes les localités à une distance de quarante à soixante kilomètres sur les arrières de l'ennemi et de vingt à trente kilomètres de chaque côté des routes doivent être détruites et brûlées. Cet objectif doit être atteint en utilisant sans délai massivement l'aviation, l'artillerie et le feu des mortiers, des unités de reconnaissance et de partisans munis de bouteilles d'essence.

2 – Chaque régiment désignera un groupe de volontaires, au nombre de vingt à trente soldats pour faire sauter et incendier les bâtiments d'exploitation. Ceux qui se distingueront particulièrement par leur zèle à détruire les habitations devront être proposés pour des distinctions nationales.

C'était une condamnation à mort pour des milliers d'habitants des villes et des villages situés dans la zone des combats. Ils devaient être chassés et leurs foyers anéantis pour que les soldats ennemis ne trouvent pas d'abri contre le froid et la neige. À pied, dans des carrioles ou dans les remorques des tracteurs des kolkhozes, il leur fallait abandonner leurs maisons avant l'arrivée de la nuit et d'une tempête de neige. La température descendait à vingt ou trente degrés en dessous de zéro. Même s'ils passaient une pareille nuit en pleine campagne, ils n'avaient pas beaucoup de chances de survivre à la suivante.

Staline voyait dans la distance son arme principale et son plus grand allié car elle pouvait porter des coups aussi sensibles à l'ennemi que les unités de l'Armée rouge. C'est pourquoi les armées allemandes ne devaient rencontrer sur leur route qu'une étendue recouverte de la cendre des chaumières brûlées et des villes mortes pleines d'immeubles en ruines, une étendue n'offrant aucun abri, ni refuge, ni carburant, ni ravitaillement. Ces soldats seraient obligés de ne compter que sur leurs réserves et leurs fournitures et les territoires conquis deviendraient pour eux de plus en plus hostiles.

On peut se demander si Staline avait suivi le déroulement des opérations militaires en Europe de l'Ouest en 1940 et si oui, avait-il, avec son manque absolu de connaissances militaires, compris la stratégie allemande ? Mais sans aucun doute, les officiers supérieurs de son entourage, des hommes comme Timochenko, Chapochnikov, Vatoutine ou Joukov, savaient parfaitement comment les Allemands avaient facilement vaincu le redoutable ennemi que représentaient les forces jointes des deux plus grandes puissances du monde d'alors, la France et la Grande-Bretagne, appuyées par les armées belge et hollandaise.

Ils avaient bien vu que le principal atout de la Wehrmacht était la surprise : frapper sans déclarer la guerre, sans prévenir, ce qui permettait de semer la confusion dans les rangs de l'ennemi non préparé à repousser une attaque inattendue.

Pour commencer, les Allemands jetaient l'aviation dans la bataille. Hitler appréciait particulièrement les bombardiers en piqué tels que les Junkers *Ju 87*[38] parce qu'en attaquant en vol plongeant, ils plaçaient leurs bombes avec une grande précision. Leurs premiers objectifs étaient les aérodromes. Il était ainsi possible de paralyser rapidement le système de défense aérienne et d'obtenir la maîtrise totale du ciel, ce qui permettait aux avions de couvrir efficacement les troupes allemandes et d'infliger de lourdes pertes à l'ennemi.

Le commandement de la Luftwaffe avait misé sur l'idée que puisque le déclenchement des hostilités surprendrait l'ennemi, celui-ci n'aurait pas le temps d'effectuer la mobilisation et que ses unités devraient, alors que les opérations seraient déjà engagées, se mobiliser et se rendre à leurs lieux de concentration. C'est pourquoi les avions allemands attaquaient les gares et les lignes de chemin de fer, les nœuds de communication, les ponts. Les raids aériens visaient à couper la circulation, à empêcher le chargement des unités dans les wagons et leur acheminement vers le front.

En même temps, les forces terrestres se lançaient dans la bataille après avoir rempli l'une des conditions fondamentales de la guerre éclair : une concentration efficace dans les secteurs opérationnels, d'où elles frappaient en s'assurant la supériorité du nombre, de la manœuvrabilité et de la puissance de feu.

L'action de toutes les armes diverses constituait le principe de l'*Einheit*, l'unité. Le chef d'un bataillon de chars avait sous ses ordres de l'artillerie et des points de feu qui détruisaient les batteries antichars ennemies, il avait également une compagnie de sapeurs chargés d'écarter les obstacles sur le terrain, barrages antichars et champs de mines. Il pouvait à chaque instant appeler des avions par radio. Et dans de telles conditions, les bombardiers en piqué firent la preuve de leur valeur guerrière, attaquant et détruisant les fortins, les points de résistance et les détachements ennemis en marche vers les secteurs menacés.

Les chars étaient chargés de rompre la ligne de défense ennemie. Bien que faiblement armés et blindés, ils menaient cette tâche à bien. En septembre 1939, les modèles *PzKpfw I*[39] et *II* représentaient la moitié des forces blindées allemandes. Les *PzKpfw I* étaient en fait des véhicules écoles armés de deux mitrailleuses et protégés par des plaques d'acier dont l'épaisseur atteignait tout juste treize millimètres, facilement traversées non seulement par les obus antichars, mais aussi par les balles des fusils antichars polonais *Ur*. Et pourtant, avec les *PzKpfw II* guère mieux blindés et armés, ils y brisèrent la défense polonaise. Il en fut de même en France où la Wehrmacht avait déjà plus d'engins plus lourds *PzKpfw III* et *IV*, mais où les modèles *I* et *II* constituaient toujours le gros de la force blindée*. Et ils continuaient à remporter la victoire. Ce n'était pas la masse et la puissance de l'armement qui en décidaient, mais la vitesse avec laquelle ces unités se portaient à l'attaque, ne laissant pas à l'ennemi le temps de préparer des postes de résistance, de regrouper ses forces et de disposer son artillerie dans les directions où on s'attendait à une attaque des blindés.

L'infanterie s'engouffrait dans la brèche ainsi ouverte dans la défense ennemie pour occuper les positions

* Seules la 1re et la 2e division blindée avaient chacune, sur 332 engins blindés, 130 chars *Panzer I* et *II* et 146 *Panzer III* et *IV*. Dans les autres au contraire, les chars légers représentaient nettement la majorité : dans la 3e division, il y avait 231 chars *I* et *II* sur 338, contre 49 plus lourds. Dans la 4e division, 267 *I* et *II* sur 416 et seulement 73 *III* et *IV*. Dans la 5e division, respectivement 250 et 74 sur 380.

conquises. Elle pouvait suivre les unités blindées rapides car les soldats étaient transportés par des camions. La division blindée allemande était beaucoup plus manœuvrable que les unités hippomobiles. En septembre 1939, une division polonaise avait 7 000 chevaux et à peine 70 véhicules automobiles. Les déplacements des unités étalées sur des kilomètres prenaient beaucoup de temps, d'autant plus que les avions allemands qui s'étaient assuré la supériorité dès les premiers jours de la guerre paralysaient efficacement les communications sur les routes, bloquées par-dessus le marché par les foules de fugitifs des villes bombardées.

La force des armées allemandes était la mobilité. Tant qu'elles en avaient profité, tant qu'elles avaient devancé l'ennemi, elles avaient gagné. Hitler était persuadé de tenir toujours cet atout dans la guerre avec l'Union soviétique, comme en Pologne et en France. Les pronostics étaient optimistes au-delà de toute expression. Le commandement allemand pensait en juillet 1940 que la guerre à l'Est durerait de neuf à dix-sept semaines. Et plus son déclenchement était proche, plus ces estimations devenaient favorables. Le Reichsführer SS Heinrich Himmler prévoyait le 18 juin 1941 que les combats prendraient fin au bout de six semaines. Le ministre des Affaires étrangères Joachim von Ribbentrop misait sur huit semaines, mais le plus optimiste de tous était le général Alfred Jodl, chef d'état-major de l'*Oberkommando der Wehrmacht*, qui disait à propos de l'Union soviétique :

– Trois semaines après le début de notre attaque, ce château de cartes s'écroulera.

Le général Franz Halder, chef du grand état-major allemand, notait le 3 juillet 1941 :

Il n'est pas exagéré d'affirmer que la campagne de Russie sera gagnée dans deux semaines.

Hitler affirmait aussitôt après le déclenchement de la guerre :

– Dans quatre semaines, nous serons à Moscou, la ville sera rasée et son site occupé par un lac avec des jeux de lumière.

Pourquoi les plus hauts officiers de la Wehrmacht et les dignitaires du régime mesuraient-ils si mal la tâche confiée à leurs soldats ?

La carte du monde se présente tout à fait autrement si on la regarde à Berlin ou à Moscou. La courbure de la terre portée en projection plane déforme l'image. Vue de la capitale allemande, la route de Moscou semble beaucoup moins longue qu'elle n'est en fait. Cette rotondité de la planète la leur faisait paraître plus courte, estompait la représentation réelle de l'immensité du territoire que leurs armées devaient conquérir.

De l'autre côté, Staline voyait en regardant la carte dont Moscou était le point central ce que Hitler et ses généraux ne pouvaient pas remarquer. Et il comprenait que des divisions s'enfonçant dans cette étendue, quelle que fût leur vitesse, seraient au bout d'un certain temps freinées dans leur élan. Elles seraient obligées de s'arrêter pour des jours et des jours afin de reconstituer leurs réserves et de créer l'infrastructure nécessaire à la poursuite de la campagne.

Dans le gros des batailles, l'artillerie divisionnaire tirait environ 300 tonnes d'obus par heure. En temps normal, les chars et les véhicules de chaque division blindée brûlaient 14 600 litres de carburant tous les cent kilomètres. Quand ils devaient se battre, cette consommation doublait ou triplait. La grande machine de guerre avalait d'énormes quantités de matériel, de carburant, de munitions, de médicaments, de nourriture et les lignes de communication s'étiraient sur des centaines de kilomètres.

Staline comprenait qu'il lui fallait arracher à Hitler son arme principale, bloquer la guerre éclair et entraîner la Wehrmacht dans une guerre d'usure. L'Union soviétique était une plus grande puissance industrielle que l'Allemagne, elle fabriquait plus d'armements. Même en 1941, malgré une chute brutale de la production après le déclenchement de la campagne, 15 735 avions furent construits en Union soviétique contre 11 776 en Allemagne. Certes, cette supériorité de l'industrie soviétique était absolument contrebalancée par les pertes considérables infligées à l'Armée rouge, de loin supérieures à celles des Allemands. À la fin de septembre 1941, soit après deux mois de combats, l'aviation militaire soviétique avait perdu 96 % de tous les avions qu'elle avait au début de la guerre, mais la production augmentait. En 1942, l'Union soviétique fabriqua déjà 25 436 avions et l'Allemagne 15 409 seulement. En 1941, 6 590 chars sortirent des usines soviétiques, 5 200 des allemandes. Et surtout, les forces aériennes soviétiques recevaient des avions modernes qui égalaient les allemands ou leur étaient supérieurs. Le rapport de forces sur le champ de bataille, si défavorable aux Russes en juin 1941, tournait peu à peu à leur avantage. Les pertes humaines et matérielles, si accablantes dans les premières semaines, commençaient à diminuer. Entre le début des opérations militaires et la fin de septembre 1941, l'Armée rouge perdit au total 2 129 677 soldats, tués, blessés, prisonniers. Au cours des trois mois suivants, les pertes furent déjà réduites de moitié, elles atteignirent alors 1 007 996 soldats. Pour le premier trimestre de 1942, elles tombèrent à 675 315 tués, blessés et prisonniers. Il restait quand même à savoir si les Russes réussiraient à conserver leur potentiel industriel et à développer la production d'approvisionnements pour l'armée puisque dès les premières semaines de la guerre, ils avaient abandonné deux centres industriels importants : Riga et Minsk. Toutefois, cela n'était pas grand-chose en comparaison des zones industrielles qu'ils étaient décidés à défendre jusqu'au bout : Kharkov, Krivoï-Rog, Dniépropiétrovsk, Marioupol, Nikopol, Léningrad, Moscou.

Le 4 juillet, Staline signa, sans le lire, un document préparé par Nikolaï Vozniessienski[40]. C'était le plan détaillé du transfert des établissements industriels les plus importants pour la défense du pays loin des territoires menacés par les opérations militaires : dans l'Oural, en Sibérie orientale et en Asie centrale. Dès le 2 juillet, les usines fabriquant des plaques de blindage furent évacuées de Marioupol, bien que le front fût encore à des centaines de kilomètres de cette ville. Le lendemain fut prise la décision de transférer à l'est 26 usines d'armement de Léningrad, Moscou et Toula.

Ce fut une entreprise extraordinaire. La vitesse à laquelle, souvent sous les bombes allemandes, de grandes usines furent démontées, les machines transportées loin vers l'est et la production relancée est une chose absolument invraisemblable. Le 7 août 1941, par exemple, il fut décidé d'évacuer les grandes usines *Zaporojstal* qui fabriquaient des roulements à billes. Le premier wagon chargé de machines démontées partit deux jours plus tard. Pour transporter tous les ateliers jusqu'à Pervoouralsk dans l'Oural, ce qui fut réalisé le 6 septembre, huit mille wagons furent nécessaires. Dans le nouveau site, la production reprit dès le 24 décembre, soit au bout de trois mois et demi à peine.

Partout, les gens travaillaient jour et nuit, sans répit. Ils démontaient les machines par un froid de quarante degrés sous zéro. Dans des lieux nouveaux où des ampoules pendues à des arbres éclairaient le chantier, sans s'occuper des intempéries ou de l'heure du jour et de la nuit, on construisait des halls d'usine avec des planches et des poutres parce qu'on manquait souvent de ciment et qu'on n'avait pas le temps de remplir les coffrages et d'attendre que le béton durcisse, ou parce que le gel rendait impossibles de tels travaux.

Entre juillet et novembre 1941, 1 523 établissements industriels furent évacués, dont 1 360 grandes usines d'armement. 226 furent transférées dans la région de la basse Volga, 667 dans l'Oural, 244 en Sibérie occidentale, 78 en Sibérie orientale, 308 dans le Kazakhstan et l'Asie centrale. Cela fut réalisé à l'aide d'un demi-million de wagons de chemin de fer.

L'évacuation et la réinstallation des usines dans de nouveaux sites n'étaient qu'une partie d'une vaste entreprise ; il fallait des hommes. Or le nombre de personnes travaillant pour la production était passé de 31 200 000 en 1940 à 19 800 000 en novembre 1941 en raison de l'occupation par les Allemands de vastes territoires habités par soixante ou soixante-dix millions de citoyens et aussi par suite de la mobilisation de centaines de milliers de travailleurs envoyés au front.

Les matières premières manquaient. L'extraction de charbon, de minerai de fer et de métaux non ferreux avait diminué brutalement. En octobre 1941, la production de matières premières, de métaux laminés et d'acier avait baissé de moitié par rapport au mois de juin de la même année, et pourtant, en novembre, quand on s'apprêtait à faire redémarrer à l'est du pays les usines qui y avaient été transportées, on échafaudait à Moscou des projets prévoyant qu'en 1942, l'armée recevrait au moins 22 000 avions, soit 6 000 de plus qu'au cours de l'année qui s'achevait, et de 22 à 25 000 chars ! Avec une chute aussi radicale de l'extraction de matières premières et de la production d'acier, ce n'était possible qu'en cessant d'alimenter le marché. Au cours de cet automne et de cet hiver-là, les gens ne brûlèrent pas de charbon dans leurs poêles, alors que la température en beaucoup d'endroits était glaciale. Il était impossible d'acheter les objets élémentaires d'usage courant. Les rations alimentaires étaient réduites au minimum. Patient, peu exigeant, habitué à la pauvreté, le peuple soviétique qui se rappelait les temps encore plus durs de la guerre civile et de la collectivisation supportait ces restrictions avec le plus grand stoïcisme. C'était la guerre et les fascistes semblaient un ennemi pire que la faim, le froid et les privations.

Le plus inquiétant était l'état des réserves de munitions dû à la destruction de nombreuses usines chimiques et de fabriques de cartouches et d'obus. Entre août et novembre 1941, la production fut arrêtée dans 303 usines de munitions ; sur 26 évacuées à l'est avant décembre 1941, huit seulement parvinrent à destination et quatre purent reprendre le travail. C'est pourquoi pendant les mois d'automne, l'Armée rouge utilisa surtout les réserves accumulées en temps de paix, mais elles furent épuisées avant la fin de l'année car la production courante ne couvrait que 50 à 60 % des besoins. Il arrivait au front plus de canons, de fusils, d'avions et de chars que de cartouches et d'obus pour les alimenter.

Staline remporta toutefois une première victoire. On réussit à sauver l'infrastructure nécessaire à l'approvisionnement de l'armée et à la poursuite de la défense. Mais les soldats voudraient-ils se battre ? Les unités décimées reculaient en désordre ou se rendaient quand elles ne voyaient plus de possibilité de résister. Les rapports du front faisaient état de centaines de milliers de disparus. Pour la plupart, c'étaient des déserteurs qui avaient fui le champ de bataille.

L'image des soldats prêts au sacrifice suprême présentée à Staline était très mensongère et, pourtant, elle suscita son inquiétude. Le grand état-major informait qu'après deux semaines de combats, l'ennemi avait perdu 1 312 000 soldats, 1 664 avions et 2 625 chars, alors que les pertes de l'Armée rouge étaient prétendument de moitié inférieures : 889 avions et 901 chars.

[...] en raison de la retraite de nos troupes, il n'est pas possible d'établir un bilan de nos pertes. [...] À la date du 29 juin, le nombre de disparus ou de prisonniers s'élevait à environ 15 000.

Évidemment, ce n'était pas vrai. Rien que devant Minsk, l'Armée rouge avait perdu 300 000 soldats, qui avaient été faits prisonniers. À Kiev, les Allemands en avaient capturé 425 000. En novembre 1941, Hitler annonça que 3 600 000 soldats soviétiques se trouvaient dans des camps allemands. Même si la propagande allemande exagérait le nombre des prisonniers soviétiques, il était sans aucun doute très élevé.

Pour Staline, aucun soldat n'avait le droit de se laisser capturer, même dans les situations les plus désespérées. Dans son plan de résistance aux Allemands, c'était le point essentiel et le point faible. Les unités décimées quittant le champ de bataille en pleine confusion, se cachant dans les villages, désertant ou se rendant à l'ennemi, cela écartait tout espoir de briser l'élan de la guerre éclair.

La vie du soldat soviétique ne comptait que s'il pouvait tuer des ennemis. L'Armée rouge était plus nombreuse que la Wehrmacht. Si avant de périr, chaque soldat avait tué seulement un Allemand, la guerre était gagnée. Il fallait donc rester dans la tranchée ou dans son trou jusqu'à la fin et se battre avec son fusil, sa baïonnette, sa pelle, jusqu'au bout. Que signifiait sa mort ? Que signifiait la destruction par les Allemands d'une division ? Que dix ou douze mille hommes auraient cessé d'exister, rien de plus. Et l'anéantissement d'une armée ? Bah ! tout simplement que 100 000 soldats auraient donné leur vie pour la patrie. Les réserves humaines en Union soviétique étaient énormes, le nombre d'hommes susceptibles d'être appelés sous les armes était estimé à 17 000 000 et en fait pendant toute la guerre, 29 000 574 citoyens furent mobilisés. Tant qu'une pareille quantité pouvait être envoyée sur les champs de bataille, la vie d'aucun d'entre eux n'avait la moindre importance. Leur mort dans un combat jusqu'à la dernière cartouche avait plus de prix si elle permettait d'atteindre l'objectif essentiel du plan de Staline : ralentir la progression des armées allemandes. C'est ce que les chefs devaient se mettre dans la tête. Rien ne pouvait justifier la retraite de leurs unités !

Le 16 juillet 1941 furent nommés des commissaires politiques. Il y en avait déjà eu dans l'Armée rouge, mais on y avait renoncé dans le cadre de la grande réforme qui devait transformer l'armée soviétique, une grande armée révolutionnaire dans laquelle les grades d'officiers n'existaient pas et où les soldats pouvaient discuter les ordres de leurs chefs, en une force moderne, disciplinée, commandée par des professionnels. Au milieu des années trente, il avait semblé que les commissaires politiques ne seraient plus nécessaires. Le temps était passé où il fallait surveiller les officiers dont la plupart venaient de l'armée tsariste et propager le bolchevisme pour que les soldats qui se trouvaient enrôlés souvent par hasard ou même contre leur volonté se battent pour Lénine. Les commissaires politiques, des dilettantes conscients de leur position et de leurs pouvoirs, étaient devenus un cauchemar pour les chefs, mais beaucoup de temps s'était écoulé avant que les officiers les plus éclairés, comme par exemple Mikhaïl Frounzé ou le maréchal Mikhaïl Toukhatchevski ne réussissent à obtenir de Staline le rappel de ceux qui gênaient la construction d'une puissante Armée rouge.

En juillet 1941, Staline considéra que la situation connue des années auparavant se répétait et qu'il fallait recommencer à surveiller les chefs et à s'occuper du moral des soldats. Il ne faisait toujours pas confiance aux officiers. En effet, il n'avait pas mené à son terme la Grande Purge qui devait aboutir à écarter tous les hommes supposés peu sûrs : membres de l'ancien corps tsariste, officiers soupçonnés de sympathies trotskistes, formés à l'étranger où ils avaient pu douter de la supériorité du communisme ou du stalinisme. La purge avait été interrompue en 1938 quand la situation internationale s'était brusquement envenimée à la suite du rattachement de l'Autriche à l'Allemagne et de la crise tchécoslovaque qui auraient pu entraîner la guerre. Face à une telle menace, il n'était pas indiqué de continuer à éliminer des officiers en masse. On n'avait donc pas réussi à se débarrasser de tous ceux que Staline voulait anéantir, pour avoir la certitude que les rescapés étaient, parce qu'effrayés, absolument dévoués à leur chef. On n'avait pas réussi non plus à former de nouveaux cadres.

L'évolution de la situation sur le front semblait confirmer le manque de confiance envers les officiers. C'est pourquoi Staline y envoya des commissaires politiques, messagers de mort. Ils dépendaient du Service politique de l'Armée rouge commandé par le maréchal Lev Mékhlis[41], célèbre pour sa brutalité et sa méfiance envers le cadre des officiers. C'est sur sa décision que fut organisé à Moscou un défilé des soldats libérés de captivité, avant de les emmener dans des camps en Sibérie. C'est à lui que le général Pavlov et ses officiers durent d'être accusés et exécutés. Staline ne pouvait choisir un meilleur agent pour surveiller et terroriser les officiers. Sa tâche essentielle consistait à veiller à ce que chaque chef exécute scrupuleusement l'ordre de se battre jusqu'au bout. La faiblesse, le doute, le désir d'épargner les soldats devaient être punis de mort.

Le cas du général Pavlov

Le général Dmitriï Pavlov prenait son petit déjeuner quand un officier entra et rapporta que dans la cour de son quartier général au bord d'un bois près de Moghilev venait d'arriver le général Andriéï Iérémienko[42] avec quelques officiers. Personne ne l'avait prévenu de cette visite, il en ignorait le pourquoi. Il pensait donc que c'était encore une inspection pareille à celle qu'avaient effectuée quelques jours plus tôt les maréchaux Koulik et Mékhlis, et de laquelle il n'était rien résulté.

Il se leva d'un bond de sa chaise, ordonna de débarrasser la table et, boutonnant son uniforme, il sortit dans le vestibule où se trouvait déjà Iérémienko.

– Vous êtes déjà ici, dans cet enfer ukrainien, et non en Extrême-Orient, commença Pavlov sur un ton amical en invitant d'un geste large les arrivants à entrer.

Il parlait du service de Iérémienko comme commandant de la 1re armée d'Extrême-Orient.

– Là-bas aussi, c'était parfois l'enfer, grogna le général.

Il regarda Pavlov avec froideur en tendant la main.

– Nous vous apportons l'ordre de me remettre le commandement du front…

Pavlov regarda, décontenancé. Il prit en silence l'enveloppe cachetée.

– Personne ne m'a informé, ne m'a prévenu…

Il avait parlé comme pour exprimer un reproche, mais il se rendit immédiatement compte de la vanité de cette remarque.

– Où dois-je aller maintenant ?

– À Moscou, répondit sèchement Iérémienko. L'ordre de rentrer immédiatement concerne également les officiers de votre état-major, le général Klimovskikh et les autres.

Il s'assit confortablement à la table et regarda les cartes.

– Et maintenant, faites-moi un exposé de la situation sur le front.

Pavlov sentit qu'il s'agissait de quelque chose de beaucoup plus grave que de le relever simplement de son commandement.

– Vous savez, l'attaque allemande a été pour nous une surprise totale, dit-il hors de propos.

Toutes les unités de l'Armée rouge avaient essuyé une défaite, et pas seulement les siennes, et il n'était pas du tout coupable de ce qui s'était passé depuis le 22 juin. Sur l'ordre de Moscou, il avait préparé ses armées à l'offensive, non à la défense, c'est pourquoi il en avait avancé trois loin à l'ouest, à la frontière, en laissant une en réserve. Mais elles n'étaient pas prêtes au combat parce que sur l'ordre explicite de Staline, elles restaient sur le pied de paix.

Comment aurait-il pu combattre quand les Allemands les avaient attaquées, quand les Allemands les avaient devancées ? Le commissariat à la Défense avait entravé l'action des chefs. Le 22 juin au matin, le commissaire Timochenko lui avait transmis personnellement l'ordre par lequel Staline interdisait les tirs d'artillerie contre les Allemands et les reconnaissances aériennes au-delà de cinquante kilomètres derrière la frontière. Comment sans artillerie et sans reconnaissance aérienne peut-on repousser une attaque de détachements ennemis ?!

Il n'était pas plus responsable de la défaite qu'aucun autre chef. Personne n'avait de raison de le soupçonner de déloyauté. Il avait certes servi dans l'armée tsariste, mais il n'était alors que simple soldat. Il était entré dans l'Armée rouge et dans le parti communiste dès 1919. Nul ne mettait en doute son dévouement au parti et à Staline. À son retour d'Espagne en 1937, il s'était vu décerner le titre de Héros de l'Union soviétique. Bien sûr, il avait mal apprécié les possibilités et la force de l'arme blindée et conseillé la dissolution des formations autonomes de chars d'assaut, mais cette opinion était partagée par les maréchaux Kliment Vorochilov et Koulik. Ce sont eux qui avaient pris la décision de dissoudre les corps mécanisés qui avaient été remplacés par 35 brigades et 98 bataillons de chars rattachés à des divisions d'infanterie et de cavalerie. On ne pouvait pas lui mettre cette erreur sur le dos et d'ailleurs personne ne la lui reprocha.

Les premiers jours à Moscou, où il était arrivé le 4 juillet, n'annonçaient rien d'effrayant. Il ressortait d'entretiens au grand état-major et au commissariat à la Défense qu'il ne reviendrait pas sur le front à un poste de commandement.

Et soudain, le 16 juillet, il fut arrêté, battu et torturé sans pitié, pour l'obliger à avouer qu'il avait été un ami du maréchal Toukhatchevski arrêté et condamné à mort en 1937 sur l'ordre de Staline. Il devait confirmer qu'il avait pour cette raison fomenté un complot militaire et que lorsque l'occasion s'était présentée, il avait voulu ouvrir la route devant les divisions allemandes pour qu'elles arrivent le plus vite possible à Moscou et renversent Staline. Il nomma les conjurés : des officiers de son état-major et le général Kiryll Miérietskov[43]. Cela pouvait paraître vraisemblable. Au début de 1941, Miérietskov avait été soupçonné de trahison au profit des Britanniques et il avait frôlé la mort. Peut-être pour qu'il n'échappe pas cette fois à la justice populaire, les sbires avaient-ils sous la torture soufflé son nom à Pavlov. Il fut arrêté, mais il s'en tira encore à bon compte. En septembre 1941, il fut libéré de prison sur l'ordre de Staline et envoyé à Léningrad comme représentant du quartier général du commandant en chef.

Pavlov eut moins de chance. Il était destiné au rôle de bouc émissaire comme officier ayant trahi la patrie, l'un de ceux qui avaient déçu Staline et n'avaient pas repoussé l'ennemi.

Staline demanda à Poskriébychev :

– Qui outre Pavlov comparaîtra devant le tribunal militaire ? Quand l'affaire sera-t-elle jugée et où est le projet de sentence ?

Poskriébychev posa sur le bureau un dossier blanc mince portant l'inscription « Jugement », et entre parenthèses « Projet ».

Au nom de l'Union soviétique, le Collège militaire de la Cour suprême de l'URSS composé ainsi : président V.V. Oulrich ; membres : A.A. Orlov et D.J. Kandybine ; secrétaire A S. Mazour, au cours d'une séance à huis clos à Moscou, le [...] (une place blanche avait été laissée pour inscrire la date) juillet 1941 a examiné l'affaire :

1 – Pavlov, Dmitrii Grigoriévitch, né en 1897, ex-commandant du front Ouest, général d'armée.

2 – Klimovskikh, Vladimir Iéfimovitch, né en 1895, ex-chef d'état-major du front Ouest, général de brigade.

Tous deux sont accusés de crimes relevant des articles 63-2 et 76 du Code pénal de Biélorussie.

3 – Grigoriev, Andriéï Térentiévitch, né en 1889, ex-chef des transmissions du front Ouest, général de brigade.

4 – Korobkov, Alexandre Andriéïévitch, né en 1897, ex-chef de la 4e armée, général de brigade.

Tous deux sont accusés de crimes relevant de l'article 80, § b du Code pénal de Biélorussie.

Staline parcourut du regard les formules juridiques et lut attentivement l'acte d'accusation :

Pavlov et Klimovskikh étaient membres d'un complot militaire antisoviétique et profitaient de leur position pour mener des activités hostiles en ne préparant pas au combat les soldats placés sous leurs ordres, ils conspiraient à entraver la mobilisation des unités de la région militaire, mettaient obstacle au commandement des forces armées et abandonnaient sans combat les armes à l'ennemi, nuisant considérablement à la combativité de l'Armée rouge.

Plus loin, figuraient des reproches analogues adressés aux deux autres officiers. Le document affirmait :

La culpabilité de Pavlov et de Klimovskikh, ainsi que celle de Grigoriev et de Korobkov a été prouvée.

On aurait pu reprocher beaucoup de choses à Pavlov, à Klimovskikh et à Grigoriev, mais les accusations contre Korobkov n'étaient fondées absolument sur rien. Il s'était battu avec bravoure. Son armée avait subi de lourdes pertes, mais il n'existait alors en Union soviétique aucune unité n'ayant pas subi de pertes énormes. Le jour de son rappel à Moscou, il était sur le champ de bataille, il menait les opérations avec succès, il gardait le contact avec le commandement du front… et c'est ce qui le perdit. Staline estimait en effet que devant le tribunal, il fallait un officier de première ligne, et comme on savait où était Korobkov, on lui envoya une convocation à Moscou. Elle parvint au destinataire.

Le tribunal proposa un verdict propre à satisfaire Staline : la dégradation militaire, la peine suprême, c'est-à-dire la mort par fusillade et la confiscation des biens personnels.

– J'accepte, dit-il, mais dites à Oulrich de renoncer à ces inepties au sujet d'une « conspiration ». L'affaire ne devrait pas traîner. Sans appel. Et faites-le proclamer sur le front, pour que tous sachent que les défaitistes seront punis. Sans pitié.

Pavlov ne se rendait pas compte que le procès commencé le 22 juillet contre lui et ses officiers était une farce : le verdict était déjà confirmé et les juges avaient seulement à marquer la date. Il se battait pour sa vie et pour son honneur. Il ne nia pas ses fautes, ce qui lui était certainement dicté par les officiers du NKVD qui l'avaient torturé. Ils n'aimaient pas que l'accusé, une fois devant le tribunal, s'abandonnant au sentiment illusoire de la justice, revienne sur les aveux faits pendant l'instruction ou s'efforce de se présenter comme innocent. Les juges n'aimaient pas cela non plus. Ils avaient peur que la prolongation du procès n'attire sur eux la colère de Staline. Dans ces cas-là, ils ordonnaient une interruption de séance et l'accusé retournait à la chambre de torture où on lui rappelait vite comment il convenait de se conduire devant le tribunal. Parfois, on appliquait des narcotiques à ceux qui étaient particulièrement résistants et durs au mal. Dans la salle d'audience, ils étaient déjà soumis, résignés à leur sort et prêts à accepter le verdict.

Pavlov s'efforça de convaincre le tribunal que tous les reproches résultaient de circonstances exceptionnellement défavorables et non pas de sa mauvaise volonté. Il demanda à être envoyé au front, il était prêt à laver sa faute dans son sang versé pour la patrie. Les autres accusés agirent de même.

Le juge Oulrich les écouta avec une impatience ostensible, mais il ne les empêcha pas de parler car le procès se déroulait conformément au scénario. Quand ils en eurent fini avec leurs appels à la justice populaire, il ne commenta pas, il dit seulement, à la manière militaire : « Exécuter ! »

Pavlov et les trois autres officiers furent fusillés la nuit même.

Les tribunaux militaires travaillaient très intensivement. Il n'a jamais été possible d'établir le nombre des officiers condamnés en juillet et en août sur de fausses accusations de trahison, de défaitisme, de participation à un complot contre la patrie et contre Staline. Le seul indice peut être le fait qu'en octobre 1941, quand le NKVD entreprit d'évacuer les prisons moscovites, environ 400 officiers pour lesquels la place manquait dans les voitures cellulaires furent fusillés. Des centaines d'autres furent envoyés à Kouïbychev où la plupart disparurent. Vraisemblablement, soixante-dix généraux et amiraux furent sacrifiés pour l'exemple*. Leur sort devait être un avertissement pour les autres. La culpabilité ou la responsabilité réelle n'avaient aucune importance. Un tel sort échut au général Pavel Ponédiéline, commandant de la 12e armée. Grièvement blessé, il fut capturé. Cela suffit à le désigner comme lâche et traître et à le condamner à mort par contumace.

Le général Vladimir Katchalov, commandant de la 28e armée fut tué devant Smolensk le 4 août, et bien que les circonstances de sa mort fussent connues, il fut désigné comme « politiquement immature » et on lui imputa d'avoir trouvé la mort alors qu'il voulait se rendre.

Staline fit état de leurs noms dans l'ordre numéro 270 promulgué le 16 août 1941 :

Le général de division Katchalov, commandant de la 28e armée, s'est avéré un lâche et s'est rendu pendant que son état-major et ses unités se frayaient un passage pour briser l'encerclement. Le général de brigade Ponédiéline s'est rendu, ainsi que le général de brigade Kiryllov du 13e corps d'infanterie. Ce sont des faits honteux. Les lâches et les déserteurs doivent être anéantis !

On ne pouvait plus rien faire à Katchalov, mais sa famille connut jusqu'en 1956 le sort des proches des « traîtres à la patrie ». Ils furent expulsés de leurs appartements, privés de rentes et de possibilité de faire faire des études à leurs enfants.

Ponédiéline rentra de captivité en Allemagne en 1945 et tomba dans les mains de la justice stalinienne. Il comparut devant un tribunal. Toutes les preuves d'avoir refusé pendant quatre ans de collaborer avec les Allemands, d'avoir été torturé et battu, furent inutiles ; il fut condamné

* Pendant la Seconde Guerre mondiale, 421 généraux soviétiques périrent sur le champ de bataille ou à la suite de leurs blessures. 1 065 généraux et amiraux furent faits prisonniers ; 23 moururent en captivité, 20 furent fusillés après leur retour en Union soviétique.

à cinq ans de camp. Il ne pouvait pas croire que sa patrie pût être aussi injuste. Il adressa à Staline une demande de révision du procès, rappelant ainsi son existence à Moscou. Le 25 août 1950, il fut condamné à mort. La sentence fut exécutée.

Le général Nikolaï Kiryllov survécut aussi à la captivité en Allemagne et rentra en Union soviétique en 1945. Comme celui de Ponédiéline, son destin était joué d'avance. Il fut fusillé presque le même jour que lui, le 24 août 1950.

Dans l'ordre numéro 270, celui dans lequel il montrait du doigt la conduite infâme de Katchalov, de Kiryllov et de Ponédiéline, Staline affirmait :

1 – Celui qui enlève ses galons pendant la bataille et se rend doit être considéré comme un déserteur dont les proches seront arrêtés comme membres de la famille d'un traître à la patrie et d'un parjure à son serment de soldat. De tels déserteurs devront être fusillés sur place.

2 – Tous ceux qui se trouvent encerclés doivent combattre jusqu'à la mort et essayer d'atteindre nos lignes. Ceux qui choisissent de se rendre doivent être liquidés par tous les moyens et leurs familles privées de toute allocation et aide de l'État.

3 – Récompenser plus largement les braves.

Le présent ordre doit être lu devant les compagnies, les divisions et les batteries.

Il n'était pas si facile d'exécuter cet ordre quand les lignes de défense cédaient sous les coups des Allemands et que les soldats se lançaient dans une fuite éperdue. C'est pourquoi le 20 juillet, Staline convoqua Béria et lui ordonna de former des sections spéciales qui rechercheraient et puniraient les soldats ayant quitté le champ de bataille, les déserteurs et ceux qui étaient tombés aux mains des Allemands mais avaient réussi à s'échapper. Ainsi naquirent ce qu'on appela les sections spéciales, *Ossobyïe Otdiely*, soumises à un département spécial du NKVD ayant à sa tête Viktor Abakoumov[44] connu pour sa brutalité et son sadisme.

Il dirigeait les interrogatoires et torturait personnellement et, quand un accusé était introduit dans son cabinet, il faisait étendre une vieille couverture devant son bureau pour que le sang du supplicié ne tache pas le beau tapis persan.

Nous ne connaîtrons jamais le bilan des activités des terribles formations du NKVD. Personne n'a noté dans ces jours-là le nombre des prisonniers évadés ou de soldats ayant fui le champ de bataille qui furent arrêtés et fusillés sur place, ni combien ont été torturés à mort pendant les interrogatoires.

– Tu avances, tu te fais tuer, mais on te donne une médaille. Tu recules, tu te fais tuer, mais on ne te donne pas de médaille, disaient les soldats de l'Armée rouge.

Ils apprirent vite qu'il valait mieux se faire tuer...

D'après les statistiques officielles de l'Armée rouge, 994 300 soldats soviétiques furent condamnés par les tribunaux militaires pendant la guerre, dont 376 300 pour désertion. Ces chiffres seuls peuvent donner une idée de la moisson ramassée par les sections du NKVD.

Toutefois, Staline comprenait qu'il faudrait à Béria plusieurs semaines pour exécuter son ordre : organiser des sections spéciales et les envoyer en première ligne. On ne pouvait pas non plus en garnir le vaste front qui coupait l'Union soviétique du nord au sud. L'armée devait se surveiller elle-même. Dans un télégramme envoyé en septembre 1941 à toutes les unités, Staline ordonna de former dans chaque division une section composée de soldats politiquement sûrs dont la tâche consisterait à arrêter, « même en faisant usage de leurs armes », les soldats pris de panique, ce qui signifiait qu'ils devaient tirer sur ceux qui se sauvaient à l'approche de l'ennemi. Staline n'a jamais renoncé à recourir à de telles méthodes à l'égard de l'armée. Des nids de mitrailleuses lourdes en position derrière la ligne de tirailleurs lancée à l'assaut étaient un spectacle normal sur les champs de bataille soviétiques.

Un an plus tard, l'idée de soldats surveillant les soldats se précisa encore plus formellement. Un ordre de Staline exigeait :

De trois à cinq détachements bien armés (comptant chacun jusqu'à 200 soldats) devront être formés dans chaque armée et mis en position derrière toute division peu sûre. Ils devront tirer sur les paniquards et les lâches en cas de débandade ou de retraite désorganisée. Des compagnies disciplinaires, de cinq à dix selon les circonstances (comptant chacune de 150 à 200 hommes), doivent être formées dans le cadre d'une armée et envoyées sur les secteurs difficiles pour donner aux hommes une chance de racheter par leur sang le crime commis envers la patrie.

Le fils de Staline

Des recherches fébriles se poursuivaient depuis quelques jours, sans résultat. En fait, dans l'énorme pagaille où était plongée la 14e division en retraite devant Smolensk, personne ne croyait qu'il fût possible de savoir où était passé un lieutenant dont on n'avait plus de nouvelles. Mais le commandant de la division ne renonçait pas aux recherches. Il envoya une patrouille et lui ordonna de ne pas revenir sans le lieutenant Iakov Djougachvili. On l'avait vu pour la dernière fois le 13 juillet 1941 lorsque la batterie de mortiers qu'il commandait se battait dans le secteur de Vitebsk. Les Allemands avaient ensuite contre-attaqué et rapidement encerclé les troupes soviétiques. Les liaisons avaient été interrompues et Iakov Djougachvili avait disparu, tout comme des centaines de soldats enfermés dans la poche. Les jours passaient et les chances de revoir vivant le fils de Staline s'amenuisaient.

Le commissaire politique Gorokhov qui avec une patrouille de motocyclistes le cherchait depuis le 21 juillet entra dans le poste de commandement de la division.

– Camarade commandant, nous avons retrouvé le soldat qui le dernier a vu le lieutenant.

Le général se leva et s'approcha du soldat pour mieux entendre son rapport :

– Eh bien ?

– Au bord du lac Kaspla, nous avons rencontré un soldat de l'Armée rouge qui a déclaré être sorti de l'encerclement avec le camarade Djougachvili. Mais là, ils se sont séparés. Djougachvili s'est arrêté pour se reposer et le soldat a poursuivi son chemin. D'après lui, il n'y avait pas d'Allemands dans les environs, il existe donc une chance que le lieutenant ait regagné nos lignes…

– Il ne les a pas regagnées, grogna le général. Vous pouvez vous retirer.

Ce jour-là, le 24 juillet, le commandant de la division comprit qu'il ne pouvait pas cacher plus longtemps la disparition du fils de Staline. Il avait pu être tué ou être tombé aux mains des Allemands.

Il frappa du poing sur la table pour appeler l'aide de camp.

– Écris ! dit-il quand celui-ci entra.

Il dicta :

– Toutes les mesures ont été prises en vue de retrouver le camarade Djougachvili disparu avec sa batterie aux abords du village de Lioznovo près de Vitebsk. Jusqu'à présent, nous n'avons pas réussi à savoir ce qu'il était devenu.

Il ajouta au bout d'un moment :

– Envoie un message chiffré au chef du service politique du front Ouest, le camarade commissaire Roumiantsev.

On ne sait pas comment Staline a appris la disparition de son fils. Peut-être le premier à l'en informer fut-il Lev Mékhlis qui en entendant le rapport de Roumiantsev se dépêcha de porter la tragique nouvelle au dictateur. Il est plus vraisemblable que ce dernier ait été informé plus tôt par un communiqué de la radio allemande du 19 juillet :

L'état-major du maréchal von Kluge nous informe que le 16 juillet, près de la localité de Lioznovo au sud-est de Vitebsk, des soldats du corps motorisé du général Schmidt ont capturé le fils du dictateur Staline, le lieutenant Iakov Djougachvili, chef de batterie du 7e corps d'infanterie du général Vinogradov. Après avoir été identifié, il a été emmené à l'état-major du feld-maréchal von Kluge le 18 juillet. Son interrogatoire se poursuit.

Comment réagit Staline à la nouvelle que son fils aîné se trouvait aux mains des Allemands ? La relation la plus vraisemblable semble être celle du maréchal Joukov, même si c'est bien des jours plus tard qu'il a demandé à Staline des nouvelles de Iakov.

– Camarade Staline, il y a longtemps que je veux vous demander ce qu'est devenu votre fils. A-t-on appris quelque chose de nouveau ?

Staline arpenta longtemps le cabinet en silence. Il finit par dire d'une voix étranglée :

– Iakov ne sortira pas de captivité. Ils le fusilleront, les bandits. Ils le gardent à part et l'endoctrinent, pour qu'il trahisse sa patrie.

Il ajouta au bout d'un moment :

– Iakov mourra plutôt que de trahir son pays…

Il s'interrompit et resta longtemps silencieux.

Manifestement, le sort de son fils l'avait bouleversé, et pourtant, il n'avait jamais manifesté d'amour pour lui, on pouvait même avoir l'impression qu'il ne pouvait pas le souffrir.

La mère de Iakov, Iékatiérina Svanidzé était morte de la tuberculose ou du typhus quand le garçon avait trois ans. Staline les avait laissés tous deux à Tiflis sous la garde de son beau-frère, Alexandre Svanidzé, puis il était allé à la guerre. Ils ne s'étaient revus que quand le garçon avait bien plus de dix ans. L'oncle l'avait amené à Moscou et l'avait laissé à son père, qui pensait peut-être au début que son premier- né suivrait sa trace, qu'il serait un homme politique ou un chef. Iakov, qu'on appelait à la maison Iacha, semblait être à l'opposé des attentes de son père. Il termina péniblement l'école secondaire et entreprit d'étudier au département des transports de l'école polytechnique de Moscou. Il ne s'intéressait pas outre mesure à ses études et consacrait en revanche beaucoup de temps à sa belle-mère Nadiéjda qui n'avait guère que quatre ans de plus que lui, et elle répondait aux galanteries du beau jeune homme. Cela provoqua un scandale et Iakov tenta de se suicider. Dans la cuisine de l'appartement de Staline au Kremlin, il s'était tiré un coup de pistolet dans la tête, mais si maladroitement que la balle avait labouré la chevelure sans causer grand dommage. Staline avait seulement remarqué ironiquement :

– Il ne sait même pas tirer.

Peu de temps après, Iacha était allé chez ses grands-parents à Léningrad. On ne sait pas si son père l'avait renvoyé de Moscou pour l'éloigner de sa belle-mère ou si l'amour d'une jeune fille prénommée Zoïa l'avait poussé. Pour elle, il abandonna l'école polytechnique et décida de commencer à vivre en adulte. Ils eurent un enfant. Il devint directeur d'une usine hydro-électrique. Une tragédie soudaine mit fin à cette liaison : le bébé mourut. Iakov rentra à Moscou et entreprit des études à l'académie d'artillerie.

Bientôt, un nouveau scandale agita Moscou. Iacha épris de la belle Olga Gladycheva, qui lui avait donné un fils, épousa Ioulia Izaakovna Meller, tout aussi belle, mais vaniteuse et frivole à l'extrême. Il était son quatrième mari, ce qui toutefois énervait moins Staline que le fait qu'elle fût Juive.

Iakov ne paraissait pas remarquer le mécontentement de son père et les jeunes mariés avaient l'air très heureux. En 1939, ils eurent une fille, Galina. Deux ans plus tard, en mai 1941, Iakov sortit de l'école avec le grade de lieutenant et fut envoyé à l'armée comme chef d'une batterie de mortiers. Le 22 juin 1941, son père lui dit au téléphone :

– Pars et bats-toi !

On n'a pas réussi à établir de quelle façon s'est déroulée leur dernière conversation téléphonique. On soupçonne que Iakov avait appelé son père pour ne pas être envoyé au front. Celui-ci aurait refusé court. Il semblait content que ce fils prodigue fût enfin devenu, bon gré mal gré, un soldat parti se battre en première ligne, jusqu'à l'arrivée de la terrible nouvelle.

Le 7 août, Staline reçut une enveloppe cachetée dans laquelle Andriéï Jdanov, membre du conseil de guerre du front Nord-Ouest, lui envoyait un tract allemand représentant une photographie de Iakov en promenade dans une prairie en compagnie de deux officiers allemands. La légende sous la photographie disait :

Iakov Djougachvili, le fils aîné de Staline, chef d'une batterie du 14e régiment d'artillerie de la 14e division, s'est rendu le 16 juillet devant Vitebsk avec des milliers d'autres officiers et soldats. Sur l'ordre de Staline, vos commissaires politiques vous racontent que des bolchéviques ne peuvent pas se rendre, ce que font pourtant sans cesse des soldats de l'Armée rouge. Pour vous faire peur, vos commissaires vous mentent, ils vous disent que les Allemands maltraitent les prisonniers. Le propre fils de Staline vous prouve par son exemple que ce sont des mensonges. Iakov s'est rendu parce qu'il est inutile de résister à l'armée allemande.

C'est ce que Staline craignait le plus : l'utilisation par les Allemands de l'acte de Iakov. Il avait en effet refusé aux soldats le droit d'aller en captivité, quelles que fussent les circonstances. Blessés, sans armes ou sans munitions, ils devaient se battre, se jeter éventuellement sur l'ennemi avec un couteau, ou se suicider.

Il entra dans une grande colère qu'il reporta sur les proches de son fils. Alexandre Svanidzé, qui après la mort de sa mère avait élevé Iakov, son neveu, fut fusillé le 20 août 1941, et sa femme et sa fille furent emmenées dans un camp et fusillées quelques mois plus tard. La belle-fille mal aimée du dictateur, Ioulia, sentit bientôt elle aussi son courroux : elle fut arrêtée et emprisonnée en Sibérie, d'où elle ne revint qu'au bout de deux ans. Staline ordonna de confier l'éducation de sa petite-fille Galina à ses grands-parents.

Il ne savait toujours pas comment Iakov avait été capturé. La seule information était une lettre arrivée par la voie diplomatique :

Cher père ! Je suis prisonnier, en bonne santé, et je serai bientôt envoyé dans un camp d'officiers en Allemagne. Ils me traitent bien. Je te souhaite une bonne santé. Mes salutations à tous. Iacha.

Staline ne connut la vérité qu'après la guerre, en 1945, quand fut rapporté d'Allemagne un procès-verbal de l'interrogatoire de Iakov le 18 juillet 1941, trouvé dans les archives de la Wehrmacht.

C'est un document bizarre, pas clair, plein de contradictions, sans les dates et les heures, éléments de base indispensables à la compréhension du déroulement de l'action, comme si le prisonnier s'était efforcé de cacher la vérité, embrouillant la description des circonstances qui avaient abouti à sa captivité. Il y a là aussi une grande naïveté, qui reflète les films de propagande soviétiques.

Iakov racontait avec quelle bravoure sa batterie s'était battue en tirant sur les Allemands qui encerclaient le village de Liaznovo. Mais quand les soldats avaient compris que l'ennemi était de tous les côtés, ils avaient jeté leurs armes et s'étaient éparpillés. Lui, il n'avait pas fui, mais il s'était rendu au poste de commandement de la division.

Iakov avait dit à l'officier allemand qui l'interrogeait :

– J'étais dans la voiture du commandant de la division et je l'attendais. À ce moment-là, vos troupes se sont mises à bombarder les restes de notre unité. [...] Des soldats de l'Armée rouge se sont rassemblés autour de la voiture, du personnel de l'arrière. Ils nous ont demandé : « Camarade officier, prenez le commandement et menez-nous au combat ». Nous nous sommes lancés à l'attaque, mais ils ont eu peur, et quand je me suis retourné, il n'y avait plus personne derrière moi. Je ne pouvais plus aller les retrouver sous le feu violent de vos mortiers.

Cela est très naïf et très peu vraisemblable : les soldats de formations disloquées en fuite devant les Allemands tout proches qui, à la vue d'un officier, viennent se grouper autour de lui et le prient de les mener à la charge. Et lui, il se met à leur tête et se lance à l'assaut, sans savoir où est l'ennemi, quelles sont ses forces, où sont ses propres unités et comment se frayer un chemin jusqu'à elles.

Iakov ne portait pas d'uniforme, mais des vêtements civils, ses explications à ce sujet sont encore plus emberlificotées.

– J'ai rencontré un petit groupe de soldats, je n'avais pas d'autre solution que d'aller avec eux. Tous se sont mis en civil, je ne voulais pas les imiter. J'étais toujours en uniforme, alors, ils m'ont demandé de m'en aller seul parce que les avions allemands allaient tirer sur moi et qu'ils se trouveraient eux-mêmes pris pour cibles. Je les ai quittés.

Mais il s'avéra que les soldats d'un autre groupe rencontré avaient persuadé Iakov de jeter son uniforme, il avait alors mis des vêtements civils achetés chez un paysan.

Les officiers allemands qui l'avaient interrogé s'étaient demandé comment le fils de Staline pouvait porter une veste et des pantalons de bonne qualité. On ne trouvait pas de tels vêtements chez des paysans biélorusses.

– Non, ces habits sont allemands. Ce sont les Allemands qui me les ont donnés, les pantalons, les souliers. J'étais vêtu en paysan, je voulais me sauver dans nos lignes. J'avais donné mon uniforme en échange d'habits paysans.

Il faudrait en conclure que les Allemands voyant le fils de Staline dans des hardes paysannes avaient eu pitié de lui et lui avaient donné de quoi se vêtir plus convenablement. Ce n'est guère croyable.

On ignore aussi comment les Allemands se rendirent compte de son identité. Dans la cohue des prisonniers dont la plupart n'avaient pas de papiers, portaient des uniformes sans distinctions, ou n'avaient pas d'uniformes du tout, trouver Iakov n'était possible que si un soldat l'avait dénoncé. On ne peut non plus exclure qu'il les ait informés lui-même, pensant que le fils de Staline serait traité autrement que les autres. Il ne se trompait pas.

Emmené à Berlin, il fut logé dans l'hôtel de luxe *Adlon*, où descendaient avant la guerre les diplomates et les chefs de gouvernement. On lui donna un compagnon, le capitaine Strick, officier de l'Abwehr, qui se chargea plus tard du général Andriéï Vlassov et le convainquit de collaborer avec les Allemands. Pour l'heure, la même tâche lui avait été confiée en ce qui concernait Iakov. Recruter le fils de Staline aurait été un grand succès de propagande, mais l'entreprise échoua.

Iakov comprit qu'il était arrivé à une frontière infranchissable. En mars ou en avril 1942, il fut envoyé de son appartement dans un baraquement de camp. Les Allemands avaient-ils renoncé à leurs plans ? Certainement pas. Ils voulaient que le prisonnier sente la différence et désire retrouver le luxe. Au prix d'une trahison.

Il tint bon. Il finit par être emmené à Sachsenhausen[45] où il fut logé dans le baraquement numéro 2, dans un secteur séparé du reste du camp. Un mur élevé et trois rangs de fils barbelés dont celui du milieu était sous tension interdisaient aux prisonniers tout contact avec le monde extérieur.

Il paraît que Iakov s'est comporté avec une grande dignité. Il refusait de rendre les honneurs aux officiers allemands. Il rejetait toutes les tentatives faites pour le recruter. Jusqu'à finir par périr. Les circonstances de sa mort resteront toujours un mystère car il est possible que deux témoins aient menti pour cacher leur propre responsabilité.

Le commandant du camp de Sachsenhausen, Le SS-Obersturmbannführer Kneidl et le commandant de la garde du camp, le SS-Standartenführer Wegner, pris par les Américains, furent remis aux Russes en septembre 1946 avec treize autres soldats de la garde du camp. Leurs aveux permirent de reconstituer les circonstances de la mort du fils de Staline.

À sept heures du soir, Iakov qui se promenait avec quelques autres prisonniers près du baraquement refusa de rentrer dans la chambrée. Il aurait exigé de rencontrer le commandant du camp et quand le SS avec qui il avait parlé s'en alla téléphoner, Iakov se précipita vers la clôture. Il ne réagit pas à l'appel du factionnaire et quand celui-ci mit en joue, il se jeta contre les barbelés.

Sur l'ordre de Heinrich Himmler, chef des SS, on aurait fait une autopsie qui aurait montré que Iakov était mort électrocuté avant que la balle de la sentinelle ne l'atteigne à la tête.

Les SS répondant aux questions des enquêteurs des organes de sécurité soviétiques ont pu mentir pour ne pas être soupçonnés d'avoir assassiné le fils de Staline et d'avoir été immédiatement responsables de sa mort, ce qui évidemment ne leur a servi à rien. Il est étrange que l'homme ait pu courir jusqu'aux fils situés derrière le mur. Le portail aurait-il été ouvert et non gardé ? Le secteur *A* dans lequel était détenu Iakov se trouvait à l'intérieur du camp. Un détenu qui aurait passé le portail n'aurait pas pu aller loin. Pourquoi donc a-t-on tiré sur lui au lieu de le rattraper ? Il aurait suffi que quelques gardes se lancent à sa poursuite, ou, comme ils en avaient l'habitude, lâchent des chiens. Rien ne justifiait le coup de fusil. Il était un prisonnier trop important pour que la question de sa vie et de sa mort fût laissée entre les mains d'une simple sentinelle et trop précieux pour qu'aucun dirigeant allemand prenne la décision de l'assassiner. Tant qu'il vivait, il avait de la valeur pour les Allemands. Ils pouvaient compter que dans des circonstances déterminées, sa vie et sa liberté seraient un atout dans des transactions. Même pour le commandant du camp qui aurait pu acheter sa sécurité après la guerre.

La mort du fils de Staline reste un mystère…

Deuxième partie

La grande alliance

L'effondrement

Pavel Soudoplatov, chef du service des opérations spéciales du NKVD était persuadé que Lavrientiï Béria lui avait demandé de se présenter sans délai ce 25 juillet au matin pour parler des tâches de la brigade motorisée chargée de missions spéciales, instituée quelques jours plus tôt. Il s'était occupé de l'organiser et il était fier de l'envergure et du rythme qu'il avait imprimés à toute l'entreprise. En un temps très court, il avait mis sous les armes 20 000 femmes et hommes, et pas les premiers venus. Dans cette unité se trouvaient des champions de boxe et de lutte, des sportifs du plus haut niveau, détenteurs de titres nationaux et internationaux. 2 000 étrangers avaient été mobilisés aussi, Allemands, Polonais, Autrichiens, Espagnols, Américains, Chinois, Tchèques. Ces hommes lâchés sur les arrières de l'ennemi menaient des actions de sabotage et de diversion, avec beaucoup de dévouement et de succès. Pendant toute la guerre, ils liquidèrent 137 000 officiers et soldats allemands, tuèrent dans des attentats 87 officiers supérieurs et hauts fonctionnaires allemands.

Ce jour-là toutefois, Béria n'avait pas prévu de parler de la nouvelle brigade. Il était assis derrière son bureau à étudier un dossier portant l'inscription : « Absolument secret. » À la couleur de la couverture, Soudoplatov devina que c'était un dossier personnel, mais il ne put rien voir de plus.

Le visage de Béria, portait nettement la trace de nombreuses nuits sans sommeil.

– Asseyez-vous. Il faut que vous preniez connaissance de ces rapports.

Il se leva de derrière son bureau, prit quelques autres chemises et s'assit dans un fauteuil en face de Soudoplatov.

– Biériejkov et Koboulov sont rentrés de Berlin. – Béria parlait du premier secrétaire de l'ambassade soviétique à Berlin, Valentin Biériejkov et d'Amiak Koboulov, résident du service de renseignements, frère cadet de Bogdan Koboulov, adjoint de Béria. – Ils rapportent qu'au cours d'un entretien avec le baron Botman du ministère des Affaires étrangères, ils ont été informés du mécontentement croissant en Allemagne, provoqué par la prolongation de la guerre et l'absence de résultats décisifs sur le front.

Soudoplatov compléta :

– Ils confirment ainsi les informations du « Corse ».

C'était le pseudonyme d'Arvid Harnack[46], l'un des agents soviétiques les plus précieux, recruté sur la fin de 1940.

– Il rapporte que dans le Haut commandement allemand, il règne un mécontentement dû à la tournure des opérations militaires, surtout après les lourdes pertes des troupes de Guderian devant Smolensk.

Béria hocha la tête pour montrer qu'il connaissait bien les informations du « Corse ».

– Vous connaissez Stamenov ? demanda-t-il.

– Oui.

Ivan Stamenov, ambassadeur de Bulgarie[47] à Moscou, travaillait depuis longtemps avec les renseignements soviétiques. Il avait été recruté en 1934 à Rome, où il remplissait les fonctions de troisième secrétaire de l'ambassade du royaume de Bulgarie. Il n'était pas communiste, mais il pensait que d'étroites relations politiques, économiques et militaires entre sa patrie et l'Union soviétique étaient absolument indispensables pour assurer à la Bulgarie une influence et une position convenables dans les Balkans.

– Vous devriez le convaincre, poursuivit Béria, et cela ne devrait pas vous être difficile, qu'il faut faire courir le bruit chez les diplomates étrangers à Moscou, surtout ceux qui sympathisent avec les Allemands, que nous sommes disposés à engager des pourparlers de paix...

Il s'interrompit, lança un regard scrutateur sur Soudoplatov, mais celui-ci garda un visage de glace.

– Évidemment, vous devriez en même temps laisser entendre que nous ne sommes pas prêts à cesser de défendre avec acharnement chaque secteur du front, en rappelant que la guerre éclair allemande a échoué. Ils n'ont pas réussi à prendre Moscou, Léningrad et Kiev en un mois, la guerre durera donc longtemps...

La sonnerie du téléphone sur le bureau interrompit les explications de Béria. Il se leva et prit l'écouteur. Soudoplatov put remarquer que l'appel venait de l'appareil relié directement à Staline ou à Molotov, il se leva donc rapidement pour sortir, mais Béria le retint d'un geste.

Il parlait bas, le dos tourné, mais sans chercher à cacher avec qui. Plusieurs fois en effet, il prononça le prénom Viatcheslav. Pour Soudoplatov, il était évident que l'interlocuteur de son chef était Viatcheslav Molotov, commissaire aux Affaires étrangères.

– J'ai confié l'affaire Stamenov à mon officier, un officier supérieur, conformément aux instructions du camarade Staline et à ton avis...

Pour Soudoplatov, il était clair que ni Béria ni aucun membre des plus hautes autorités soviétiques ne devaient entrer directement en contact avec Stamenov, car ils auraient révélé par là quel poids considérable ils attachaient à cette affaire. La participation de Soudoplatov, haut fonctionnaire du NKVD, était suffisante pour signaler à

Stamenov qu'elle était importante, sans susciter d'émotions inutiles.

– La femme de Stamenov est très contente que tu lui aies trouvé du travail à l'institut de biochimie, dit-il encore avant de reposer le combiné.

Il s'approcha de la table à laquelle était assis Soudoplatov.

– Ainsi, comme vous le voyez, il n'y a pas de temps à perdre. Ne soufflez pas à Stamenov à qui il doit parler de négociations avec les Allemands. Ce sera plus naturel. Mettez-vous à l'œuvre et tenez-moi au courant du déroulement de l'opération.

– Je vous présenterai un rapport, Lavrientiï Pavlovitch.

Soudoplatov se leva, salua et sortit.

Dès le lendemain, il rencontra Stamenov dans l'appartement de son adjoint, Izaak Eitington, et le surlendemain, il invita l'ambassadeur au restaurant Agravia où les fonctionnaires du NKVD rencontraient habituellement les diplomates étrangers. L'endroit se prêtait à des conversations bien mieux qu'un appartement. La cuisine était bonne et personne ne demandait les cartes d'alimentation, ce qui était particulièrement appréciable pendant la guerre. Les rendez-vous avaient lieu dans de petits cabinets aux fenêtres bien masquées par d'épais rideaux, et aux murs couverts de tapis et de lourdes tentures en peluche qui étouffaient les bruits. Et seuls ceux qui étaient habilités à suivre la conversation l'entendaient bien car il y avait des micros partout, à commencer par les lustres et jusque dans les vases de fleurs.

– On ne peut pas exclure une fin rapide des combats, dit Soudoplatov, évidemment en envisageant certaines concessions territoriales de notre part.

Stamenov ne parut pas surpris de la façon dont les Russes abordaient le problème.

– Je crois qu'une telle possibilité intéressera les Allemands, surtout maintenant, quand leurs unités blindées ont subi de lourdes pertes devant Smolensk, poursuivit Soudoplatov.

– Oui, tout le monde sait que l'agression allemande n'a pas permis de réaliser les plans établis par Hitler, répondit Stamenov. La guerre sera longue, mais je ne doute pas que nous aurons la victoire.

Soudoplatov ne semblait pas satisfait de la façon de voir du Bulgare. Il commençait à le soupçonner de n'avoir pas envie de servir d'intermédiaire dans la prise de contact avec les Allemands.

– Eh oui, la guerre est la guerre. Il serait peut-être bon de faire connaître notre position au sujet de négociations…

– Je doute que cela aboutisse à un résultat quelconque.

Ces paroles confirmaient que Stamenov regardait la proposition avec un scepticisme visible, même s'il ne protestait pas ouvertement contre le rôle dont Soudoplatov le chargeait. Ce dernier ne pouvait pas exposer concrètement ce qu'il attendait de l'ambassadeur, parce que les instructions reçues de Béria ne le lui permettaient pas, ni expliquer sur l'ordre de qui il agissait. Il pouvait seulement espérer que son interlocuteur réfléchirait et changerait d'avis. Il n'en fut rien. L'ambassadeur ne tenait pas à faire la moindre démarche susceptible d'aboutir à l'ouverture de négociations entre les Allemands et les Russes, ce dont le NKVD se convainquit rapidement en lisant les dépêches envoyées de l'ambassade de Bulgarie. Elles ne renfermaient pas un mot sur la disposition de Staline à engager des pourparlers de paix avec les Allemands. L'observation discrète dont l'ambassadeur fut l'objet montra que dans ses entretiens avec les autres diplomates, il n'abordait pas le sujet de négociations germano-soviétiques.

En est-on venu à de telles négociations ? Nous n'en n'avons aucune preuve, au contraire, il est peu vraisemblable que Hitler à l'apogée de ses succès dans la campagne de Russie, s'apprêtant à assener le coup qu'il qualifiait de décisif, ait désiré envoyer ses émissaires traiter avec Staline. Ce dernier à son tour devait se rendre compte que des propositions allemandes d'engager des pourparlers pouvaient avoir pour lui des conséquences incalculables. Il comptait toujours sur un tournant dans la guerre et si les soldats soviétiques avaient appris par des tracts allemands et par des émissions de propagande que le commandement leur ordonnait de lutter jusqu'à la mort et pactisait en même temps avec l'ennemi, ils auraient pu se révolter. Et comment auraient réagi les chefs à l'échelon supérieur et les membres des plus hautes instances du pays à la nouvelle que Staline était en passe d'offrir aux Allemands de vastes territoires de l'Union soviétique pour la défense desquels étaient morts tant de soldats ? Staline ne se serait-il pas trouvé confronté à une opposition pareille à celle que Lénine avait dû vaincre en mars 1918 quand il s'était décidé à signer avec les Allemands l'humiliant traité de Brest-Litovsk* ? Sans aucun doute, entrer dans des pourparlers avec les Allemands aurait été un pas risqué et prématuré au-delà de toute expression.

Et pourtant, bien des années plus tard, en juin 1953, il fut reproché à Béria *une conspiration pour renverser Staline et le gouvernement soviétique en prenant contact avec les agents de Hitler et en leur proposant une paix séparée traîtresse au prix de cessions de territoires.*

* Le traité de Brest-Litovsk, traité de paix signé entre la délégation des empires centraux (Allemagne et Autriche-Hongrie) et la Russie soviétique le 3 mars 1918 à Brest-Litovsk qui eut pour résultat la cessation des opérations militaires à l'Est au prix de l'acceptation de conditions humiliantes par le gouvernement bolchevique (la Russie perdit entre autres l'Estonie, la Lituanie, la Lettonie et la Biélorussie et dut retirer ses troupes d'Ukraine, de Finlande et des îles d'Aland).

Trouver des preuves pouvait sembler chose aisée aux accusateurs qui voulaient condamner Béria à mort : le principal témoin, l'ambassadeur Ivan Stamenov habitait à Sofia. Une délégation conduite par le secrétaire du présidium du Conseil suprême, Nikolaï Pégov, alla le trouver, mais elle eut beau tenter de l'effrayer et de le soudoyer, elle n'obtint aucune confirmation que des négociations germano-soviétiques avaient été engagées. L'ancien ambassadeur refusa de donner quelque explication que ce fût à ce sujet.

Soudoplatov était donc seul à pouvoir témoigner, mais seulement de l'existence de projets de négociations. Il ne connaissait qu'une petite partie de la vérité. Du côté allemand non plus, il n'est jamais sorti la moindre information suggérant qu'en juillet et en octobre 1941, Staline aurait envoyé des signaux montrant qu'il était prêt à entreprendre des pourparlers au sujet de la cessation des opérations militaires.

Lavrientiï Béria, lors de son interrogatoire le 26 août 1953 n'a pas nié l'existence d'un projet de nouer des contacts avec les Allemands, mais il expliqua qu'il s'agissait uniquement de gagner le temps nécessaire à la mobilisation de toutes les réserves pour les combattre.

Il disait la vérité mais pas jusqu'au bout car il ne connaissait pas complètement les projets de Staline, que ce dernier n'examinait qu'avec Molotov.

En fait, Staline n'envisageait pas de pactiser avec Hitler. Toutefois, cela ne signifie pas qu'il ne cherchait pas une possibilité de nouer des contacts avec l'ennemi, mais non officiellement, et à un niveau inférieur. Dans l'histoire, les pays les plus hostiles les uns aux autres ont toujours entretenu des contacts informels, secrets, sachant qu'ils pouvaient servir, ne fût-ce que pour l'échange de prisonniers importants.

Alexandra Mikhaïlovna Kollontaï[48] diplomate de haut rang à l'ambassade soviétique à Stockholm, puis ambassadrice en Suède, fut chargée d'une telle mission. Lors d'une rencontre avec Edgar Klaus, agent de l'Abwehr, elle évoqua la possibilité de pourparlers de paix avec l'Allemagne. Klaus ne comprit pas où son interlocutrice voulait en venir et il crut que face à la défaite inéluctable de l'Union soviétique, madame Kollontaï pensait à sauver sa peau. C'est la nouvelle qu'il communiqua à son chef, l'amiral Wilhelm Canaris. Celui-ci, pensant que quelque chose de plus pouvait se cacher derrière la proposition de la diplomate soviétique, transmit son offre au ministre des Affaires étrangères, Joachim von Ribbentrop, qui à son tour informa Hitler : *L'ambassadeur Russe à Stockholm, madame Kollontaï, a l'intention de couper les ponts avec le gouvernement soviétique et de venir en Allemagne*. Ribbentrop se trompait car madame Kollontaï n'était pas alors ambassadrice, mais le ministre allemand, connu pour ne pas être d'une intelligence supérieure, commettait bien d'autres gaffes.

– Madame Kollontaï sera reçue somptueusement, répondit Hitler.

Il n'avait pas l'intention de s'occuper plus longuement de cette affaire. Peut-être s'était-il fait donner des renseignements plus détaillés sur l'hôte attendue et avait-il appris que c'était une ardente communiste qu'on pouvait soupçonner de tout, sauf de l'envie de trahir Staline. Donc, du moment qu'elle avait avancé une telle proposition, cela signifiait que Staline l'avait désignée comme une personne jouissant de toute sa confiance par l'intermédiaire de qui il était disposé à entretenir un contact secret et informel. À l'époque, cela n'intéressait absolument pas Hitler.

Staline menait un double jeu. Il tenait à nouer des contacts avec Hitler et en même temps à s'opposer à Churchill qui d'emblée avait commis une faute en découvrant ses cartes. Les connaissant, Staline fut capable de jouer cette partie mieux que lui.

Ennemi ou ami ?

Il était un peu plus de six heures et demie quand quelqu'un de la maison entra dans la chambre du premier ministre déjà assis sur son lit, en pyjama rayé, les pieds sur la descente de lit à motifs de fleurs, et l'informa du déclenchement des hostilités. Il ne fallut pas longtemps à Churchill pour ordonner que la BBC soit prête à diffuser le discours qu'il voulait prononcer dans la soirée.

Il ne tenait toutefois pas à rentrer à Londres, et pourtant, une telle nouvelle aurait dû, semble-t-il, le pousser à regagner Downing Street et à réunir le Cabinet de guerre. Tout indiquait qu'il ne voulait pas engager sur le changement de politique envers l'Union soviétique une discussion qui aurait pu l'empêcher d'agir immédiatement.

Il était décidé à imiter le comportement de son peu glorieux prédécesseur, le premier ministre Neville Chamberlain qui, en mars 1939, voulant diriger l'attaque allemande vers l'Est, avait, sans consulter ses ministres, donné des garanties à la Pologne, ce qui avait pour but de pousser le gouvernement polonais à adopter une attitude intransigeante envers les exigences de l'Allemagne et en conséquence de mener au déclenchement de la guerre.

Vers midi, lord Beaverbrook[49], récemment nommé ministre de l'Approvisionnement et Stafford Cripps[50], ambassadeur britannique à Moscou, convoqué à Londres quelques jours plus tôt, arrivèrent à Chequers. Tous deux étaient connus pour leur sympathie envers l'Union soviétique, encore que leurs points de vue sur la situation créée par le déclenchement de la guerre fussent très différents. Cripps affirmait que les Allemands entreraient dans les défenses soviétiques « comme dans du beurre », alors que Beaverbrook pensait que la résistance soviétique serait dure et la guerre longue.

Rien ne pouvait donc faire revenir Churchill sur sa décision de déclarer une aide et un soutien sans conditions à l'Union soviétique. Il passa le reste de l'après-midi à préparer un discours qu'il prononça à neuf heures du soir.

– Nul n'a été plus que moi-même au cours des vingt dernières années un adversaire conséquent du communisme. Je ne retire aucune des paroles que j'ai prononcées à ce sujet. Mais ce problème pâlit face aux événements qui se jouent aujourd'hui. Le passé avec ses crimes, sa folie même, et ses tragédies, s'éloigne de nous.

Il ne dit pas une seule fois de quels crimes il voulait parler. Ç'aurait été un grincement déplaisant dans l'offre qu'il voulait présenter par ce discours.

– Tout pays et tout gouvernement recevra notre concours dans la lutte contre le nazisme. Tout homme ou tout pays qui marche avec Hitler est notre ennemi. Telle est notre politique. Telle est notre déclaration. En conséquence, nous apporterons toute l'aide que nous pourrons à la Russie et au peuple russe. Nous faisons appel à nos amis et alliés dans tous les coins du monde pour qu'ils suivent la même voie.

Il misait tout sur une seule carte, bien qu'il ne pût savoir si c'était un as ou une basse carte.

Toutes les analyses montraient une supériorité allemande telle que l'Armée rouge capitulerait au bout de quelques semaines. Churchill n'aurait pas dû en douter, puisqu'un an auparavant, la France, une grande puissance mondiale, aidée par le corps expéditionnaire britannique, et aussi par les armées belge et hollandaise, avait été battue et contrainte de signer un armistice humiliant aux conditions dictées par l'Allemagne après à peine quarante jours de combats. Il proposait donc une assistance militaire à un pays qui pouvait s'effondrer d'un moment à l'autre et qui, récemment encore, allié de l'Allemagne hitlérienne, avait participé activement à l'écrasement de la Pologne. À la fin de 1939, la Grande-Bretagne avait aidé les Finlandais* attaqués par l'Armée rouge et envisagé l'envoi d'un corps expéditionnaire qui se serait battu à leurs côtés. Le front finlandais ayant cédé et la guerre ayant pris fin en mars 1940, ces projets n'eurent pas de suite. Les gouvernements britannique et français avaient préparé en commun un plan de bombardement des champs pétrolifères soviétiques dans la région de Bakou pour diminuer les fournitures de pétrole à l'Allemagne hitlérienne. Le raid était prévu pour avril ou mai 1940 et seule l'attaque allemande contre la France empêcha de l'exécuter.

Comment donc Churchill devait-il expliquer aux Britanniques qu'il fallait oublier un passé récent et aider l'ennemi d'hier ? Son seul espoir était que la confiance énorme que lui accordait le public lui permette de voir accepté le brusque tournant dans sa politique envers l'Union soviétique. Il se croyait obligé d'agir de la sorte malgré tous les dangers qu'entraînerait son geste envers Staline, parce que la guerre se déciderait à l'Est, dans un heurt titanesque.

Churchill comprenait parfaitement pourquoi Hitler avait commencé la guerre contre l'Union soviétique en laissant ouvert son front à l'Ouest. Il ne pouvait pas jouer

* Au cours des opérations militaires de 1939-1940, la Grande-Bretagne avait fait parvenir à l'armée finlandaise entre autres 12 pièces de marine de 152 mm, 33 avions de chasse Gloster Gladiator, 12 avions Hurricane, 24 bombardiers Blenheim, 28 tracteurs, 25 obusiers de 114 mm et 30 canons de 84 mm, 42 canons antiaériens de 40 mm et de 76 mm, plusieurs dizaines de millions de cartouches de fusil et 50 000 uniformes.

plus longtemps au chat et à la souris avec les Britanniques, sachant que Staline se préparait à une lutte décisive et ramenait ses armées à la frontière. D'autre part, rien n'indiquait que les Allemands réussiraient dans un proche avenir à obliger le gouvernement britannique à signer la paix. Ils avaient perdu la bataille de l'air pour l'Angleterre et si la poursuite des raids sur les villes servait la propagande et semait la terreur, elle n'avait aucune importance militaire ou économique. La Luftwaffe était trop faible et n'avait pas d'avions d'un rayon d'action suffisant ni capables d'emporter des charges de bombes assez importantes pour pouvoir porter atteinte à l'industrie anglaise. Les pertes infligées à la marine britannique par les sous-marins et les gros bâtiments en chasse sur les routes de l'Atlantique, ainsi que par les avions étaient le seul succès des Allemands. On pouvait raisonnablement penser qu'ils bloqueraient le transport de matières premières et de produits nécessaires à l'industrie britannique, ce qui obligerait le gouvernement de Churchill à présenter des propositions de paix. Bien qu'au cours du premier semestre de 1941, les Allemands aient réussi à couler 760 bâtiments d'un tonnage total de 2 884 307 tonnes, on ne devait pas s'attendre à une solution rapide de cette guerre. C'est pourquoi Hitler avait décidé qu'il lui fallait effectuer un brusque virage : détruire l'Union soviétique, ce qui aurait obligé les Britanniques à présenter une offre de paix. Il leur aurait bien fallu constater qu'il était insensé de poursuivre la résistance, du moment que les Allemands se seraient emparés des richesses soviétiques, de l'industrie et des hommes et qu'ils auraient en peu de temps grossi leur puissance militaire face à laquelle la Grande-Bretagne affaiblie par le blocage des routes de ravitaillement maritimes par les sous-marins n'aurait plus eu aucune chance de poursuivre la résistance. Hitler pensait que les Américains n'interviendraient pas avec une armée de terre si faible que, pour l'Europe, elle ne pouvait entrer en ligne de compte. En outre, l'opinion publique des États-Unis était tellement en faveur de la paix que rien n'indiquait que le président aurait pu réussir à convaincre les Américains* de s'engager en Europe. Et dans le même temps, un conflit se dessinait en Extrême-Orient et il était évident que d'un mois à l'autre, quand les Japonais se lanceraient à l'attaque, les Américains allaient être obligés d'entrer en guerre parce que cette région du Pacifique semblait plus importante pour leurs intérêts que le Vieux continent.

Churchill estimait que la défense de la Grande-Bretagne se trouvait à l'Est. Et cette conception valait bien l'envoi en Union soviétique de matériel, de munitions et d'armes. Dans aucun cas, ce ne pouvait être un investissement gaspillé. Même si cette guerre devait être perdue, chaque millier de soldats allemands tués par les projectiles des fusils et des canons britanniques représentait un affaiblissement de l'ennemi principal.

Il ne restait qu'à savoir comment Staline prendrait l'offre généreuse et inattendue de Churchill. En règle générale, les déclarations publiques d'aide viennent après de longues négociations, desquelles il ressort clairement que le bénéficiaire ne veut pas rejeter le cadeau. Et le premier ministre avait à cet égard fait une expérience malheureuse

* Au moment du déclenchement de la Seconde Guerre mondiale, les Américains ne disposaient que d'une faible armée de métier de 175 000 soldats équipés d'un matériel désuet. L'armée régulière se composait de 9 divisions d'infanterie et 3 divisions de cavalerie. Il y avait en réserve 130 000 officiers et 215 000 soldats (insuffisamment instruits et équipés), volontaires de la Garde nationale. Après la chute de la France, le Congrès vota le 27 juillet 1940 l'appel dans l'armée active des soldats de la Garde nationale et de la réserve, et peu de temps après fut décidé la formation obligatoire d'un an pour les recrues, portée à 30 mois en août 1941. En décembre 1941, lors de l'entrée en guerre des États-Unis, les forces de terre comptaient 29 divisions d'infanterie, 5 divisions blindées et 2 divisions de cavalerie (au total 1 657 157 soldats).

avec Staline. Il n'y avait pas si longtemps, en avril 1941, il avait envoyé une mise en garde contre l'agression allemande, mais Staline en avait informé Hitler et ordonné de publier la lettre. Et il n'avait même pas répondu à un avertissement ultérieur transmis par l'ambassadeur Stafford Cripps. En entendant à la radio l'offre d'assistance, n'allait-il pas avoir le même comportement ?

Churchill n'avait pas grande possibilité de discuter d'abord son projet avec Staline, et ce, en raison de la méfiance réciproque. Il ne pouvait donc prendre une décision que sur la base d'indices très vagues.

Le 13 juin au matin, le ministre Anthony Eden avait rencontré l'ambassadeur Ivan Maïski qu'il avait prévenu de la possibilité d'une agression allemande.

– Le gouvernement britannique envisage les moyens de vous épauler : mener des raids aériens à l'Ouest, envoyer une mission militaire en Russie, et apporter une assistance économique, dit Eden.

Maïski confirma que le gouvernement soviétique avait connaissance de la concentration de troupes allemandes et il demanda des informations complémentaires que les Britanniques auraient pu posséder sur les points de regroupement et les effectifs des troupes allemandes.

– Je pense que toute proposition britannique serait accueillie avec une très grande sympathie si elle était précédée de négociations générales visant à améliorer nos relations, dit Maïski.

Il était évident qu'une telle déclaration avait dû être acceptée préalablement par Staline. Toutefois, cela ne préjugeait en rien du résultat. Les formulations étaient si générales et engageaient si peu que les Russes pouvaient les oublier très vite. Ce n'était d'ailleurs qu'un bavardage entre deux diplomates, rien de plus.

Tout aussi équivoque était un entretien de l'ambassadeur Maïski avec Harold Nicolson, qui avait été au temps de la plus grande méfiance, pour ne pas dire hostilité, entre les deux pays, l'intermédiaire entre le gouvernement de Moscou et celui de Londres. Nicolson, parlementaire et homme politique, était parent par sa femme du chef des services de renseignements, Stewart Menzies, ce qui semble indiquer que des contacts secrets entre les renseignements britanniques et soviétiques se poursuivaient depuis 1939. Maïski aurait dit qu'il aimait Nicolson parce qu'il était l'unique aristocrate à qui on pouvait faire confiance. Aussi est-ce lui qu'il informa que la proposition de Churchill de nouer une alliance pourrait être accueillie plus favorablement par Staline que si elle était présentée par le premier ministre du gouvernement précédent, Neville Chamberlain.

C'était de la part des Russes un geste très équivoque. Churchill joua donc ainsi toute sa carrière politique sur une carte dont il ignorait la valeur.

Staline fut long à répondre à son offre, dont il avait été informé le 23 juin. Il ne connaissait pas encore le poids de la menace allemande ni la difficulté de la situation de ses troupes. Il savait au contraire combien Churchill était un anticommuniste ardent et quelle action hostile le gouvernement britannique avait planifiée dans un passé récent. Il était au courant des projets franco-britanniques de bombarder Bakou car le 17 juin 1940, les soldats d'une unité allemande avaient trouvé en France dans un train d'état-major tombé entre leurs mains une serviette portant les mots *Très secret* et le titre : « Attaque aérienne sur les champs pétrolifères du Caucase », dont la propagande allemande présenta immédiatement le contenu au monde entier.

Or Staline n'était pas obligé de répondre tout de suite à la proposition du premier ministre britannique. Il savait qu'il avait le temps de voir clair dans ce qui se dissimulait derrière elle. Il soupçonnait Churchill de vouloir réclamer un prix politique élevé pour ses services. Cela ressortait d'un calcul très simple. Évidemment, l'appui britannique, et certainement américain, ne déciderait pas de la victoire dans la guerre contre l'Allemagne, mais il renforcerait l'Armée rouge, qui se trouverait dotée de la technologie occidentale la plus récente grâce à laquelle elle pourrait reconstituer ses forces, non seulement dans la guerre contre les armées allemandes, mais pour l'avenir. Les alliés occidentaux seraient donc obligés d'assortir leur aide de conditions que l'Union soviétique devrait respecter et qui limiteraient l'accroissement de sa puissance, obtenu grâce à cette aide justement et grâce à la victoire sur l'Allemagne. Tels étaient les calculs de Staline. Il se trompait.

L'ambassadeur Stafford Cripps rentré à Moscou immédiatement après son entretien avec Churchill engagea des négociations avec Staline au début de juillet. Il était déjà évident que le dictateur soviétique était décidé à poursuivre la guerre et à nouer une alliance avec la Grande-Bretagne et avec les États-Unis. Il l'avait exprimé dans son discours du 3 juillet :

– La déclaration historique de *Mister* Churchill au sujet de l'aide britannique pour l'Union soviétique et la déclaration du gouvernement américain relative à sa disposition à apporter son soutien à notre pays peut être accueillie par notre peuple avec un sentiment de reconnaissance.

Il était prudent, il ne proposait en échange rien d'autre qu'un sentiment de gratitude.

Le 8 juillet, l'ambassadeur Cripps remit à Staline une lettre de Londres :

Nous sommes très satisfaits que les armées soviétiques résistent avec un tel acharnement et un tel esprit de sacrifice à l'invasion non provoquée et barbare des nazis. Le courage et l'endurance des soldats et du peuple soviétiques suscitent l'admiration générale. Nous ferons tout pour les aider dans la mesure où le temps, la géographie et nos réserves qui augmentent le permettront. Plus cette guerre durera, plus nous pourrons accorder une aide accrue.

Staline accepta cette offre en même temps qu'il menait des pourparlers avec l'ambassadeur Cripps au sujet d'un traité que les deux pays devraient signer et qui constituerait la base légale de la collaboration militaire. On aurait pu avoir l'impression que la question de l'assistance était passée au second plan et que le dictateur soviétique était surtout intéressé à engager formellement la Grande-Bretagne à ne pas conclure la paix avec l'Allemagne.

Il n'avait jamais accordé foi aux « marchands londoniens », comme il appelait les hommes politiques britanniques, et sa méfiance avait atteint son apogée à la nouvelle de l'arrivée de Rudolf Hess en Écosse le 11 mai 1941. Il était convaincu que cette étrange équipée du second de Hitler n'était pas due à une idée folle de Hess dont l'esprit aurait été dérangé, comme la propagande nazie essayait de le faire croire, mais à une entente entre les gouvernements des deux pays. Il voyait là une tentative de conclure une paix avec Churchill ou avec un groupe de politiciens britanniques qui auraient projeté de renverser Churchill et de mettre fin à la guerre à l'Ouest à la veille du déclenchement par les Allemands de la campagne contre l'Union soviétique. Il en était tellement convaincu qu'encore en octobre 1944, lors d'un dîner au Kremlin, auquel participait Churchill, il porta un toast :

– Aux services secrets britanniques qui ont attiré Hess en Angleterre. Il n'aurait pas pu atterrir sans avoir reçu les signaux appropriés. Le service de renseignements doit être derrière cette affaire*.

Staline fit traîner sa réponse à l'offre britannique d'assistance. Il ne se décida à la faire connaître que le 18 juillet, soit plus de trois semaines après le discours de Churchill et dix jours après la réception de sa lettre personnelle. Il savait déjà ce qu'il exigerait du nouvel allié, il écrivit en conséquence :

* En 1990, les renseignements soviétiques partageaient encore cette conviction.

Votre initiative a inauguré une entente entre nos gouvernements. Maintenant, comme vous l'avez exposé avec toute votre conviction, l'Union soviétique et la Grande-Bretagne sont devenues des alliées dans la lutte contre l'Allemagne hitlérienne. Je suis convaincu que nos deux pays sont assez forts pour vaincre l'ennemi commun en dépit de toutes les difficultés.

Il présenta brièvement la position difficile des armées soviétiques et il en vint au fait :

Il me semble que la situation militaire de l'Union soviétique, et par là même celle de la Grande-Bretagne également, s'améliorerait considérablement si un front était ouvert contre Hitler à l'Ouest (dans le nord de la France), ou au Nord (dans l'Arctique). Un front dans le nord de la France, outre qu'il retirerait des forces allemandes de l'Est, empêcherait Hitler de procéder à une invasion de la Grande-Bretagne. L'ouverture d'un tel front serait acceptée tout autant par les soldats britanniques que par la population du sud de l'Angleterre (c'est-à-dire de la région de la Grande-Bretagne la plus menacée par l'invasion et par les raids aériens). Je suis conscient des difficultés que présente l'ouverture d'un tel front, mais cela doit être fait, non seulement dans notre intérêt commun, mais dans l'intérêt particulier de la Grande-Bretagne. [...] Il serait plus facile d'ouvrir un front dans le Nord. Cela n'exigerait l'entrée en action que de troupes maritimes et aériennes britanniques, sans corps expéditionnaire et sans artillerie. Les armées de terre, de mer et de l'air soviétiques pourraient prendre part à cette opération. Nous ne demanderions rien de plus que l'envoi par la Grande-Bretagne, disons d'une division légère, ou plus, de volontaires norvégiens dans le nord de la Norvège pour mener là des actions de résistance contre les Allemands.

Il accepta l'offre d'assistance économique, mais il insista pour que les armées britanniques s'engagent le plus vite possible dans la guerre en Europe. Seule, une telle entreprise écarterait la menace de collusion entre les Britanniques et les Allemands. Un deuxième front le plus vite possible ! À l'époque, il n'était pas encore important pour Staline qu'il fût ouvert en France, en Norvège ou dans les Balkans. Deux ans plus tard, il exigea que ce fût dans un endroit déterminé du continent européen.

Évidemment, Churchill ne pouvait accepter ces propositions. La British Army, tout comme la marine et l'aviation, était absolument incapable d'entreprendre au milieu de l'année 1941 une vaste opération d'invasion en France, où les Allemands avaient trente divisions, ni en Norvège où ils en avaient treize pour défendre les côtes. Il lui fallait pourtant accomplir un geste susceptible de tranquilliser le Géorgien soupçonneux et de prouver les bonnes intentions de la Grande-Bretagne. Le 26 juillet parvint à Moscou un télégramme par lequel Churchill informait du prochain départ d'un convoi transportant 200 avions de chasse *Tomahawk*, deux à trois millions de paires de bottes et en outre d'importantes quantités de caoutchouc, d'étain, de laine et de vêtements de laine, de jute, de plomb, de gomme-laque.

Dans le même temps, Béria chargeait Soudoplatov de chercher par l'intermédiaire de Stamenov à entrer en contact avec les Allemands en vue d'engager des négociations de paix. On aurait donc pu croire que cette action de la police secrète visait en fait à faire craindre à Churchill la possibilité d'une entente et la fin de la guerre germano-soviétique, ce qui avait en effet de quoi effrayer les Alliés.

Staline le savait par les rapports de ses services de renseignements. Une telle éventualité était réellement prise en compte à Washington et à Londres. À la Maison-Blanche, le président Roosevelt écoutait avec attention l'ancien ambassadeur à Moscou, Joseph Davies, considéré comme l'un des meilleurs soviétologues depuis qu'il avait prévu la conclusion d'une entente entre Staline et Hitler en 1939. Il avait mis le président en garde en juillet 1941 :

– Staline peut encore une fois tomber dans les bras de Hitler, en le considérant comme un moindre mal.

Et il avait ajouté :

– Tirer du feu pour les Alliés des marrons dont il ne profiterait guère n'a aucun sens pour Staline.

La mission du général Golikov

L'hydravion Catalina amorça sa descente et un instant plus tard émergea de derrière les nuages le tableau ravissant des montagnes d'Écosse. Le général Fiodor Golikov s'approcha de la vitre bombée sur le côté de la cabine pour mieux voir le paysage. C'était le premier voyage à l'étranger de sa vie, c'est pourquoi, bien que fatigué après des heures de vol, il ne pouvait pas s'endormir. Peut-être était-il tourmenté par la conscience de l'importance de la mission que lui avait confiée Staline en l'envoyant en Grande-Bretagne.

Ce quadragénaire, fils d'un pauvre aide-médecin du district de Kourgan, suivait une carrière à laquelle n'avaient jamais rêvé ses parents qui voulaient que leur fils apprenne la médecine. Sorti de l'école secondaire, il envisageait de faire des études supérieures, mais l'Histoire avait brusquement changé sa destinée. Entraîné par le mouvement révolutionnaire, il entra au parti bolchevique et fut chargé en avril 1918 de l'édition locale du journal les *Isvestia*, mais pas pour longtemps car le travail derrière un bureau l'ennuyait. Il renonça à ce métier et s'enrôla dans un régiment d'infanterie appelé fièrement *les Aigles Rouges*. Au cours des combats dans l'Oural, il se distingua au point qu'il fut envoyé à l'académie militaire de Pétrograd. La propagande y tenait une place plus importante que la tactique, c'est pourquoi à la fin du cycle d'études, il fut incorporé à la 3e armée comme officier politique.

Ses premières promotions arrivèrent tard, en 1931 seulement, lorsqu'il devint commandant d'un régiment, et bientôt d'une division. Il suivit un cours par correspondance de l'académie militaire Frounzé, ce qui sans aucun doute accéléra sa carrière. En 1938, il entra au conseil militaire de la région de Biélorussie, il prit ensuite le commandement de la 6e armée qu'il emmena le 17 septembre 1939 combattre en Pologne. En juillet 1940, il apprit tout à coup son affectation au poste de chef des renseignements militaires, le GROU. Sans aucun doute, la fidélité à Staline, qu'il avait déclarée à tous les moments de son service dans l'armée, et ses relations étroites avec le commissaire à la Défense, Siémione Timochenko, avaient décidé de sa nomination. La malchance de son prédécesseur à la tête du GROU, Ivan Proskourov, contribua peut-être aussi à son avancement. Ce jeune et arrogant officier, sûr de sa position dans l'Armée rouge, avait été pendant la guerre en Finlande envoyé au front par le commissaire à la Défense, Kliment Vorochilov. Un jour, il s'était senti offensé parce que le commandant des armées combattant en Finlande, Siémione Timochenko, lui avait manqué d'égards, il l'avait donc sermonné sans ménagement, comme un simple soldat, décidant ainsi de son propre avenir. En effet, Timochenko devenu en mai 1940 commissaire à la Défense se souvenait de l'affront subi quelques mois auparavant et il releva de son poste le chef des services de renseignements contre qui il avait une dent. Il n'en resta pas là car il trouva un moyen d'envoyer Proskourov devant un peloton d'exécution.

Golikov n'avait aucune expérience pour le travail dont il se trouvait chargé, alors que la Grande Purge frappait les hommes des renseignements militaires autant que ceux de l'INO, le service de renseignements du NKVD. Les fonctionnaires et les espions les plus chevronnés, convoqués à Moscou, avaient été fusillés ou se trouvaient dans des camps sibériens. Les réseaux d'espionnage dans les pays les plus importants pour la politique soviétique avaient cessé d'exister puisque les résidents avaient été rappelés ; ceux qui restaient avaient coupé les contacts avec les agents. Dans de telles conditions, Golikov n'aurait eu guère de chances de garder longtemps son poste de chef des renseignements militaires si Staline avait attendu des résultats concrets des activités d'espionnage. Or, c'était tout le contraire. Les rapports établis à grand-peine sur les préparatifs de guerre allemands étaient accueillis par le dictateur avec méfiance et animosité. Golikov savait que le 16 juin, soit moins d'une semaine avant l'agression allemande, Staline avait semoncé le chef du service des renseignements du NKVD, Pavel Fitine. Il lui avait dit :

– Écoute, chef des renseignements. Tu n'es pas obligé de me présenter les derniers rapports de nos agents, je les connais par cœur (les rapports de Berlin et de Tokyo). Mets-toi bien cela en tête : il n'y a pas d'Allemands dignes de foi, à part Wilhelm Pieck (organisateur, et depuis 1935, chef, du parti communiste allemand). Est-ce clair ?

– Oui, camarade Staline !

Et Fitine veilla dès lors à ne pas s'attirer l'ire du guide car il savait ce qu'il risquait. Golikov agit de même et il fut assez malin pour réussir non seulement à cacher son incompétence, mais encore à gagner si bien la confiance de Staline que ce dernier se décida à l'envoyer à Londres. Ainsi, le 7 juillet 1941, Golikov monta dans un avion britannique qui avait amené à Moscou des émissaires britanniques quelques jours auparavant.

Le *Catalina* frappa l'eau du lac si violemment que les passagers furent jetés contre les parois, ce qui était assurément dû à la vitesse excessive à l'amerrissage. Golikov regarda avec étonnement l'amiral Kharlamov assis à côté de lui, mais celui-ci resta silencieux, à cause de la présence d'un officier britannique qui disait quelque chose à propos des conditions atmosphériques difficiles.

L'appareil s'approcha lentement de l'embarcadère où une automobile attendait déjà les Russes. Ils sautèrent sur le siège arrière, contents d'en avoir fini avec le vol long et fatigant. Il leur fallait encore prendre le train jusqu'à Londres où ils arrivèrent le 8 juillet 1941 au soir. Leurs hôtes leur épargnèrent les cérémonies d'accueil, ils purent donc aller tout de suite passer la nuit dans les appartements de l'ambassade soviétique.

Pourquoi Staline choisit-il le chef des renseignements militaires pour la première mission chez ses nouveaux alliés ? Peut-être répondait-il de cette manière à la venue à Moscou au début de juillet du colonel Noel Masson MacFarlane[51], lui aussi agent des services secrets et, qui plus est, proche collaborateur de Churchill, célèbre dans les milieux gouvernementaux britanniques pour avoir en 1938, alors qu'il était attaché militaire à Berlin, élaboré le plan d'un attentat contre Hitler qu'il voulait réaliser personnellement en tirant sur lui avec un fusil à lunette.

Sans aucun doute, la pensée des deux dirigeants, Churchill et Staline, suivait la même voie : ils envoyaient des gens de leur milieu, bien au courant du travail d'espionnage, pour qu'ils obtiennent le plus d'informations possible sur la situation politique, militaire et économique et fassent sur place une estimation des renseignements obtenus. La confiance mutuelle ne régnait pas entre les alliés. Certes, Churchill avait fait le premier pas, mais sans savoir où il conduisait. Il comptait que MacFarlane réussirait à y voir assez clair à Moscou pour pouvoir à son retour en dire davantage sur les visées et les projets stratégiques soviétiques. Staline voulait agir de la même manière. Il avait accepté l'offre d'aide de la Grande-Bretagne mais, dans le même temps, on était convaincu au Kremlin que les Britanniques étaient à un pas d'une alliance avec les Allemands et que, dès que la Wehrmacht se rapprocherait de Léningrad, des navires anglais se montreraient dans le port pour bombarder les positions russes ! Les déclarations de Churchill pouvaient n'être qu'un écran de fumée masquant les véritables desseins de son gouvernement. À la fin de 1941, Maxime Litvinov, nouvel ambassadeur soviétique à Washington, avoua ces soupçons.

Peut-être la méfiance quant aux intentions britanniques fut-elle renforcée dans les premiers jours de la visite de Golikov car l'émissaire de Staline reçut un accueil très glacial au ministère de la Défense. Les officiers et les hommes politiques britanniques ne pouvaient pas oublier que récemment encore l'Union soviétique était dans une alliance militaire et économique étroite avec l'Allemagne. Ils étaient convaincus aussi que l'Armée rouge capitulerait d'un jour à l'autre. À leur avis, l'octroi de secours à l'URSS revenait à gaspiller des biens précieux qu'attendaient les soldats britanniques en Afrique du Nord et en Extrême-Orient.

La première entrevue de Golikov avec le ministre de la Guerre, David Margesson, fut même humiliante pour le Russe car son interlocuteur ne lui tendit pas la main et ne le pria pas de s'asseoir. Ils eurent un entretien d'un quart d'heure ou de vingt minutes, debout. Bien plus, Margesson déclara qu'il « ne croyait pas à la victoire de l'Armée rouge ni à la viabilité du système politique soviétique ».

Une rencontre à l'Amirauté ne se déroula pas mieux. Là, l'amiral Dudley Pound fit nettement sentir à son hôte qu'il ne se sentait pas très à son aise en présence d'un bolchevik.

L'inimitié était si ostensible que le ministère des Affaires étrangères dut intervenir et enjoindre aux collègues militaires de ne pas indisposer le nouvel allié et de s'efforcer d'agrémenter le séjour de la délégation soviétique par de fréquentes réceptions, ce qui, dans l'esprit des Britanniques partant de l'idée toute faite que les Russes sont tous des ivrognes, devait créer une bonne atmosphère.

Cependant, en dépit de tous les obstacles, Golikov obtint un succès diplomatique. Quand il rentra à Moscou le 13 juillet pour rendre compte à Staline du déroulement de sa visite, il pouvait déjà affirmer que les Britanniques étaient véritablement prêts à aider l'Union soviétique. Cela était particulièrement important en un temps où Staline croyait toujours possible une alliance germano-britannique. Il est difficile de dire s'il se débarrassa de ces soupçons en écoutant la relation de Golikov, l'essentiel pour lui était en fait la position du président Roosevelt qui, s'il n'était guère enclin à déclarer son assistance et son appui, parce que les États-Unis restaient neutres pour l'instant, avait tout de même déjà envoyé des signaux pouvant témoigner de son état d'esprit favorable.

Dès le 1er mars 1941, Laurence Steinhardt[52], ambassadeur des États-Unis à Moscou, avait affirmé dans un entretien avec Molotov que « le gouvernement des États-Unis, considérant le développement de la situation mondiale, était entré en possession de renseignements, authentiques à son avis, témoignant que les Allemands avaient l'intention d'attaquer l'Union soviétique. »

Ce n'était pas grand-chose, mais assez pour témoigner de la sympathie du président à l'égard de l'Union soviétique et pour créer une atmosphère propice à la conclusion d'une alliance.

Sa venue à Moscou ne fut pas une mince affaire pour l'ami du président Franklin D. Roosevelt, Harry Hopkins[53]. Son état de santé s'aggravait rapidement, ce qui, sans aucun doute, était dû en partie au coup tragique qu'avait été pour lui la mort de sa chère épouse en 1937. Sa maladie que les autorités américaines gardèrent secrète se manifestait par une perte de ses forces, des hémorragies et des migraines fréquentes. Il s'affaiblissait d'une année à l'autre, ce qui l'obligea souvent à renoncer à d'éminentes fonctions gouvernementales. Toutefois, le président ne pouvait pas accepter le départ d'un collaborateur qui méritait le nom d'organisateur génial. Il lui proposa de venir s'installer à la Maison-Blanche où il pouvait à toute heure le consulter sur ses projets. Mais pourquoi se décida-t-il à envoyer cet homme malade faire un voyage long et dangereux à Moscou ?

Le président devait faire un choix stratégique : comment se comporter face au brusque renversement de la situation en Europe ? C'était une décision extrêmement difficile. Il lui fallait compter sur le risque qu'aurait comporté pour lui l'octroi d'une aide à Staline. Il pouvait s'attendre en effet à voir la communauté polonaise nombreuse protester contre le soutien à un régime responsable de l'annexion de vastes territoires et de l'extermination de centaines et de centaines de milliers de citoyens polonais. Les Finlandais, Estoniens, Lituaniens, Lettons et Ukrainiens habitant les États-Unis auraient réagi de la même manière. Les isolationnistes auraient vu là un pas supplémentaire vers l'engagement des États-Unis dans une guerre sur un continent lointain.

De nombreux politiques et publicistes de premier rang mettaient le président en garde contre un engagement aux côtés de Staline. Le Sénateur Taft le prévenait que le bolchevisme était plus dangereux que le fascisme. John T. Flynn, journaliste du *New Republic* proclamait : « Avons-nous envie de nous battre pour que l'Europe devienne communiste ? » L'ancien président Herbert Hoover protestait contre l'aide à l'URSS, affirmant que grâce à elle les Russes s'empareraient de vastes territoires en Europe. Le sénateur Harry Truman se montrait plus pragmatique, il appelait à accorder une aide à Staline tant que l'Union soviétique s'affaiblirait dans la lutte contre l'Allemagne, et à l'Allemagne quand l'Union soviétique irait vers la victoire.

Dans un contexte aussi trouble et embrouillé, le président consulta les résultats des sondages de l'opinion publique effectués par Hadley Cantril, un scientifique de Princeton crédible et indépendant. Il en ressortait que la sympathie d'une nette majorité des Américains allait tout de même aux Russes. Ils n'auraient pas tenu rigueur au président s'il s'était décidé à aider Staline, à condition que ce ne fût pas au prix d'une diminution de l'assistance à la Grande-Bretagne. Le président devait donc toujours donner la priorité aux fournitures atlantiques, mais il pouvait en même temps entreprendre de soutenir Moscou.

Roosevelt avait ainsi résolu le premier problème. Mais sur la situation en Union soviétique, il lui fallait en savoir plus que ce qui ressortait des rapports, très pessimistes, de l'ambassadeur à Moscou, Laurence Steinhardt. Le diplomate américain estimait que l'Union soviétique s'écroulerait dans quelques semaines. Joseph Davies[54] qui avait terminé son service diplomatique à Moscou en 1938 était plus optimiste. Qui donc pouvait présenter au président un tableau objectif, plus proche de la vérité, de la situation en Russie, sinon Hopkins, l'homme de confiance ? Il s'était d'ailleurs proposé pour y aller, et Roosevelt avait accepté avec empressement.

Le 11 juillet 1941, Harry Hopkins partit pour Londres afin de se mettre d'accord avec Churchill sur les principes de la nouvelle politique américaine, puis il fit un long voyage à bord d'un hydravion *Catalina* en contournant la Norvège par le nord jusqu'à Arkhangelsk où après un banquet de quatre heures en son honneur et deux heures de repos, il reprit l'avion.

Le vol jusqu'à Moscou dura quatre heures. Hopkins, bien que fatigué, ne dormit pas. Comme ensorcelé, il avait les yeux fixés sur la terre qui se déroulait lentement sous l'avion : des forêts s'étendant sur des centaines de kilomètres coupées rarement par le ruban étroit des routes, plus rarement encore apparaissaient des chaumières groupées à la lisière des bois, près des champs. Il commençait à comprendre qu'il n'y avait pas moyen de conquérir ce pays parce que les armées s'enfonçant dans cet espace immense s'éloignaient de leurs bases et que le problème des lignes de ravitaillement s'allongeant sur des milliers de kilomètres avait été autrefois impossible à résoudre pour Napoléon, comme aujourd'hui pour Hitler. C'est peut-être ce vol justement qui confirma Hopkins dans sa conviction que cela valait la peine d'investir des fonds américains dans l'aide à l'Union soviétique.

Son premier interlocuteur à Moscou fut l'ambassadeur Steinhardt, mais Hopkins n'attacha pas grande importance au tableau noir que lui brossa le diplomate. Sa conversation avec Staline devait décider de tout.

En entrant dans son bureau, il s'aperçut avec étonnement combien le dictateur soviétique avait l'air peu imposant. Au milieu de la pièce se tenait un homme de petite taille dans l'uniforme gris du parti, tenant à la main une pipe éteinte. Il eut un sourire chaleureux à la vue de Hopkins. Il fit quelques pas dans sa direction et lui tendit la main.

– Monsieur le Président, je suis venu comme représentant personnel du président Roosevelt, dit Hopkins. Le président croit que la tâche la plus importante à accomplir aujourd'hui est de battre Hitler et l'hitlérisme.

Staline répondit par quelques paroles aimables et montra une place à la table. Il souriait toujours, mais on pouvait voir combien il était concentré.

Ce fut comme une conversation avec une machine parfaitement organisée, intelligente, nota plus tard Hopkins. *Les questions qu'il posa étaient claires, sensées, directes. Les réponses, prêtes, réfléchies, on sentait qu'elles venaient d'un homme confronté à ces problèmes depuis des années. Il ne perdait jamais de temps en paroles inutiles. S'il voulait adoucir un propos désagréable, il souriait, amicalement, sincèrement, chaleureusement. Il ne semblait pas avoir de doutes.*

Oui, Staline savait exactement pour quoi Hopkins était venu et avec quelle idée de l'état d'esprit des autorités de l'Union soviétique il devait rentrer aux États-Unis. Il lui fallait donc faire la meilleure impression possible et convaincre l'émissaire du président que l'Union soviétique était préparée à une guerre longue, mais que l'aide américaine lui était nécessaire. Toutefois, il voulait être un allié sur un pied d'égalité et non pas un pauvre implorant du secours ; il ne pouvait donc être question de mendier des fournitures d'armes et de matériel, de dresser un état de ce qui manquait et des victimes. Il attendit que Hopkins demande de quoi l'Armée rouge avait besoin.

– Avant tout, répondit-il, de canons antiaériens de calibre moyen avec leurs munitions, en outre, de mitrailleuses de gros calibre pour la défense des villes, et d'un million de fusils, et s'il apparaît que leur calibre est le même que celui des armes utilisées dans l'Armée rouge, nous aurons pour eux des munitions en quantité. Nous avons besoin aussi d'essence pour avions à haut degré d'octane et d'aluminium pour l'industrie aéronautique. Donnez-nous des canons antiaériens et de l'aluminium, et nous pourrons faire la guerre pendant trois, quatre ans, dit-il en appuyant.

Staline avait atteint son but : il avait produit la meilleure impression sur Hopkins, et la détermination avec laquelle il parlait de l'activité de ses armées prouvait qu'il n'envisageait pas de capituler devant les Allemands. Il consolida cette image lors d'un deuxième entretien au cours duquel il présenta la situation sur le front :

– Je me suis efforcé de ne jamais sous-estimer l'armée allemande. Elle a de grandes réserves alimentaires, humaines et matérielles. Pour cette raison, elle est capable de mener une campagne d'hiver en Russie. Je pense toutefois qu'il sera difficile aux Allemands de poursuivre leur offensive après le premier septembre, lorsque commenceront les pluies abondantes. Et après le premier octobre, la terre sera tellement détrempée qu'ils devront se mettre sur la défensive. Je suppose que pendant les mois d'hiver, le front passera devant Moscou, Kiev et Léningrad, vraisemblablement à cent kilomètres au plus de son tracé d'aujourd'hui. Je crois que leurs troupes sont fatiguées et n'ont pas l'esprit d'offensive. Bien qu'ils puissent amener sur le front quarante divisions, ce qui leur en fera 275 en tout, elles ne seront sans doute pas toutes sur le pied de guerre avant l'arrivée de l'hiver.

Hopkins sortit du bureau de Staline influencé par sa personnalité et convaincu de la véracité de ses propos. L'assurance avec laquelle il avait évoqué le ralentissement de la progression des armées allemandes lui avait fait une très bonne impression. En même temps, il était furieux contre l'ambassadeur et l'attaché militaire pour leurs rapports on ne peut plus pessimistes, fondés, selon son expression, « sur des suppositions teintées de préjugés ». Il ne lui vint pas à l'esprit que cette conversation relative à la tournure des événements sur le front allait pendant les semaines à venir causer des pertes énormes dans les rangs des soldats soviétiques. Le dictateur avait dit : le front passera devant Moscou, Kiev et Léningrad. Il ne pouvait pas se tromper ! Ces villes devaient rester entre les mains des Soviétiques jusqu'à la fin de l'année, à n'importe quel prix, pourvu que sa prédiction se réalise exactement.

Hopkins rentra à Washington décidé à pousser le président à ce que les États-Unis accordent à l'Union soviétique une aide allant le plus loin possible.

Staline le savait, et il estimait qu'il fallait renforcer la pression diplomatique sur le président Roosevelt et le premier ministre Churchill.

La situation des armées soviétiques a considérablement empiré dans des régions aussi importantes que l'Ukraine et Léningrad, écrivit-il le 3 septembre à Churchill. *Nous avons perdu plus de la moitié de l'Ukraine et qui plus est, l'ennemi est aux portes de Léningrad. Ces circonstances ont amené la perte du secteur de*

Krivoï-Rog et de nombreuses usines métallurgiques en Ukraine, elles nous ont obligés à évacuer les usines d'aluminium de la région du Dniepr, les usines d'automobiles de Tikhvine et deux usines aéronautiques d'Ukraine, deux autres fabriques d'automobiles et deux usines aéronautiques qui ne reprendront pas la production avant sept ou huit mois.*

Évidemment, ce n'était pas la vérité, mais Churchill ne pouvait pas savoir avec quelle rapidité et quelle maîtrise des établissements industriels avaient été emmenés de la partie européenne et avaient repris la production au bout de deux à trois mois.

Cela entraîne une diminution de nos possibilités de défense et expose l'Union soviétique à un danger mortel, écrivait encore Staline. *La seule issue à cette situation grave est l'ouverture cette année d'un deuxième front quelque part dans les Balkans ou en France, où les Allemands seraient obligés d'envoyer de vingt à quarante divisions, et simultanément la fourniture à l'Union soviétique d'ici au début d'octobre de 30 000 tonnes d'aluminium, et ensuite d'au moins 400 avions et 500 chars (légers et moyens) par mois. Sans cette assistance, l'Union soviétique sera vaincue ou affaiblie au point de perdre pour longtemps la capacité de soutenir ses alliés par des opérations actives sur le front de la lutte contre l'hitlérisme.*

Staline menaçait nettement ses nouveaux alliés et voulait leur faire entrer dans la tête que ce n'étaient pas des paroles en l'air. Ils devaient comprendre et croire que Staline n'était pas forcé d'attendre les convois d'armements américains, mais que, le dos au mur, il pouvait se décider à signer la paix avec Hitler. Il ne lui était pourtant pas possible d'exprimer une pareille menace dans une lettre à Churchill ou à Roosevelt. En outre, il eût été préférable qu'ils apprennent

* Krivoï-Rog, ville d'Ukraine, centre industriel d'extraction de minerai de fer et d'aciéries.

par leurs propres espions que des émissaires de l'Union soviétique essayaient à Sofia d'entrer en contact avec les représentants allemands pour engager des négociations en vue de mettre fin aux opérations militaires. Les exigences de Staline auraient eu plus de poids !

La parole de Staline

La nuit d'août était déjà bien avancée, mais Staline arpentait toujours nerveusement la terrasse de sa villa à Kountsévo. Il semblait attendre une visite et il s'anima visiblement en apercevant la lumière d'une automobile qui s'approchait dans le chemin forestier.

– Les voilà.

Il souffla et tourna les yeux vers Poskriébychev, debout, humblement, devant l'entrée et qui courut à la Zis pour ouvrir la portière au maréchal Boris Chapochnikov qui s'extrayait lourdement de la voiture avec des rouleaux de cartes. Staline fit demi-tour et rentra dans la maison où sur la table du salon, il poussa les papiers pour faire place aux cartes de Chapochnikov.

En s'efforçant de ne pas le regarder, le chef du grand état-major prit la parole :

– Nous pouvons dire que nous avons perdu la première phase de la guerre. Les combats se poursuivent devant Léningrad, dans le district de Smolensk et dans la zone de couverture de Kiev. Notre défense est toujours faible. Ne sachant pas où l'ennemi peut mener une attaque concentrée, nous avons été obligés de répartir nos unités sur la ligne de front.

Staline écoutait, profondément abattu. Penché sur la table, il fixait la carte où à l'état-major avaient été tracées des flèches et des lignes indiquant les positions des troupes soviétiques et allemandes. Il finit par quitter la table pour faire les cent pas dans la pièce. La situation dans le secteur de Kiev l'inquiétait. En juillet, le front Sud-Ouest y avait remporté quelques succès, ralentissant l'avance allemande vers le sud, mais au début d'août, l'ennemi avait renforcé ses armées et lancé une offensive en direction de la ville. Le 19 août, il avait pris Dniépropiétrovsk et il se rapprochait du Dniepr. La situation des Soviétiques avait empiré tout à coup quand au sud de Kiev, les troupes roumaines avaient bloqué Odessa et que les Allemands avaient lancé au nord une offensive vers Poltava et Kharkov. La capitale de l'Ukraine se trouvait au centre d'une grande poche que les Allemands pouvaient facilement fermer en y piégeant des centaines de milliers de soldats. Au point où on en était, le plus raisonnable était de faire reculer les armées soviétiques qui d'un jour à l'autre pouvaient se trouver encerclées et détruites.

– Sur nos 212 divisions, 90 seulement ont 80 % de leurs effectifs ou davantage, poursuivit Chapochnikov.

Staline le laissait parler, bien qu'il attendît avec impatience que le chef d'état-major en vienne à exposer la situation devant Kiev, mais celui-ci parlait toujours de Léningrad et des combats devant Smolensk, aussi acharnés que dans les autres secteurs du front.

Staline finit par l'interrompre :

– Kiev et le Dniepr sont mon plus grand souci…

– Des ordres ont été donnés pour former une défense solide sur la rive orientale du Dniepr, répondit Chapochnikov.

– Pouvons-nous entrer en liaison avec le commandement du front Sud-Ouest ?

– Si Kirponos et Khrouchtchov[55] ne sont pas sur le terrain…

Chapochnikov se tourna vers l'aide de camp et lui ordonna d'appeler.

Quelques minutes plus tard, le général Kirponos était au bout du fil.

– Allô, camarade Kirponos ? Ici, Staline. La ligne du Dniepr doit être tenue à n'importe quel prix. Nous ne pouvons pas laisser les Allemands entrer à Kiev !

Kirponos se laissa patiemment expliquer comment il devait mener l'infanterie et quels effets pouvait donner l'entrée de la cavalerie dans la bataille.

– Camarade Staline, nous faisons tout ce qui est en notre pouvoir pour tenir Kiev, dit-il enfin. Nous ne laisserons pas les fascistes y entrer, mais il nous faut des renforts. Certaines divisions n'ont plus que quelques milliers d'hommes.

Il n'osa pas dire qu'à son avis, on devrait au plus vite retirer les armées de la souricière formée par les Allemands.

– Nous vous avons envoyé dix-neuf divisions d'infanterie et cinq de cavalerie. Vous en aurez d'autres au moment voulu.

Vraisemblablement, Staline ne se rendait pas compte de la faible combativité des éléments dont il parlait. Formés à la hâte, ils se composaient de soldats insuffisamment instruits et mal armés. Ils s'effondreraient vite sous les coups de l'ennemi. Et la situation autour de Kiev avait déjà dépassé le point critique. Les Allemands tenaient quatre têtes de pont sur la rive gauche du Dniepr, d'où ils étaient prêts à lancer l'assaut qui fermerait la poche de Kiev.

Le commandant de la direction Sud-Ouest*, le maréchal Siémione Boudionny[56] estimait nécessaire un repli vers l'est, derrière la rivière Psel, ce qui pourrait éviter l'encerclement. Son amitié avec Staline lui donnait une position si forte qu'il pouvait ouvertement lui présenter la situation. Il lui écrivit dans un rapport :

Tout retard dans l'évacuation du front risque d'entraîner la perte des armées et d'une énorme quantité de matériel de guerre.

* En juillet, l'ensemble du front fut divisé en trois directions dont chacune se partagea en fronts. Le chef de la direction Nord-Ouest était le maréchal Boudionny et celui du front Sud-Ouest, le général Kirponos.

Le 11 septembre, quand les Allemands se lancèrent à l'attaque pour couper aux Soviétiques la route de la retraite, le commandant du front téléphona à Staline :

– Priluki, allô, Kirponos, Bourmistrenko et Toupikov en ligne.

– Moscou, allô, ici, Staline, Chapochnikov et Timochenko. Votre proposition de repli sur la rivière dont vous connaissez le nom – que Staline, pour garder le secret, ne cita pas – me paraît dangereuse. Vous devez vous souvenir que lorsque vous avez retiré les troupes du secteur Berditchev-Novgorod-Volinsk, vous aviez des positions préparées sur le Dniepr et, malgré cela, vous avez perdu deux armées et l'ennemi a forcé le passage jusque sur la rive droite du Dniepr.

Staline ordonna de construire une ligne de défense sur le Psel et il en fit la condition à un accord d'un repli à l'est. Or, creuser des tranchées, construire des abris et des voies d'accès aurait duré des mois, ce qui, face à l'offensive allemande déferlant vers l'est n'avait plus aucun sens.

– Kiev ne peut pas être abandonné ni ses ponts détruits sans l'accord du commandant en chef. Au revoir, conclut Staline.

– Votre ordre est clair. C'est tout. Au revoir, répondit Kirponos.

Ce fut sa dernière conversation avec Staline. Il était le mieux placé pour savoir que dès cet instant, son sort et celui de ses soldats étaient fixés. Ils devaient périr !

Le général Kirponos s'est-il suicidé ? Beaucoup d'indices semblent l'indiquer, bien que d'après la version officielle il soit mort à la suite des blessures reçues lorsqu'un détachement de la 5e armée avec lequel il se frayait un chemin vers l'est était tombé le 20 septembre dans une embuscade dressée par les Allemands. Mais il savait que, s'il réussissait à fuir l'encerclement, le sort du général Pavlov l'attendait. Staline aurait rejeté sur lui la responsabilité de la catastrophe devant Kiev.

Dès le 14 septembre, les tenailles allemandes commençaient à se resserrer du nord et du sud. Entre leurs mâchoires, les armées soviétiques pouvaient encore se sauver vers l'est par une brèche d'environ quarante kilomètres.

Le 14 septembre, le général Toupikov, chef d'état-major du front Sud-Ouest informa Chapochnikov de la situation tragique. Celui-ci considéra son rapport comme dicté par la panique et enjoignit au commandant du front de ne pas perdre la tête et d'exécuter l'ordre du camarade Staline : « Ne pas reculer d'un pas ! »

Le lendemain, la situation des Soviétiques était devenue critique car deux groupes blindés allemands avaient enfermé les 5e, 26e et 37e armées ainsi que des unités de la 21e et de la 28e. Dans ces conditions, le commandement du front se décida à agir sous sa propre responsabilité et ordonna à ses soldats de quitter Kiev et de forcer le passage à travers les lignes allemandes avant que l'ennemi ne réussisse à renforcer sa prise assez pour rendre impossible toute tentative de s'échapper vers l'est.

Le 17 septembre à 23 h 40, Staline accepta que ses troupes évacuent Kiev mais, dans son ordre, aucun mot ne parlait de sortir de la nasse. Cela n'avait plus aucune importance. Le cercle des armées allemandes était trop solide pour que des unités ayant perdu tout contact avec le commandement, désorganisées, exsangues, sans approvisionnements, puissent le briser en quelque point que ce fût. Kirponos tomba sur le champ de bataille. Bourmistrenko, membre du conseil de guerre et le général Toupikov, chef d'état-major du front, périrent. Plusieurs dizaines d'officiers supérieurs furent tués et d'autres faits prisonniers.

Devant Kiev, l'Armée rouge subit l'une des défaites les plus cuisantes et les plus graves de cette guerre. Les Allemands annoncèrent qu'ils avaient capturé 665 000 soldats soviétiques et pris 884 chars et 3 718 canons.

Des milliers de chars et de véhicules automobiles furent détruits au cours des combats ou brûlés par leurs propres équipages qui ne voulaient pas les laisser aux mains de l'ennemi. Les Russes n'ont jamais avoué de pertes aussi élevées, ils ont affirmé que les troupes du front Sud-Ouest comptaient au total 627 000 soldats, dont 585 598 avaient été tués, étaient morts de blessures ou de maladies, avaient disparu ou avaient été faits prisonniers.

Certains chefs allemands ont soutenu que le prix de cette magnifique victoire devant Kiev avait été très élevé. Les généraux Heinz Guderian[57] et Franz Halder ont affirmé que la résistance opiniâtre des armées soviétiques et la durée des combats avaient retardé l'avance allemande sur Moscou et empêché finalement la prise de la capitale. C'est possible. Toutefois, Staline ne s'était pas demandé dans quelle mesure la défense de Kiev pouvait ralentir l'offensive vers Moscou. Le plus important pour lui était de ne pas perdre la capitale de l'Ukraine en raison de son entretien avec Hopkins à qui il avait affirmé que le 1er octobre, le front passerait devant Léningrad, Moscou et Kiev, ce qui obligerait les Allemands à arrêter leurs opérations offensives à cause de la pluie et de la boue. Or les choses avaient tourné tout à fait autrement que Staline ne l'avait prévu. Il avait lieu de craindre que les puissances occidentales voyant la détérioration rapide, brutale, de la situation sur le front n'aient plus envie de conclure une alliance et d'envoyer des armes, ce qui serait du gaspillage. Dans un certain sens, il avait raison. Après son retour à Washington, Harry Hopkins proposa une rencontre des représentants des États-Unis et de la Grande-Bretagne à Moscou, pour laquelle le dictateur l'avait assuré de son accord. Il en fixa la date, entre le 1er et le 15 octobre, ce qui sans aucun doute résultait aussi de son entretien avec Staline. Les armées allemandes auraient dû alors arriver au terme de leurs opérations offensives et le front se serait figé au moins jusqu'au printemps 1942 ; le président Roosevelt et le premier ministre Churchill auraient pu alors plus facilement convaincre leurs peuples que l'heure cruciale de reconstituer les forces de leur allié était arrivée pour qu'il puisse au printemps assener le coup décisif à l'hitlérisme.

C'est pourquoi Staline faisait tout pour que les délégations arrivant à Moscou trouvent la situation telle qu'il l'avait prévue. Les armées du front Sud-Ouest devaient donc défendre Kiev jusqu'à l'extrême limite, et quand il finit par les autoriser à quitter la ville, il n'accepta pas qu'elles aillent trop loin vers l'est.

Le président Roosevelt est désintéressé

La réunion à la Maison-Blanche durait déjà depuis quelques dizaines de minutes. Le président et ses ministres commentaient le déroulement d'une conférence avec le premier ministre Churchill. Elle s'était tenue du 9 au 12 août 1941 dans les cabines de deux navires : le croiseur américain *Augusta* et le cuirassé britannique *Prince of Wales* à bord duquel Churchill avait traversé l'Atlantique et était arrivé à Placentia Bay. Les dirigeants des deux puissances avaient discuté de la situation dans le monde et, évidemment, la politique envers l'Union soviétique avait été le sujet principal de leurs conversations. William C. Bullitt[58] ancien ambassadeur des États-Unis à Moscou estima que le temps était venu de prendre la parole :

– Monsieur le Président, en échange de l'aide à la Russie, vous devriez exiger une promesse irrévocable, écrite et publique, de Staline, engageant l'Union soviétique à renoncer à toute revendication territoriale et à tout privilège en Chine et dans d'autres régions d'Extrême-Orient et à laisser l'Europe d'après-guerre dans les frontières d'août 1939 !

Roosevelt sembla écouter ces mots avec un déplaisir très net, mais l'ambassadeur n'y fit pas attention.

– Je dois vous mettre en garde contre l'impérialisme soviétique, poursuivit Bullitt.

Il voulait s'étendre sur ce sujet, mais Roosevelt l'interrompit :

– Je ne mets pas en doute la logique de votre exposé, mais j'ai l'impression* que Staline n'est pas ce genre d'homme. Harry (Hopkins) dit qu'il n'est pas comme cela. Je pense que si je lui donne tout, je peux vraisemblablement lui demander quelque chose en échange. *Noblesse oblige*.

Surpris, Bullitt regarda le président, mais il n'osa pas l'interrompre.

– Il collaborera avec moi à la création d'un monde de démocratie et de paix !

Bullitt ne renonçait pas à convaincre Roosevelt qu'il ne se faisait pas une idée juste de Staline :

– Monsieur le président, quand vous dites *noblesse oblige*, je vous prie de vous rappeler que vous n'avez pas affaire au duc de Norfolk, mais à un bandit caucasien qui, s'il reçoit quelque chose gratuitement, prendra le donateur pour un baudet.

C'est cette remarque qui toucha Roosevelt le plus au vif. Agacé, il s'agita sur son fauteuil et répondit d'un ton acerbe et désagréable :

– C'est moi qui porte la responsabilité, pas vous. Et j'entends agir suivant mes propres idées.

Il appuya les mains sur les roues de son fauteuil, faisant comprendre que l'entretien était terminé et qu'il s'apprêtait à quitter la salle. Il n'était pas disposé à rendre des comptes sur sa conduite. Il estimait inconvenant d'imposer des conditions à Staline dans des moments aussi dramatiques. Il craignait même peut-être un choc en retour : dissuader Staline de négocier avec les puissances occidentales et le pousser à rechercher une entente avec Hitler. Le président avait déjà un autre plan.

Il se considérait comme le successeur du président Woodrow Wilson[59], le dirigeant américain qui amena

* Roosevelt employa l'expression *I have a hunch* : j'ai le pressentiment, je soupçonne, j'ai l'impression.

en 1917 à l'engagement de son pays dans la politique mondiale et qui projetait de construire, après la Grande Guerre, un monde nouveau, juste. Le 8 janvier 1918, Wilson avait exposé devant l'assemblée plénière du Congrès un programme de paix en quatorze points renfermant les principes qui devaient constituer les fondements de la construction du monde d'après-guerre : transparence de la diplomatie et des accords internationaux, liberté des mers, liberté du commerce et suppression des barrières économiques, réduction des armements, solution des différends au sujet des colonies, ouverture d'organisations internationales. Wilson avait essuyé un échec, bien que ses propositions aient été prises en compte dans les résolutions du Traité de Versailles (entre autres la création de la Société des Nations). Le Congrès des États-Unis refusa en effet la ratification du traité de paix et l'adhésion du pays à la Société des Nations, ce qui condamnait cette institution à l'impuissance, les États-Unis se retiraient ainsi de l'Ancien Monde et s'enfermaient dans une forteresse sûre derrière l'Océan. L'isolationnisme devint la politique officielle du gouvernement, derrière le rempart de lois nombreuses dont le changement se révéla un problème ardu pour Franklin D. Roosevelt.

Il était décidé à revenir à l'idée de son grand prédécesseur, mais adaptée aux réalités du monde des années quarante. Au milieu de 1941, quand de vastes territoires de l'Europe étaient entre les mains de Hitler et qu'à l'Est s'engageait une bataille dont, il en était certain, dépendrait le destin du monde d'après-guerre, commençait l'ère dans laquelle Roosevelt devait entreprendre de réaliser le plan de Wilson. Il pensait que le premier pas devait consister à gagner Staline et cela n'était pas possible en agissant envers l'Union soviétique comme les puissances démocratiques l'avaient souvent fait dans l'entre-deux-guerres, du reste avec des résultats catastrophiques, ne fût-ce que lors de la conférence de Gênes en avril 1922. Là, les délégués de vingt-huit pays avaient délibéré sur l'adhésion de la Russie soviétique au système économique international, mais ils avaient exigé en échange le remboursement des dettes contractées avant la guerre par le tsar, condition inacceptable pour la Russie. En conséquence, la conférence s'acheva sur un échec mais, à Rapallo, un quartier de Gênes, la délégation soviétique signa un traité avec la délégation allemande en vertu duquel les deux pays renoncèrent au payement de dédommagements et nouèrent des relations diplomatiques. Une collaboration économique et militaire commença à se développer, qui fut sans aucun doute l'un des facteurs du déclenchement de la guerre, ne serait-ce que parce qu'elle ouvrit aux Allemands l'accès des champs de manœuvres et des usines d'armement soviétiques, où ils purent préparer leurs chefs et leur matériel à la conquête future de l'Europe.

Roosevelt ne voulait ni rebuter ni humilier Staline. Pensait-il que, s'il froissait le dictateur, celui-ci pourrait se tourner vers Hitler ? De telles informations lui parvenaient. Pendant la conférence de Placentia Bay, Adlai Stevenson, jeune assistant du ministre de la Marine de guerre présenta au président un rapport fondé sur des informations « de sources dignes de foi » selon lesquelles des négociations germano-soviétiques étaient en cours.

– Je ne le crois pas, répondit le président. Cela ne m'inquiète pas. Et toi, Adlai ?

Stevenson, le futur candidat du parti démocrate à la présidence, bredouilla quelques mots laissant entendre qu'il n'était pas tout à fait d'accord avec le président, puis il sortit du bureau.

Roosevelt entrevit la possibilité de faire d'une pierre deux coups. Il avait beaucoup de griefs contre son allié britannique qui personnifiait le colonialisme qualifié par lui-même de honte de l'humanité. Il dit à son fils Elliott :

– Le colonialisme signifie la guerre. On exploite les réserves de l'Inde, de la Birmanie, de Java, on ramasse les richesses de ces pays. Mais leur donne-t-on quelque chose en échange ? Ce qu'il leur faut : c'est l'éducation, un niveau de vie convenable, les soins médicaux. Le colonialisme est la négation de la valeur de toute organisation destinée à être au service de la paix, avant même sa création.

Il n'avait pas à préciser contre qui il dirigeait ces accusations puisque à l'époque, l'Inde et la Birmanie étaient des colonies britanniques.

En venant rencontrer Churchill, Roosevelt savait qu'il aurait l'occasion de le convaincre de signer une déclaration selon laquelle le monde d'après-guerre serait celui de la démocratie, de la liberté et de la justice, donc sans colonialisme. Il lui présenta le projet d'une telle résolution dès leur premier entretien sur le pont du cuirassé américain.

Churchill ne pouvait pas rejeter une telle initiative du président. Il se mit au travail le soir même et vint à la rencontre le lendemain matin avec le projet de cinq déclarations fondamentales. Pendant les deux jours suivants, des débats se poursuivirent sur les conclusions qu'il fallait exprimer dans le document appelé plus tard par la presse britannique la Charte de l'Atlantique. En définitive, ils y firent figurer huit principes de base qui devaient devenir les indicateurs du développement du monde d'après-guerre, formulés sans équivoque :

– pas de conquêtes territoriales ;

– pas de changements territoriaux sans l'accord des populations habitant ces territoires ;

– les peuples disposeront d'eux-mêmes ;

– coopération économique internationale ;

– amélioration des conditions de travail, développement économique et sécurité sociale pour tous les hommes ;

– libération de la peur et de la pénurie ;

– liberté de navigation sur les mers ouvertes ;
– désarmement général.

À cette époque, en août 1941, Churchill, dont le pays était toujours en équilibre au bord de la défaite et dont l'avenir dépendait de l'aide économique et militaire des États-Unis ne pouvait pas refuser la signature d'une déclaration décidant du renoncement définitif au colonialisme. Roosevelt estimait que Staline, dans une situation pire que celle de Churchill, n'oserait pas non plus refuser de signer la Charte de l'Atlantique ; il aurait signé des engagements sublimes, au lieu de se soumettre à un ultimatum américain définissant la conduite de l'Union soviétique après la guerre, comme l'avait proposé l'ambassadeur Bullitt. Le résultat aurait ainsi été le même, mais atteint d'une manière qui n'aurait pas blessé Staline.

C'est ce qui arriva. Le 24 septembre 1941, l'Union soviétique signa la Charte de l'Atlantique*. Staline comprenait que c'était la condition pour obtenir l'aide occidentale. Mais il pouvait considérer ceux qui l'avaient imposée comme des « baudets », selon l'expression de l'ambassadeur Bullitt.

* La Charte de l'Atlantique. Ses idéaux ravivant la coalition antihitlérienne constituèrent le fondement de la Déclaration des Nations Unies signée par 26 pays alliés (dont la Pologne) à Washington, le 1er janvier 1942.

La grande alliance

Lord Beaverbrook, émissaire du premier ministre Churchill, et Averell Harriman[60], qui représentait le président des États-Unis à la place de Hopkins malade, arrivèrent à Moscou le 29 septembre et furent reçus le soir même par Staline.

Le dictateur soviétique était de bonne humeur et il fit tout pour donner à ses hôtes l'impression qu'ils étaient attendus et reçus avec la fameuse hospitalité russe. Cependant, les regards des invités se portaient sur un petit homme corpulent au visage agréable qui se distinguait par son habillement : un costume bon marché, élimé aux coudes et des souliers usagés. Harriman s'efforçait de ne pas y prêter attention mais Beaverbrook regardait avec une telle insistance que l'ambassadeur Cripps s'en aperçut. Il se pencha vers Beaverbrook et lui expliqua à mi-voix :

– C'est l'ex-ministre des Affaires étrangères, Maxime Litvinov[61].

Certainement, Staline avait aussi remarqué la réaction de Beaverbrook car le lendemain, Litvinov qui remplissait les fonctions d'interprète était très présentable. Bientôt se produisit un autre incident choquant. Averell Harriman pria l'ambassadeur Steinhardt de sortir du cabinet. Le fait est difficile à expliquer. Harriman avait dû se souvenir d'une remarque de Hopkins au sujet de l'opposition de l'ambassadeur à une collaboration américano-soviétique et il craignait que Steinhardt ne fasse obstacle à un accord ou tout au moins n'en retarde la conclusion. L'ambassadeur britannique avait observé cette scène avec un certain étonnement et il sortit un instant plus tard. Staline, Harriman, Beaverbrook restèrent seuls en compagnie du traducteur russe.

Litvinov remplit parfaitement son rôle. Toutefois, Beaverbrook se rendit compte que pendant tout l'entretien, une autre porte menant à l'appartement privé de Staline était restée entrouverte. Il eut l'impression que quelqu'un se tenait derrière elle pour observer le comportement de Litvinov et présenter à Staline après la conférence son opinion quant à l'honnêteté du traducteur. Cela était très vraisemblable, car on peut supposer qu'il n'y avait pas, dans ce cabinet, d'écoutes par microphones. Donc, si Staline avait ordonné de contrôler ce que disait Litvinov, tout porte à croire que la chose n'avait été rendue possible qu'en laissant ouverte la porte d'une pièce dans laquelle pouvait se tenir un deuxième interprète.

Pendant que des entretiens se déroulaient dans le bureau de Staline, les membres d'une délégation militaire anglo-américaine menaient aussi des négociations. Le général Hasting L. Ismay[62] et le général George Marshall[63] discutaient avec les militaires soviétiques les conditions et la nature de l'aide, ce qui se révéla une entreprise extrêmement laborieuse. Les Russes étaient secrets au point de refuser de donner les informations les plus fondamentales.

– De combien de canons antichars une de vos divisions a-t-elle besoin ? demanda le général Hasting Ismay.

Et il ajouta vite :

– Les nôtres en ont soixante-douze.

Il lui fut répondu :

– Cela dépend des divisions.

– Disons, une division d'infanterie.

– Cela dépend du point où elle doit se battre, répondaient les Russes.

On voyait qu'il leur avait été interdit de donner la moindre information. Ils devaient se borner à présenter leurs demandes.

Les membres de la délégation anglo-américaine étaient tellement rebutés que l'un d'entre eux inventa une blague qu'on se répéta ensuite à Londres.

Un guide soviétique fait visiter Moscou à un officier américain, il lui explique :

– Voici l'hôtel *Éden* (du nom du ministre britannique des Affaires étrangères, Anthony Éden), autrefois l'hôtel *Ribbentrop*. Là, c'est la rue *Churchill*, jadis *Hitler*. Maintenant, la gare *Beaverbrook*, naguère *Göring*. Vous avez de quoi fumer ?

Quand l'autre lui donna une cigarette, il lui dit :

– Merci, frère d'armes, fils de pute impérialiste !

Les négociations durèrent trois jours et à chaque rencontre, l'atmosphère d'abord tendue s'améliora, sans doute parce que Beaverbrook et Harriman acceptaient les exigences soviétiques quant aux types et à la quantité d'armements et de matériels. Staline voyait là l'assurance que les puissances démocratiques avaient abandonné l'idée de conclure une alliance avec Hitler et s'apprêtaient à apporter une aide considérable à l'Armée rouge. Cependant, il ne leur fit jamais entièrement confiance, tout comme il ne rejeta jamais tout à fait l'idée d'engager des négociations avec le Führer.

La crise se dénoua le troisième jour, alors qu'un programme d'assistance précis avait déjà été établi. Maxime Litvinov lui-même ne put retenir un cri de joie. Il se leva d'un bond de sa chaise en disant :

– Maintenant, nous gagnerons la guerre !

Staline était manifestement satisfait. Au moment de dire adieu à Harriman et à Beaverbrook, il se tourna soudain vers Molotov et lui dit quelques mots en russe. Ils échangèrent une phrase et Staline dit à ses hôtes :

– J'espère que vous accepterez mon invitation à dîner demain soir.

Le dîner s'avéra un vrai banquet auquel participèrent plus de cent convives et Beaverbrook, assis à la droite de Staline, eut l'occasion d'observer ses étranges habitudes. Il était servi par un serveur particulier qui lui donnait d'autres plats que ceux que recevaient les dîneurs. Il ne versait pas non plus de vin au dictateur qui avait posé une bouteille devant lui et remplissait lui-même son verre. Quand il l'avait bu, il le renversait et il en coiffait le goulot de la bouteille.

L'atmosphère était si amicale et libre qu'à un certain moment, Beaverbrook demanda à Staline en montrant Mikhaïl Kalinine, président du présidium du Conseil suprême :

– Dites-moi, Kalinine a-t-il une maîtresse ?

– Non, dit Staline en riant. Il est trop vieux pour cela, et vous ?

Beaverbrook ne répondit pas. En fin de compte, il n'avait que quatre ans de moins que Kalinine, âgé, lui, de soixante-six ans.

Le protocole signé à Moscou permettait à l'Union soviétique de profiter de l'aide militaire américaine *Lend-Lease**, il prévoyait pour commencer la fourniture de cent cinquante articles, depuis les *jeeps*, les chars et les avions

* *Lend-Lease*, (« prêt-bail ») prêt de guerre américain pour les pays alliés, accordé sur la base de la loi sur le prêt-bail (Lend-Lease Act) adoptée par le Congrès des États-Unis le 11 mars 1941. Elle autorisait le président à vendre, à louer ou à prêter du matériel militaire aux pays dont il considérait la défense comme importante pour celle des États-Unis. L'aide était accordée sur la base d'accords bilatéraux. Trente-huit pays bénéficièrent de l'aide américaine dont le montant pendant la guerre atteignit cinquante milliards sept cents millions de dollars. La Grande-Bretagne obtint du matériel et des crédits s'élevant à vingt-huit milliards de dollars, l'Union soviétique, plus de onze milliards de dollars, la Chine, quatre milliards. Pendant la guerre, les États-Unis envoyèrent en Union soviétique entre autres : 14 795 avions, 7 065 chars, 8 218 canons antiaériens, 51 503 véhicules tout terrain, environ 700 000 camions, 1 981 locomotives et environ 900 000 tonnes d'explosifs,

jusqu'aux chaussures et aux médicaments. La participation de l'Union soviétique aux fournitures prêt-bail est estimée à un milliard de dollars, ce qui, comme il est apparu, n'était qu'une petite partie du matériel livré à ce pays, dont la valeur pour toute la durée de la guerre a dépassé onze milliards de dollars.

Il semblerait donc que Staline ait eu toutes les raisons d'être satisfait. L'alliance avec les deux pays les plus puissants du monde disposant d'un potentiel économique illimité était conclue. D'une semaine à l'autre devaient commencer à affluer les fournitures de matériel, d'armes et de matières premières qui permettraient de maintenir la faculté de combattre de l'Armée rouge. L'ouverture par les Alliés d'un second front semblait également une perspective réaliste. Et voilà que le 7 octobre, il se produisit une chose surprenante ; il n'est pas possible d'établir si elle s'explique par un effondrement nerveux ou si elle fut la poursuite du jeu contre les nouveaux alliés afin de les convaincre qu'ils devaient s'acquitter au plus vite de leurs obligations récentes, dans les plus grandes quantités possible et sans tergiverser et, en plus, se battre au plus vite sur un deuxième front.

Ce jour-là, au crépuscule, le général Guiéorguiï Joukov était arrivé à Moscou, appelé de Léningrad. La situation sur le front s'était stabilisée et c'est pour cette raison qu'il avait pu quitter son poste de commandement pour venir à Moscou et exposer personnellement le déroulement de la bataille et le plan de défense de la ville.

4 478 000 tonnes de denrées alimentaires et près de 4 000 000 de pneus, 900 000 tonnes de carburant, du matériel de transmissions, des vêtements, des usines complètes d'aluminium, de caoutchouc synthétique, etc. Les données soviétiques officielles, d'après lesquelles les fournitures du prêt-bail représentaient à peine 4 % de la production de guerre de l'URSS ne reflètent pas l'importance véritable de l'aide américaine : par exemple, la fourniture de camions américains libéra des capacités de production dans de nombreuses fabriques d'automobiles soviétiques et permit de fabriquer d'autres matériels, l'apport d'une technologie moderne fut particulièrement important. La loi *Lend-Lease* cessa officiellement d'être en vigueur le 27 septembre 1945.

Staline était malade, alité, souffrant d'une forte grippe. Au secrétariat du Kremlin où il se présenta, Joukov fut donc dirigé vers l'appartement privé du guide*. Il entra dans la pièce et vit Staline en grande conversation avec Béria. Il n'osa pas les interrompre ni se présenter, il resta donc près de la porte et écouta la conversation malgré lui. Il en ressortait nettement que l'un et l'autre s'attendaient au pire, sans doute à cause des progrès des armées allemandes qui réalisaient l'opération *Typhon* reportée depuis le 15 septembre : l'attaque contre Moscou.

Adolf Hitler, d'abord décidé à concentrer les efforts de la Wehrmacht en direction du nord, vers Léningrad, et du sud, vers Stalingrad et les champs pétrolifères du Caucase, s'était laissé convaincre par ses généraux après la victoire de Smolensk qu'il fallait prendre Moscou. Sans aucun doute, cela aurait eu un énorme effet de propagande sur le public allemand inquiet d'entendre les informations sur la prolongation de la guerre qui engloutissait de plus en plus de victimes. Hitler était déjà conscient qu'il n'avait pas réussi à réaliser à temps son projet de battre l'Union soviétique et que la Wehrmacht avait devant elle la période la plus difficile de l'automne et de l'hiver russes. Le moral de l'armée et du peuple avait donc une importance énorme.

Les divisions allemandes étaient nettement fatiguées et affaiblies par les durs combats menés depuis le commencement de la guerre. À la date du 30 septembre 1941, les Allemands avaient perdu 551 000 soldats, tués, blessés, disparus et prisonniers. Les pertes matérielles étaient énormes, ce dont témoignait l'état de l'équipement des quatorze divisions blindées du groupe d'armées *Centre* qui ne possédaient même plus la moitié de leurs véhicules à chenilles. Les grands succès de l'opération sur Moscou remportés dès les premiers jours n'en avaient que plus d'importance.

* Une autre version dit qu'il était allé à Kountsévo, mais cela n'a guère d'importance.

Le 1er octobre 1941, le corps blindé de Guderian avait rompu les lignes soviétiques et avait, en deux jours, avancé de 170 kilomètres et pris Orel. Cela rappelait les grands succès des divisions allemandes pendant les premiers jours de la guerre. Cette victoire de Guderian avait permis au 47e corps blindé qui le suivait de s'emparer de Briansk. Au nord, le Panzergruppe IV s'approchait rapidement de Viajma et le 7 octobre, la ville fut conquise par le 40e corps motorisé du général Stumme. Les Allemands proclamèrent qu'ils avaient capturé dans le secteur de ces deux villes 663 000 soldats soviétiques et pris 1 242 chars et 5 412 canons.

Que ces chiffres fussent vrais ou non*, la défaite des armées soviétiques sur l'axe central était très cuisante et semblait indiquer que les Allemands pouvaient vite atteindre Moscou.

– L'Armée rouge n'est pas assez forte pour repousser l'attaque sur Moscou, disait Staline à Béria. Nous voilà amenés à suivre l'exemple de Lénine qui, en mars dix-huit, comme il n'avait plus d'autre issue, a signé à Brest une paix humiliante avec les Allemands.

Sans aucun doute, il avait remarqué Joukov et il voulait certainement qu'il soit lui aussi au courant de ces projets. Il dit à Béria en appuyant bien :

– Vous devez trouver le moyen de négocier une nouvelle paix de Brest. Même au prix de la perte des républiques baltes (il parlait de la Lituanie, de la Lettonie et de l'Estonie sur lesquelles Hitler exprimait depuis longtemps des revendications) et même de la Biélorussie, de la Moldavie et d'une partie de l'Ukraine.

* D'après les données officielles soviétiques, entre le 1er octobre et le 5 décembre 1941, les armées de tous les fronts défendant la direction de Moscou et qui comptaient 1 250 000 soldats en perdirent 514 338, tués, prisonniers et disparus et 143 941 blessés et malades.

Quand Béria fut sorti, Staline s'adressa à Joukov en montrant une carte pendue au mur :

– Regardez, nous avons de grosses difficultés avec le front Ouest et je ne crois pas pouvoir réussir à obtenir un rapport exact sur la situation dans ce secteur, vous devez vous rendre au centre de commandement du front Ouest et m'en présenter un par téléphone, à n'importe quelle heure du jour ou de la nuit. J'attendrai votre appel.

La conversation de Staline avec Béria n'est attestée dans aucun document ni aucune relation. L'unique témoin est le général Joukov. On n'a pas réussi non plus à trouver de traces de manœuvres de Béria pour chercher à entrer en contact avec les Allemands.

Joukov téléphona à Staline la nuit même, le 8 octobre à deux heures et demie :

– Le front a été rompu en plusieurs endroits et nous ne pouvons pas colmater les brèches parce que nous n'avons pas de réserves. L'ennemi regroupe ses forces et il a une nette supériorité en infanterie, en chars, en canons et en avions. Le plus grand danger réside dans le fait que la route de Moscou est absolument sans défense. Les fortifications le long de la ligne de Mojaïsk sont trop faibles pour arrêter les chars allemands…

Staline craignait-il vraiment que les Allemands ne se fraient un chemin jusqu'à Moscou avant l'arrivée des premières fournitures de derrière l'Océan ? Il voulait peut-être seulement gagner du temps ou pensait-il qu'en voyant les pertes énormes que lui avaient coûtées jusqu'à présent ses victoires, Hitler serait plus enclin à négocier ?

Dans la première décade d'octobre, chaque jour comptait. Il commençait à pleuvoir et les routes de terre se changeaient en torrents de boue dans lesquels les canons, les chars et les camions allemands s'enlisaient et les aérodromes de campagne détrempés empêchaient les avions de s'envoler. La Wehrmacht allait bientôt être obligée de s'arrêter, ce qui donnerait à l'Armée rouge le temps d'utiliser ses réserves et de se préparer à la bataille de printemps décisive.

Staline était disposé à accepter l'évacuation des principales administrations de Moscou. Des postes de commandement de rechange étaient déjà prêts. Loin de la capitale, à Kouïbychev*, à 850 kilomètres, un abri avait été aménagé pour lui sous l'immeuble de l'Hôtel de Ville. On ignore à quelle date avait commencé la construction du complexe souterrain. À en juger d'après le nombre des ouvriers, qui dépassait 6 000, les travaux n'avaient commencé qu'en 1941. 24 000 mètres cubes de terre furent remontés à la surface et, pour bâtir les plafonds et les murs, on coula dans une énorme galerie 10 000 mètres cubes de béton. En octobre 1941, deux niveaux étaient achevés. Dans le premier, à quatorze mètres de profondeur, furent installés les appareillages nécessaires au fonctionnement d'un état-major souterrain : des filtres laissant passer 36 000 mètres cubes d'air par heure, des générateurs de courant d'une puissance de cinquante kilowatts fournissant l'énergie aux appartements, des réservoirs d'eau potable de dix-huit mètres cubes alimentés par des sources souterraines, des centraux télégraphiques, etc. Des appartements pour cent dix personnes avaient été installés à trente-deux mètres de profondeur, ce qui les protégeait absolument des bombes et des obus les plus lourds.

Évidemment, Staline y avait également son appartement. À côté de son bureau et de sa chambre à coucher se trouvait la plus grande pièce de l'abri souterrain : une salle de conférence de soixante-dix mètres carrés.

Les pièces souterraines meublées si luxueusement qu'un parquet de chêne avait été posé sur les dalles de béton étaient destinées aux membres des plus hautes autorités

* Kouïbychev. Aujourd'hui Samara.

soviétiques : le gouvernement, le secrétariat à la Défense, le Bureau politique et le Conseil suprême. Dans la ville devaient aussi fonctionner d'autres institutions évacuées de Moscou : le comité de la Planification, le commissariat aux Affaires étrangères, au Transport, et évidemment, le NKVD. Les autres ministères avaient été transportés à Kazan, Oulianovsk, Gorki, Kirov, Sverdlovsk, Tchélabinsk, Oufa, Novossibirsk, Omsk et Tomsk. Le personnel diplomatique étranger devait habiter des villas aux alentours de Kouïbychev. Au début d'octobre, tout était déjà prêt pour recevoir les hôtes de Moscou où la situation s'aggravait de jour en jour.

Le général Guiéorguiï Joukov qui avait pris le 10 octobre le commandement du front Ouest défendant la route de Moscou évaluait avec inquiétude les forces qu'il lui incombait de mener au combat. Le front tout entier ne comptait que 90 000 soldats, donc beaucoup moins qu'une armée. Les forces blindées avaient à peine 890 chars, et pire encore, il n'y avait dans ce nombre que 90 *T-34* modernes. L'armée sur le flanc gauche du front Ouest avait six divisions d'infanterie et, dans chacune d'elles, il y avait de 600 à 2 000 soldats, au lieu de 10 000. La 58e division blindée ne comptait que 350 soldats armés de quinze chars légers et de cinq canons. Dans la 54e armée, l'ancienne 21e division blindée n'était blindée que de nom car elle n'avait pas un seul char. Le 1er octobre, elle reçut cependant du renfort, on lui en envoya 52, moitié *T-34* et moitié *KV-1*, mais peu d'entre eux pouvaient aller au combat parce qu'ils étaient en panne ou endommagés.

Il n'est donc pas surprenant que Joukov qui avait si peu d'hommes et de matériel ordonna aux chefs de rassembler des volontaires et de chercher des soldats dans les services de l'arrière et dans les hôpitaux pour former avec eux des bataillons autonomes qui, armés de lance-fusées et de grenades antichars, pourraient combattre les blindés allemands. À Moscou furent formés des « bataillons ouvriers » comptant chacun 675 soldats, mais seulement 295 fusils, 120 grenades à main prises à l'ennemi, neuf mitrailleuses et 145 pistolets.

Avec un tel ramassis, il n'aurait pas été possible de gagner la bataille devant Moscou. Il n'est donc pas étonnant que le commandement allemand évaluant la défense soviétique ait jugé qu'elle était à bout de forces (*um die letzte Kraftanstrengung*).

À Moscou, la panique grandissait à mesure que les unités allemandes se rapprochaient. Elle se déchaîna pleinement quand la radio publia le communiqué suivant :

Dans la nuit du 14 au 15 octobre, la situation des armées du front Ouest a empiré. Les unités allemandes fascistes se sont lancées contre les nôtres avec un grand nombre de chars et d'infanterie motorisée, en conséquence, dans l'un des secteurs, elles ont percé nos lignes de défense.

Là, c'était la goutte qui fit déborder le vase. Depuis plusieurs jours, la presse donnait de plus en plus de nouvelles noires. Dans les organisations du parti, on appelait à *une discipline de fer et à une lutte impitoyable contre le moindre signe de panique, contre les lâches, les déserteurs et les paniquards*. Les Moscovites savaient parfaitement ce que signifiaient de telles formules et à quoi elles conduisaient. Les foules emplissaient les gares et des pugilats acharnés éclataient pour une place dans un wagon. De longues colonnes de fugitifs traînant tout leur bien dans des voitures à bras ou sur des bicyclettes emplissaient les rues. Les petits fonctionnaires du parti s'établissaient des ordres de mission et avec leurs familles embarquées dans des voitures de service ou dans les caisses des camions prenaient la route de l'Est. Dans certaines usines, la production fut arrêtée faute d'ouvriers. Dans le désordre auquel la capitale était en proie, les brigandages et les violences, les pillages des appartements abandonnés et les effractions des magasins se multipliaient.

L'activité de détachements spéciaux qui minaient les bâtiments gouvernementaux et les immeubles les plus importants attisait encore cette atmosphère de panique. Huit groupes de sapeurs parcouraient les rues avec des camions pleins d'explosifs, en route vers les bâtiments qu'ils devaient faire sauter. Jusqu'au 15 octobre à minuit, 584 tonnes d'explosifs en tout avaient été posées dans les immeubles administratifs, dans les gares et les installations ferroviaires et sous 56 ponts, dont 16 dans la ville. Les sapeurs qui se tenaient près de ces objectifs avaient reçu l'ordre de les faire sauter immédiatement « à la vue de soldats ennemis ».

La boucherie commença dans les prisons du NKVD. Il n'était pas possible d'évacuer tous les prisonniers et ceux qui ne pouvaient pas être emmenés ne devaient pas tomber aux mains des Allemands. En quelques jours, plusieurs milliers de personnes succombèrent sous les balles, dont environ 400 officiers supérieurs arrêtés avant le commencement de la guerre ou au cours des opérations militaires, accusés d'avoir cédé à la panique, d'avoir trahi ou quitté leur poste.

L'évacuation des établissements industriels accrut la confusion et l'atmosphère de menace. 80 000 camions emmenèrent derrière Moscou les machines de 498 usines.

Le 16 octobre au soir, en sortant de son bureau, Staline rencontra dans le corridor Béria qui venait vers lui.

– Camarade Staline, votre train spécial est déjà prêt. Votre villa de Kountsévo a été minée, dit Béria rapidement en géorgien.

Il ne voulait pas que les personnes du proche entourage de Staline entendent ce qu'il avait à lui communiquer :

– Quatre avions sont sur l'aérodrome de Khodynka, parmi eux votre *DC-3*. Tout est prêt pour l'évacuation.

Staline lui lança un regard sévère, inamical. L'idée de quitter Moscou ne lui plaisait pas. Il sentait que tant que la population et l'armée sauraient qu'il était resté dans la capitale, on pourrait la défendre. Il ne répondit pas, mais se dépêcha d'aller à sa voiture. Il lui fallait peser le pour et le contre.

Tard dans la nuit, quand il arriva à sa villa de Kountsévo, les lueurs des incendies, des explosions des obus antiaériens et des faisceaux des projecteurs éclairaient le ciel. Il y avait un raid sur Moscou.

Il descendit de sa voiture et resta debout à fixer ce spectacle effrayant.

– Camarade Staline, entrez dans la datcha, je vous en prie, ici, c'est dangereux, dit le colonel Vlassik.

Dans la datcha, il n'y avait pas encore d'abri antiaérien et n'importe lequel des avions attaquant la ville pouvait à tout moment lâcher une bombe à proximité. Vlassik insista :

– Entrez dans la maison.

Staline agita la main en signe d'impatience.

Le déroulement des événements semble indiquer qu'il prit ce soir-là la décision de rester à Moscou et de mener, dans ce secteur, une bataille décisive.

Il ne pouvait pas abandonner la capitale aux Allemands car cela aurait signifié qu'il avait perdu la guerre. Cela aurait été un atout pour la propagande de Hitler, conscient que les pertes considérables sur le front de l'Est faisaient perdre confiance au peuple allemand ; il pouvait lui remonter le moral en montrant dans les chroniques cinématographiques et dans des millions de journaux un Kremlin devant lequel il y aurait eu des sentinelles allemandes. L'armée épuisée par les combats terribles et par les conditions atmosphériques exceptionnellement défavorables du rude automne russe se serait renforcée psychiquement et se serait remise à croire en son Führer.

Autant Hitler aurait gagné, autant Staline aurait perdu. Le peuple se serait effondré, et il n'aurait plus été possible d'exiger de lui un effort tel que celui des derniers mois.

Les alliés occidentaux qui observaient toujours avec méfiance le développement de la situation n'auraient pas pris Staline pour un partenaire crédible puisque son analyse aurait été erronée. Il avait assuré à Hopkins que les Allemands s'arrêteraient devant Kiev et Moscou, alors qu'ils avaient eu vite fait de prendre Kiev et qu'ils étaient à un pas de conquérir Moscou, et on ne pouvait pas exclure que si le moral de l'Armée rouge s'effondrait, ils ne s'emparent aussi de Léningrad.

Une bataille devant Moscou représentait la seule chance d'arrêter leur offensive et de leur arracher l'initiative stratégique qu'ils possédaient depuis le début de la guerre. En fait, la situation de leurs armées était très difficile. La tactique de la terre brûlée mise en œuvre par les détachements de l'Armée rouge et du NKVD les obligeait à ne fonctionner que par des fournitures en provenance d'Allemagne et de Pologne, et les lignes de communication s'étaient allongées jusqu'à atteindre 900 kilomètres. Dans le même temps, les détachements de partisans soviétiques constituaient déjà une force capable de gêner considérablement l'acheminement d'armes, de munitions et d'approvisionnement pour des millions de soldats. Le temps était une menace encore plus grande pour les transports. Les wagons étaient tirés par des locomotives allemandes – peu de soviétiques avaient été prises – non adaptées aux conditions d'une fin d'automne russe. Le réseau compliqué de petits tuyaux courant à l'extérieur des chaudières à vapeur ne résistait pas à un froid atteignant trente à quarante degrés centigrades. Le ravitaillement parvenait aux unités du front avec un retard toujours croissant et en quantités toujours en diminution. Le temps était donc venu pour les Russes d'assener un coup susceptible d'infléchir le cours de la guerre. Mais Staline ne devait pas oublier que les troupes du front Ouest chargées de défendre l'accès à la capitale étaient faibles et qu'il n'y avait à vrai dire absolument pas moyen de les renforcer. Il n'était pas possible d'appeler à l'aide des unités ni du nord ni du sud, car, elles-mêmes à l'extrême limite de leurs forces, elles se battaient à mort avec les armées allemandes. Si on les avait affaiblies, le front aurait cédé, les Allemands auraient pris Léningrad d'où ils auraient immédiatement lancé leurs armées contre Moscou.

Staline voyait pourtant une chance dans une bataille pour Moscou.

Le 17 octobre, la radio annonça qu'il restait dans la capitale. L'état de siège fut proclamé deux jours plus tard. Avec la brutalité qui le caractérisait, le dictateur entreprit de maîtriser le désordre dans la ville où il confia le commandement de la défense au général P. Artiémiev. Ce dernier devait venir à bout de la vague de pillages et de panique à l'aide de ses détachements du NKVD ayant l'expérience des exécutions en masse.

Il commença par les administrateurs des immeubles dans lesquels des appartements avaient été pillés. Un sur dix, coupable ou non, fut fusillé. Les tribunaux militaires examinaient en quelques minutes les affaires de vol et de pillage, sans guère se donner la peine de demander à l'accusé s'il s'avouait coupable, sa réponse n'avait aucune importance. Les sentences étaient exécutées sur-le-champ.

On ne pardonnait pas aux directeurs ni aux hauts fonctionnaires qui, dans la panique générale après le 16 octobre, avaient quitté la ville. La radio de Moscou donnait leurs noms et les circonstances dans lesquelles ils avaient abandonné leurs postes. Tout permettait de penser que les unités locales du NKVD notaient soigneusement ces indications pour régler leur compte aux traîtres réfugiés dans leur circonscription après avoir fui Moscou.

Toutefois, tout cela ne pouvait pas aider à vaincre les Allemands qui se rapprochaient inexorablement. Staline avait besoin d'autres unités militaires, et il savait où les prendre.

Le grand tournant

Sierguiéï Tolstoï, un homme corpulent en costume clair chiffonné, traversa la rue en courant si vite que le policier n'eut même pas le temps de sortir de sa guérite et de prendre son sifflet pour rappeler à l'ordre le citoyen qui transgressait si ostensiblement les règles de la circulation. Il avait peut-être reconnu ce piéton indiscipliné, car Tolstoï commettait cette infraction tous les matins en se dépêchant d'aller à son bureau. Mais personne n'aurait pu dire où il travaillait car le vaste immeuble de la rue Djierjinski où se trouvait autrefois l'hôtel *Select* était soumis au secret absolu, et chaque Moscovite savait que mieux valait ne pas trop s'intéresser à de tels bâtiments, ce qui exposait aux conséquences les plus graves.

Tolstoï disparut à la porte derrière laquelle il donna son laissez-passer au factionnaire, il alla à un grand ascenseur lambrissé de merisier. Cette mécanique qui gardait la mémoire de l'époque des tsars, et n'avait sans doute jamais été entretenue depuis ce temps-là, était très capricieuse, il risquait quand même encore moins en l'utilisant qu'en gravissant les escaliers jusqu'au quatrième étage.

Son bureau se trouvait juste à côté de l'ascenseur, ce qui lui permettait d'arriver vite à sa place, en évitant des rencontres inutiles qui prenaient du temps et n'apportaient aucun profit. Pour Sierguiéï Tolstoï, chef de la section japonaise au département V (chiffre) du NKVD, une seule occupation avait du sens : lire la correspondance diplomatique japonaise interceptée par les postes d'écoute soviétiques. Cela était devenu tout particulièrement important après 1936, lorsque le Japon avait adhéré au pacte antikomintern*, déclarant *ipso facto* son hostilité à l'égard de l'URSS, ce qui revenait à annoncer des opérations agressives.

Un peu plus tôt, dans l'été de 1936, les renseignements soviétiques avaient déjà remporté un premier succès important : à Berlin, un agent avait réussi à accéder à la correspondance de l'attaché militaire de l'ambassade du Japon, grâce à quoi les décrypteurs du NKVD avaient pu facilement lire de nombreux télégrammes secrets envoyés de Berlin ou de quelques autres représentations diplomatiques où le même code était utilisé. Vraisemblablement, l'espionnage soviétique avait même réussi à s'emparer de la clé du chiffre. Toutefois, les Russes ne purent profiter longtemps de ce succès car en 1938, Guiénadiï Liouchkov, haut fonctionnaire de la police secrète qui travaillait en Extrême-Orient et qui connaissait le secret des déchiffreurs, s'était réfugié au Japon. Le butin inestimable de Berlin était devenu sans valeur.

La situation se compliqua d'autant plus qu'en 1937, les Japonais construisirent une machine cryptographique qu'ils appelèrent *97-chiki O-boun In-ji-ki*, ce qui voulait dire

* Le pacte antikomintern signé le 25 novembre 1936 à Berlin par les représentants de l'Allemagne et du Japon dans le but de coordonner leurs actions contre le Komintern. (La IIIe Internationale communiste, organisation fondée à Moscou en 1919, dirigeant l'activité des partis communistes soumis au parti soviétique.) Un protocole secret annexé au traité obligeait les signataires à rester neutres si l'une des parties s'était trouvée en état de guerre avec l'URSS. Jusqu'en 1941, l'Italie, la Hongrie, le Mandchoukouo, l'Espagne, la Bulgarie, le Danemark, la Finlande, la Roumanie, les gouvernements de Croatie, de Slovaquie et le gouvernement de Wang Ching-vei à Nankin. Le pacte constitua la base des traités militaires ultérieurs signés entre l'Allemagne et l'Italie (22 mai 1939) et le Japon (11 décembre 1940).

« machine alphabétique à écrire 97 ». Ces deux derniers chiffres étaient tirés de la date de 2597 correspondant à 1937 du calendrier julien. L'année suivante, cette machine fut installée dans la plupart des représentations diplomatiques japonaises en Europe et en Amérique.

Sans aucun doute, sa construction s'inspirait de la machine cryptographique allemande *Enigma** et elle avait la même propriété : les signes codés qu'elle répétait semblaient impossibles à déchiffrer. Et en effet, aucun cryptologue n'était capable d'en trouver les chiffres sans l'aide de l'espionnage, sans avoir accès aux documents secrets ayant trait à son fonctionnement. Les scientifiques polonais : Marian Rejewski, Jerzy Różycki et Henryk Zygalski, profitant de la collaboration des renseignements français, construisirent une copie de la machine allemande.

* *Enigma*, machine cryptographique utilisée communément par les armées de terre, de mer et de l'air allemandes, inventée par Hugo Alexander Koch en 1919 et perfectionnée par le docteur Arthur Scherbius. En 1928, on commença à se servir d'*Enigma* pour garder le secret de la correspondance militaire. Elle ressemblait à une machine à écrire. Au-dessus des claviers se trouvaient trois rouleaux qui au lieu des lettres correspondant aux touches marquaient d'autres signes, grâce à quoi les signes ne se répétaient pas logiquement dans le texte dactylographié, ce qui aurait permis aux spécialistes de le décoder. Des conjoncteurs ajoutaient encore au secret du texte. En 1934, trois cryptologues polonais du Bureau des chiffres *BS 4* : M. Rejewski, J. Różycki et H. Zygalski, utilisant des documents fournis par les services de renseignements français, construisirent une copie de la version militaire d'*Enigma*, ce qui toutefois ne garantissait pas une lecture suivie des messages chiffrés. Les scientifiques polonais élaborèrent un appareil appelé « bombe » permettant de reproduire la disposition des rouleaux, ce qui était l'opération fondamentale indispensable à la lecture du texte chiffré. Juste avant la guerre, les renseignements britanniques commencèrent à participer au déchiffrage d'*Enigma* après avoir reçu des déchiffreurs de *BS 4* une copie de la machine. Après le déclenchement de la guerre, le travail se poursuivit en France et en Grande-Bretagne avec la participation de cryptologues polonais. Le déchiffrage des communications radiophoniques allemandes donna aux Alliés des renseignements décisifs dans beaucoup de batailles.

C'était le premier pas, et le plus important, sur la voie qui conduirait à percer le système de la correspondance secrète allemande, ce qu'accomplirent les déchiffreurs travaillant au centre de Bletchley Park[64] en Angleterre. Les succès des déchiffreurs polonais et britanniques eurent une influence directe sur la grande performance du scientifique américain William Friedman[65] dont l'équipe, en août 1940, après vingt mois de travail, trouva la clé du chiffre japonais, appelé le code pourpre. C'était un travail si frénétique et si épuisant qu'après en être venu à bout, Friedman séjourna trois mois dans un hôpital psychiatrique fermé.

Le cryptologue américain n'a jamais avoué qu'il avait profité des fruits du travail de ses collègues polonais et britanniques, mais s'il n'avait pas connu *Enigma,* il n'aurait pas pu percer les secrets de la machine japonaise dont les Américains livrèrent une des premières copies au centre de Bletchley Park. Elle fut apportée en grand secret en janvier 1941 sur le pont du croiseur *King George V* qui rentrait des États-Unis où il avait emmené le nouvel ambassadeur britannique Lord Halifax. La fourniture de la machine secrète à Bletchley Park eut-elle un rapport avec le succès exceptionnel de l'équipe de Sierguiéï Tolstoï ?

Quelques mois plus tard, en octobre 1941, Tolstoï fut convoqué d'urgence dans son propre bureau. L'appel téléphonique venait de son collaborateur le plus précieux, le professeur Choungski, excellent connaisseur de la langue japonaise. Cette connaissance l'avait sauvé au temps de la Grande Purge. Issu d'une famille aristocratique, il était officier du tsar, et pourtant, les bolcheviks parvinrent à oublier tout cela car il leur était nécessaire. Sans hommes comme lui, on n'aurait pas pu songer à déchiffrer les télégrammes japonais. Les bolcheviks supportaient même la présence dans la section de cryptologie d'un ex-officier de la police secrète du tsar, l'Okhrana, Roman Krivoche. Certes, quand son passé fut révélé, il fut arrêté et incarcéré à la prison de Boutyrki, mais là, il continua de travailler sur les chiffres ; relâché au bout de quelques mois, il revint à son bureau dans le bâtiment de la rue Djierjinski.

Choungski, Ivan Kalinine, lui aussi excellent connaisseur de la langue japonaise, Ievdokia Piétrova *alias* Douchia, étudiante de japonais, Viéra Plotnikova, fille d'un professeur de la faculté de japonais, qui avait passé de nombreuses années à Tokyo, et Galina Podpalova, amoureuse de la culture japonaise, attendaient Tolstoï pour lui montrer la traduction d'une dépêche, la preuve la plus évidente que le code pourpre avait cessé d'être mystérieux.

Tolstoï regarda la feuille, les larmes aux yeux. Il ne pouvait même pas se souvenir depuis combien de temps il attendait le jour où le chiffre infernal japonais dévoilerait ses secrets. Très ému, il dit :

– Je vous félicite ! Quelqu'un un jour saura reconnaître cela, mais pour l'instant, nous devons nous mettre au travail…

Ils n'avaient pas le temps de fêter le succès auquel ils avaient voué deux ans et demi de travail intensif. John Cairncross[66], agent soviétique travaillant à Bletchley Park et qui avait accès à la documentation concernant la copie de la machine cryptographique japonaise les avait-il aidés ? Cela ne peut être exclu. Trouver la clé, découvrir les principes permettant de réaliser une chose apparemment impossible, la lecture du cryptogramme, dépasse les possibilités de l'esprit humain. Même si l'équipe de Tolstoï a reçu de Cairncross des documents qui ont rendu son succès possible, le principal mérite ne lui en revient pas moins. À un moment décisif de l'histoire, elle a trouvé le maillon manquant du casse-tête, ce qui contribua à remporter la victoire contre l'Allemagne. Toutefois, Sierguiéï Tolstoï et ses collègues n'en ont jamais rien su.

De Tokyo arrivaient des dépêches de « Ramsey ». C'était le pseudonyme du communiste allemand Richard Sorge arrivé au Japon en septembre 1933 comme correspondant de deux journaux allemands. Il était déjà un spécialiste reconnu des affaires d'Extrême-Orient. Cela lui ouvrit les portes de l'ambassade d'Allemagne où il se lia d'amitié avec l'attaché militaire, le colonel Eugen Ott. De toutes les amitiés nombreuses que noua Sorge à cette époque, celle-là allait se révéler la plus fructueuse car en avril 1938, le colonel Ott prit les fonctions d'ambassadeur. Cela permit à Sorge d'accéder aux secrets de l'ambassade, qui étaient des secrets d'État.

Sorge dirigeait déjà un grand réseau d'espionnage parfaitement organisé et camouflé. L'un de ses collaborateurs les plus précieux était Hozumi Ozaki, communiste ardent, bien qu'originaire d'une vieille et riche famille japonaise. Il était proche collaborateur du prince Foumimaro Konoye, premier ministre du gouvernement japonais, d'abord de juin 1937 à janvier 1939, puis de juillet 1940 au 16 octobre 1941. Grâce à ces deux sources : l'ambassadeur entre les mains de qui arrivaient les dépêches du gouvernement allemand l'informant des plans et des activités de Hitler, et Hozumi Ozaki devant qui le premier ministre japonais n'avait pas de secrets, Sorge pénétrait parfaitement les intentions des deux puissances. Depuis 1938, il remettait chaque jour à son télégraphiste, l'industriel allemand Max Klausen, des dépêches pour un poste d'écoute soviétique caché sous le cryptonyme « Wiesbaden » à Khabarovsk, d'où elles allaient à la centrale moscovite. En 1939, il en envoya 23 139, l'année suivante, 29 179. C'est lui qui avait transmis le 19 mai 1941 l'information suivante : *Neuf armées comptant 150 divisions se concentrent aux frontières de l'Union soviétique.* Le 15 juin, il télégraphia : *La guerre commencera le 22 juin.*

Beaucoup de documents précieux obtenus par Sorge furent pris à la légère à Moscou par Golikov ou par Staline lui-même. Ils commencèrent toutefois à le croire et à l'estimer à sa juste valeur quand il présenta les plans du gouvernement japonais.

Depuis quelques années, les relations avec le Japon s'amélioraient nettement, sans aucun doute, après les combats acharnés sur la rivière Khalkine-Gol*, à la frontière avec la Mongolie, où les troupes japonaises avaient subi une cuisante défaite. Là, entre le 11 mai et la fin d'août 1939, elles avaient perdu (d'après les sources japonaises) 11 124 tués et blessés mais, d'après les sources soviétiques, 61 000 tués, blessés, disparus et prisonniers.

La défaite du Khalkine-Gol avait été un choc pour le gouvernement et le Haut commandement japonais. Toutefois, elle ne décidait pas automatiquement de la direction de l'expansion japonaise dans l'avenir. Les stratèges et les politiciens japonais étaient divisés. Les partisans d'un renoncement à l'expansion au nord du continent asiatique, en direction de la Sibérie, l'emportaient. Ceci en raison des trop grandes forces que

* Khalkine-Gol, rivière sur la frontière de la Mongolie où, le 11 mai 1939, les armées japonaises attaquèrent avec 300 soldats seulement une unité de l'Armée rouge. Le 28 mai, 5 500 soldats appuyés par 40 avions se lancèrent dans la bataille, mais ils furent obligés de reculer. Le 2 juillet 1939, les armées japonaises fortes de 38 000 soldats, 310 canons, 135 chars et 225 avions franchirent la rivière Khalkine-Gol. Dans le secteur des monts Baïn-Tsagan, les Japonais perdirent au cours d'une rencontre tous leurs chars, la plus grande partie de leur artillerie et 10 000 soldats. Le 8 juillet, une nouvelle attaque s'acheva encore par une défaite. En août, les Japonais se renforcèrent : la 6e armée nouvellement formée comptait 75 000 soldats, 182 chars et 300 avions. Les forces soviétiques avaient grossi aussi : 57 000 soldats, 498 chars (dont les *T-34* les plus modernes), 542 canons et 515 avions. Le 20 août, les armées soviétiques et mongoles lancèrent une attaque précédée d'un raid aérien mené par 153 bombardiers et d'une préparation d'artillerie qui dura presque trois heures. Après quatre jours de combats, les troupes japonaises furent encerclées et anéanties au bout d'une semaine. Les pertes soviétiques s'élevaient pour ces trois mois à 7 900 morts et blessés ; les pertes japonaises étaient beaucoup plus élevées, 11 124 morts et blessées d'après les données japonaises, 25 000 morts et 36 000 blessés, disparus et prisonniers, d'après les Soviétiques.

les Russes engageaient et de leur détermination à défendre leur territoire. Ceux qui soutenaient cette conception montraient qu'il serait plus facile de s'emparer de terres au sud, riches en matières premières dont étaient dépourvues les îles nippones, telles que le pétrole ou le caoutchouc.

Cette perspective semblait particulièrement séduisante au gouvernement japonais après la chute de la France en juin 1940, compte tenu de l'engagement de la Grande-Bretagne dans de durs combats en Europe et en Afrique du Nord. Cela signifiait que les puissances coloniales ne seraient pas en état de défendre leurs possessions en Asie ni à empêcher les conquêtes japonaises dans cette partie du monde. Toutefois, le transfert des troupes du nord au sud du continent asiatique exigeait la certitude que l'Union soviétique ne profiterait pas de l'affaiblissement des garnisons japonaises au nord pour passer à l'offensive. C'était la raison de la visite du ministre des Affaires étrangères Yosuke Matsuoka[67] qui, après une semaine de négociations, signa le 13 avril 1941 à Moscou un pacte de non-agression entre le Japon et l'Union soviétique. Les assurances du traité touchant les dispositions pacifiques du voisin d'Extrême-Orient jusqu'alors menaçant avaient alors moins d'importance pour Staline que le fait de démontrer à Hitler à quel point il soutenait les pays de l'Axe et s'opposait aux États-Unis et à la Grande-Bretagne. En prenant congé de Matsuoka à la gare, ce qui était déjà un événement exceptionnel, parce que jusqu'à présent, il n'avait jamais raccompagné aucun homme politique, Staline déclara :

– N'importe quel problème européen peut être résolu de façon naturelle si le Japon et l'Union soviétique travaillent ensemble !

– Pas seulement les problèmes européens ! s'écria Matsuoka éméché. Ceux de l'Asie aussi !

L'échange de déclarations et de gestes amicaux, la signature de traités ne signifiaient pourtant pas grand-chose dans la politique de ce temps-là, à laquelle Hitler avait imposé un nouveau style : il ne fallait conclure des accords que pour induire l'adversaire en erreur, ne les respecter que tant qu'on y avait intérêt. L'exemple le plus éclatant d'une telle politique était la rupture du Traité de Munich et l'entrée des troupes allemandes en Tchécoslovaquie en 1939.

Staline ne doutait pas le moins du monde que le Japon fût capable de se conduire de la même manière et, selon ses propres intérêts ou sous la pression des Allemands, de rompre le pacte de non-agression et de faire reprendre à ses armées la direction de la Sibérie soviétique. Mais quand la guerre éclata avec l'Allemagne, il n'avait pas d'autre solution que de faire revenir sur le champs certaines unités et des officiers d'Extrême-Orient. Toutefois, les soldats qui coururent défendre l'Ukraine provenaient de ce qu'on appelait les réserves ouraliennes. Pour pouvoir contrecarrer en cas de besoin une agression japonaise, on n'entama pas le gros des troupes d'Extrême-Orient.

En l'occurrence, la méfiance de Staline était tout à fait justifiée et on ne peut pas exclure que la sagesse du guide résultât des dépêches de Sorge qui le mettaient au courant par exemple d'un télégramme de Joachim von Ribbentrop à l'ambassadeur d'Allemagne à Tokyo :

Faites tout pour inciter le Japon à déclencher une guerre contre la Russie. […] Notre but est de serrer la main des Japonais sur la ligne du Transsibérien avant l'arrivée de l'hiver.

En fait, deux jours après le déclenchement de la guerre germano-soviétique, le grand état-major japonais élabora un document intitulé : *Esquisse de la politique nationale japonaise face aux changements intervenus dans la politique internationale.* Il proposait certes de diriger l'expansion vers le sud mais il prévoyait en même temps de résoudre *le problème du nord.* Le plan de guerre avec l'Union soviétique *Hochi-go* de 1937 modifié en 1940 était toujours en vigueur.

En juin, lors des débats du gouvernement au sujet de la nouvelle politique, le ministre Matsuoka, celui-là même qui avait signé un pacte à Moscou et donné l'accolade à Staline en s'écriant qu'ils régleraient en commun tous les problèmes de l'Europe et de l'Asie, poussa à la guerre contre l'Union soviétique. Toutefois, les militaires étaient d'un avis contraire. Pendant une conférence au palais de l'empereur, le 2 juillet 1941, le général Soughiyama s'opposa à une intervention au nord. Finalement les partisans de la poussée vers le sud l'emportèrent mais les plans d'une agression contre l'Union soviétique ne furent pas tout à fait abandonnés. Les forces de l'armée du Kuan-tung* passèrent de douze à quatorze divisions, le nombre des avions à 600, les unités auxiliaires furent également développées, tout cela porta ses effectifs de 350 000 à 700 000 soldats. L'armée de Corée et l'armée du Nord stationnée à Sakhaline et à Hokkaido furent également renforcées. À la fin de septembre 1941, les forces japonaises susceptibles d'être utilisées pour attaquer l'Union soviétique avaient atteint le maximum de leur puissance.

* L'armée du Kuan-tung, unités formées en 1907 pour la protection de la ligne de chemin de fer du sud de la Mandchourie. En 1919, elle obtint le statut d'armée autonome, ce qui, en plus de sa réputation de troupe d'élite, attira dans ses rangs les officiers les plus doués. Les opérations qu'elle mena eurent une influence significative sur le développement de la situation en Mandchourie ; un acte de sabotage de la ligne de chemin de fer du sud de la Mandchourie organisé par son commandement servit de prétexte à l'appel de renforts de Corée (sans l'accord du gouvernement japonais) et à la conquête de trois provinces de Mandchourie ou fut créé l'État fantoche du Mandchoukouo. La force de l'armée du Kuan-tung atteignit 5 divisions en 1937 et cette année-là, ses unités furent engagées dans les combats dans le nord de la Chine. En 1945, 443 308 soldats étaient déjà stationnés sur le territoire de la Mandchourie et de la Corée, mais la plupart étaient mal instruits et insuffisamment armés. En août 1945, l'armée du Kuan-tung fut battue par les armées soviétiques qui disposaient d'une nette supériorité numérique et matérielle, et elle finit par déposer les armes.

Ce mois-là, Staline ne savait toujours pas quand et où pouvait survenir une agression japonaise. C'est pourquoi la frontière soviétique longue de plus de 3 000 kilomètres était gardée par plus de 750 000 soldats : trente divisions d'infanterie, trois brigades de cavalerie, seize brigades blindées disposant de 2 000 chars dont un grand nombre de *T-34* modernes. On peut facilement comprendre ce que cela représentait pour la défense de la partie européenne du pays si l'on compare aux forces blindées du front Ouest dont l'importance était primordiale : 890 chars, en majorité des *T-26* déjà vieillis.

En septembre 1941, Sorge réussit à avoir accès aux comptes rendus de la conférence de juillet dans le palais impérial, au cours de laquelle il avait été décidé de diriger l'agression vers le sud. Il en informa immédiatement la centrale à Moscou, mais là, on se demanda si on pouvait le croire, si sur la base d'informations d'espionnage venues d'une seule source, on pouvait prendre la décision de retirer des troupes d'Extrême-Orient. Dans le milieu des renseignements, un principe de base fait loi : ne pas croire et vérifier et ne pas croire non plus les faits vérifiés. Dans le cas de Richard Sorge, cette prudence était tout à fait justifiée. Depuis 1940, il était un agent double.

Et il le resta quand le directeur de l'agence de presse BND, von Ritgen, pour qui Sorge envoyait du Japon des articles, vint trouver Walther Schellenberg, chef des renseignements du SD et lui confia ses doutes quant au passé gauchiste de son correspondant. Schellenberg entreprit de chercher dans les archives de la Gestapo et du SD. Il n'y trouva pas grand-chose sur le passé de Sorge : pas un mot sur son activité au sein du parti communiste à Hambourg, aucune mention du fait qu'il avait habité en Union soviétique pendant des années. Il y était seulement noté que parmi les connaissances de Sorge se trouvaient des gens liés à la gauche. Au contraire, il y avait là des rapports sur son activité dans le mouvement national-socialiste et hitlérien. Il estima que Sorge, en raison de sa parfaite connaissance des problèmes de l'Extrême-Orient, aurait fait un excellent agent travaillant pour le Service de Sécurité. Il alla présenter cette proposition à son chef Reinhard Heydrich. Celui-ci donna son accord pour le recrutement du nouvel agent mais exigea de le soumettre à une étroite surveillance. Cette tâche fut confiée à un proche collaborateur de Heydrich, Meisinger. Et c'est lui qui décida plus tard du sort de Sorge car, un jour qu'il était saoul, il lâcha devant les Japonais qu'on l'avait envoyé de Berlin pour surveiller Sorge parce qu'on avait de sérieux soupçons, et cela attira l'attention du contre-espionnage japonais.

Sorge était donc un agent double. Il existe des documents montrant qu'il travaillait très consciencieusement pour les deux parties. Il apprit aux renseignements soviétiques que les Japonais n'attaqueraient pas la Sibérie et il envoya simultanément la même information à Berlin. Toutefois, le fait qu'il était surveillé de près par les services de renseignements allemands laisse penser qu'il aurait pu être utilisé pour envoyer de fausses informations à Moscou.

Les révélations de l'espion n'étaient qu'un élément du puzzle compliqué présentant une image de l'attitude du gouvernement japonais envers l'URSS. L'exploit de Sierguiéï Tolstoï et de son équipe, grâce auquel les Russes pouvaient déchiffrer les dépêches gouvernementales eut une importance décisive, ainsi qu'une note envoyée à l'ambassadeur à Berlin :

Veuillez rencontrer Hitler et Ribbentrop pour les informer en secret de nos relations avec les États-Unis. [...] Veuillez expliquer à Hitler que l'effort principal du Japon sera concentré au sud et que nous prévoyons de nous abstenir d'engager des opérations dans le nord.

Sans nul doute, les postes d'écoute soviétiques en Extrême-Orient avaient intercepté de nombreux cryptogrammes japonais dont le contenu confronté avec les rapports de Sorge emporta la décision de Staline de ramener d'Extrême-Orient des troupes qui renforcèrent le front devant Moscou.

Dans la période critique pour le déroulement des opérations, quinze divisions d'infanterie, trois divisions de cavalerie, huit brigades blindées, environ 1 500 avions et 1 700 chars arrivèrent sur le front de Moscou. C'était un renfort énorme pour les armées épuisées à l'extrême. Les forces du front Ouest grossissaient de moitié et, plus important encore, il arrivait des unités reposées, aguerries, bien entraînées et équipées.

En même temps, ne croyant qu'à moitié les assurances au sujet des intentions pacifiques du Japon envers l'URSS, Staline ordonna d'effectuer une mobilisation rapide dans les régions militaires que ses troupes avaient quittées. Huit divisions d'infanterie, une de cavalerie et trois brigades blindées provenant du nouveau recrutement prirent la place des formations envoyées en Europe.

En 1941, l'Armée rouge a perdu 4 473 000 soldats dont 3 137 000 représentaient ce qu'on peut appeler des pertes irrémédiables (tués, blessés grièvement ou prisonniers). Malgré cela, en décembre 1941, 4 200 000 hommes combattaient encore dans ses rangs. La Mère-Russie avait encore beaucoup d'enfants qu'elle pouvait appeler au combat. Pendant toute la guerre, 34 476 000 citoyens de l'Union soviétique ont servi dans l'Armée rouge. 6 885 000 d'entre eux ont été tués, sont morts de leurs blessures ou de maladies et 5 059 000 ont disparu ou ont été faits prisonniers.

Les Allemands n'avaient pas de telles réserves et les combats acharnés, sanglants, même victorieux, consommaient énormément d'hommes et de matériel.

À la fin de novembre 1941, ils avaient perdu 743 112 soldats, tués, blessés et prisonniers. Du 22 juin au 1er novembre, la Luftwaffe avait perdu 42,8 % de ses avions et de ses équipages. Le bilan montrait que Staline pouvait regagner les positions perdues.

Des mensonges et du sang

La station de métro Maïakovska où devait se tenir le 6 novembre un grand meeting à l'occasion du vingt-quatrième anniversaire de la révolution était bondée. Le choix du lieu était évidemment dicté par la menace des avions allemands. Cela était absolument justifié et personne ne pouvait attendre de Staline qu'il se risque à organiser le défilé traditionnel. Pourtant, les délégations des syndicats, des autorités municipales, les représentants des travailleurs de Moscou et ceux de l'armée éprouvaient un sentiment bizarre dans la salle souterraine. Ils voyaient quelque chose d'humiliant dans cette cérémonie en l'honneur d'un événement qui avait conduit à un tel cataclysme.

Staline, comme s'il avait senti l'atmosphère lourde et tendue, se mit à parler des combats en perspective.

– Au cours de ces quatre mois de guerre, nous avons perdu 350 000 morts, 378 000 disparus et 1 020 000 blessés. Dans le même temps, l'ennemi déplore quatre millions et demi de morts, blessés et prisonniers. Il est hors de doute que les Allemands dont les réserves humaines s'épuisent sont affaiblis beaucoup plus que l'Union soviétique qui commence seulement à puiser dans les siennes.

Pourquoi Staline se décida-t-il à un mensonge que peu de gens pouvaient croire ? Il voulait certainement à tout prix convaincre l'assistance que la guerre éclair qui avait donné aux Allemands de nombreuses victoires était finie. Il dit qu'il y avait trois causes à cela. En premier, comme l'avait montré la mission de Hess, les Allemands n'avaient pas réussi à obtenir l'aide de la Grande-Bretagne et des États-Unis. En deuxième lieu, leur espoir d'écraser l'Union soviétique *qui forme aujourd'hui un bloc beaucoup plus solide que jamais* ne s'était pas réalisé. Troisièmement, les Allemands espéraient battre l'Armée rouge et ils avaient échoué.

– Les envahisseurs allemands veulent une guerre d'anéantissement de la population de l'Union soviétique. Très bien ! S'ils veulent une guerre d'anéantissement, ils l'auront !

Des applaudissements prolongés interrompirent le discours.

– Nous aurons pour tâche d'anéantir chaque Allemand venu pour occuper notre pays. Pas de pitié pour les envahisseurs allemands. Mort aux envahisseurs allemands !

Une tempête d'applaudissements et d'exclamations approuvant l'orateur fut renvoyée en écho par les plafonds et les murs de marbre de la station souterraine. Le spectacle peu ordinaire se prolongea. Enterré dans un abri, le chef d'un grand peuple tonnait qu'on devait tuer chaque soldat allemand quand les troupes allemandes, à quelques dizaines de kilomètres des murs du Kremlin, préparaient une offensive décisive.

Staline comprenait certainement ce que cette scène avait de paradoxal. Juste après la fin du meeting dans la station Maïakovska, il dit à Molotov et à Béria :

– Et si nous avions un défilé militaire ! Peut-être avancé de deux ou trois heures ?

Molotov le regarda, visiblement fort surpris. Béria avait l'air d'avoir mal entendu. Staline n'y fit pas attention. Il dit :

– La défense antiaérienne autour de Moscou doit être renforcée. Les principaux chefs militaires sont au front. Les troupes défileront devant Boudionny et le général

Artiémiev les commandera. S'il y avait une attaque aérienne causant des morts et des blessés, il faudrait les enlever rapidement et le défilé continuerait. Des chroniques cinématographiques devraient être tournées et diffusées dans tout le pays. Les journaux doivent consacrer beaucoup de place à cette manifestation. Je lirai le rapport sur le meeting et je prononcerai une allocution pendant le défilé. Qu'en pensez-vous ?

Molotov était réticent.

– Oui, mais, les risques ? Ce sera dangereux, mais je dois reconnaître que les répercussions politiques dans le pays et à l'étranger seront énormes.

Cette façon de voir sembla satisfaire Staline.

– Donc, décidé ! Mettez-vous à l'œuvre, dit-il à Béria. Évidemment, à l'exception d'Artiémiev, de Boudionny et de quelques personnes de confiance, jusqu'au dernier moment, personne ne doit être au courant du défilé.

Staline sentait que son heure arrivait et il voulait donner à ce tournant des heurs et malheurs de la guerre le cadre le plus magnifique possible. Les divisions sibériennes étaient déjà devant Moscou. 300 000 soldats reposés, endurcis, habitués aux conditions les plus difficiles, bien formés et aguerris par les combats contre les Japonais représentaient une force capable de donner le coup de grâce aux Allemands affaiblis.

À cinq heures du matin, dans le froid aigu, des colonnes bien alignées de soldats en capotes fourrées couvertes de combinaisons de camouflage blanches se tenaient sur la place Rouge. Elles attendirent quelques heures, jusqu'à ce que du grand portail du Kremlin le maréchal Siémione Boudionny sorte sur un cheval blanc. Le cri saluant le commandant du défilé, comme au bon vieux temps, fut renvoyé en un écho puissant par les murs de la vieille forteresse.

– Le monde entier voit en vous la force capable de détruire les hordes allemandes ! Les peuples d'Europe asservis voient en vous leurs libérateurs, dit Staline. Ce n'était pas un appel au combat. C'était un programme politique qu'il entendait réaliser. Vous vous montrerez dignes d'une grande mission ! Cette guerre que vous faites est une guerre de libération.

L'équipe cinématographique n'a pas enregistré ce discours prononcé sur la place Rouge, elle arriva en retard, très probablement parce que, pour des raisons de sécurité, les cinéastes avaient été informés que le défilé commencerait à un autre moment. Les colonnes de soldats défilant dans un alignement parfait devant la tribune de Staline furent donc filmées et son discours enregistré au Kremlin, dans une salle aux fenêtres ouvertes, pour qu'on puisse voir la vapeur s'échappant de la bouche du guide vêtu d'une capote chaude et coiffé d'une chapska. Cela pour donner l'impression que, sur la tribune, il s'adressait aux soldats.

À cette date, au début de novembre, il n'était pas encore certain de l'issue de la confrontation devant Moscou. Il avait exigé de Joukov l'assurance que la capitale pourrait être défendue. Cependant, après s'être regroupés, les Allemands renouvelèrent l'attaque le 16 novembre. Onze jours plus tard, le 3e groupe blindé atteignit le canal Moskova-Volga à soixante kilomètres au nord de la capitale et même, une unité blindée de la 4e division fut arrêtée à vingt kilomètres à peine des faubourgs.

Le froid, sauveur pour les Allemands, qui avait durci les routes et les champs d'aviation et permettait les mouvements de troupes dans de bonnes conditions, s'intensifiait de jour en jour. À la fin de décembre, les thermomètres indiquaient déjà trente degrés au-dessous de zéro dans la journée et quarante et même plus la nuit. Les véhicules automobiles et les chars, pour lesquels on n'avait pas préparé d'huiles, de liquides de refroidissement et de graisses d'hiver résistant au froid, ne démarraient pas et aucune force humaine n'aurait pu mettre ces machines en route après une nuit glaciale. L'huile figée empêchait les arbres de transmission de tourner dans les moteurs dont les blocs cassaient comme du verre, les batteries étaient entièrement vidées, les chenilles des chars et les roues ne faisaient plus qu'un bloc gelé et il fallait allumer des feux sous les blindages pour pouvoir faire démarrer les moteurs et se déplacer. Les soldats n'avaient pas de vêtements chauds ni de chaussures d'hiver, d'oreillettes et de gants. Les trains transportant les équipements d'hiver et les manteaux fourrés collectés auprès des habitants des villes allemandes étaient bloqués près de Smolensk parce que le froid immobilisait les locomotives dont 70 % étaient hors d'usage au moment des plus fortes gelées. Les wagons de munitions, les plates-formes chargées de chars et de camions étaient immobilisés sur les voies de garage, sous une épaisse couche de neige. Quand les premières fournitures parvinrent enfin aux troupes transies, on s'aperçut qu'en Allemagne, personne n'avait pensé à coudre de vêtements assez chauds. Les gelures devinrent un fléau pour les soldats du front. Dans un seul corps d'armée, en une seule journée, on en nota 1 500 et 3 050 soldats furent amputés des pieds et des mains noircis par le gel.

Le feld-maréchal Fedor von Bock[68], commandant du groupe d'armées *Centre* qui devait attaquer Moscou, se plaignit dans un entretien téléphonique avec le feld-maréchal Walther von Brauchitsch[69], commandant en chef des forces terrestres :

– Depuis des semaines nous mendions des vêtements chauds et du ravitaillement. En ce moment même, la température est descendue à quarante-cinq degrés au-dessous de zéro. Nos soldats qui n'ont que leurs capotes combattent un ennemi bien préparé à cet hiver exceptionnellement rigoureux.

– Mais, les équipements d'hiver ont déjà été envoyés !

– Je vous assure, Monsieur le maréchal von Brauchitsch, que nous ne les avons pas reçus. Nous sommes très mal ravitaillés depuis le début d'octobre. Nous nous considérerons comme très heureux si l'approvisionnement absolument indispensable à la conduite de l'opération nous parvient : en munitions, en carburant, en vivres. Le fait que les fournitures urgentes ne soient pas arrivées est la meilleure preuve que le Haut commandement ne connaît pas la situation dans laquelle nous nous trouvons réellement.

– Les livraisons d'équipements d'hiver pour le groupe d'armées *Centre* sont en cours depuis le début d'octobre. Je n'ai pas les statistiques sous la main, mais Wagner s'en est occupé.

– Les statistiques montrent que les approvisionnements d'hiver indispensables à mes hommes sont restés en panne dans des magasins loin du front. Il ne peut en être autrement s'ils ont vraiment été envoyés. Je vous répète, Monsieur le maréchal von Brauchitsch, de nombreuses estimations erronées ont été faites. Le commandement des forces terrestres et le Führer lui-même ne voient pas la situation... Brauchitsch, êtes-vous là ? Allo ! La communication a-t-elle été interrompue ? Brauchitsch, m'entendez-vous ?

– Qu'avez-vous dit, Bock ?

– J'ai dit qu'au plus haut niveau, le commandement ne se représentait pas bien la réalité. Informez s'il vous plaît le Führer que le groupe d'armées *Centre* n'est pas à même d'accomplir la tâche devant laquelle il est placé. Nous n'avons pas les forces qu'il faudrait. M'entendez-vous, Brauchitsch ?

– Oui, j'écoute. Le Führer veut savoir quand Moscou tombera.

Le feld-maréchal von Bock entendit le claquement du combiné qu'on raccrochait.

Les deux officiers allemands les plus élevés en grade voyaient bien à quel point la situation de leurs armées était difficile et paradoxale : après être allées si loin, elles étaient incapables de frapper le coup décisif. Ils comprenaient que même si on réussissait à rassembler assez de forces et à marcher à l'assaut de Moscou, ce serait le commencement d'une nouvelle phase de longs combats de plus en plus épuisants. À quel point cette campagne serait sanglante, ils pouvaient le voir à en juger d'après le déroulement des combats pour Kiev et Léningrad. Fatigués et transis de froid, les soldats devraient jour après jour prendre les rues de Moscou et chacun des chefs savait que c'est la tâche la plus difficile pour une armée. Dans des combats urbains, la force de l'arme blindée qui avait jusqu'alors donné aux Allemands leurs victoires ne comptait plus. La meilleure des tactiques ne servait à rien. Dans de telles conditions, les soldats les plus aguerris, instruits et armés ne pouvaient rien faire de plus qu'un ouvrier avec un fusil qui, caché derrière un mur écroulé, pouvait aisément toucher un soldat désorienté dans une ville inconnue. Un long combat s'annonçait, dans lequel la position des troupes allemandes ne serait pas meilleure qu'avant l'assaut. On aurait toujours manqué d'uniformes chauds, de logements, et les froids qui duraient jusqu'en mars dans cette partie de la Russie auraient toujours paralysé de la même manière l'action des blindés et des avions.

Le commandant en chef de l'armée de terre et le commandant du groupe d'armées chargé de prendre Moscou comprenaient que le temps des brillantes victoires était révolu et que la seule conduite possible était d'essayer de se débarrasser de la responsabilité, car Hitler ne leur pardonnerait pas d'avoir été incapables d'aller jusqu'à Moscou. Et c'est ce qui arriva en effet. En décembre, ils furent tous deux démis de leur poste.

Le lendemain de cette conversation téléphonique, le feld-maréchal Fedor von Bock envoya un télégramme au feld-maréchal Brauchitsch :

Le point de vue du commandement en chef des forces terrestres que l'ennemi est au bord de l'effondrement est, comme le montrent les événements de ces derniers jours, sans fondement. Aux portes de Moscou, l'ennemi a la supériorité numérique [...]. Même si, ce qui est improbable, mes unités entraient à Moscou, je doute qu'elles puissent s'y maintenir.

Staline comprenait cela aussi. Il ne pouvait évidemment pas exclure la possibilité de voir les Allemands pénétrer dans la ville et engager des combats de longue haleine pour la prendre. Le Commandement suprême était prêt à une telle éventualité. Le maréchal Siémione Timochenko déclara devant une assemblée du Conseil suprême de la défense de Moscou :

– Si les Allemands réussissaient à s'emparer de Moscou, nous considérerions cela évidemment comme un grand malheur, mais ce fait ne ferait en aucune façon échouer notre plan stratégique [...]. Le pétrole est la seule chose qui compte. Comme vous vous en souvenez, les Allemands nous ont toujours parlé de leurs problèmes avec cette matière première quand, dans les années 39 à 41, nous avions avec eux des négociations sur les questions économiques.

Timochenko ne mentionna pas la collaboration politique et militaire de l'Union soviétique avec l'Allemagne, dont la preuve capitale était l'agression commune de la Pologne. Il poursuivit :

– Nous devons faire tous nos efforts pour que la consommation de pétrole des Allemands augmente.

Il s'agissait dans son esprit d'entraîner les armées allemandes dans de longs combats qui à une cadence très rapide avaleraient les réserves d'essence des divisions motorisées.

– Nous devons fixer l'ennemi le plus loin possible du Caucase.

Le sort de Moscou et de toute la guerre devait se décider d'un jour à l'autre.

Le 5 décembre 1941 à trois heures du matin, les unités allemandes au nord de Moscou furent tirées du sommeil par un tir d'artillerie. Des centaines de canons bombardaient leurs positions. Ce ne pouvait pas être un simple échange de feu. Pas à cette heure-là ! L'intensité de la canonnade prouvait que les Russes lançaient une grande opération. De quelle importance ? Sur quel front ? Cela, le commandement allemand l'ignorait, surpris de voir l'ennemi qui semblait battu, agonisant, tout juste capable d'organiser une résistance désespérée dans les faubourgs, revenir à lui soudain et frapper.

Des forêts proches de la ville parvenait le fracas de moteurs de chars. Des *T-34* modernes aux blindages en plans inclinés, des *T-38* gros et lourds, des *KV-1* énormes, peints en blanc, avançaient, suivis par de longues lignes de soldats en combinaisons blanches. Beaucoup d'entre eux filaient sur des skis, traînant sur de petits traîneaux des mitrailleuses lourdes. Ils se déployaient en tirailleurs et vague après vague avançaient vers les positions ennemies d'où l'attaque fut repoussée pendant quelques heures jusqu'au moment où la défense craqua et où les Allemands prirent la fuite.

L'offensive soviétique enfonça le front sur une longueur de cinquante kilomètres. Les chefs allemands ahuris par un changement aussi brusque de la situation se mirent à faire pression sur Hitler pour qu'il accepte un repli sur des lignes plus faciles à défendre.

J'interdis des replis de grande ampleur. De tels mouvements entraînent inévitablement la perte d'armes et de matériel lourds. Non seulement les chefs des formations tactiques, mais tous les officiers sans exception ont l'obligation de pousser les soldats à résister énergiquement, même si l'ennemi arrive à percer leur front […]. Seule une telle résistance nous permettra de gagner le temps nécessaire à acheminer les renforts que j'ai ordonné de prendre dans la patrie, comme dans les territoires occupés par les Allemands à l'Ouest.

Tel fut l'ordre donné par Hitler effrayé par l'ampleur de l'offensive soviétique et par l'état d'esprit des chefs allemands. Il craignait que le recul de ses armées ne puisse se changer en une fuite chaotique. C'est pourquoi il ordonna de rester en défense, mais il ne réussit pas à arrêter la retraite. En décembre, l'armée allemande fut repoussée de 150 à 200 kilomètres vers l'ouest.

Évidemment, cette offensive n'était qu'un coup de boutoir, une tentative désespérée de refouler l'ennemi et de prendre l'initiative stratégique. Le succès ne fut possible que parce que les Russes réussirent à faire venir des troupes et du matériel de Sibérie, et l'hiver rigoureux dont ils savaient mieux s'accommoder réduisait la force combative des divisions allemandes. L'Armée rouge était tout de même très épuisée par six mois de combats sanglants. Les établissements industriels évacués sur de nouveaux sites commençaient seulement à reprendre la production. Dans le quatrième trimestre de 1941, les fournitures de chars et d'avions tombèrent à leur plus bas niveau. La force dont la démonstration avait été faite devant Moscou devait nécessairement s'épuiser vite. Hitler en était convaincu. Il pensait qu'avant le printemps de 1942, il renforcerait ses armées, qui prendraient l'offensive dans la bonne direction, c'est-à-dire vers le Caucase, et qu'elles remporteraient une victoire décisive.

Il ne voulait pas voir que cette guerre démesurée et sanglante en Russie n'apportait à ses troupes rien qui pût préjuger de la victoire. Il n'avait conquis qu'une vaste étendue, qui devint le plus grand ennemi de ses armées.

Voilà comment Hans Hausmann, chef de l'agence de renseignements mi-officielle suisse, voyait ce à quoi avaient abouti six mois de combats sanglants à l'Est :

Les Allemands n'ont rien gagné au sens politico-militaire du terme et ne gagneront rien, à part du terrain, du terrain et encore une fois du terrain. Du terrain qui dévore leurs forces, dans lequel disparaissent leurs armées et qui ne donne aucun profit. [...]. Pour les chefs du Reich, la situation est sans espoir ! Ils ne peuvent faire rien d'autre que combattre jusqu'à la mort. Si dans quelques semaines un deuxième front est ouvert à l'Ouest, la défaite arrivera plus vite, plus tard s'il n'y a pas de deuxième front. Tout cela à cause des Russes qui ont su réaliser exactement leur plan stratégique : sacrifier de la terre et conserver les réserves pour 1943 ou même 1944, pour, comme ils disent avec un calme stoïque, l'offensive stratégique soviétique.

Staline comprenait cela. Les pertes dans son pays étaient énormes. Dans les territoires occupés se trouvaient soixante millions de citoyens, 42 % des terres cultivables, des centaines d'établissements industriels et de mines. Mais tout cela ne profitait guère aux envahisseurs. La politique brutale de pureté raciale qu'ils appliquaient à l'égard des Ukrainiens, des Lettons, des Lituaniens et de nombreuses autres nationalités de l'Union soviétique qui avaient accueilli la Wehrmacht en libératrice les débarrassant de la domination stalinienne, retourna tous ces peuples contre eux. Au lieu d'alliés et de réserves pour leur armée, ils poussèrent eux-mêmes à la formation de maquis pro-moscovites. Ils prirent des usines détruites et des mines noyées, des voies ferrées sabotées, du matériel roulant incendié, des champs et des greniers brûlés. Ils ne conquirent que de l'étendue, de plus en plus hostile à mesure qu'ils s'y enfonçaient.

Le plus important, c'est qu'ils n'avaient pas réussi à détruire les assises de la force soviétique : les sources de matières premières et les infrastructures de l'industrie. Plus tard, ils n'auraient pas pu y arriver non plus. Ils n'en avaient pas les moyens.

Leur bombardier le plus lourd, Heinkel *He 177 Greif*[70], avait un rayon d'action suffisant, de 4 000 à 5 500 kilomètres, et pouvait emporter assez de bombes pour détruire les usines évacuées dans l'Oural, mais il s'avéra si mauvais qu'il fut utilisé essentiellement pour transporter des approvisionnements. Les autres appareils de la Luftwaffe construits dans les usines Junkers, Dornier ou Heinkel étaient conçus pour appuyer les forces terrestres et ne pouvaient être utilisés pour des raids sur des zones industrielles éloignées ; ce que les Allemands avaient constaté un an plus tôt, lors de la bataille aérienne d'Angleterre. Leur rayon d'action était trop faible et leur charge de bombes insuffisante.

En conséquence, la production soviétique d'armements, qui n'était plus menacée par des raids aériens, s'accrut. Les usines aéronautiques construisirent en 1941 quatre mille avions de plus que les allemandes, et plus de chars furent produits pendant le second semestre de la même année que pendant le premier (4 742 contre 1 848). En décembre, l'Armée rouge disposait de 32 194 canons et mortiers quand toutes les forces allemandes réunies (en comptant les unités en Europe de l'Ouest et en Afrique du Nord) en avaient 36 430.

Il était donc facile de prévoir la suite des événements, car en chassant la Wehrmacht des portes de Moscou et en brisant son offensive, l'Armée rouge avait gagné trois mois pour reconstituer ses forces. Ce délai suffisait aux usines transférées derrière l'Oural pour atteindre leur pleine capacité. Et en effet, la production d'avions, par exemple, descendue de 1 039 en janvier 1942 à 915 en février, était déjà remontée à 1 647 en mars et, ce qui était le plus important, de nouveaux modèles sortaient. En mars 1942 eurent lieu les essais en vol d'un prototype de l'un des meilleurs avions de chasse soviétiques, le *La-5*[71].

Par conséquent, que devait-il arriver dans les mois à venir ? Les Allemands étaient obligés de mener une guerre d'usure, qu'ils ne pouvaient pas gagner parce que leur potentiel industriel et leurs réserves en matières premières et en hommes étaient beaucoup moins importants que ceux de l'Union soviétique.

Staline avait repris espoir. À cette date, à la fin de décembre 1941, il faisait déjà des plans de partage de l'Allemagne après la victoire ! Il prévoyait la création d'un Comité national allemand qui serait l'embryon d'un gouvernement communiste dans la zone d'occupation soviétique en Allemagne. Ce projet fut réalisé au début de 1943, peu après la victoire de Stalingrad, quand naquit le Comité « l'Allemagne libre » dans lequel entrèrent des généraux détenus par les Russes dans des camps de prisonniers de guerre et des communistes allemands réfugiés en Union soviétique depuis les années d'avant-guerre.

Staline tirait déjà des plans pour construire une ceinture de pays socialistes le long des frontières soviétiques, ce qu'il dit lors d'une rencontre avec le premier ministre britannique Anthony Éden venu à Moscou le 19 décembre 1941. Staline réclamait le retour après la guerre aux frontières de 1941, ce qui signifiait que l'Union soviétique voulait garder les conquêtes de 1939-1940, les territoires de l'est de la Pologne, la Lituanie, l'Estonie, la Lettonie, ainsi que les territoires arrachés à la Finlande et à la Roumanie. Toutefois, il ne s'agissait pas pour lui de reconstituer l'Europe d'avant la guerre, car cela aurait signifié que l'Union soviétique serait restée le seul État socialiste, mais dans une situation pire que celle d'avant la guerre. Elle aurait eu pour voisins des pays auxquels elle avait pris de vastes territoires (la Pologne avait perdu plus de la moitié de sa superficie d'avant la guerre et treize millions de citoyens), donc des ennemis désireux de se venger des exactions territoriales et aussi des souffrances de millions de citoyens.

Staline entreprit de réaliser le vieux rêve de Lénine : former le long de l'Union soviétique une barrière d'États socialistes à la souveraineté limitée, alliés à l'Union soviétique. La méthode n'avait pas changé depuis le temps de Lénine : faire entrer l'Armée rouge dans ces pays. À la seule différence que cette fois les bolcheviks iraient chez leurs voisins non comme agresseurs, mais en libérateurs, ce qui créerait une situation absolument différente.

Slaves de tous les pays, unissez-vous !

Le général Władysław Sikorski[72], premier ministre du gouvernement polonais en exil, était pressé. Le déclenchement de la guerre germano-soviétique offrait une occasion exceptionnelle de modifier les rapports avec l'Union soviétique, ce qu'il estimait absolument indispensable pour le sort des Polonais qui se trouvaient en URSS, comme pour celui de la Pologne après la guerre. Il s'y préparait depuis le mois de mai, date à laquelle grâce à des informations données par le gouvernement britannique ou par le service de renseignements de l'Armée de l'Intérieur dans les territoires de l'est de la Pologne, il avait acquis la certitude que la guerre éclaterait bientôt.

Le 20 mai 1941, Sikorski s'entretint à ce sujet avec Churchill. Les Britanniques pouvaient être un intermédiaire commode pour réconcilier les parties ennemies. Et ils se mirent à la tâche. Chacun des gouvernements en profitait.

Pour Churchill, l'amélioration des relations entre les deux alliés de la Grande-Bretagne, ennemis l'un de l'autre, était une question très importante. Il voyait encore d'autres avantages dans une collaboration entre la Pologne et l'Union soviétique.

Staline aurait aimé voir changer son image dans l'opinion publique en Grande-Bretagne et aux États-Unis et se présenter en chef qui, obligé dans le passé d'accomplir de mauvaises actions, était prêt à corriger ces erreurs dans l'avenir.

Pour Sikorski, c'était une occasion unique de libérer des centaines de milliers de Polonais déportés au fond de l'Union soviétique, dont une énorme quantité étaient dans des camps ou dans des prisons. Dès février 1940, les Russes avaient entrepris la déportation massive de la population polonaise des territoires qu'ils avaient occupés en 1939. On estime que plus de 600 000 citoyens en furent victimes. Sikorski comptait, en obtenant un accord pour leur libération, les intégrer dans l'armée polonaise qui aurait été le garant des intérêts du pays une fois la paix revenue. Serait resté alors le problème des frontières avec l'Union soviétique. Les Russes en effet n'avaient pas l'intention d'accepter le retour à celles de 1939. Cette question risquait d'annihiler les chances d'arriver à un accord. C'est pourquoi Sikorski décida de ne pas insister, estimant qu'on pourrait s'occuper de cette question plus tard. Certains membres de son gouvernement protestèrent contre cette approche du problème ; ils estimaient, comme le président Władysław Raczkievicz[73], que la période d'affaiblissement de l'Union soviétique était la seule où le dangereux voisin pouvait être amené à des concessions.

Malgré tout, Sikorski était décidé à passer outre, à tel point que malgré les protestations du ministre August Zaleski[74], du général Kazimierz Sosnkowski[75] et du président, il se décida à accepter un accord avec l'Union soviétique. La signature eut lieu à Londres, le 30 juillet 1941. Le premier ministre Sikorski représentait la partie polonaise et l'ambassadeur Ivan Maïski la partie soviétique.

Le traité prévoyait la formation d'une armée polonaise en URSS, ce qui de la part de Staline était très surprenant. Personne mieux que lui ne se rendait compte de la haine, de l'hostilité, du sentiment d'injustice de ceux qui devaient être intégrés dans cette troupe. En effet, les soldats du NKVD les avaient arrachés à leurs maisons, ne leur laissant que très peu de temps pour prendre leurs affaires les plus indispensables, et les avaient poussés jusqu'à la gare où ils avaient été chargés dans des wagons à bestiaux. Ils avaient roulé ainsi pendant des semaines, ne s'arrêtant que pour enterrer ceux qui n'avaient pas résisté à la faim, au froid et aux maladies. On les avait débarqués quelque part dans les déserts du Kazakhstan, leur ordonnant de construire là une nouvelle vie et le socialisme. Des milliers d'autres avaient abouti dans des camps où ils étaient livrés à l'arbitraire des gardes qui les martyrisaient, les forçant à accomplir un travail au-dessus de leurs forces.

Ces gens à qui on avait tout pris : leur famille, leur maison, leurs biens, leur nationalité, devaient recevoir des uniformes et former une force avec laquelle il faudrait compter dans les relations internationales ! À leur tête, on allait placer un officier qui avait autant de raisons qu'eux de haïr les sbires staliniens, le général Władysław Anders[76], emprisonné naguère pendant vingt mois à Vilna et à Moscou.

Staline semblait devoir être obligé d'accepter la formation d'une armée polonaise sur le territoire de l'Union soviétique en raison de la débâcle sur le front et de la nécessité de reconstituer les forces de l'Armée rouge, bien que la seule chose dont il ne manquât pas fût les recrues. Il avait des réserves en hommes suffisantes pour ne pas avoir à chercher des étrangers. Et même s'il avait été obligé d'en arriver là, il aurait pu les incorporer dans des unités soviétiques sans demander l'assentiment du gouvernement polonais ni sans attendre la signature d'un accord militaire avec la Pologne. Mais les détenus travaillant dans les camps ou les Polonais laissés en liberté et employés dans les usines étaient plus précieux parce qu'ils constituaient une main-d'œuvre qualifiée qui donnait à l'Union soviétique les produits dont elle avait besoin. Soldats, il leur fallait des armes, des uniformes, des moyens de transport. Ils devenaient une charge pour le pays des Soviets. Et surtout, ils étaient un « élément douteux ».

Staline savait parfaitement quel objectif Sikorski s'était fixé en faisant tant d'efforts pour la formation d'une armée polonaise, prêt à repousser à l'arrière-plan l'obtention de garanties à un retour après la guerre aux frontières de 1939. Dans une campagne victorieuse, les armées polonaises auraient foulé le sol de leur pays avec l'Armée rouge. Là, ils se seraient joints à l'Armée de l'Intérieur, forte d'environ 300 000 soldats et bien organisée. Si Sikorski avait réussi à mettre ce projet à exécution, dans la phase finale de la guerre, quand la Wehrmacht aurait quitté la Pologne, au moins un demi-million de soldats polonais se seraient trouvés dans le pays. Une force aussi importante aurait sans aucun doute décidé du régime politique dans la Pologne d'après-guerre. Staline ne pouvait le permettre ! Cela aurait été contraire au plan suivi si obstinément depuis l'heure où il avait pris le pouvoir.

Mais avant d'en arriver là, un autre problème se serait présenté : les Polonais chargés de former une armée en Union soviétique se seraient forcément aperçus de l'impossibilité de retrouver plus de 10 000 officiers capturés par l'Armée rouge en septembre 1939. Ils se seraient mis à chercher ce qu'ils étaient devenus.

Staline n'eut pas à attendre longtemps le déroulement prévisible des événements.

Il semble que la première question à ce sujet ait été posée par le nouvel ambassadeur de Pologne en URSS, Stanisław Kot[77] qui rencontra Staline le 14 novembre 1941, lorsque dans le bureau de Molotov, il discutait les problèmes liés à la réalisation de l'accord.

Il dit à Staline* :

– Vous êtes l'auteur de l'amnistie pour les citoyens polonais en URSS. Vous avez fait un geste et je vous serai reconnaissant de bien vouloir user de votre influence pour qu'il soit mené jusqu'au bout.

* Sténogramme de l'entretien traduit de l'anglais.

Staline semblait étonné :

– Y a-t-il encore des Polonais qui n'ont pas été libérés ?

– Nous n'avons pas revu un seul officier du camp de Starobielsk fermé au printemps de 1940. Ni de ceux de Kozielsk et d'Ostachkov. Il n'y a aucune trace des prisonniers qui ont été emmenés dans un endroit inconnu.

– Je m'occuperai de cette affaire, promit Staline, mais il ajouta aussitôt :

– Il arrive toutes sortes de choses à ceux qui sont libérés…

– Nous avons leurs noms.

– Existe-t-il de telles listes ?

– Tous les noms ont été enregistrés par les commandants russes des camps qui faisaient l'appel des prisonniers tous les jours. En plus, le NKVD a interrogé chacun d'eux séparément. Aucun des officiers d'état-major de l'armée du général Anders qu'il commandait en Pologne ne nous a été rendu.

Staline qui faisait les cent pas dans la pièce en fumant une cigarette alla au téléphone et décrocha le combiné.

– Le NKVD ? Ici Staline. Tous les Polonais ont-ils été libérés de prison ?

Il écouta un moment la réponse.

– L'ambassadeur de Pologne est ici. Il dit qu'ils n'ont pas été tous libérés.

Il écouta encore et reposa le combiné. Au bout de quelques minutes, le téléphone sonna. L'ambassadeur Kot ne pouvait pas entendre quel rapport était transmis, mais Staline avait l'air satisfait.

Il savait parfaitement qu'il manquerait toujours 15 000 officiers à la partie polonaise, puisque le 5 mars 1940, il avait signé une lettre préparée par Lavrientiï Béria :

Dans nos camps de prisonniers de guerre sont détenus en tout (sans compter les soldats et les sous-officiers) 14 736 anciens officiers, fonctionnaires, propriétaires terriens, policiers, gendarmes, gardiens de prison, officiers de renseignements. Plus de 97 % d'entre eux sont de nationalité polonaise. Dans les prisons de l'ouest de l'Ukraine et de la Biélorussie se trouvent en tout 18 632 détenus, dont 10 685 Polonais. Ce sont des ennemis invétérés du pouvoir soviétique et on ne peut en attendre aucune amélioration. Le NKVD estime que la question doit être traitée par une procédure d'urgence et qu'il faut leur appliquer la peine suprême, la mort par fusillade.

Le 3 avril commença le « déchargement » des trois camps de Starobielsk, de Kozielsk et d'Ostachkov vers lesquels le NKVD avait dirigé les prisonniers sélectionnés comme il se doit, reconnus comme les plus dangereux pour le pouvoir soviétique. Le lendemain commencèrent les exécutions dans la forêt de Katyn où furent assassinés, d'une balle dans la nuque, les hommes amenés de Kozielsk. Ceux des deux autres camps périrent dans les caves des bâtiments des sections régionales du NKVD de Kalinine et de Kharkov, également d'une balle derrière la tête. Leurs corps, transportés nuitamment dans des camions, recouverts par des bâches, furent enterrés dans des fosses communes à Miednoïe et à Piatikhatki près de Kharkov.

Le commandant Piotr Soproumienko, officier de la sûreté nationale, rédigea, le 1er décembre 1940, une note strictement secrète dans laquelle il déclarait :

En avril et mai 1940, 15 131 personnes ont été mises à la disposition des sections locales du NKVD.

L'expression « mises à la disposition » signifiait : 15 131 personnes ont été assassinées. En outre, environ 11 000 Polonais périrent dans les prisons d'Ukraine et de Biélorussie.

– Ils disent qu'ils ont été tous libérés, dit Staline quand il revint à la table où était assis Kot.

Il ne pensait sans doute pas que les Polonais se contenteraient de cette réponse. Le 3 décembre 1941, le général Władysław Sikorski prit en mains le problème des officiers disparus lorsque, avec l'ambassadeur Kot et le général Anders, il rencontra Staline à Moscou.

– Je dois vous dire, Monsieur le Président, que la déclaration d'amnistie n'a pas été mise à exécution, dit Sikorski à Staline. Beaucoup d'hommes, et parmi eux les plus précieux, sont toujours dans les camps de travail et dans les prisons.

– C'est impossible. L'amnistie concerne tous les Polonais, et tous ont été libérés, dit Staline en regardant Molotov qui confirma avec empressement les paroles de son patron.

– Ce n'est pas à nous de fournir au gouvernement soviétique un état exact de nos hommes, puisque les commandants des camps ont des listes complètes. J'en ai sur moi une d'environ quatre mille officiers qui ont été emprisonnés et sont encore dans les camps de travail et dans les prisons. Elle n'est même pas complète, car elle ne contient que les noms qu'il a été possible de rétablir de mémoire. J'ai donné des ordres pour qu'on cherche s'ils n'avaient pas regagné la Pologne, avec laquelle nous sommes en contact permanent. On a constaté qu'aucun d'entre eux n'était revenu, ils ne sont pas non plus dans les camps de prisonniers en Allemagne. Ces hommes sont ici. Aucun d'eux n'est revenu.

– C'est impossible ! répondit Staline. Ils se sont évadés.

– Où auraient-ils pu se sauver ? demanda le général Anders.

– Peut-être en Mandchourie.

– Il n'est pas possible que tous se soient enfuis, d'autant que du jour où ils ont été transférés des camps de prisonniers dans les camps de travail, toute correspondance avec leurs familles a cessé, dit Anders. Je connais personnellement la plupart des officiers portés sur cette liste. Il se trouve parmi eux ceux de mon état-major et les commandants de mes unités. Ces hommes ont disparu et meurent ici dans des conditions épouvantables.

Staline insista :

– Ils ont dû être libérés et ne sont pas encore revenus.

Sikorski intervint et dit d'un ton conciliant pour atténuer la vivacité des paroles d'Anders :

– La Russie est un vaste pays et les difficultés sont grandes. Vraisemblablement, les autorités locales n'agissent pas conformément aux instructions.

– Vous devez comprendre que le gouvernement soviétique n'a aucune raison de détenir aucun Polonais, dit Staline.

Cette conversation ne pouvait apporter de solution à la question des disparus. D'ailleurs, ce n'est pas cela qui intéressait Staline. Il pouvait encore longtemps soutenir que tous les prisonniers avaient été libérés mais qu'ils s'étaient soit perdus quelque part dans l'immense Russie en proie à la guerre, soit enfuis en Extrême-Orient, ou qu'ils se cachaient dans des coins éloignés pour éviter la conscription. Non seulement, les autorités polonaises n'avaient pas la moindre preuve du crime de Katyn, mais il ne pouvait même pas leur venir à l'esprit que le gouvernement soviétique ait donné l'ordre de tuer 15 000 de leurs officiers.

Staline semblait préoccupé par une question tout à fait différente : le sort de l'armée polonaise en formation dans son pays et les plans pour l'emmener en Perse. Formée dans la région d'Orenbourg, ses effectifs grossissaient très rapidement, ils étaient passés de 38 273 soldats le 15 octobre 1941 à 41 561 dix jours plus tard.

– J'ai l'expérience de la vieillesse, dit Staline à Sikorski sans cacher son irritation. Je sais qu'une fois en Perse, vous ne reviendrez plus. Je vois que l'Angleterre a beaucoup de travail et qu'elle a besoin de soldats polonais.

Pour la première fois au cours de cet entretien, il était franc à sa manière. Il disait la vérité. Derrière l'évacuation de cette armée, il y avait Churchill qui, en la faisant passer en Perse, pouvait faire d'une pierre deux coups : inciter Staline à retirer de ce pays six divisions soviétiques et renforcer les maigres troupes britanniques de quelques dizaines de milliers d'hommes. C'est ce à quoi visait le gouvernement britannique depuis le début. Former une armée polonaise en Union soviétique ne donnait aux Britanniques rien d'autre que de grandes dépenses. Staline refusait en effet de l'équiper. Molotov arguait :

– Nous ne pouvons pas donner d'équipements, d'armes non plus. Nous menons la plus épouvantable des guerres au prix de lourdes pertes. Nous sacrifions non seulement des milliers et des milliers de soldats, mais aussi d'énormes quantités d'armements. Nous avons perdu un certain nombre d'usines et nous devons en évacuer d'autres, ce qui diminue notre capacité de production. Que la Grande-Bretagne et l'Amérique comprennent que nous nous saignons pour elles, que nous supportons tout le poids de la guerre. Qu'elles vous arment comme elles peuvent.

Et les Russes réduisirent les rations alimentaires, les fournitures d'armes et de moyens de transport. Savaient-ils donc dès l'abord que cette troupe ne se battrait pas pour leur cause, mais qu'elle passerait leurs frontières ?

– Nous pouvons vous les rendre tous. Nous nous débrouillerons tout seuls. Nous prendrons la Pologne et nous vous la rendrons, poursuivit Staline.

À un certain moment, il fit semblant d'être offensé.

– En allant en Iran, vous serez obligés de vous battre, peut-être en Turquie contre les Allemands. Demain, le Japon entrera en guerre, alors, contre le Japon, tout ce que vous ordonneront les Anglais. Peut-être à Singapour. Et je vois, moi, que les Anglais ont besoin de soldats polonais. J'ai reçu en effet des demandes de Harriman et de Churchill pour évacuer l'armée polonaise.

Il voulait piquer Sikorski, le vexer, en lui prouvant que, chef du gouvernement polonais et commandant en chef, il ne pouvait décider de ses propres soldats, qui se battraient pour la cause de la Grande-Bretagne et pas pour celle de la Pologne. Et quels intérêts la Pologne avait-elle au Proche-Orient ? Dans les paroles acides de Staline, il y avait beaucoup de vrai.

Pour Winston Churchill, à la fin de 1941, les zones les plus importantes étaient l'Afrique du Nord, où se décidait la domination future de la Méditerranée, et l'Atlantique que traversait le matériel de guerre américain pour la Grande-Bretagne qui s'affaiblissait.

En Afrique, la situation était très mauvaise et, depuis 1940, Churchill avait des raisons d'être très inquiet. Dans cette région du monde, les Britanniques avaient 100 000 soldats, mais il leur incombait de maintenir l'ordre colonial et de monter la garde dans un immense territoire englobant l'Égypte, le Soudan, la Palestine, la Jordanie, Chypre, la Somalie britannique, l'Irak, Aden, les émirats du golfe Persique, le Kenya, l'Ouganda, le Tanganyika, la Syrie et le Liban. Dans la région la plus menacée, l'Égypte, stationnaient à peine 36 000 soldats, dont le moral était bas après les défaites britanniques en France en 1940, en Grèce et en Crète en 1941. Et les Italiens, ceux qui convoitaient le plus les possessions britanniques en Afrique et au Proche-Orient avaient en Libye 236 000 soldats et 100 000 en Afrique de l'Est, disposant de 1 811 canons, 339 chars légers et 151 avions sur le pied de guerre. Leur attaque ne se fit pas attendre longtemps...

Leur chef, le maréchal Rodolfo Graziani[78], talonné par Mussolini, les lança à l'attaque le 13 septembre 1940. Étant donné l'énorme supériorité numérique des armées italiennes, le résultat de la bataille était facile à prévoir : trois jours plus tard, quatre divisions et un groupe blindé prenaient Sidi Barrani. 120 kilomètres seulement séparaient les soldats italiens du prochain objectif, la forteresse stratégique de Marsa Matruh, et guère plus de 400 de la principale base britannique, celle d'Alexandrie. Mais les Britanniques eurent de la chance, car Graziani arrêta ses divisions pour reconstituer ses forces et ses approvisionnements.

Cette pause dans l'offensive s'avéra catastrophique pour lui. Les Britanniques surent la mettre à profit. En décembre 1940, les Alliés attaquèrent les positions italiennes et en février 1941, ils s'étaient enfoncés de mille kilomètres en territoire libyen. Dans le même temps, en Afrique orientale italienne, les troupes britanniques peu nombreuses écrasèrent les Italiens, faisant 50 000 prisonniers, mais leurs succès s'arrêtèrent là. Pour aider son allié maladroit, Hitler envoya des détachements en Afrique du Nord. En février 1941 arriva en Libye un corps expéditionnaire allemand, le Deutsches Afrikakorps[79], qui passa à l'offensive un mois plus tard et, brisant la résistance des unités alliées, atteignit les frontières de l'Égypte. Alexandrie, principale base maritime britannique dans ce secteur de la Méditerranée, semblait être à sa portée. La prise de ce port aurait été un coup très dur pour l'Empire britannique. Les unités allemandes et italiennes n'étaient plus loin non plus du canal de Suez, et la perte de cette voie d'eau conduisant aux Indes et aux colonies d'Extrême-Orient, d'où l'économie britannique tirait des matières premières et des matériaux indispensables à la conduite de la guerre, aurait été une catastrophe.

Dans cette situation, le renfort de quelques milliers de soldats polonais pour les unités britanniques avait une importance énorme. En plus, en faisant venir l'armée d'Anders en Perse, Churchill pouvait se débarrasser de six divisions soviétiques qui, le 17 septembre 1941, avaient, en commun avec les troupes britanniques, entrepris l'occupation de ce pays afin d'empêcher les Allemands d'y entrer et de profiter de ses nappes de pétrole et de sa situation géographique pour mener des attaques contre l'Union soviétique.

Pour Staline, le départ des troupes polonaises était la meilleure solution. Il donnait aux puissances démocratiques un signe de bonne volonté et en renouant les relations diplomatiques avec la Pologne, il acceptait la formation d'une armée polonaise sur le territoire de l'Union soviétique, ce qui apparaissait comme la meilleure garantie de ses bonnes intentions à l'égard de la Pologne d'après la guerre. Et puisque ces soldats, par la volonté de leur gouvernement, avaient décidé de quitter l'Union soviétique, il pouvait trouver là des arguments magnifiques pour sa propagande, ce qu'il fit en effet, autant pendant la guerre qu'après.

L'amélioration des relations avec la Pologne était très importante pour les plans de Staline de l'après-guerre. Il pensait que le jour viendrait où les troupes soviétiques arrêteraient l'avance des Allemands et les rejetteraient derrière les frontières de l'Union soviétique. Il était évident que l'Armée rouge ne s'arrêterait pas derrière le Bug mais qu'elle irait jusqu'à Berlin en poussant les Allemands devant elle et, en occupant la Pologne, et au sud, la Tchécoslovaquie, la Hongrie, la Bulgarie, la Roumanie, peut-être même la Yougoslavie et la Grèce. Elle accomplirait ce qu'elle n'avait pas réussi à faire en 1920 quand ses soldats lancés à la conquête de l'Europe avaient été repoussés devant Varsovie. Les soldats de Staline entrant sur le territoire d'autres pays à la poursuite de la Wehrmacht en retraite ne pourraient pas être considérés comme un nouvel occupant. Ils mériteraient d'être accueillis comme des libérateurs et cela paraissait évident, vu la politique allemande d'extermination des peuples slaves. En ayant à l'esprit la réalisation de ce plan, Staline devait convaincre non seulement les gens qui établiraient les nouvelles autorités, mais avant tout leurs arrières politiques.

Alors que les Polonais proposaient une alliance, les Tchèques en faisaient autant. Le président Edvard Beneš[80], président du Comité national en exil, ne posa à Staline aucune condition et amena à la signature le 18 juillet 1941 par Jan Masaryk[81] et l'ambassadeur soviétique Ivan Maïski d'un traité d'assistance mutuelle qui prévoyait la formation d'une unité tchèque en Union soviétique. Staline n'avait pas lieu de craindre cette force militaire à l'égal des dizaines de milliers de soldats polonais, car les effectifs du corps tchèque ne dépassaient pas 3 000 soldats.

Les accords avec les gouvernements en exil de pays voisins de l'Union soviétique ne suffisaient pas. Staline avait besoin d'unions dépassant les protocoles officiels. Molotov lui suggéra une solution en proposant l'ouverture à Moscou d'une conférence panslave, qui se tint en effet les 10 et 11 août 1941. Les participants lancèrent une déclaration qui fut signée par les représentants des peuples de Russie, de Biélorussie, d'Ukraine, de Pologne, de Tchécoslovaquie, de Yougoslavie et de Bulgarie, appelant à la guerre sainte contre le fascisme allemand. Un Comité panslave fut également institué, il avait à sa tête le général Goundorov. Le comité était en fait un Komintern slave destiné à créer une ambiance propice à la réalisation des plans de Staline pour l'après-guerre. Son heure allait seulement venir.

Un deuxième front maintenant !

À la mi-décembre, l'atmosphère dans le bureau du Kremlin était joyeuse pour la première fois depuis des mois. L'attaque japonaise contre la flotte du Pacifique à Pearl Harbor et l'offensive japonaise qui s'ensuivit sur le vaste front du Pacifique confirmaient sans équivoque les informations du service de renseignements selon lesquelles le Japon n'enverrait pas ses armées à l'assaut des frontières soviétiques. Il était en effet difficile d'imaginer que ce pays engagé dans des combats en Chine, entreprenant une campagne en Indochine et dans les îles du Pacifique puisse encore lancer des armées dans le nord du continent asiatique pour leur faire traverser la frontière sibérienne. En outre, la déclaration de guerre de l'Allemagne aux États-Unis annonçait que le président Roosevelt qui ne serait plus entravé par les lois sur la neutralité pourrait engager à plein le potentiel militaire et économique américain du côté des Alliés.

Le moral était d'autant meilleur que l'offensive entreprise par l'Armée rouge le 5 décembre devant Moscou avait été victorieuse et que les troupes allemandes avaient reculé vers l'ouest. Comme le rapportaient les services de renseignements, Hitler avait limogé les chefs les plus élevés en grade, il ne permettait pas à ses armées de battre en retraite et il exigeait d'elles une résistance désespérée.

Staline, voyant déjà la victoire se dessiner, décida de s'occuper de la forme à donner à l'Europe d'après-guerre et le 19 décembre, il soumit au ministre Anthony Éden qui se trouvait alors à Moscou son plan de maintien des frontières de 1941, ce qui signifiait que l'Union soviétique voulait absorber les territoires polonais annexés en vertu du pacte avec l'Allemagne. En échange, il offrait de donner à la Pologne des territoires à l'ouest, jusqu'à l'Oder. Étonné, Éden argumenta que son gouvernement s'était engagé à n'accepter aucune modification de frontières pendant la durée de la guerre, mais Staline ne voulait pas discuter. Il dressait déjà les plans de la prochaine offensive. Se rendait-il compte que les forces soviétiques n'étaient pas encore assez étoffées pour entreprendre une marche victorieuse vers l'ouest ? Oui, sans aucun doute. Malgré cela, il ne renonçait pas à ses projets.

Le 5 janvier 1942, il convoqua dans son bureau les membres du quartier général du commandant en chef, du comité à la Défense et du grand état-major.

Le maréchal Chapochnikov présenta le projet d'une nouvelle contre-offensive dans le secteur de Léningrad, à l'ouest de Moscou et au sud.

– Les Allemands semblent décontenancés par la retraite devant Moscou et mal préparés à l'hiver, dit Staline quand Chapochnikov eut achevé son exposé. Le temps est venu de passer à l'offensive générale. Qu'en pensez-vous ?

– Le front Ouest, où les conditions sont les plus favorables et où l'ennemi n'a pas encore retrouvé toute sa valeur guerrière, peut poursuivre l'offensive. Toutefois, pour le plein succès de l'opération, il est important de renforcer nos troupes en hommes et en matériel et de constituer des réserves, avant tout en unités blindées, sans lesquelles il est difficile de s'attendre à des victoires, dit Joukov.

Il savait que les renforts fournis à ses armées en novembre avaient fondu au cours des combats acharnés car il perdait chaque jour plus de 7 500 soldats*.

– En ce qui concerne des opérations offensives dans le secteur de Léningrad et au sud-ouest, il faut rappeler que là, nos unités ont affaire à une forte défense de l'ennemi. Sans un puissant appui d'artillerie, elles ne seront pas capables de rompre ses lignes, elles seront arrêtées et subiront des pertes lourdes, pour ne pas dire injustifiées. Je suis pour un renforcement des armées du front Ouest et pour le lancement d'une puissante offensive.

Le silence tomba, car tous sentaient que cette prise de position était contraire aux attentes de Staline.

– Le camarade Joukov, à mon sens, a raison, dit Vozniessienski. Nous n'avons pas la possibilité d'assurer un approvisionnement régulier et suffisant. Les fournitures d'armements des usines transférées à l'est sont encore trop faibles car 58 % d'entre elles n'ont pas encore atteint la capacité envisagée. Nous pensons que la croissance de la production sera sensible, conformément au plan, vers la fin du premier trimestre et au commencement du deuxième.

Le chef du Gosplan avait raison sans aucun doute. C'est lui qui connaissait le mieux l'importance des pertes subies par l'Armée rouge en matériel et en armement.

À la fin de 1941, elles s'élevaient à :

– 73 % de ses chars, soit 20 500 sur un total de 28 200 (22 600 qu'elle possédait au commencement de la guerre plus ceux qui lui avaient été fournis ensuite).

– 60 % de ses avions de combat soit presque 18 000 sur 29 900 (elle en avait 20 000 au commencement de la guerre).

* Selon les statistiques soviétiques officielles, toutes les armées engagées dans l'opération de Moscou (donc également les fronts de Kalinine et de Briansk et une partie du front Sud-Ouest), qui comptaient en tout 1 021 700 soldats, en ont perdu 370 955, soit 10 910 par jour.

– sur 11 200 000 armes à feu (pistolets, fusils, mitraillettes et mitrailleuses), plus de 6 000 000, soit 56 %.

Ce matériel ne pouvait pas être remplacé d'un mois à l'autre, d'autant que l'évacuation et la remise en marche de certaines usines sur de nouveaux sites étaient toujours en cours et que beaucoup de celles qui avaient été transférées les premières n'avaient pas encore retrouvé toute leur puissance. Vozniessienski s'attendait à une baisse de la production au cours des premiers mois de 1942. Dans ces conditions, il était très risqué d'envoyer au combat des armées n'ayant pas de réserves suffisantes et ne pouvant pas compter sur un approvisionnement régulier en armes et en munitions.

Mécontent, Staline se taisait, mais Molotov qui sentait parfaitement son état d'esprit décida d'attaquer Vozniessienski qu'il détestait cordialement.

– Le camarade Vozniessienski trouve comme d'habitude des difficultés imprévues là où elles peuvent être vaincues, remarqua-t-il avec aigreur.

– J'en ai parlé à Timochenko, et il est pour l'attaque, dit Staline. Il faut battre rapidement les Allemands pour les empêcher de passer à l'offensive au début du printemps.

Joukov comprit tout à coup que Staline les avait réunis pour leur communiquer la décision de lancer une nouvelle offensive et non pas pour examiner si c'était ce qu'il convenait de faire.

Comme ils suivaient le corridor après la réunion, Chapochnikov dit soudain, en parlant de l'intervention de Joukov :

– Il n'était pas raisonnable de manifester son désaccord. Le guide a déjà pris sa décision. Des directives ont déjà été envoyées à presque tous les fronts et l'offensive va être lancée très prochainement.

– Pourquoi alors Staline m'a-t-il demandé mon avis ? s'étonna Joukov.

Chapochnikov haussa les épaules :

– Je ne sais pas. Tout simplement, je ne sais pas...

En effet, Staline ne voulait pas entendre parler de la nécessité de reconstituer les forces ni d'attendre que l'industrie ait retrouvé sa pleine capacité de production. Il voyait bien que la contre-offensive réussie devant Moscou avait arrêté la guerre éclair allemande et inauguré une guerre d'usure. Et puisqu'il en était ainsi, il fallait la poursuivre et infliger à l'ennemi le plus de pertes possibles. L'hiver était une période favorable. Les Allemands n'étaient pas encore remis du coup reçu à Moscou et d'autres frappes pouvaient leur coûter cher. Sans nul doute, Staline avait raison, mais seulement s'il ne s'agissait que du secteur central de l'immense front s'étendant de la Baltique à la mer Noire. Prendre l'offensive au nord et au sud, là où les forces allemandes étaient en bonne condition, pouvait être très risqué. Joukov et Vozniessienski avaient, à juste raison, mis Staline en garde contre une telle opération, il ne voulait pas les écouter. Non pas parce qu'il faisait peu de cas de leur expérience et de leur capacité d'évaluer objectivement la situation, mais il avait un grand plan qu'il nourrissait depuis les premiers jours de son alliance avec les États-Unis et la Grande-Bretagne et pour la réalisation duquel il était prêt à sacrifier beaucoup de soldats : un deuxième front ! Une puissante offensive, même si en de nombreux endroits elle s'achevait par une défaite, pouvait avoir une importance décisive. Comment en effet pouvait-il mieux convaincre ses alliés qu'en leur montrant : regardez, nous avons attaqué et nous sommes allés loin, mais si vous ne nous aidez pas, les forces nous feront défaut et l'offensive s'enlisera, et alors, la situation sur le théâtre décisif de la guerre peut prendre une tournure catastrophique.

L'ouverture d'un deuxième front exigeant des forces massives n'était pas réalisable tant que les États-Unis restaient un pays neutre mais leur entrée en guerre, le 8 décembre 1941 à la suite de l'attaque menée la veille par des avions japonais sur Pearl Harbor* et la déclaration de guerre de l'Allemagne aux États-Unis avaient créé une situation tout à fait nouvelle et Staline était décidé à la mettre à profit au plus vite. Il ne savait pas combien de temps durerait aux États-Unis l'atmosphère favorable à l'entrée de ce pays dans la guerre en Europe. Pour le public américain, la menace allemande était une abstraction, mais l'offensive des armées japonaises, un fait. Les marins américains mouraient sous les bombes et les projectiles japonais. Les Américains n'étaient pas bouleversés par des photographies d'Europe, mais par celles de Pearl Harbor montrant des navires et des hangars en flammes, des cadavres sous des draps blancs bien alignés sur les quais du port.

Pour Staline, il était évident qu'à mesure que les combats dans le Pacifique s'amplifieraient, de telles images apparaîtraient de plus en plus souvent dans les actualités cinématographiques et dans la presse américaines. Le président pouvait être obligé, par l'opinion publique, par les milieux politiques et économiques influents, de mettre un

* Pearl Harbor, base américaine de la flotte du Pacifique aux îles Hawaï (70 bâtiments de guerre, dont 8 cuirassés, y étaient basés), attaquée à l'improviste le 7 décembre 1941 par des avions et des sous-marins japonais. Certes, le service de renseignements américain avait déchiffré les dépêches adressées à l'ambassade du Japon à Washington, qui indiquaient la date de l'attaque projetée, mais l'avertissement envoyé de Washington par les canaux civils de la RCA ne parvint pas à temps au chef de la flotte du Pacifique, l'amiral Husband E. Kimmel. L'attaque d'un premier groupe de 183 avions partis du pont de porte-avions naviguant à environ 250 miles des îles Hawaï dura de 7 h 57 à 8 h 25 et un deuxième raid eut lieu après une interruption de 15 minutes. 2 403 soldats américains furent tués, 1 178 blessés ; sur les 8 cuirassés, 2 (l'*Arizona* et l'*Oklahoma*) furent détruits et les 6 autres gravement endommagés ; 164 avions furent détruits et 128 endommagés. Les Japonais perdirent 29 avions et 6 sous-marins. À la suite de cette attaque, le président Franklin D. Roosevelt demanda au Congrès de déclarer la guerre au Japon.

frein à la politique « Germany first » au profit de « Japan first ». Les groupes partisans d'une telle solution au sein du Parlement et des autorités militaires étaient très puissants. Staline devait donc créer des faits qui pousseraient Roosevelt à maintenir la politique « l'Allemagne d'abord », et le lancement par l'Armée rouge d'une offensive sur un large front était un tel fait. Le risque était grand, mais Staline ne voulait voir que les bons côtés : infliger encore aux Allemands des pertes sensibles, les repousser plus loin vers l'ouest, gagner le soutien des opinions publiques occidentales, obtenir des Alliés l'ouverture d'un deuxième front et finir la guerre en 1942. Les victimes ne comptaient pas puisqu'une nouvelle étape de la guerre commençait : la guerre des victimes.

La *Pravda* publiait des articles sur la passivité de l'Occident :

Pour nous, peuples de l'Union soviétique, qui supportons tout le poids de cette guerre contre le fascisme bestial, que représentent des escarmouches en Méditerranée ou dans le Pacifique ?

Effectivement, au cours de la bataille la plus grande et la plus décisive en Afrique du Nord, à El Alamein, qui dura du 23 octobre au 5 novembre 1942, soit treize jours, 7 300 soldats italiens et allemands et 13 500 soldats alliés furent tués ou blessés ; devant Moscou, pendant la défense de la ville en novembre et décembre 1941, chaque jour, 9 825 soldats étaient tués ou blessés, et au cours de l'offensive lancée en décembre, les armées soviétiques qui attaquaient en perdaient 10 910 par jour.

À Washington, le nouvel ambassadeur Maxime Litvinov réclamait avec une ardeur extrême l'ouverture d'un second front.

– Seule une offensive simultanée à l'Est et à l'Ouest peut venir à bout de Hitler, argumentait-il dans les réunions officielles. Nous entendons beaucoup parler des efforts communs des Nations Unies, mais que sont des efforts communs sans un combat commun ?

Il trouva vite des alliés à la Maison-Blanche. Chose curieuse, les partisans les plus ardents de l'ouverture d'un deuxième front furent trois hommes politiques et chefs conservateurs et anticommunistes : le ministre de la Guerre, Henry Stimson[82], les généraux George Marshall et Dwight Eisenhower[83]. Ce dernier surtout, chef du département du Plan au ministère de la Guerre depuis décembre 1941, insistait pour rassembler une grande quantité de troupes américaines en Grande-Bretagne et pour attaquer le continent.

Il essayait de convaincre le président :

– Nous devons aller en Europe et combattre. Il faut cesser de gaspiller nos réserves éparpillées dans le monde entier et de perdre notre temps. Si nous voulons maintenir la Russie dans la guerre, mettre en sécurité le Proche-Orient, l'Inde et la Birmanie, nous devons commencer à frapper par les airs l'Europe occidentale et sur la lancée mener une attaque terrestre le plus vite possible.

Le ministre de la Guerre Stimson écrivait au président en mars 1942 :

John Sherman[84] *a dit en 1877 : le seul moyen de recouvrer une créance est son recouvrement. De même, le seul moyen de prendre l'initiative dans cette guerre est de la prendre. Je conseille : dès que le chef d'état-major aura fini de planifier l'offensive au nord, tu devrais immédiatement envoyer par un messager et avocat* (d'une telle solution) *de confiance à Churchill et à son Conseil de guerre le plan américain que tu as approuvé et que tu as l'intention de réaliser s'il est accepté par la Grande-Bretagne. [...] Et alors, tu devrais peser de tout ton poids pour que, en écartant tous les obstacles, soient transférées les troupes et préparé le matériel pour l'invasion décisive. [...] Cela devrait être exécuté avec toute la fougue militaire, pour être réalisé en septembre au plus tard.*

Cela devait plaire au président. C'était très américain : le bon shérif traverse la vaste mer, arrive dans une bourgade dominée par des malandrins, il les abat à coups de colt bien ajustés et instaure le droit et l'ordre.

À la fin de mars 1942, le plan d'ouverture du 2e front était prêt et le 1er avril, Stimson et Marshall l'apportèrent dans le bureau ovale. Le président s'enthousiasmait pour toute l'entreprise : il décida que son homme de confiance Harry Hopkins et le général Marshall devaient partir pour Londres au plus vite pour gagner l'approbation de Churchill.

Mon cœur et mon esprit sont acquis aux propositions de Harry et de George Marshall. Ton peuple et le mien réclament l'ouverture d'un deuxième front pour soulager les Russes.

Des trois alliés menant la guerre contre l'Allemagne, chacun avait d'autres objectifs, mais il était évident que la voix décisive appartenait au président des États-Unis, en raison du potentiel économique et militaire de ce pays.

Staline était-il au courant des décisions prises dans le bureau ovale ? Officiellement, il n'en fut pas informé car il était impossible que le président les lui communique avant d'en discuter avec Churchill. Toutefois, il pouvait facilement les deviner d'après la réaction de Roosevelt qui avait accepté en février 1942 d'accorder à l'Union soviétique un milliard de dollars supplémentaire pour l'achat de matériel de guerre et lui avait envoyé un télégramme aimable au-delà de toute expression. Il y exprimait son regret d'être séparé de lui par une trop grande distance pour qu'ils puissent se rencontrer et discuter les problèmes les plus importants, et l'espoir de voir Staline lui envoyer son représentant pour que celui-ci reçoive *des propositions très importantes sur le plan militaire concernant l'utilisation de nos forces armées pour soulager le front dans une situation critique.* Une présentation encore plus évidente des intentions du président américain était-elle nécessaire ?

Cependant, l'offensive d'hiver des armées soviétiques, comme Joukov l'avait prévu, s'acheva par une défaite. Il ne pouvait pas en être autrement. Les réserves suffisaient pour un brusque élan en décembre 1941 et elles furent vite épuisées. Les hommes et le matériel manquaient, avant tout l'artillerie et les munitions, pour briser la forte défense allemande. Les magasins du front Ouest n'avaient de provisions de bouche que pour un jour. Il n'y avait pas du tout de réserves de carburant. De nombreuses armées du front Ouest et de celui de Kalinine n'avaient absolument pas de munitions antichars d'avance.

Au cours de cette offensive, sur un million de soldats de ces deux fronts, 776 889 furent tués ou blessés. Mais Staline ne se souciait pas de cet échec, les pertes de l'ennemi étaient très élevées aussi. Il avait atteint d'importants objectifs politiques : les alliés occidentaux avaient accepté d'ouvrir un deuxième front, et cela signifiait que les Allemands allaient bientôt être contraints de retirer d'Union soviétique de nombreuses divisions et que l'Armée rouge se mettrait en marche pour libérer l'Europe ! C'est du moins ce qu'il pensait en avril 1942.

Or, c'était au tour de Hitler de jouer. Ses armées n'avaient pas été affaiblies autant que Staline l'avait escompté. La Wehrmacht avait 233 divisions, soit 25 de plus qu'au départ de l'opération *Barbarossa*. Trois d'entre elles avaient achevé leur formation en Allemagne et 46 se trouvaient sur d'autres fronts (12 au Danemark et en Norvège, 26 en France et en Belgique, cinq dans les Balkans et trois en Afrique du Nord). Il y avait donc sur le front de l'Est 179 divisions allemandes appuyées par 65 divisions alliées. Les forces allemandes n'avaient pas leurs effectifs complets, ce qui noircissait un tableau aussi optimiste. On estimait qu'il manquait 308 000 soldats, mais cela n'inquiétait pas trop Hitler car ces lacunes devaient être comblées pour le 1er août 1942. Il ne prêtait guère attention non plus aux jérémiades du général E. Wagner, intendant général, qui prévenait qu'à la mi-septembre 1942, les réserves de carburant seraient épuisées et il traitait ses rapports par un commentaire sarcastique :

– Je ne pourrais pas attendre une autre estimation de la part de l'un de mes généraux.

Il avait toujours agi à la limite du risque maximal : en Pologne, en Norvège, en France, et il avait gagné. Il devait en être de même en Union soviétique. Le temps était venu de frapper le coup décisif, et il devait le faire, sans s'occuper de ce qu'affirmaient ses généraux. Il avait déjà un plan qu'il exposa le 5 avril 1942.

Dans la première phase, l'aile gauche du groupe d'armées *Sud* devait s'avancer en direction de Voronej puis, en suivant le cours du Don vers le sud, faire sa jonction avec les unités de la 6e armée venant du sud et encercler les troupes soviétiques, ce qui aurait constitué la deuxième étape de la grande entreprise. Dans la troisième, l'aile droite du groupe d'armées *Sud*, rebaptisée groupe d'armées *A* se serait avancée vers l'est le long du Don pour rencontrer le groupe d'armées *B* comme s'appelait le reste des troupes de l'ancien groupe d'armées *Sud*. Dans ces pinces d'acier se serait trouvé Stalingrad, qui aurait été conquis ou aurait perdu son importance pour l'économie, la stratégie et les communications par suite des bombardements aériens et terrestres.

Ensuite, dans la quatrième phase, la machine de guerre allemande se serait tournée vers le sud et se serait dirigée vers le Caucase. Pendant ce temps, entre Voronej et Kalatch, les armées alliées, italienne, roumaine et hongroise, et plus bas les 2e et 6e armées allemandes auraient couvert cette grande opération à l'est, où pouvaient intervenir des contre-attaques de l'Armée rouge. S'ils avaient réussi à réaliser ce plan, les Allemands auraient gagné la guerre.

Le sang et la politique

Staline pouvait-il être au courant des plans allemands ? Sans doute que oui. Ses services de renseignements avaient accès aux plus grands secrets de la Wehrmacht et, pour ceux que ne pénétraient pas ses réseaux d'espionnage à Berlin, Genève et Paris, il en était informé grâce aux cryptologues de Bletchley Park qui lisaient les messages chiffrés des Allemands et lui permettaient de se faire une idée du degré de préparation de leur offensive. Il lui fallait donc prendre les devants et enfoncer un coin là où ils prévoyaient de commencer leur marche vers le sud : dans le secteur de Kharkov.

– Nous ne pouvons pas rester à attendre que l'ennemi assène le premier coup, dit-il lors d'un conseil au Kremlin.

Aucun des officiers supérieurs présents : Joukov, Chapochnikov, Timochenko, Vorochilov, ne protesta en l'entendant exposer ce plan et, pourtant, ils se rendaient certainement compte que l'entreprise était tellement risquée qu'on n'aurait pas dû s'y lancer.

Autant Staline prenait au sérieux les informations sur les préparatifs allemands pour une offensive d'été, autant il faisait fi absolument des signaux indiquant que les plans soviétiques étaient également connus de l'ennemi. Il est difficile de comprendre pourquoi il rejeta avec un tel entêtement toutes les mises en garde. Même quand un avion de liaison s'écrasa derrière les lignes et qu'on trouva dans la cabine des documents indiquant que les Allemands en savaient long sur les projets soviétiques, il prit cela pour une provocation de l'Abwehr destinée à perturber les préparatifs soviétiques.

Cependant, le succès de l'espionnage allemand eut une influence directe sur la nomination au poste de chef des renseignements de *Fremde Heere Ost*, le 1er avril 1942, du colonel Reinhard Gehlen[85] ; il remplaça le général Eberhard Kinzl qui, de l'avis de ses supérieurs, avait à vrai dire cessé de remplir ses obligations.

Le nouveau chef, un officier modeste, effacé, avait une grande expérience dans la recherche d'informations car il était depuis le premier jour de la guerre sur le territoire de l'Union soviétique, mais, c'est seulement une fois à la tête d'une organisation de renseignements qu'il put réaliser ses idées. Et il en avait beaucoup et de très bonnes comme il le montra par la suite. Il ordonna par exemple que les unités du front présentent tous les dix jours un relevé des positions d'artillerie soviétiques. Il pouvait ainsi voir facilement où l'Armée rouge s'apprêtait à frapper. Il ordonna d'envoyer des rapports sur les agents et les saboteurs soviétiques capturés, ce qui permettait d'établir où étaient les secteurs les plus intéressants pour les Russes. Dans tous les camps de prisonniers, il organisa des détachements de renseignements dont le travail consistait à capter des agents. C'est ainsi que le commissaire Michinski, dans le civil haut fonctionnaire de l'organisation moscovite du parti, tomba entre les mains de Gehlen. Il accepta de collaborer avec les renseignements allemands et fut lâché derrière les lignes soviétiques. Ses papiers étaient si bien trafiqués et on lui avait fait apprendre une version si crédible de sa disparition de son unité qu'il n'éveilla pas les soupçons du NKVD. Il rentra bientôt à Moscou où il fut embauché au quartier général. De là, sous le nom de « Flamingo », il envoya à l'organisation de Gehlen les informations les plus secrètes. Les Allemands réussirent aussi à introduire leurs agents au sein du commandement de nombreuses unités du front.

La méthode Gehlen permit de collecter, de comparer et de traiter les informations venant de nombreuses sources : écoutes radio, presse, témoignages de prisonniers et rapports d'espions. Au commencement d'avril 1942, l'image d'une grande offensive se dessinait peu à peu. Le 10 avril, Gehlen envoya à l'*Oberkommando der Wehrmacht* une liasse de documents réunis sous le titre *Angriff Charkow : Chi Abwehrmeldung*, prévenant des préparatifs d'une offensive au sud. Trois semaines plus tard, il envoya un rapport de onze pages indiquant que l'offensive soviétique préparée sur tout le front commencerait par une attaque en direction de Kharkov.

Il ne se trompait pas. Le maréchal Siémione Timochenko, commandant du front Sud-Ouest, avait déjà le plan d'une grande offensive dans le secteur de Kharkov, pour laquelle 640 000 soldats, 1 200 chars, 13 000 canons et 956 avions étaient prêts.

Le plan prévoyait qu'au nord de Kharkov, dans le secteur de Voltchansk, la 28e armée attaquerait ; elle comptait seize divisions d'infanterie, trois divisions de cavalerie et cinq brigades blindées. Au sud de la ville, dans le secteur d'Izioum, la 6e armée devait avancer avec ses onze divisions d'infanterie, ses six divisions de cavalerie et ses treize brigades blindées.

Ces deux grands bras des fronts soviétiques Sud-Ouest et Sud s'élancèrent avec impétuosité à l'aube du 9 mai 1942 et s'enfoncèrent loin dans les lignes allemandes. Ils progressaient si vite qu'ils formèrent une grande poche, ce qui les exposait à être attaqués par les Allemands au nord et au sud, coupés et encerclés. Il n'y eut pas longtemps à attendre pour assister à un tel développement des événements.

Le 17 mai à 3 h 15, onze divisions allemandes et quatre roumaines du groupe von Kleist lancèrent le premier assaut sur le flanc sud de la poche couvert par de faibles forces :

la 9e armée soviétique n'avait que quatre divisions chargées de tenir un front de 130 kilomètres. Elle ne pouvait pas arrêter les Allemands qui à midi s'étaient enfoncés de quinze kilomètres dans ses positions et menaçaient les arrières de la 57e armée. La situation empirait d'heure en heure car les divisions allemandes et roumaines se rapprochaient des rives du Donets.

Ce soir-là, Timochenko envoya le premier rapport au quartier général du commandant en chef pour demander des renforts. Staline accepta, mais les unités courant à la rescousse ne pouvaient arriver que dans trois jours au plus vite, elles étaient en outre faibles et manquaient d'approvisionnements. Pendant ce temps, la pression des Allemands s'accentuait. La seule issue était d'arrêter les armées qui poursuivaient l'offensive sur Kharkov et de les faire mettre en défense.

Staline n'accepta pas. On n'arrive toujours pas à comprendre clairement son refus qui devait coûter la vie à des centaines de milliers de soldats et entraîner des pertes matérielles énormes.

Il n'est pas exclu que le commandement du front ne lui ait dit à quel point la situation était dramatique sur les arrières des deux armées qu'au moment où elle devint catastrophique. C'est ainsi que le maréchal Joukov essaya d'expliquer le comportement de Staline après la guerre. Il est tout de même peu vraisemblable que Staline ait ignoré où en étaient des troupes en train de réaliser un plan si important pour lui. Il faut plutôt croire Nikita Khrouchtchov, à l'époque membre du conseil du front Sud-Ouest. Il a déclaré en 1956 :

– En dépit du bon sens, Staline a rejeté nos propositions (d'arrêter l'offensive) et ordonné de poursuivre l'opération de Kharkov, même quand quelques-unes de nos formations étaient menacées d'encerclement et de destruction. [...] J'ai téléphoné au chef d'état-major, Vassilevski[86] et je l'ai supplié d'expliquer la situation au camarade Staline. Mais Vassilevski m'a répondu que le camarade Staline ne voulait plus entendre parler de cela. J'ai alors téléphoné à la villa de Staline. Malenkov a pris la communication. J'ai dit que je voulais parler à Staline. Ce dernier a répondu que je pouvais dire à Malenkov ce que j'avais à dire. J'ai répondu alors que c'était à lui, Staline, que je voulais parler. Il a refusé, et pourtant, il était à quelques pas de l'appareil. [...] Pour finir, il a ordonné : « Laissez les choses comme elles sont. »

Il ne peut y avoir qu'une seule explication à l'entêtement de Staline : pendant que se jouait le sort de l'opération de Kharkov, son envoyé, Viatcheslav Molotov, entreprenait un voyage dont le but était de convaincre les Alliés d'ouvrir un deuxième front. Quand il entrerait dans le bureau de Churchill, et ensuite dans le bureau ovale du président Roosevelt, pouvait-on le priver de l'argument sans réplique que représentaient les combats acharnés menés par l'Armée rouge ? C'est pourquoi, sans égard au danger, aux victimes et aux pertes matérielles, l'offensive devait être poursuivie. Au moins pendant quelques jours, tant que Molotov ne rentrerait pas avec un communiqué signé par les hommes politiques occidentaux, qui signifierait : « nous allons ouvrir un deuxième front en Europe car c'est le seul moyen de vous aider dans la lutte menée avec une telle abnégation sur le front de l'Est ! »

C'est pourquoi Timochenko n'obtint l'autorisation d'arrêter l'offensive que le 19 mai au soir, au moment où l'envoyé de Staline atterrissait à Londres.

Comme un serpent saisi par la queue, les armées soviétiques firent demi-tour et attaquèrent les tenailles qui s'étaient refermées dans la nuit du 22 au 23 mai. Elles ne pouvaient plus faire grand-chose car leurs réserves de carburants et de munitions étaient épuisées. Les assauts renouvelés par l'infanterie ne firent qu'entraîner des pertes énormes. L'étau allemand était déjà si solide que les efforts pour le briser ne faisaient qu'augmenter le nombre de victimes.

L'opération de Kharkov coûta à l'Armée rouge 239 000 prisonniers. Sur le champ de bataille furent tués les généraux Kostenko, Bobkine, Podlas. Le général Gorodnianski connu pour sa témérité, de qui les soldats disaient que les balles l'évitaient, périt. Il se suicida.

Des nouvelles de plus en plus mauvaises parvenaient du front. L'armée du feld-maréchal Erich von Manstein[87] avait brisé la défense soviétique dans la presqu'île de Kertch et concentré dix divisions devant Sébastopol. La forteresse de la mer Noire se défendait avec acharnement, mais face à la supériorité allemande, son sort semblait joué d'avance.

Monsieur Brown va à l'Ouest

La grande hélice du bombardier soviétique *Pe-8*[88] s'immobilisa, mais personne n'ouvrait la porte. C'est seulement lorsque arrivèrent des *jeeps* et des limousines noires que des gens en civil commencèrent à descendre de l'avion. Un petit homme en manteau noir coiffé d'un bonnet d'aviateur en cuir marron rappelant un personnage d'une comédie des frères Marx descendit le premier la passerelle. Il était difficile de reconnaître en lui le commissaire du peuple aux Affaires étrangères, Viatcheslav Molotov. Il était d'ailleurs arrivé à Londres le 19 mai 1942 sous le nom de Brown, ce qui était censé rendre difficile à l'espionnage allemand de découvrir quel personnage si important quittait Moscou dans son avion personnel.

Le ministre Anthony Éden attendait pour accueillir les visiteurs, il regardait, comme l'ambassadeur Maïski debout à côté de lui, le gros avion avec intérêt. En effet, par les dimensions de son fuselage, la grosseur des moteurs à l'arrière desquels étaient aménagées des nacelles pour les mitrailleurs chargés de le défendre contre les chasseurs, le *Pe-8* était impressionnant. Pour se rendre dans ces postes de tir, les aviateurs devaient ramper à l'intérieur des ailes. L'étonnement des hôtes britanniques à l'arrivée de la délégation soviétique allait croître presque d'heure en heure.

Molotov qui craignait des attaques aériennes sur Londres demanda qu'on lui trouve un lieu sûr, le premier ministre Winston Churchill se décida donc à mettre à la disposition du ministre soviétique et des quinze membres de sa délégation le petit palais gouvernemental de Chequers situé suffisamment loin des cibles des raids allemands pour que les invités n'eussent pas à craindre les bombes et ne fussent pas obligés de se sauver dans les abris. Il ne supposait certainement pas que ce geste éveillerait les soupçons des gardes de Molotov. Ils vérifièrent avec grand soin les pièces qui leur avaient été attribuées, à la recherche d'écoutes et d'appareils photographiques cachés. Chacun d'eux dormit avec un pistolet sous l'oreiller et, quand Molotov et ses conseillers allaient à Londres, les gardes fermaient scrupuleusement les pièces devant lesquelles ils se mettaient en faction pour veiller à ne laisser entrer personne.

– Il est compréhensible, surtout en temps de guerre, d'être prudent, mais toute activité devrait rester dans des limites raisonnables, dit Churchill quand on lui fit part du comportement étonnant des agents du NKVD. Pour moi, quand je me déciderai à aller à Moscou, je me fierai entièrement à l'hospitalité soviétique.

Toutefois, ce n'était pas là son plus grand souci. Molotov était venu pour obtenir du gouvernement britannique l'assurance que le deuxième front serait ouvert en Europe d'un mois à l'autre. C'est ce que Staline recherchait depuis longtemps. Il en avait parlé dès sa première lettre envoyée le 18 juillet 1941 au premier ministre Churchill. Il avait alors préconisé l'ouverture d'un deuxième front dans le nord de la France ou en Norvège. Il était revenu sur le sujet dans chacune de ses lettres suivantes, il le rappelait dans chacun de ses discours. Churchill n'y attachait peut-être pas grande importance, jusqu'au jour où il apprit que cette idée plaisait au président Roosevelt. Le premier ministre britannique ne se pressait toujours pas de réagir, jusqu'à l'arrivée à Londres, le 10 avril 1942, des envoyés du président :

son conseiller de confiance Harry Hopkins et le général George Marshall, pour obtenir des Britanniques la garantie que, en commun avec les Américains, ils prépareraient l'invasion du continent.

Le plan était tel : le 15 septembre 1942, six divisions (dont cinq américaines, trois d'infanterie et deux blindées) se seraient lancées à bord de navires britanniques à l'assaut des côtes de la France. Elles auraient été appuyées par 5 800 avions (dont 2 550 britanniques). Une fois à terre, elles auraient formé une tête de pont solidement défendue et elles auraient été vite renforcées par douze divisions envoyées d'Angleterre. Là devait s'arrêter la première phase de la libération de l'Europe qui fut baptisée *Sledgehammer*. Dans les mois suivants, les troupes en France devaient être grossies de 100 000 soldats par semaine jusqu'à ce que leurs effectifs atteignent un million d'hommes. Elles se seraient alors enfoncées à l'intérieur de la France, l'auraient libérée et se seraient dirigées vers la capitale du Troisième Reich. Cette phase de l'opération, qui devait être décisive pour le déroulement de la Seconde Guerre était appelée *Roundup*.

Churchill considéra ce plan comme confinant à la folie et surtout il savait que la Grande-Bretagne, et encore moins les États-Unis, n'avaient de troupes de débarquement ! Certes, pendant la Première Guerre, les Britanniques avaient créé de telles unités qui comptaient, en 1918, 55 000 hommes, mais en temps de paix, elles avaient été réduites à 15 000 soldats d'infanterie de marine, les *Royal Marines*. Par-dessus le marché, ils n'avaient pas de matériel de débarquement. Il s'avéra que les bateaux élaborés dans les années trente au centre d'entraînement et de développement (*Inter-Service Training and Development Centre*) à Fort Cumberland ne convenaient pas du tout. Cela fut confirmé par des exercices dans la région de Slapton Sands en 1938, qui s'achevèrent par un fiasco total.

Or Winston Churchill savait bien ce que signifie une opération d'invasion mal préparée.

En 1915, Premier lord de l'Amirauté, il était arrivé à penser que la domination des rivages de la Turquie par des forces de débarquement britanniques obligerait les Allemands à retirer de France des unités importantes pour les transférer en Turquie, et que les armées de l'Entente attaqueraient alors sur le front français et battraient l'armée allemande affaiblie. Le 25 avril 1915, des unités anglaises, australiennes et néo-zélandaises tentèrent de se rendre maîtresses de la côte près de Gallipoli. Pendant le débarquement, quelques milliers de soldats furent tués, décimés par le tir des mitrailleuses et des canons. Ceux qui réussirent à atteindre la terre ferme se défendirent courageusement pendant quelques mois, mais ils durent se rembarquer dans la nuit du 8 au 9 janvier 1916. Cette opération avait coûté la vie à 30 000 soldats, 74 000 avaient été blessés, 8 000 furent prisonniers ou portés disparus. Des pertes aussi considérables avaient été vaines, la situation sur le front principal en France n'avait pas changé pour autant. Winston Churchill avait dû démissionner, bien que vraisemblablement la faute ait incombé aux chefs des unités de débarquement qui avaient attaqué avec indécision et sans imagination.

Churchill ne croyait pas non plus que les Américains réussiraient à se préparer en quelques mois à une opération d'une telle ampleur. Il connaissait bien le rapport du représentant militaire britannique à Washington, le général John Dill, qui écrivait :

Ce pays est excellemment préparé pour la paix, autant qu'on peut l'imaginer. [...] Pour l'instant, il n'a pas, je répète, il n'a pas la moindre idée de la guerre. Il réalisera probablement de grandes choses à l'avenir, mais [...] pour l'heure, toute l'organisation (des forces armées) *remonte au temps de George Washington.*

Dans son rapport, le général Dill ne mentionnait pas le moral des forces armées américaines tombé à un niveau très bas après les défaites cuisantes dans le Pacifique. Il était difficile d'imaginer que, dans l'atmosphère d'abattement après Pearl Harbor et la perte des Philippines, des milliers de jeunes gens se présenteraient comme volontaires, animés de la foi en la victoire en Europe. D'ailleurs, le problème était de savoir comment ils auraient pu y aller. Les eaux de l'Atlantique fourmillaient de sous-marins allemands qui pouvaient couler de nombreux transports et, ni la Royal Navy ni l'US Navy, n'avaient une quantité suffisante de bâtiments d'escorte pour les combattre efficacement et assurer la sécurité des convois chargés de troupes et de matériel pour les armées d'invasion.

Et comment arriver sur les côtes françaises ? Elles étaient protégées par les fortifications du mur de l'Atlantique et par trente divisions que les Allemands maintenaient dans ce pays. Au milieu de l'année 1942, la Luftwaffe avait 4 942 avions de combat dont 69 % étaient opérationnels. La moitié d'entre eux environ étaient engagés sur le front de l'Est, les autres basés en Allemagne, en Europe occidentale ou dans le secteur de la Méditerranée. C'était donc une arme capable de disperser une flotte d'invasion et de mettre à mal les unités qui auraient réussi à poser le pied sur la terre de France. Elles n'y seraient certainement pas restées longtemps, seulement jusqu'au moment où l'ennemi aurait jeté dans la bataille ses divisions blindées avec les chars *PzKpfw III* et *IV* que ne pouvait égaler aucun modèle britannique ni américain.

Pourquoi le président Roosevelt ne partageait-il pas les craintes de son allié britannique ? Avant tout, il croyait en l'extraordinaire puissance de l'économie américaine, et il ne se trompait pas.

Son pays tiré brutalement de son rêve béat de sécurité absolue devenait d'une semaine à l'autre une puissance militaire. Les usines d'armement qui employaient 22 000 ouvriers en 1940 en avaient déjà embauché 160 000 l'année suivante et près d'un demi-million deux ans plus tard, qui travaillaient en deux ou trois équipes par roulement. En même temps, les spécialistes cherchaient jour et nuit comment organiser la production et utiliser au maximum les possibilités de la nouvelle main-d'œuvre. En conséquence, en 1945, les chantiers navals américains avaient, par rapport à 1940, réduit aux deux tiers le nombre d'heures de travail nécessaires pour construire un bateau. Les usines d'automobiles arrêtèrent la production de voitures personnelles pour fabriquer des avions, des moteurs de chars et des chars. Le gouvernement finança généreusement la création d'usines pour les grands trusts, comme par exemple Willow Run pour Ford. Installées à quarante-huit kilomètres à l'ouest de Detroit, elles furent construites en un temps record : les pelleteuses arrivèrent sur le chantier en mars 1941, et le premier bombardier stratégique *B-24 Liberator* sortit en décembre de la même année. Au cours des quarante-trois premiers mois de leur existence, ces usines aéronautiques les plus grandes du monde produisirent 8 685 avions, un toutes les cent trois minutes. Cela permit à l'armée de l'air américaine entrée dans la guerre en décembre 1941 avec 2 864 avions de combat d'en avoir déjà 33 304 un an plus tard. Les forces armées connurent un développement tout aussi vertigineux. En décembre 1941, elles comptaient 1 657 157 hommes, et déjà 5 398 888 un an plus tard. La marine de guerre qui possédait au milieu de 1941 1 899 unités, tous types réunis, en avait un an plus tard 5 612 et 18 493 au bout de deux ans.

Le président avait donc toutes les raisons de penser qu'en quelques mois, l'US Army serait prête pour l'invasion du continent et que les canons et les bombes des navires et des avions américains raseraient sur les côtes françaises les postes de défense allemands, entre parenthèses presque inexistants au milieu de l'année 1942, car Hitler avait signé le 22 mars seulement la directive numéro 40 ordonnant de construire un système fortifié appelé le mur de l'Atlantique.

Roosevelt pouvait donc croire que les Alliés pénétreraient facilement en Europe et atteindraient Berlin avant que l'Armée rouge ne franchisse le Bug. Il aurait réalisé son dessein d'entretenir avec l'Union soviétique une alliance sur la base de laquelle il envisageait de construire un monde d'après-guerre dont la sécurité aurait été assurée, et l'Europe se serait trouvée sous le contrôle des puissances démocratiques et non pas sous celui de l'Armée rouge.

Or les Britanniques ne dirent pas aux Américains enthousiasmés par ce plan que l'invasion n'était pas possible sans des préparatifs de longue haleine. Ils ne se rendaient peut-être pas compte combien leurs alliés atlantiques étaient décidés à entreprendre l'ouverture d'un deuxième front. On ne peut non plus exclure qu'ils n'aient pas osé dire un « non » catégorique. La Grande-Bretagne dépendait beaucoup de la générosité des États-Unis.

Les crédits et le transport de fournitures de guerre l'avaient sauvée lors de la phase de la guerre la plus dure pour elle, en 1941, et leur importance ne faisait que croître à mesure qu'augmentait son effort de guerre. En 1941 par exemple, une cartouche ou un obus sur dix tirés par des soldats britanniques provenait des usines américaines, en 1943, c'était déjà un sur trois. En 1942, la 8e armée britannique en Égypte attendait avec impatience l'arrivée de chars américains *M3 Grant*[89], médiocres mais meilleurs malgré tout que les britanniques et peu de temps après, la moitié de tous les chars dans les divisions blindées britanniques venaient des États-Unis. La Royal Navy avait besoin de bateaux américains et de chantiers navals américains pour pouvoir y réparer ses bâtiments.

La Fleet Air Arm (armée de l'air) était absolument dépendante de la livraison de chasseurs-bombardiers (*Corsair*) et d'avions de reconnaissance (*Catalina*). La Royal Air Force attendait la livraison d'excellents appareils de transport *Dakota*, de bombardiers légers, d'avions d'assaut et de chasseurs. Les deux pays s'unirent dans un immense effort et tous les généraux britanniques comprenaient qu'au nom de l'intérêt de leur patrie le mieux compris, on ne pouvait pas toucher à cette association.

En outre, Churchill ne voulait pas détourner ses alliés de l'idée de l'invasion. Dans ses projets, elle serait réalisée, mais en un autre endroit plus en conformité avec les projets stratégiques de la Grande-Bretagne. Le débarquement des armées anglo-américaines sur les côtes de l'Afrique du Nord qui évidemment n'étaient pas aussi puissamment défendues que celles de la France aurait permis d'atteindre d'un seul coup de nombreux objectifs : avant tout, il aurait donné une chance d'écraser les troupes allemandes et italiennes qui menaçaient Le Caire, il aurait permis à la Grande-Bretagne de tenir solidement les rivages de la Méditerranée, principale route de communication vers les colonies britanniques du Proche et de l'Extrême-Orient, il aurait donné une base de départ vers l'Europe, l'Italie d'abord, puis les Balkans, pour se lancer de là dans une marche victorieuse sur Berlin.

Churchill se décida à louvoyer en comptant qu'avec le temps les chefs américains pétulants comprendraient d'eux-mêmes que le plan d'invasion dans le nord de la France était trop risqué pour pouvoir être mis à exécution en 1942. Il accepta de mener dans cette région une petite opération de débarquement ayant le caractère d'une reconnaissance, mais le général Marshall ne l'entendait pas ainsi. De retour à Washington, il informa le président que les pourparlers de Londres au sujet de l'invasion du continent s'étaient achevés par la conclusion d'un accord.

À Londres, les planificateurs britanniques sous le commandement du général Bernard L. Montgomery se mirent au travail sur le projet d'un raid de quelques milliers de soldats sur les côtes de France dans la région du port de Dieppe. L'attaque devait être menée par deux brigades de la 2e division canadienne aidées par un petit détachement de commandos britanniques et vingt-huit nouveaux chars *Churchill*. Depuis la mer, 200 bâtiments (dont les plus gros étaient des destroyers) devaient les appuyer, ainsi que 200 avions, surtout des chasseurs.

Les soldats alliés devaient détruire les installations du petit port, capturer quelques Allemands, peut-être s'emparer d'une machine cryptographique *Enigma*, pénétrer les environs, noter comment était organisée la défense des côtes, et rentrer en Angleterre au bout d'un jour et demi ou de deux jours.

Pendant ce temps, à Washington, le général Marshall traçait les grandes lignes de la vaste opération *Bolero*, le transfert en Grande-Bretagne des soldats et du matériel nécessaires à un débarquement victorieux sur les côtes de France. Le président Roosevelt informa immédiatement Staline que ses alliés occidentaux projetaient l'ouverture d'un deuxième front en septembre 1942.

Staline avait trop d'informations sûres de ses agents de renseignements à Londres pour ne pas savoir que Churchill avait envie de torpiller ce plan : il comptait s'en tirer avec une petite action de débarquement sur les côtes de France et mener la véritable opération en Afrique. C'est pourquoi Staline envoya Molotov pour lui faire rapporter de Washington l'assurance sans équivoque que l'invasion, et avec elle l'ouverture d'un deuxième front, aurait lieu d'un mois à l'autre. Mais en allant à Washington, Molotov ne pouvait pas ne pas passer par Londres. Il rencontra Churchill qui lui dit :

– Nous nous préparons à débarquer sur le continent en août ou en septembre 1942.

Mais c'étaient des paroles en l'air.

– Comme nous l'avons déjà expliqué, le principal obstacle obligeant à limiter l'opération est le manque de bateaux spéciaux de débarquement. Il est compréhensible que ni les Russes ni les Alliés dans leur ensemble ne gagneraient rien à un débarquement entrepris à tout prix s'il s'achevait par une catastrophe qui donnerait à l'ennemi l'occasion de tirer gloire de notre défaite. À l'heure actuelle, il est impossible de dire exactement quand le moment sera venu de mener une telle opération. Pour cette raison, nous ne pouvons rien promettre à ce sujet, mais quand les circonstances le permettront, nous n'hésiterons pas à mettre nos plans en action.

Churchill ne pouvait pourtant pas laisser Molotov repartir les mains vides, il proposa donc de transformer le traité conclu à Moscou en octobre 1941 en un pacte de vingt ans, sans définir les frontières de l'Union soviétique après la guerre. Après avoir consulté Staline, Molotov accepta évidemment la proposition généreuse d'une alliance pour vingt ans. Il était convaincu que de toute façon la décision d'ouvrir un deuxième front serait prise à Washington où il se rendait avec des escales en Écosse et au Canada.

Il arriva à la Maison-Blanche dans l'après-midi du 29 mai en compagnie de l'ambassadeur Litvinov et il déçut beaucoup le président qui aperçut soudain un fonctionnaire rigide, dépourvu du sentiment de l'humour et visiblement mal à son aise à Washington. Il fit une impression un peu plus favorable pendant la réception donnée dans la soirée, mais le lendemain, il était redevenu raide et très formaliste.

Il dit à Roosevelt :

– Si vous reportez votre décision (d'envahir l'Europe), vous devrez probablement prendre sur vous tout le poids de la guerre et, quand Hitler sera le maître incontesté du continent, l'année à venir sera pire que la présente (pour réaliser l'invasion).

Molotov savait parfaitement quels arguments avancer. L'espionnage soviétique l'avait informé que le président craignait beaucoup un effondrement de l'Union soviétique.

Roosevelt demanda au général Marshall si les préparatifs du débarquement étaient déjà assez avancés pour pouvoir donner à Staline l'assurance qu'il aurait lieu prochainement.

– Oui, répondit Marshall avec conviction.

– Vous pouvez dire en mon nom à monsieur Staline que nous comptons ouvrir un deuxième front cette année, dit le président à Molotov.

Mais ce dernier ne se contenta pas de cela. Il voulait avoir également un engagement écrit pour que dans le communiqué officiel qui devait être publié au terme de sa visite, figure la phrase : *Au cours des entretiens nous nous sommes mis tout à fait d'accord sur l'ouverture d'un deuxième front en Europe en 1942.*

Le général Marshall proposa de tempérer quelque peu une formulation aussi catégorique. Il demanda au président de ne pas préciser la date dans le document. Roosevelt décida que rien ne s'opposait à ce que figure dans le communiqué officiel la phrase proposée par Molotov.

Staline ordonna d'organiser une réunion solennelle du Conseil suprême. La raison officielle était la signature d'un traité avec les Britanniques, mais Molotov debout à la tribune dans un costume bleu rapporté des États-Unis se mit à parler de la promesse signée par le président de ce pays :

– Camarades ! Cette déclaration est de la plus haute importance pour les peuples de l'Union soviétique. L'ouverture d'un deuxième front en Europe met les armées hitlériennes sur notre front face à la défaite.

Une tempête d'applaudissements, soigneusement orchestrée d'avance, dura de nombreuses minutes.

Les chroniques cinématographiques et la presse étaient chargées de donner à cette déclaration le plus grand retentissement. Comment le président Roosevelt aurait-il pu se soustraire à une pareille obligation ?

Churchill se trouvait dans une position difficile. Une tentative d'attaquer les côtes françaises en septembre 1942 se terminerait forcément par un massacre des unités de débarquement. La flotte d'invasion serait décimée sur la Manche par l'aviation et les sous-marins allemands. Les détachements qui réussiraient à mettre le pied sur le sol de France seraient rejetés à la mer par les formations blindées allemandes contre lesquelles, n'ayant pas de chars, ils seraient impuissants. Des dizaines de milliers de soldats américains devraient périr dans cette opération car d'après le plan, ce seraient eux qui donneraient l'assaut. Les conséquences étaient faciles à prévoir. Une défaite en Europe donnerait un argument de poids aux partisans d'une concentration des efforts de guerre américains dans le Pacifique. Le président, s'il résistait à la tempête suscitée aux États-Unis par la mort de tant de milliers de jeunes Américains, serait obligé d'accepter un changement de la politique militaire. De cette façon, la Grande-Bretagne en disant adieu à ses espoirs de conquérir des têtes de pont en Afrique du Nord-Ouest, de dominer les rivages de la Méditerranée d'où elle partirait à l'assaut de l'Europe du Sud, perdrait sa position privilégiée dans la politique américaine réalisant le principe « Germany first ».

Churchill comprit qu'il devait s'entretenir personnellement avec le président Roosevelt et il partit le 17 août pour les États-Unis. N'ayant en réserve aucune solution de compromis, il n'avait pas l'intention de discuter ni de pousser le président à modifier sa décision. Il partait du point de vue que, en rejetant la possibilité d'une invasion en Europe, il devait présenter au président une alternative. Il prépara un mémorandum à ce sujet :

Nous sommes convaincus que cette année, une vaste opération de débarquement sur les côtes de France ne devrait pas avoir lieu. [...] Mais, que pouvons-nous faire d'autre ? Pouvons-nous nous permettre d'être inactifs sur le théâtre atlantique de la guerre pendant toute l'année 1942 ? Ne devrions-nous pas préparer dans le cadre du plan Bolero *une opération qui aurait pour résultat de nous assurer la supériorité, et nous soulagerions directement ou indirectement la Russie du poids de la conduite de la guerre ? Nous devrions étudier la possibilité d'une opération en Afrique française du Nord-Ouest.*

La rencontre à la Maison-Blanche eut lieu le 21 juin à 16 h 30. À la table ovale de la salle de conférence étaient assis d'un côté le président Roosevelt, le général Marshall et Harry Hopkins, de l'autre, Churchill et les généraux Alan Brooke et John Dill.

Quand le silence retomba après les formules de politesse, un secrétaire entra dans la salle. Il donna une feuille de papier au président. Roosevelt la parcourut des yeux et la tendit à Churchill sans un mot. Celui-ci fixa longuement le texte. Il ne parvenait pas à cacher que la nouvelle l'avait énormément impressionné : « Tobrouk[90] est tombé ! » La chute de la forteresse défendue avec un acharnement et un héroïsme remarquables par les unités alliées avait une énorme importance pour la situation en Afrique du Nord. Essayer de convaincre le président d'accepter une invasion de l'Afrique du Nord française était devenu chimérique. En outre, le fait d'avoir été informé de la défaite de ses armées par les Américains et non par ses propres sources avait blessé douloureusement Churchill. Il ne lui restait plus grand-chose à dire pour justifier sa répugnance à accepter les plans de débarquement sur les côtes françaises. Tout ce qu'il pouvait faire était de présenter la vision d'une défaite totale, de la Manche changée en « une rivière de sang ».

Il n'avait pas convaincu le président, mais il ne sortait pas non plus vaincu de cette discussion dont la conclusion était aussi floue et dénuée d'éléments concrets que les décisions prises jusqu'alors au sujet de l'invasion en France.

L'accord conclu entre Roosevelt et Churchill sur les questions militaires disait :

Des opérations en France ou en Belgique ou en Hollande en 1942 pourraient, si elles étaient couronnées de succès, permettre d'atteindre des objectifs politiques et stratégiques plus importants que celles qui seraient menées sur quelque autre théâtre de la guerre. Les plans et les préparatifs pour de telles opérations seront effectués avec la plus grande diligence, détermination et ingéniosité. Il convient de faire les efforts les plus énergiques pour écarter les dangers et les difficultés apparents. Si un plan intelligent est élaboré, nous ne devrions pas hésiter à le mettre à exécution. Toutefois, si une vérification minutieuse montre que malgré tous les efforts, le succès n'est guère vraisemblable, nous devons être prêts à adopter une solution de rechange.

Cette dernière phrase était d'une importance exceptionnelle. Elle permettait à Churchill de renoncer à la grande opération de débarquement à condition de pouvoir prouver que « le succès n'était guère vraisemblable ». Il envisageait déjà depuis longtemps de lancer sur les côtes françaises un débarquement « d'essai », il était toutefois parfaitement conscient du risque inhérent à une telle entreprise.

Les préparatifs de l'opération *Rutter* battaient leur plein. Il aurait donc suffi d'envoyer sans délai quelques milliers de soldats sur la terre de France (le mieux eût été d'avoir des Américains parmi eux, la presse américaine adorait s'étendre sur la mort des citoyens de ce pays), et ensuite de compter les cadavres et les blessés. Que Roosevelt ose alors insister pour envoyer en France quelques centaines de milliers de soldats !

Non ! Cela aurait été un plan trop grossier. En jouant cette carte, Churchill aurait tout perdu : l'opposition l'aurait accusé d'avoir envoyé à la mort des soldats britanniques pour convaincre Roosevelt que l'invasion était une chimère, il se serait aliéné la confiance du président, ce que Staline aurait sans aucun doute immédiatement mis à profit, et enfin, il aurait pu perdre une place glorieuse dans l'Histoire.

Soudain, le 8 juillet 1942, Churchill ordonna d'interrompre les préparatifs de l'opération *Rutter*, en même temps, il envoya un message au président Roosevelt :

Dans les armées britanniques de terre, de mer ou de l'air, aucun chef responsable n'est prêt à recommander l'opération Sledgehammer *comme étant réalisable en 1942. [...] Les rapports des chefs d'état-major disent qu'il n'y a guère de chances pour que soient remplies les conditions dans lesquelles* Sledgehammer *pourrait être une entreprise raisonnable.*

Churchill disait nettement « non ! » Mais Roosevelt pouvait-il éluder les obligations auxquelles Staline avait donné un tel retentissement ?

Washington réagit par la menace. Le président informa Churchill qu'il envoyait ses représentants à Londres : le général Marshall, Hopkins et l'amiral Ernest J. King[91]. Cette annonce de l'arrivée de la délégation était accompagnée d'un télégramme qui ne laissait aucun doute sur la détermination des États-Unis. Le président écrivait que tous les événements commandaient au gouvernement des États-Unis de changer la stratégie conduite jusqu'à présent et de concentrer les forces américaines dans le Pacifique en ne laissant à la Grande-Bretagne qu'une aide peu importante.

Churchill décida de sauver la situation. La seule issue était de montrer aux Américains ce que signifiait une tentative de prendre pied sur les côtes françaises. La délégation américaine devait arriver à Londres le 18 juillet. Trois jours auparavant, Churchill ordonna d'exécuter un coup de main en France. L'opération qui devait être menée conformément aux plans dressés pour l'action *Rutter* reçut le nom de code *Jubilee*.

Dans le même temps, Adolf Hitler signait l'ordre suivant :

[...] il est hautement vraisemblable que des débarquements alliés auront lieu sous peu dans le secteur OB West, *[...] avant tout sur les côtes de la Manche, entre Dieppe et Le Havre, en Normandie, car ces zones se trouvent à portée des avions de chasse ennemis, et aussi parce qu'elles sont accessibles à la plupart des bateaux de débarquement.*

Comment savait-il que les Alliés projetaient une attaque dans le secteur de Dieppe ?

L'espionnage allemand était informé par son agent surnommé « Tate » qui avait envoyé un message dans lequel il révélait les préparatifs d'invasion des armées alliées :

J'ai reçu des meilleures sources des informations sur les préparatifs secrets d'importantes forces alliées pour un débarquement sur les côtes de France dans le secteur Le Havre-Dieppe. La date n'est pas encore connue.

Il n'y aurait eu là rien d'étonnant n'était le fait que « Tate », l'un des nombreux espions allemands mal préparés, avait été arrêté par la police aussitôt après être sorti d'un sous-marin et avoir mis le pied sur le sol anglais. Ayant le choix entre la potence et la collaboration avec les renseignements britanniques, il avait évidemment opté pour la deuxième solution. Il travaillait sous le contrôle de l'organisation britannique *London Controlling Section* chargée de diriger les agents doubles. L'ordre d'envoyer la dépêche prévenant du débarquement lui avait été donné par le chef de la LCS, le colonel Oliver Stanley !

On peut évidemment supposer qu'en raison du secret entourant les préparatifs de l'opération *Jubilee*, Stanley les ignorait et qu'il n'indiqua le lieu prévu pour le débarquement qu'à la suite d'un exceptionnel concours de circonstances. Mais cela n'est guère vraisemblable.

Cependant, les relations entre les Américains et les Anglais se gâtaient de jour en jour.

Les émissaires américains qui atterrirent le 18 juillet 1942 sur l'aérodrome de Prestwick en Écosse montèrent dans un train spécial pour se rendre à la résidence du premier ministre à Chequers dans la banlieue de Londres, où Winston Churchill les attendait. Ils n'acceptèrent pourtant pas de descendre et exigèrent que le prochain arrêt fût Londres. Pour Churchill, c'était un affront, mais la délégation américaine n'était pas d'humeur à échanger des politesses.

La première rencontre dans la salle de conférence du siège du gouvernement au 10 de Downing Street eut lieu le 20 juillet. Le général Dwight Eisenhower qui séjournait alors à Londres en raison des préparatifs de l'invasion se joignit à la délégation américaine ainsi que les chefs des armées de terre, de mer et de l'air. Il apparut clairement dès les déclarations liminaires que les parties n'arriveraient pas à un compromis. Deux jours de négociations n'apportèrent aucune solution.

Le 22 juillet, l'atmosphère dans la salle de conférence était écrasante. Les Américains s'assirent à leurs places avec une irritation manifeste. Marshall écrivit sur une feuille de papier qu'il passa à Hopkins : « Je me sens diablement accablé. » Les pires prévisions se confirmèrent d'emblée. Chacune des deux parties entendait rester sur ses positions. À un certain moment, Hopkins se leva. Il s'adressa à Churchill :

– Monsieur le Premier ministre, je voudrais vous prier d'ordonner une pause. Je pense qu'avant de prendre une décision définitive, notre délégation doit consulter le président Roosevelt.

Churchill accepta. Hopkins sortit rapidement de la salle et se dirigea vers le local des transmissions. Il regagna la salle de conférence après plusieurs dizaines de minutes. Il s'entretint un moment avec les autres membres de la délégation américaine et quand Churchill revint, il lui présenta le texte de la dépêche de Roosevelt :

Les chefs des forces armées américaines doivent se mettre au travail pour préparer une opération de rechange contre les Allemands, qui permettra un engagement offensif des armées américaines en 1942.

La crise était surmontée. Le président des États-Unis acceptait de reporter l'invasion du continent européen et de commencer à préparer une offensive en Afrique du Nord-Ouest. Le chef des armées alliées serait le général Dwight Eisenhower. Cela limitait nettement le rôle des chefs britanniques, mais Churchill ne s'arrêta pas à cela, toute victoire a un prix. Il avait gagné une bataille longue et fatigante avec ses amis. L'opération *Jubilee* n'était plus nécessaire. On aurait pu renoncer à attaquer Dieppe. Churchill n'en fit rien. Cela aurait fait soupçonner aux Américains que toute cette action avait été montée dans le seul dessein de leur montrer qu'ils ne savaient pas faire la guerre. En outre, les chefs alliés devaient acquérir des connaissances au sujet de la préparation et de la direction des forces terrestres, maritimes et aériennes dans un débarquement sur une côte fortement défendue.

Monter l'opération *Jubilee* était très important pour Churchill. Cela lui permettait de reporter le conflit avec Staline, inévitable dès qu'il apparaîtrait que l'invasion du continent européen n'aurait pas lieu en 1942. Le premier ministre devait en effet régler avec lui la question de plus en plus brûlante du Proche-Orient et de l'Afrique du Nord où la situation empirait constamment.

Les armées allemandes et italiennes filaient comme une tempête de sable en direction de la frontière égyptienne et en juin 1942, elles menaçaient de nouveau la principale base d'approvisionnements britannique d'Alexandrie, ainsi que Le Caire. Les Alliés s'étaient retirés d'El Alamein, à quatre-vingts kilomètres à peine d'Alexandrie. Ils ne pouvaient plus reculer vers l'est. Les unités germano-italiennes étaient arrivées là le 30 juin 1942 et le 1er juillet commencèrent des combats acharnés qui se poursuivirent pendant plusieurs mois avec des hauts et des bas.

Pour Churchill, les nouvelles divisions polonaises formées en Union soviétique valaient déjà leur pesant d'or. Le 18 juillet 1942, il se décida à envoyer à Staline une lettre dans laquelle il disait :

Je suis sûr qu'il sera de notre intérêt commun, Monsieur le Premier ministre Staline, que les trois divisions polonaises, comme vous l'avez aimablement proposé, se joignent à leurs compatriotes en Palestine, où nous pouvons les équiper entièrement. Elles joueront un rôle tout à fait important dans les futurs combats [...]. J'espère que votre projet, que nous apprécions beaucoup, ne sera pas abandonné du fait que les Polonais veulent emmener avec les soldats un certain nombre de leurs femmes et de leurs enfants qui dépendent dans une large mesure des rations (alimentaires) *des soldats polonais. Nourrir ces personnes sera pour nous une lourde tâche. Nous pensons pourtant qu'il faut la supporter au nom de la formation d'une armée polonaise qui sera utilisée dans notre intérêt commun. La nourriture nous pose de grosses difficultés au Levant*[92]*, mais elle abonde aux Indes d'où nous pouvons la faire venir.*

En Perse se trouvait déjà un premier groupe de Polonais évacués au début de 1942. Le manque de vivres pour les soldats et leurs familles qui s'entassaient dans des campements autour des cantonnements militaires contribua à obtenir l'accord de Staline pour le départ des unités polonaises. En octobre 1941 par exemple, alors qu'il y avait dans les camps militaires polonais 38 273 soldats, 1 747 femmes et enfants, et 1 103 hommes non incorporés dans l'armée, les autorités soviétiques n'accordaient que 26 000 rations alimentaires. Après l'intervention du général Anders auprès de Staline, le nombre de rations fut porté à 44 000, mais le nombre de soldats et de civils s'était également accru considérablement (48 411 personnes le 15 février 1942, 66 750 le 15 mars). Du 24 février au 3 avril 1942, 33 069 soldats et 10 789 civils sortirent d'Union soviétique.

Dans les camps militaires sur le territoire de l'Union soviétique arrivaient en foule de nouveaux Polonais qu'on avait réussi à arracher aux camps de concentration.

*Si nous n'obtenons pas les Polonais**, *poursuivait Churchill dans sa lettre à Staline, nous devrons combler le vide par un recrutement* (en Grande-Bretagne) *en limitant les préparatifs d'un débarquement anglo-américain sur le continent, qui ont pris des dimensions considérables. Ils ont déjà amené les Allemands à transférer deux groupes de bombardiers lourds du sud de la Russie en France. Je vous prie de me croire, il n'y a rien d'utile et de raisonnable que nous-mêmes et les Américains ne ferions pour vous aider dans votre dur combat. Le président et moi cherchons sans arrêt les moyens de vaincre les difficultés exceptionnelles que nous imposent la situation géographique, la mer et les forces aériennes ennemies.*

Staline accepta volontiers l'évacuation des armées polonaises. Un accord à ce sujet fut signé entre les gouvernements polonais et soviétique le 26 juillet 1942, huit jours après que Staline eut lu la lettre de Churchill. Les soldats polonais commencèrent à quitter le territoire de l'URSS le 9 août 1942. En conséquence, 114 000 d'entre eux se trouvèrent au Proche-Orient.

Churchill alla-t-il encore plus loin pour prévenir un trop grand mouvement de colère de Staline à la nouvelle de la remise à plus tard de l'ouverture du deuxième front ?

Le 27 juin 1942 partit de Reykjavik en Islande un convoi comprenant 33 bateaux chargés de matériel de guerre pour l'Union soviétique, trois unités de sauvetage, un bateau-citerne et les navires d'escorte. La protection immédiate entre l'Islande et l'île aux Ours devait être assurée par trois croiseurs et trois destroyers, et la protection éloignée par les bâtiments de la Home Fleet : deux cuirassés, *le Duke of York* et le *Washington*, américain, le porte-avions *Victorious*,

* Dans le texte original : *If we do not get the Poles [...].*

deux croiseurs et quatorze destroyers sous le commandement de l'amiral John Tovey.

Les Allemands mis au courant du départ du convoi par leurs informateurs décidèrent d'engager à partir de leurs bases en Norvège de puissantes forces maritimes : le cuirassé *Tirpitz,* le cuirassé de poche *Admiral Scheer* et le croiseur lourd *Admiral Hipper*.

L'Amirauté britannique remarqua cette manœuvre. Par des messages allemands déchiffrés, elle connaissait les plans d'attaque. C'est juste alors que commença la tragédie du convoi désigné par le nom de code *PQ-17*. À Londres, on estima que les forces d'escorte étaient insuffisantes et que dans une rencontre avec les puissants navires allemands, les croiseurs seraient coulés. Le Premier lord de l'Amirauté, l'amiral Dudley Pound prit le 4 juillet au soir la décision de retirer les navires d'escorte et de disperser le convoi.

Ce jour-là à 22 h 15, le commodore « Jackie » Broom, chef de l'escorte du convoi *PQ-17* reçut un ordre de Londres : *Extrêmement urgent. Retirer les croiseurs à grande vitesse en direction de l'ouest.*

Quelques minutes plus tard arrivèrent d'autres ordres : *Urgent. En raison de la menace de bâtiments de surface, le convoi doit se disperser et naviguer vers les ports russes. DTG 2132 B/4. Très urgent. Disperser le convoi. DTG 2136 B/4.*

Le commodore Broom se rendait compte que ses supérieurs commettaient une faute terrible, mais il était obligé d'obéir. Les croiseurs et six destroyers quittèrent le convoi et les bateaux privés de protection naviguèrent chacun pour soi en direction de Mourmansk éloigné de 800 milles.

L'officier de service du HMS *Norfolk* écrivit :

À la vitesse de vingt-six nœuds, quatre croiseurs et tous les destroyers passèrent devant le convoi. Nous le vîmes s'ouvrir lentement et les bateaux se disperser. Cela eut un effet destructeur. Vingt-quatre heures plus tôt, une même idée unissait tout le monde : nous finirons bien par obliger les bâtiments de surface allemands à entrer en action. Je n'avais jamais vu d'hommes aussi déterminés à se battre. Ensuite, après à peine quelques heures, nous abandonnâmes le convoi. La confusion régnait, tous étaient exaspérés. [...] Ce fut le jour le plus noir de ma vie, c'était tout simplement un assassinat.

Les bateaux armés de mitrailleuses, abandonnés à eux-mêmes n'avaient aucune chance de se défendre contre les avions et les sous-marins allemands qui récoltèrent une terrible moisson.

Le 5 juillet après midi, le *Tirpitz*, l'*Admiral Scheer* et l'*Admiral Hipper* ainsi que six destroyers sortirent du fiord d'Alten et mirent le cap au nord-est en direction du convoi. Ils n'eurent même pas à engager le combat. À 21 h 30, en apprenant les succès remportés par les avions et les sous-marins allemands, ils reprirent la direction du fiord. Selon une autre version, le *Tirpitz* fut attaqué par le sous-marin soviétique *K-21* et s'enfuit dans le fiord pour cette raison. L'équipage du sous-marin soviétique déclara avoir lancé deux torpilles dont une avait atteint le cuirassé, mais les Allemands ne confirmèrent pas cette information.

Le contre-amiral L. Hamilton, commandant des unités de la protection rapprochée nota : En levant l'ancre, le Tirpitz *réalisa ce que n'auraient pu faire des quantités d'avions et de sous-marins : il brisa la cohésion du convoi, condition fondamentale de la défense contre de telles attaques.*

Le convoi paya un prix élevé pour la faute de l'Amirauté. Sur 33 navires marchands et trois bateaux de sauvetage, onze seulement et deux bateaux de sauvetage atteignirent Mourmansk ; sur un chargement de 188 000 tonnes, 123 000 furent coulées, dont 3 350 véhicules, 430 chars, 210 avions.

Le premier ministre Winston Churchill écrivit dans une lettre à Staline, celle par laquelle il proposait le retrait d'Union soviétique de toutes les unités polonaises :

Avant le départ du convoi de mai (c'est-à-dire le précédent, *PQ-16*), *l'Amirauté nous avait avertis que les pertes seraient très lourdes si, comme je m'y attendais, les Allemands engageaient leurs bâtiments de surface à l'est de l'île aux Ours. Nous avons décidé de faire partir le convoi. L'attaque des navires de surface n'a pas eu lieu et le convoi est passé avec un sixième de pertes, dues surtout à des attaques aériennes. Dans le cas du dernier convoi, appelé* PQ-17, *les Allemands se sont finalement décidés à employer leurs forces, et ceci, de la manière que nous avions toujours redoutée. Ils ont concentré des sous-marins à l'ouest de l'île aux Ours et ils ont préparé leurs bâtiments de surface à attaquer à l'est de cette île. Le sort final du* PQ-17 *n'est pas encore connu. À l'heure actuelle, quatre bateaux seulement sont arrivés à Arkhangelsk et six autres sont dans les ports de la Nouvelle-Zemble. [...] Dans le meilleur des cas, un tiers seulement a survécu. [...]*

Mes conseillers maritimes me disent que si les Allemands engagent ainsi leurs forces de surface, sous-marines et aériennes, ce sera la destruction complète assurée de tous les convois vers le nord de la Russie.

Churchill concluait :

Pour cette raison, nous avons à notre grand regret dû constater que tenter d'envoyer le convoi suivant PQ-18 *ne vous apporterait aucun profit et nuirait considérablement par-dessus le marché à notre cause commune.*

Churchill interrompit l'acheminement de convois vers l'URSS par la voie la plus courte. Il promit d'intensifier le trafic sur d'autres routes, en particulier par le golfe Persique, mais il savait que cela signifierait un retard des fournitures. Est-ce qu'il n'était guidé que par le souci du sort des marins alliés et des bateaux de la Royal Navy ? Ou peut-être voulait-il faire sentir de la façon la plus cuisante à Staline combien l'Armée rouge dépendait des décisions du premier ministre du gouvernement britannique ?

Monsieur Churchill va à l'Est

Le 12 août 1942 à six heures du matin, un gros *Liberator B-24*[93] s'arracha dans le fracas de ses moteurs à la piste en béton de l'aérodrome de Téhéran. À quelques centaines de mètres d'altitude, Winston Churchill détacha sa ceinture et se pencha vers le petit hublot, à travers lequel il pouvait observer le paysage persan. Les localités aux maisons d'argile grise cachées dans les palmeraies furent vite dépassées, le terrain commençait à devenir onduleux sous l'avion qui prenait de la hauteur et survola bientôt des montagnes.

Churchill détourna son regard du hublot et s'adressa au général Alan Brooke[94] assis près de lui :

– Ça va être un mauvais moment à passer.

Il voulait évidemment parler de sa visite à Moscou et de ses entretiens avec Staline.

Après le torpillage des plans de l'invasion que Staline réclamait avec tant d'insistance et dont Roosevelt s'était tant réjoui, il avait décidé de rencontrer le dictateur soviétique afin d'éviter une rupture des relations. Il proposa donc une réunion à Astrakhan ou quelque part dans le Caucase, mais Staline considérait qu'en raison de la situation militaire, il ne pouvait pas quitter Moscou, même pour quelques jours.

– Je crains, Monsieur le premier ministre, que les heures difficiles ne vont faire que commencer, répondit Brooke. Il pensait que la question de l'ouverture du deuxième front pouvait changer la politique de Staline. Les services de renseignements faisaient état de contacts entre les émissaires soviétiques et allemands à Stockholm.

Le vol se déroula calmement et ils atterrirent dans l'après-midi sur l'aérodrome de Khodynka où un accueil avec les plus grands honneurs leur avait été préparé. À la tête d'une foule composée des membres du corps diplomatique, des personnages officiels soviétiques de second rang, des reporters et des équipes cinématographiques, se tenait Molotov souriant qui alla vers Churchill dès que celui-ci sortit de dessous la carlingue de l'avion, car les portes de la cabine se trouvaient tout en bas.

La colonne de voitures se dirigea rapidement vers la route de Mojaïsk où dans une belle forêt des environs de Moscou, pas loin de Kountsévo, la « villa gouvernementale numéro 7 » avait été préparée pour la délégation britannique.

Pendant la traversée de la ville, Churchill baissa la vitre et il s'aperçut avec un certain étonnement qu'elle avait cinq centimètres d'épaisseur.

– Monsieur le premier ministre pense que ce sera bien ainsi, expliqua à Molotov l'interprète assis sur un strapontin, face à l'arrière.

Churchill cependant saluait les gens sur les trottoirs en levant les doigts en forme de V. Les Russes regardaient avec étonnement cette main qui dépassait de la fenêtre, ils pensaient que les deux doigts de Churchill signifiaient l'ouverture d'un deuxième front. La presse en effet en avait tellement parlé !

Malgré les conseils de son médecin, Churchill ne voulut pas se reposer au premier étage de la villa mise à la disposition de sa délégation. Peut-être le beau temps estival et le charme du bois de bouleaux entourant la maison l'avaient-ils détendu assez pour l'amener à penser qu'il lui suffisait de prendre un bain et de se changer pour se remettre en bonne forme après le long vol, et il avait décidé de se rendre sans retard au Kremlin afin de rencontrer Staline. L'ambiance pastorale lui avait fait oublier la prudence, il devait bientôt le regretter.

Staline était dans de meilleures dispositions que ce que la délégation britannique aurait pu attendre. Il salua ses invités amicalement et avec le sourire, seuls Molotov et Vorochilov debout derrière lui semblaient sombres et très froids. Manifestement, il leur avait ordonné de jouer un tel rôle.

– Je ne sais comment commencer, dit Churchill.

– Il n'y a pas ici d'hommes aux nerfs faibles, Monsieur le Premier ministre, dit Staline en souriant.

– L'invasion en Europe n'est pas possible cette année, lâcha Churchill d'un seul coup pour avoir derrière lui au plus vite le début difficile.

– Il faut remarquer que les dirigeants anglais et américains ne tiennent pas la promesse solennelle qu'ils nous ont faite au printemps, remarqua Staline avec aigreur.

Avec l'aide d'Averell Harriman et de John Dill, Churchill étala sur la table une grande carte de la France du Nord et se mit à expliquer qu'une invasion était irréalisable cette année-là si les chefs alliés ne voulaient pas conduire à une catastrophe.

Staline devenait de plus en plus sombre. Il était visible que les arguments de Churchill ne parvenaient pas à le convaincre.

– Mon point de vue est différent, dit-il enfin. Ceux qui ne sont pas décidés à prendre des risques ne peuvent pas gagner la guerre. Pourquoi les Britanniques craignent-ils tellement les Allemands ? Je ne peux pas comprendre cela. Mon expérience montre que dans le combat, une troupe doit verser son sang. Si on ne fait pas subir de pertes à ses armées, on ne peut se faire une idée de leur valeur.

– Vous êtes-vous demandé pourquoi Hitler n'était pas venu en Angleterre en 1940, alors qu'il était à l'apogée de sa puissance ? demanda Churchill. Les Britanniques n'avaient que 20 000 soldats instruits, 200 canons et 50 chars. Il n'est pas venu, cette opération lui a fait peur. Franchir la Manche n'est pas si facile.

– Je ne vois là aucune analogie, répondit Staline. Une invasion de l'Angleterre par Hitler se serait heurtée à l'opposition de la population alors que, dans le cas d'un débarquement des Britanniques en France, elle serait de leur côté.

Churchill ne se laissa pas déconcerter :

– Le plus important est de ne pas exposer les Français à la répression de Hitler après le retrait de nos troupes parce qu'ils nous seront nécessaires pour la grande opération de 1943.

– Si les Britanniques ne peuvent pas effectuer l'invasion en 1942, je ne l'exigerai pas et je n'insisterai pas sur ce point, bien que je ne sois pas d'accord avec votre argumentation, dit Staline conciliant.

– Je vous assure que cette opération aura lieu en quarante-trois.

Churchill était content que cette question tellement conflictuelle fût presque réglée, et il passa vite à l'exposition des plans de l'opération de débarquement *Torch* en Afrique du Nord et de l'Ouest.

Rien n'annonçait une détérioration subite de la bonne atmosphère. Dans la délégation britannique, personne non plus ne comprit pourquoi lors de la rencontre suivante, le lendemain à dix-neuf heures, Staline se montra désagréable et hargneux. Il se permit trop souvent des remarques : « Quand allez-vous enfin commencer à vous battre ? » ou bien « Avez-vous l'intention de nous laisser tout le travail et de nous regarder faire ? »

Churchill était responsable de ce brusque changement. Prévenu de la présence de micros partout dans la villa mise à sa disposition, oubliant ces mises en garde, il avait dit pendant le déjeuner :

– Staline, c'est un rustaud, je sais comment m'y prendre avec lui.

Il le comprit trop tard, quand le soir même, voulant lui rappeler la nécessité de garder la plus grande prudence dans des pièces truffées de microphones, lord Tedder lui passa une feuille de papier portant la mention *Méfiez-vous**.

Il me jeta un regard que je n'oublierai jamais, mais j'ai peur qu'il ne fût trop tard. C'était fait ! a noté Tedder dans ses Mémoires.

Churchill éclata :

– Pour venir, j'ai traversé l'Europe au moment où j'avais le plus de problèmes. Oui, Monsieur Staline, j'ai aussi des problèmes, comme vous ! Dans l'espoir, dans l'espoir, répéta-t-il, de rencontrer une main amie…

Il tendit la main à Staline et poursuivit en élevant toujours la voix :

– Je suis amèrement déçu de ne pas avoir rencontré une telle main.

Staline interrompit sa tirade en disant à l'interprète qui n'arrivait pas à traduire assez vite les paroles du Britannique exaspéré :

– Je ne comprends pas ce qu'il dit, mais, par Dieu, son caractère me plaît !

Dans l'idée du général Alan Brooke qui suivait cette scène, Staline avait provoqué Churchill exprès pour connaître son caractère. Mais après cette algarade, l'atmosphère s'améliora peu à peu. Staline, comme s'il avait compris qu'il ne pouvait pas continuer à tirer trop sur la corde, redevint plus amical et plus accommodant.

Le conflit se ralluma bientôt et par la faute de Churchill certainement incapable d'oublier les vifs reproches de Staline qui avaient piqué au vif son orgueil britannique.

* En français dans le texte. (N.d.T.)

Le soir, pendant le banquet, venu dans la combinaison à fermeture éclair qu'il mettait pendant les alertes aériennes à Londres, il déclara à un certain moment qu'il avait appris à combattre pendant l'intervention au temps de la guerre civile. En effet, anticommuniste fervent, dès qu'il avait pris en 1919 les fonctions de ministre de la Guerre, il avait réclamé avec une insistance particulière une participation accrue des troupes britanniques dans l'intervention destinée à renverser le pouvoir bolchevique.

– Tout cela, c'est du passé, et le passé appartient à Dieu, dit Staline sans se laisser provoquer.

La bonne atmosphère, favorisée par une énorme quantité de vodka (telle qu'Anastase Mikoïan quitta le banquet pendu au bras du maréchal Kliment Vorochilov), se gâta soudain, et ce, au moment le plus inattendu. Après le dîner, Churchill, Harriman et Molotov étaient assis à une table ronde à l'écart, plongés dans la lecture d'un document. Staline vint s'asseoir près d'eux, mais, comme le remarqua Charles Wilson, le médecin de Churchill, le premier ministre ne lui adressa pas la parole et réagit de mauvaise grâce aux tentatives d'engager la conversation. À un certain moment, il se leva et tendit la main à Staline en disant : « au revoir ! » Staline dit :

– Toutes les différences qui existent entre nous ne touchent que la méthode.

– Nous devrions essayer de supprimer même ces différences, grogna Churchill.

Il fit demi-tour et se dirigea à grands pas vers la sortie. Staline le suivit. Tous regardaient cette scène, interloqués, ils n'avaient jamais vu Staline se comporter ainsi. Ils l'avaient vu dans des centaines de réunions, ils l'avaient rencontré des milliers de fois dans le corridor, marchant lentement, légèrement voûté, le bras infirme caché derrière son dos. Et voilà que, d'après le récit de Charles Wilson, derrière Churchill, il ressemblait *à un petit garçon qui veut recevoir une* *image d'un paquet de cigarettes* et n'entend pas la réponse « non ». Vraisemblablement, il avait compris qu'il était allé trop loin et que ce pouvait être la fin.*

Tard dans la soirée, quand Churchill se mit au lit, il dit à Wilson qui préparait une dose de médicaments :

– Staline ne voulait pas me parler. J'ai mis fin à ces manières. J'en ai assez. La nourriture était infecte. Je n'aurais pas dû venir ici.

Au bout d'un moment, il ajouta toutefois :

– Je sens toujours que j'aurais pu travailler avec cet homme-là, mais je ne peux pas briser la barrière de la langue. C'est terriblement difficile.

La raison de la mésentente est restée le secret des quatre hommes politiques qui avaient pris place autour de la petite table ronde après le banquet.

Aucun d'eux n'a révélé pourquoi Churchill avait réagi aussi violemment. Il semble qu'il ait été vexé et qu'il ait envisagé de quitter Moscou sans dire au revoir à ses hôtes, cela remplissait d'appréhension le nouvel ambassadeur Clark Kerr qui réussit à l'en dissuader. Toutefois, la décision fut emportée par une information au sujet d'une remarque de Molotov qui commentait le comportement de Staline marchant à côté de Churchill ; il aurait dit :

– On n'avait jamais vu une chose pareille en Union soviétique.

Cette fois, c'est Staline qui boudait.

Quand l'ambassadeur britannique téléphona pour fixer l'heure des adieux, le secrétariat de Staline répondit :

– Monsieur Staline est en promenade.

Il ne se décida à recevoir les Britanniques qu'à dix-huit heures.

* Les paquets de cigarettes renfermaient souvent des images représentant des avions, des automobiles, etc. à collectionner.

Debout derrière son bureau, il regardait Churchill d'un œil inamical. Il lui tendit la main en tournant la tête et en montrant d'un geste une chaise à la table de conférence. La conversation ne porta sur aucun sujet important. On pouvait avoir l'impression que Staline était revenu à l'idée qu'il ne devait pas se faire de Churchill un ennemi et qu'il voulait le mettre en bonne disposition avant son départ de Moscou. C'est pourquoi après une conférence d'une heure et demie, il dit soudain :

– Si nous allions chez moi prendre un verre…

– En principe, je suis toujours partisan d'une telle politique, répliqua Churchill.

Ils empruntèrent les longs corridors du Kremlin, passant devant des portes sur lesquelles on lisait les noms de Béria, Kaganovitch, Malenkov et d'autres membres du Bureau politique. Ils mirent longtemps à atteindre une petite ruelle, toujours au milieu des bâtiments du Kremlin. Au bout de cent mètres, Staline montra une entrée du Palais.

L'appartement n'était pas grand : quatre pièces, toutes de dimensions moyennes. Dans le salon, une vieille femme de ménage un peu intimidée à la vue des invités posa au milieu d'une grande table couverte d'une nappe blanche des bouteilles d'alcool que Staline se mit à ouvrir. À ce moment-là, une jeune fille mince aux cheveux roux entra par une porte latérale, elle vint à Staline et lui posa un gros baiser sur la joue.

– C'est ma fille, expliqua-t-il.

Il ajouta, on ne sait pas pourquoi :

– Elle est rousse.

Churchill sourit.

– Moi aussi, j'étais roux dans ma jeunesse, dit-il à Sviétlana. Mais maintenant…

Il passa une main sur sa calvitie.

La jeune fille répondit par un sourire et, effarouchée, elle sortit rapidement mais elle revint aussitôt aider la servante à mettre la table sur laquelle elle posa des assiettes avec du caviar et du saumon fumé.

Staline versa un liquide brun dans le verre de Churchill et porta la main à sa bouche comme pour inviter son hôte à boire.

– Il faut que vous essayiez ma vodka au poivre, dit-il avec un sourire. C'est la meilleure que nous ayons. La vodka ordinaire est bonne, mais pas assez raide. Celle-ci est la meilleure...

À cet instant, l'interprète, le major H. Birse se pencha vers Churchill et chuchota :

– Permettez-moi de vous dire, sir, que c'est un liquide du diable et je ne vous le recommande pas...

La main de Churchill resta en suspens et changea vite de direction, évitant le verre de breuvage brun pour en prendre un plein d'eau. Staline sourit en voyant l'Anglais laisser de côté l'alcool recommandé.

– Pourquoi Molotov n'est-il pas ici ? demanda-t-il.

Aussitôt, il se répondit à lui-même :

– Il pioche le communiqué final. Nous pouvons le mettre au point ici. On peut dire une chose de Molotov : il sait boire.

L'inimitié réciproque des deux dirigeants, qu'ils avaient manifestée dès leur première rencontre, avait disparu. L'atmosphère était devenue si libre que Churchill demanda à Staline :

– Savez-vous pourquoi Molotov a retardé son retour des États-Unis ? Il est allé à New York...

– Pas du tout ! dit Staline en souriant. Il est allé à Chicago où habitent d'autres gangsters !

Vers minuit, Churchill demanda qu'on lui montre où étaient les toilettes, Staline se leva donc pour guider dans son appartement le premier ministre et l'interprète qui le suivait. Ils traversèrent la chambre à coucher qui surprit les Anglais par son aménagement spartiate : un simple lit contre le mur, une table de nuit à côté, deux tapis sur le sol et une grande bibliothèque. Le major Birse eut le temps de jeter un coup d'œil sur les livres et constata que c'étaient pour la plupart des œuvres de Marx, quelques ouvrages historiques et quelques livres en géorgien. Il eut aussi le temps de remarquer qu'il n'y avait dans la bibliothèque de Staline aucune œuvre de la littérature russe.

Vers une heure et demie, la bonne servit le dîner, c'était l'heure à laquelle le maître l'avait habituée. Elle apporta un cochon de lait rôti sur un plat qu'elle posa au milieu de la table. Churchill refusa poliment, ainsi que le major Birse et Alexander Cadogan qui venait d'arriver avec le communiqué final. Staline tira donc le plat à lui et attaqua le goret en découpant de gros morceaux qu'il portait à sa bouche à la pointe de son couteau.

Considérant qu'il était temps de prendre congé, Churchill se leva et s'adressa à Molotov :

– Je ne vais pas vous obliger à venir me dire au revoir à l'aéroport, je prendrai congé de vous ici.

– Oh, non ! protesta Staline. Il est jeune et il ira volontiers vous faire ses adieux.

Le 17 août à quatre heures et demi du matin, Churchill visiblement mal réveillé après les libations nocturnes, serra la main de Molotov venu à l'aéroport conformément aux ordres de Staline et prit place dans l'avion. Il pouvait être satisfait du déroulement de sa visite car il avait préservé l'alliance d'un ébranlement sérieux. Dans le même temps, les préparatifs de l'opération *Jubilee* se poursuivaient dans les ports britanniques.

Le 19 août 1942 à l'aube, 4 961 soldats canadiens, 1 075 Anglais et 50 rangers américains attaquèrent les positions allemandes à trois endroits sur la côte aux environs de la petite ville française de Dieppe. La tâche la plus difficile revenait à l'unité qui avait reçu l'ordre de pénétrer sur le boulevard du bord de mer et de s'emparer du petit port.

L'attaque n'avait aucune chance de réussir. Les Allemands avaient si bien organisé la défense qu'ils la repoussèrent facilement. D'autant plus que les chars *Churchill*[95] ne répondirent pas à ce qu'on en attendait ; sur 28 débarqués sur la plage, trois seulement atteignirent le boulevard du bord de mer. Trop lourds, ils s'enlisaient dans l'eau peu profonde et restaient bloqués sur les plages pierreuses ; ils ne réussirent pas à appuyer, du feu de leurs canons, les commandos à l'assaut des positions ennemies sur la promenade du bord de mer. Trois d'entre eux seulement réussirent à s'arracher à la plage mais ils furent promptement détruits par les canons antichars.

L'appui nécessaire de l'artillerie de marine fit défaut aux unités de débarquement. L'artillerie des destroyers était d'un calibre trop faible pour combattre efficacement les batteries du littoral. Il manqua également les bombardiers qui auraient pu affaiblir la défense allemande.

Après six heures de combats, les troupes qui avaient réussi à prendre pied sur la côte furent forcées de l'évacuer. Sur 6 018 soldats alliés, 4 350 périrent ou furent capturés : 3 363 Canadiens, 247 Anglais et Américains, ainsi que 550 marins de la Royal Navy et 190 aviateurs de la RAF. Les troupes d'invasion perdirent 33 bateaux de débarquement, 33 chars et 106 avions. Les pertes allemandes s'élevèrent à 600 tués et blessés et 48 avions.

L'échec de l'opération prouvait que l'ouverture d'un deuxième front n'était pas possible sans une longue préparation. Les Alliés ne disposaient pas du matériel nécessaire pour mener à bien un débarquement : véhicules amphibies capables d'amener les soldats sur la plage puis d'acheminer le ravitaillement pour les combattants, chars amphibies, véhicules spéciaux qui auraient aidé à surmonter les obstacles, etc. En outre, l'opération de Dieppe avait montré que des unités de débarquement ne réussiraient pas à prendre des ports solidement fortifiés.

C'est pourquoi en dressant les plans d'opérations engageant des forces importantes, il fallait résoudre le problème de l'acheminement et du déchargement d'énormes quantités de munitions, de carburant et d'approvisionnements en dehors des ports de mer.

Aucun dirigeant américain n'osa plus insister pour envahir la France en septembre 1942.

Troisième partie

Vers un monde nouveau

L'effondrement

Poskriébychev frappa discrètement à la porte de la chambre de Staline et, n'entendant pas répondre, il entra en s'efforçant de faire le moins de bruit possible. La pièce était plongée dans une pénombre à peine atténuée par le jour qui filtrait par les interstices des rideaux.

– Camarade Staline, dit-il à mi-voix en s'approchant du lit placé contre le mur, il est l'heure de vous lever…

Depuis quelques jours, Staline n'avait pas quitté son cabinet et ne s'était accordé que quelques courtes somnolences dans un fauteuil. Mais il en était arrivé à un tel degré de lassitude qu'il était enfin allé dans sa chambre à coucher, en ordonnant à son secrétaire de le réveiller deux heures plus tard.

Il ouvrit les paupières et son regard absent se promena un instant entre les rideaux tirés et Poskriébychev avant de tomber sur l'horloge. Il se leva d'un bond.

– Philanthrope, va au diable ! hurla-t-il.

Il était furieux que le secrétaire, obéissant à un sentiment de sympathie envers son chef fatigué, lui ait permis de dormir une demi-heure de trop.

Il jeta une vareuse sur ses épaules.

– Donne-moi Vassilevski au téléphone ! Vite ! Maudit philanthrope !

Il s'assit à la table du salon, attendant la communication avec le général Vassilevski revenu de Stalingrad deux jours plus tôt. Cette courte pause le fit tomber dans un assoupissement d'où le tira la sonnerie du téléphone.

– Camarade Vassilevski ? La 1re armée de la garde, la 24e et la 66e armées sont-elles déjà entrées en contact avec l'ennemi, et le transport de munitions est-il arrivé ?

Vassilevski l'informa qu'un détachement blindé ennemi s'était introduit dans les faubourgs.

– Qu'est-ce qu'ils font ? cria Staline. Ils ne comprennent pas que si nous cédons Stalingrad, le sud du pays sera coupé du centre, et que nous serons vraisemblablement incapables de défendre cette partie de l'Union soviétique ? Ils ne comprennent pas que ce sera une catastrophe non seulement pour Stalingrad ? Nous pouvons perdre notre principale voie fluviale, et à brève échéance notre pétrole aussi !

La situation était beaucoup plus critique au milieu de 1942 qu'un an plus tôt. Lors du déclenchement des hostilités, les troupes allemandes avaient un long chemin à parcourir pour frapper les principaux centres industriels de l'Union soviétique. Maintenant, certains étaient déjà entre leurs mains, comme le Donbass, ou assiégés, comme Léningrad. Les succès qu'ils commençaient à remporter en s'enfonçant vers le sud effrayaient Staline. Là se trouvait le centre le plus important de l'économie soviétique, Stalingrad*, carrefour routier, ferroviaire et fluvial vital reliant Moscou au Caucase, et la ville elle-même avec ses usines d'armements jouait un rôle primordial dans l'approvisionnement des troupes. Staline ne se trompait pas, lâcher Stalingrad aurait signifié perdre la guerre.

Or il ne pouvait affecter à sa défense que deux armées, dont l'une comptait six divisions et l'autre deux seulement.

* Stalingrad, ville fondée en 1578 sur la Volga sous le nom de Tsaritsyne. Pendant la guerre civile (1918-1920), la défense de la ville contre les armées blanches fut dirigée par Staline, ce pourquoi elle fut rebaptisée en 1925. Important centre industriel (métallurgie, ateliers mécaniques, industries alimentaires), elle devint le théâtre de combats acharnés au cours desquels elle fut entièrement détruite. Sa reconstruction s'étend sur 65 kilomètres le long de la Volga.

Les réserves ne pouvaient fournir que trois divisions de soutien, c'est-à-dire que onze divisions avaient à défendre un front de 200 kilomètres. Le destin de la ville, vers laquelle se dirigeaient deux groupes d'armées allemands, semblait inéluctable.

Cependant, Hitler installé depuis le 16 juillet 1942 dans son nouveau quartier général de campagne appelé *Werwolf**, dans les forêts près de Vinnitsa**, modifia le plan d'opérations le 5 avril pour des raisons inconnues. La nouvelle directive numéro 45 ordonnait au groupe d'armées *A* de se diriger vers le sud, d'atteindre les rives de la mer Noire et de s'en emparer, de Taman à Batoumi, puis de prendre Maïkop. Deux armées blindées de ce groupe devaient attaquer Groznyï, puis Bakou. Les troupes du groupe d'armées *B* étaient chargées de couvrir toute l'opération, formant une ligne de défense le long du Don, de Voronej à Kalatch, et, à mesure que celles du groupe d'armées *A* progresseraient, d'étendre la défense vers le sud. Une seule armée, la 6e, commandée par le général Friedrich Paulus[96], devait marcher à l'assaut de Stalingrad.

La ville qui, d'après le plan initial, devait être conquise par deux groupes d'armées, fut laissée à une seule armée, comme si Hitler avait oublié avec quel acharnement les Russes étaient capables de se défendre. Pire encore pour les Allemands, le général Eduard Wagner, intendant général, décida de ravitailler les troupes opérant dans le Caucase, négligeant entièrement la 6e armée, dont les approvisionnements fondaient à vue d'œil. Au moment décisif, commençant à manquer de munitions et de carburant, elle perdit sa puissance offensive et quand, sur l'intervention du chef du groupe d'armées, le général

* « Loup-garou ». (N.d.T.)

** Ville d'Ukraine s'étendant à environ 250 km au sud-ouest de Kiev sur les deux rives du Boug.

Maximilian von Weichs, on reprit les fournitures, il était trop tard, les Russes avaient réussi à organiser une défense solide à l'ouest de l'agglomération et à arrêter les assaillants.

En décidant de porter le gros de ses forces au sud en évitant la ville, Hitler commettait une faute si évidente que l'ancien chef d'état-major du LIIe corps, le général Hans Doerr écrivait :

Le 23 juillet doit être considéré comme le jour où il apparut nettement que le Haut commandement allemand faisait fi des principes fondamentaux de la conduite des opérations militaires pour en adopter de nouveaux, nés de la force irrationnelle et diabolique d'Adolf Hitler plutôt que de pratiques militaires rationnelles. L'histoire a prouvé une fois de plus que la foi et le démon l'emportent sur la raison. Les officiers de métier de l'entourage de Hitler se sont révélés sans volonté, sous l'influence du diable.

Le commandement soviétique parut également très surpris par un changement si soudain des plans allemands. Le maréchal Iérémienko remarqua :

Le facteur le plus important fut la décision de Hitler de pousser simultanément vers Stalingrad et vers le Caucase sans disposer des forces nécessaires pour mener les deux batailles à la fois. Il imposa cette tâche irréalisable à ses armées uniquement pour montrer à ses alliés et à ses alliés potentiels la force de la Wehrmacht.

Ce ne fut pas la seule erreur de cette campagne.

Les divisions *SS Leibstandarte* et *Grossdeutschland*, redoutables et parfaitement équipées et entraînées, furent envoyées en France parce que Hitler craignait un débarquement des Alliés occidentaux. L'armée du général Erich von Manstein, qui devait tout entière franchir le détroit de Kertch, reçut l'ordre de n'envoyer qu'un corps et qu'une division. En conséquence, les forces des deux groupes d'armées se réduisirent à 68 divisions à la fin juin 1942 et à 57 fin juillet, alors que la ligne de front sur laquelle elles devaient combattre voyait sa longueur multiplier et passer de 800 kilomètres qu'elles tenaient fin juin à 4 000, si l'on tient compte des territoires qu'elles étaient censées occuper.

Pourquoi le Führer commit-il des erreurs si lourdes de conséquences sur le déroulement de toute la guerre ? Pourquoi modifia-t-il le plan du 5 avril dont la réalisation aurait permis sans aucun doute la prise de Stalingrad et ensuite celle des zones pétrolifères ?

Il savait l'Armée rouge affaiblie par deux offensives infructueuses. Il savait que le commandement soviétique ne pouvait consacrer que de faibles forces à la défense de Stalingrad et il ne s'attendait donc guère à une sérieuse résistance dans le sud de l'Union soviétique. Sa conviction erronée fut confortée par le général Franz Halder[97], chef d'état-major de l'armée de terre, qui méconnaissait les effectifs de l'Armée rouge, ses réserves et sa capacité de compenser ses pertes en hommes et en matériel, et ne supposait pas que les usines évacuées des territoires occupés puissent atteindre aussi rapidement une entière capacité de production et fournir les armes et le matériel en quantité nécessaire. En conséquence, Hitler considérait que la défense de Stalingrad s'effondrerait après un intense bombardement par l'artillerie et l'aviation parce que les défenseurs n'auraient pas assez de forces, de matériel et de munitions pour mener un combat prolongé. Il suffisait donc d'une seule armée pour venir rapidement à bout de la ville.

Hitler commit encore une autre erreur : il ne sut pas apprécier la géographie des territoires qu'il ordonnait à ses armées de conquérir.

Les hautes montagnes du Caucase s'étendant sur 1 100 kilomètres avaient à maintes reprises au cours des siècles arrêté les envahisseurs. Les Mongols, les Seldjoukides, les Osmanlis avaient été obligés de contourner le massif montagneux par l'est. Mais Hitler estimait que la loi de l'Histoire ne le concernait pas, puisque ses armées étaient équipées en matériel leur donnant une force et une mobilité que ne pouvaient rêver les capitaines des siècles passés. Mais, soit qu'il n'en tînt pas compte, soit qu'il ignorât le fait qu'une seule route menait d'Aramvir à Touapsé, la nature s'alliait ainsi aux défenseurs.

Staline, d'abord effrayé par la situation au sud du pays, commençait à comprendre que la faiblesse des effectifs qu'il pouvait consacrer à la défense de Stalingrad avait induit Hitler en erreur. Il écoutait avec incrédulité les rapports sur le ralentissement de l'activité de la 6e armée allemande qui s'était arrêtée pour compléter ses approvisionnements au lieu de se lancer à toute volée à l'assaut quand la ville était encore mal préparée à résister. L'Armée rouge n'était pas seule à être saignée. La Wehrmacht aussi, même si elle n'avait pas interrompu l'offensive, arrivait au bout de ses possibilités et de ses réserves.

Staline vit là une chance de mener une bataille décisive susceptible de préjuger du déroulement ultérieur de la guerre. Mais l'armée était-elle prête ? Sans aucun doute, après une année de sacrifices inimaginables, ne voyant aucune chance de vaincre, elle avait perdu sa combativité. L'heure d'euphorie après la contre-offensive victorieuse devant Moscou avait été brève, et les grandes défaites des opérations du printemps 1942 avaient brisé le moral des soldats, enclins à jeter leurs armes et à fuir devant une mort certaine s'ils poursuivaient la lutte.

Les statistiques officielles cachaient profondément l'image de doute, d'effondrement, de relâchement de la discipline, de baisse du moral des soldats. Il n'existe plus guère d'indices montrant à quel point l'Armée rouge avait perdu son mordant. Les sources historiques accessibles montrent que c'était un problème énorme, susceptible d'aller jusqu'à menacer la défense d'un effondrement.

Selon les statistiques officielles, pendant toute la guerre, les cours martiales ont condamné 994 300 soldats dont 376 300 pour désertion.

Il fallait donc tenir l'armée d'une main de fer et, comme au commencement de la guerre, remédier au laisser-aller. Contre le doute, Staline avait une méthode qui, pensait-il, garantissait le succès dans les situations les plus critiques : la terreur.

Plus un pas en arrière

Le 28 juillet 1942 au matin, le général Alexandre Vassilevski se présenta comme tous les jours dans le bureau de Staline pour lui soumettre un compte rendu de la situation sur le front.

Staline semblait ne pas l'écouter. Il tournait nerveusement dans la pièce, plongé dans ses pensées. Il s'arrêta soudain.

– Ils ont oublié l'ordre numéro 270 du 16 août 41 ! s'écria-t-il.

Cet éclat était sans doute provoqué par la lecture des rapports du commandant de la 62e armée, le général Vassilii Tchouïkov[98] qui remarquait avec inquiétude sur le front de Stalingrad de nombreux signes de relâchement.

À la gare de Frolovo, je me suis rendu au quartier général de la 21e armée. Le quartier général tout entier était sur roues. Tout, y compris la chambre à coucher du commandant en chef, Gordov, était installé dans des voitures particulières et sur des camions. Un tel excès de mobilité ne me plaît pas. On peut sentir un manque de stabilité, de détermination,* notait Tchouïkov, et tout laisse supposer que c'est justement le tableau qu'il présenta dans ses rapports à Staline.

J'ai vu les soldats se transporter d'ouest en est dans les steppes aux environs de Stalingrad en consommant leurs dernières réserves. […] Quand je leur demandais : « Où allez-vous ? Que cherchez-vous ? », ils donnaient des réponses sans queue ni tête. […]

* À l'ouest de Stalingrad.

Dans la steppe, j'ai rencontré les états-majors de deux divisions qui prétendaient chercher celui de la 9e armée. C'étaient quelques officiers assis dans trois ou quatre voitures débordant de bidons d'essence. À ma question : « Où sont les Allemands ? Et nos unités ? Où voulez-vous aller ? », ils ne savaient que répondre. Il n'est pas facile de remonter le moral de ces hommes, ni l'esprit combatif de troupes en retraite.

Staline était très irrité.

– Ils ont oublié ! Rédigez un nouvel ordre dans le même esprit : reculer sans autorisation est un crime qui sera puni avec toute la rigueur du temps de guerre !

– Quand dois-je me présenter avec le texte remanié ? demanda Vassilevski.

– Aujourd'hui ! Revenez dès que vous serez prêt.

Vassilevski était dans le cabinet le soir même. Staline relut attentivement le projet et y apporta de nombreuses modifications avant de considérer le nouvel ordre N° 227 du comité à la Défense comme convenablement rédigé.

L'ennemi lance de plus en plus de forces nouvelles dans la bataille et, sans regarder aux pertes, avance et pénètre profondément en Union soviétique, occupant de nouveaux territoires, changeant en tas de ruines nos villes et nos villages, violant, pillant, dépouillant et assassinant la population. Une partie des troupes du front Sud ont, à l'exemple des paniquards, abandonné Rostov et Novotcherkask sans résistance sérieuse, couvrant leurs uniformes de honte. Certains se justifient en disant que nous pouvons reculer vers l'est et que puisque nous avons un territoire aussi vaste, tant de terre, tant d'hommes, nous ne manquerons pas de blé. Ils veulent ainsi excuser leur conduite honteuse sur le front. Mais de tels discours sont fondamentalement faux et mensongers et ne font que servir nos ennemis.

Après avoir perdu l'Ukraine, la Biélorussie, les républiques baltes, le Donbass et d'autres régions, nous avons beaucoup moins de terres qu'auparavant. En conséquence, beaucoup moins de monde, de blé, de fer, d'usines et de forges. Nous avons perdu plus de 70 000 000 personnes (dans les territoires occupés par les Allemands) *et la production annuelle de céréales a diminué de plus de douze millions de tonnes, celle de fer de plus de dix millions. Nous avons perdu notre supériorité sur les Allemands en réserves humaines et céréalières. Poursuivre la retraite représente un péril pour nous et en même temps pour notre patrie.*

Plus un pas en arrière ! Tel doit être notre principal mot d'ordre.

Nous ne tolérerons pas plus longtemps les officiers et les commissaires, les militants politiques et les soldats qui abandonneront leurs positions de leur propre initiative. Nous ne tolérerons pas plus longtemps les officiers, les commissaires et les militants politiques qui permettront à quelques paniquards de préjuger de la situation sur le champ de bataille et d'inciter d'autres soldats à reculer et à ouvrir la ligne de front devant l'ennemi. Les paniquards et les lâches doivent être liquidés sur-le-champ.

Staline ne se contenta pas de lancer des appels et des ordres de punir ceux qui reculaient. Il inventa un système pour mater les troupes dans lesquelles la discipline se relâchait.

Pour lâcheté devant l'ennemi, pour abandon de son unité, il n'existait qu'une seule peine : la mort. Mais Staline, conscient de l'étendue du phénomène, décida de ne pas gaspiller les soldats, dont beaucoup avaient derrière eux un long temps de service. Il lança l'ordre suivant :

Dans le cadre d'un front seront formés de un à trois bataillons disciplinaires (de 800 hommes chacun), il faut leur envoyer des officiers et des commissaires politiques pour les encadrer comme il convient.

Étrange bataillon de 800 soldats, soit l'effectif d'un régiment. Pourquoi cette erreur de nom ? Staline souhaitait certainement dissimuler les dimensions de l'action punitive et c'est pour cela qu'il avait décidé d'appeler les régiments bataillons. Il comprenait bien que leur effectif diminuerait très vite. Il ordonna également de former des compagnies disciplinaires, gonflées elles aussi, comptant deux, trois fois plus de soldats qu'une compagnie régulière :

Il faudra former, selon les circonstances, de cinq à dix compagnies disciplinaires (de 150 à 200 hommes chacune) dans le cadre de chaque armée et les envoyer dans les secteurs difficiles, pour donner aux hommes une chance de payer par le sang leurs crimes envers la patrie.

Ainsi naquirent les « Chtrafbats »*, dans lesquels le soldat ne pouvait racheter sa faute que par son sang. On les envoyait là où la défense allemande était la plus forte, où les assauts se brisaient, ou encore là où l'ennemi bien protégé par des champs de mines ne s'attendait pas à une attaque. Les soldats des unités disciplinaires ne pouvaient pas reculer, mais seulement aller sous le feu, à travers les champs de mines en regardant leurs camarades mis en lambeaux par les explosions, les jambes arrachées, saignés à blanc, agoniser dans d'épouvantables souffrances. S'ils hésitaient, s'ils s'efforçaient de s'écarter du chemin imposé ou de reculer, les mitrailleuses lourdes en position derrière leur dos se mettaient à crépiter. Ils étaient voués à la mort, sous les balles de l'ennemi ou sous celles des leurs. Les survivants, ceux qui avaient réussi à exécuter les ordres, quand ils revenaient blessés dans leurs lignes, obtenaient la remise de leurs fautes. Ils pouvaient retrouver leur unité, lavés de toute tache, et même être décorés pour acte de courage. Cela arrivait. D'une certaine manière, Staline était honnête envers eux.

Les officiers qui se battaient dans les secteurs les plus difficiles estimaient hautement ces détachements de desperados et demandaient qu'on leur en envoie. Ils avaient alors plus de chances de remplir leur mission et d'épargner leurs propres soldats.

* De l'allemand *Strafbataillonen* (bataillons disciplinaires). (N.d.T.)

Il n'est pas possible de dire combien d'hommes de l'Armée rouge sont passés par les compagnies et les bataillons disciplinaires. D'après les statistiques officielles, 422 700 condamnés virent l'exécution de leur peine reportée jusqu'après les hostilités ou furent envoyés dans des compagnies disciplinaires. On peut supposer que dans les conditions de guerre, l'exécution de la peine n'était ajournée qu'exceptionnellement et donc que la plupart des 422 700 condamnés furent incorporés dans ces unités disciplinaires. Combien sont revenus ?

Staline ordonna aussi de former des troupes de choc avec les officiers des unités décimées, capturés par le NKVD et fourrés dans des camps. Quand les interrogatoires montraient qu'ils n'étaient ni des traîtres ni des déserteurs mais que les aléas de la guerre les avaient entraînés dans des zones occupées par l'ennemi, d'où ils avaient réussi à revenir, ils avaient une chance de se réhabiliter en combattant. Le premier de ces « bataillons » comptait 929 officiers qui, dégradés, furent envoyés au combat comme simples soldats. Au bout de trois jours, il en restait trois cents. Mais sur le front de l'Est, il n'y avait là rien d'exceptionnel.

Staline était content. Il avait appris à ne pas gaspiller les soldats en les plantant devant des pelotons d'exécution. Pour périr, ils étaient obligés de se battre.

Mais cette solution touchait individuellement les hommes incapables de rester dans la tranchée devant les assaillants. Et si un détachement entier lâchait pied sous le feu et prenait la fuite malgré les efforts du chef, pour s'égailler dans les bois ? De tels cas se présentaient souvent. Staline se rappelait combien avaient été efficaces les barrages faits de détachements du NKVD en juillet et août 1941. Le combattant sachant que toute tentative de fuir le champ de bataille se terminerait par sa mort, donnée par les hommes du NKVD verrouillant les arrières ou fouillant les alentours, préférait périr sous les balles de l'ennemi.

Mais les barrages ne pouvaient aller partout. Les troupes de première ligne devaient donc se surveiller elles-mêmes.

De trois à cinq détachements bien armés (de 200 soldats chacun) seront formés dans chaque armée et mis en position derrière toute division « peu sûre » pour tirer sur les paniquards et les lâches en cas de débandade ou de retraite désordonnée.

Comment étaient recrutés les soldats de ces formations formant les barrages ? De quelle manière étaient-ils récompensés d'avoir exécuté les ordres ? Encore un mystère du front de l'Est.

On peut penser qu'il arrivait aussi dans l'industrie de voir un effondrement de la volonté de se battre et de se défendre, c'est ce que semble indiquer la répression entreprise à partir du milieu de 1942 contre les chefs des secteurs économiques et des établissements industriels.

Les constructeurs d'avions s'inquiétèrent de la disparition soudaine de Vassiliï Balandine, vice-commissaire à l'Industrie aéronautique. L'expérience du passé récent permettait de supposer qu'il avait été arrêté. Ses collègues savaient que son remplacement par quelqu'un d'inexpérimenté pouvait avoir des répercussions funestes sur leur travail au moment où le front réclamait des avions toujours plus nombreux et toujours meilleurs.

Alexandre Iakovlev[99], vice-commissaire à l'Industrie aéronautique, très apprécié de Staline, s'arma de courage.

– Nous ne savons pas pourquoi il a été arrêté, mais nous ne pouvons pas croire qu'il ait été un ennemi, dit Iakovlev à la première occasion, alors que Staline l'avait convoqué pour parler de la production aéronautique. On a besoin de lui au commissariat du peuple. L'organisation de la production de moteurs* s'est considérablement détériorée. Nous vous demandons d'étudier son cas. Nous, nous ne doutons pas de lui.

* Qui était du ressort de Balandine.

Staline savait parfaitement de quoi il retournait, il était difficile en effet d'imaginer que le vice-commissaire ait pu être arrêté à son insu.

– Il n'est peut-être pas coupable, dit-il après avoir réfléchi. Il a pu arriver…

Le lendemain, Balandine, en prison depuis quarante jours, amaigri, le visage terreux et le crâne rasé, se présenta à son travail. Personne ne dit mot de son arrestation. Personne ne lui demanda rien. Rares furent les chanceux comme lui.

Dans les territoires repris aux Allemands s'ouvrit l'abominable spectacle de la justice populaire. Il fallait organiser la distribution des punitions. On s'y préparait comme pour la célébration du 1er mai. Une foule endimanchée attendait sur la place du marché. Derrière une petite table étaient assis deux officiers et un civil. Au centre de la place étaient arrêtés deux camions *Zis 5* sous un échafaudage de madriers qu'on aurait pu croire fait pour tendre les banderoles du 1er mai disant la haine envers les bandes fascistes traîtresses et la certitude de vaincre. Sur les caisses des camions étaient posés de longs bancs droits en sapin non raboté flambant neuf. Un orchestre se tenait même à côté, mais il ne jouait pas. Le silence qui régnait sur tout cela, inhabituel dans une telle multitude, créait une atmosphère étrange dans un petit chef-lieu près de Kharkov.

Un remous se produisit soudain dans la foule. Les uns se poussaient pour se rapprocher, d'autres se dressaient sur la pointe des pieds pour voir quelque chose par-dessus les têtes de ceux qui étaient devant eux. De la remise attenante au bâtiment du conseil municipal, où l'on gardait habituellement les pelles et les pioches utilisées pour les travaux publics, des soldats firent sortir quelques hommes qui s'arrêtèrent un moment, adaptant leur vue au soleil d'août, puis s'avancèrent ensemble, au pas, vers la table couverte de drap. Ils s'en approchèrent à quelques mètres et se tinrent tête baissée, s'efforçant de ne regarder ni l'assistance, ni l'officier qui s'était levé, avait serré sa ceinture et s'était mis à lire une feuille de papier.

Un cri monta de la foule :

– Plus haut ! On n'entend rien !

– Les discours sont pour plus tard ! lança l'officier.

Il reprit la lecture de la sentence sans se soucier de savoir si quelqu'un l'entendait. À la fin seulement, il dit plus haut :

– Exécution !

Les quatre premiers condamnés s'avancèrent vers les camions près desquels les soldats avaient dressé des tabourets pour leur permettre de monter plus facilement. Quand ils furent sur la plate-forme, d'autres soldats les aidèrent à grimper sur le banc. La même scène se déroulait sur le deuxième camion.

L'officier qui avait lu la sentence s'approcha du lieu de l'exécution, sans doute parce qu'il craignait qu'une fausse manœuvre de ses subordonnés ne gâche la cérémonie. Les hommes du NKVD qui passaient le nœud coulant au cou des condamnés étaient jeunes, intimidés par la présence des spectateurs, ils pouvaient donc facilement commettre une erreur ou ne pas être maîtres des victimes si celles-ci venaient à se rebiffer. Mais tout se passa selon les prévisions et les condamnés acceptèrent leur sort sans regimber. Peut-être comprenaient-ils que résister ne mènerait à rien, peut-être étaient-ils abrutis d'alcool.

– Tout est prêt, camarade commandant ! cria un soldat, ce qui déplut visiblement à l'officier.

– Exécution !

Les hommes du NKVD se placèrent derrière les condamnés debout sur les bancs qu'ils poussèrent tous en même temps d'un coup de pied. L'un des bancs tomba et les suppliciés restèrent suspendus, les jambes agitées, mais l'autre, poussé manifestement trop faiblement, ne bougea pas. Il fallut recommencer pour qu'il se dérobe enfin sous les pieds des hommes debout sur lui.

Un instant plus tard, les camions s'en allèrent, laissant huit corps toujours tournant au bout des cordes accrochées aux madriers pliant sous leur poids.

– Camarades ! cria une voix aiguë, perçante.

Une femme se détacha de la foule, emmitouflée malgré la chaleur dans un fichu épais. Elle se planta devant les pendus.

– Ces vermines, vipères fascistes, ont trahi notre mère patrie socialiste, le camarade Staline et notre parti. Ils ont collaboré avec les bandits occupants. Ils ont mérité la mort et le bras de notre justice socialiste les a frappés.

Les gens la connaissaient. Quelques semaines plus tôt, au même endroit, les Allemands avaient tué ses deux fils qu'ils avaient pris dans la forêt. Ils étaient allés chercher du bois, mais les Allemands n'avaient rien voulu entendre. Ils étaient dans la forêt, donc, c'étaient des partisans. Ils les avaient amenés sur la place du marché et pendus. Et à cette même potence.

La femme, de plus en plus excitée par ses propres paroles, courait d'un côté et de l'autre devant les cadavres et les menaçait du poing.

– Qu'ils soient maudits pour avoir trahi notre patrie et notre Staline !

La foule se dissipa lentement. Les soldats du NKVD qui avaient sauté sur les plates-formes des camions s'apprêtaient aussi à partir. Dans le soleil d'août, au milieu du marché, il ne resta que les corps des huit condamnés.

Des failles dans l'alliance

La situation à Stalingrad empirait. L'armée de Paulus était appuyée par toute la puissance d'une grande formation : la 4e armée blindée du général Hermann Hoth[100]. Cette force gagnait du terrain, lentement, mais sans discontinuer, écrasant la résistance des défenseurs. Le 27 septembre, la partie sud de la ville, qu'assaillaient deux divisions d'infanterie et deux divisions blindées, était déjà aux mains des Allemands. Mais cette victoire leur avait coûté des pertes énormes. C'est au nord qu'ils remportèrent le moins de succès car là, les Russes défendaient trois usines avec une abnégation sans pareille.

Le général Tchouïkov leur avait appris à attaquer :

Prépare-toi à l'assaut sans te faire voir, sans bruit. Porte ta mitraillette pendue à l'épaule, prends dix ou douze grenades. Compte avant tout sur la rapidité et l'effet de surprise. Vous devez entrer à deux dans le bâtiment, toi et la grenade. Tous deux légèrement vêtus, toi sans sac à dos, la grenade amorcée. La grenade d'abord, toi derrière. Une grenade dans chaque coin de la pièce, et en avant. Et ainsi dans toute la maison. Toujours : une grenade d'abord, toi derrière.

Un lieutenant de la 24e division blindée allemande notait :

Nous nous battons depuis quinze jours pour une maison, au mortier, à la grenade, au fusil-mitrailleur et à la baïonnette. Le troisième jour, cinquante-quatre corps des nôtres gisaient déjà dans les caves, dans l'entrée et dans la cage d'escalier. La façade s'est écroulée, montrant le solivage étroit brûlé entre les étages. Les défenseurs reçoivent du secours des immeubles voisins par les échelles de pompiers et les cheminées. La lutte dure sans arrêt de midi à minuit. D'un étage à l'autre, des visages noircis, en sueur, nous nous jetons des grenades, dans les explosions, les nuages de fumée et de poussière, les cadavres, les mares de sang, les débris de meubles et les lambeaux humains. Demandez à un soldat ce que signifie une demi-heure d'un tel combat. Et représentez-vous Stalingrad : quatre-vingts jours et quatre-vingts nuits de corps à corps. La longueur d'une rue ne se mesure pas en mètres, mais en cadavres.

Stalingrad n'est déjà plus une ville. Le jour, c'est une gigantesque colonne de fumée […]. Et quand la nuit tombe, une de ces nuits hurlantes, ensanglantées, les chiens sautent dans la Volga et gagnent l'autre rive à la nage. Les nuits de Stalingrad sont pour eux un cauchemar. Les bêtes fuient cet enfer. La pierre la plus dure ne résiste pas longtemps ici. Seul, l'homme résiste.

Tous les jours, des avions allemands lâchaient leurs bombes, retournaient au terrain d'aviation chercher des munitions et revenaient au-dessus de la ville, la changeant systématiquement en un vaste champ de ruines. Ils effectuaient quotidiennement 3 000 sorties. Les explosions creusaient de profonds entonnoirs dans les chaussées, jetaient bas les murs des maisons, remplissaient les passages de décombres, barraient des rues entières d'un fouillis de constructions effondrées. Les ruines formaient des abris naturels pour les défenseurs et les entonnoirs profonds arrêtaient les chars d'assaut.

Quand les avions s'en allaient, que l'artillerie se taisait et que les tanks allemands se montraient dans les rues, les Russes sortaient des caves et des abris provisoires. Ils connaissaient la ville et les points stratégiques qu'ils devaient tenir. Ils avaient repéré les endroits offrant le meilleur champ de tir. Ils se hissaient dans les étages des maisons brûlées, entassaient les gravats pour s'assurer une protection contre les projectiles et attendaient, parfaitement cachés, camouflés par de la poussière de chaux, masqués par la fumée des vestiges qui se consumaient, invisibles pour les équipages des chars et même pour les fantassins qui les suivaient.

Les blindés avançaient lentement, évitant les trous profonds dans les rues barrées par les amoncellements de gravats où ils se frayaient un chemin. Les défenseurs savaient de quel côté ils arriveraient et quelle direction ils prendraient. Ils ne pouvaient emprunter que des voies libres de réverbères renversés et de murs d'immeubles. Les officiers soviétiques prévoyaient ainsi sans difficulté les axes de pénétration et organisaient sur ces points une défense dont la rupture coûtait aux Allemands de nombreuses victimes.

Des tireurs étaient à l'affût partout.

Un char avançant lentement entre de hautes maisons présentait les parties les plus faibles de son blindage. Par exemple, sur le *PzKpfw III Ausf J*, l'un de ceux que les Allemands avaient alors produits en plus grande quantité, des plaques de cinq centimètres d'épaisseur protégeaient l'équipage, mais seulement aux endroits les plus exposés à l'explosion des obus, à l'avant de la tourelle et de la caisse. Les constructeurs qui s'étaient vu imposer en priorité l'allègement des machines de guerre, conditionnant leur vitesse, leur maniabilité, l'usure des pièces et la consommation de carburant, avaient réduit le blindage aux endroits inaccessibles aux obus de canons antichars ou à ceux d'engins ennemis : le dessus de la tourelle et de la caisse. Là, les plaques de blindage n'avaient que dix (tourelle) ou dix-sept (caisse) millimètres d'épaisseur. Trop peu pour protéger efficacement les équipages contre les tirs des lance-fusées *PTRD*[101] et les grenades antichars qui s'avéraient extraordinairement efficaces dans ces conditions.

Les tireurs d'élite parfaitement camouflés chassant les officiers et les conducteurs des engins de transport blindés ou des chars qui ouvraient la trappe pour faire entrer un peu d'air ou pour jeter un coup d'œil dehors récoltaient une terrible moisson.

Quand les Allemands réussissaient enfin à s'introduire dans les maisons attaquées, ils trouvaient les postes de tir abandonnés. Les défenseurs chassés de leurs nids de résistance connaissaient le terrain et couraient vite prendre position ailleurs à travers les cours encombrées de gravats, ou par les égouts et les passages souterrains. Le général Tchouïkov entreprit de constituer des points de résistance tournante entre lesquels se battaient des sections de choc qui attaquaient immédiatement chaque position conquise par l'ennemi sans lui laisser le temps de la consolider et de se mettre en état de la défendre. C'est ainsi que les immeubles de Stalingrad étaient pris et repris plusieurs fois au cours de la même journée. À chaque fois, le nombre des morts augmentait.

Du 13 au 26 septembre, les Allemands perdirent 6 000 soldats, 170 chars et 200 avions. Le général Franz Halder nota : *L'épuisement progressif des assaillants est de plus en plus perceptible.*

Le 14 octobre, les Allemands lancèrent une grande offensive, comptant que ce serait la dernière et qu'elle entraînerait la prise de la ville.

Les notes du journal de guerre de la 62e armée soviétique en date du 14 octobre donnent un tableau des combats :

8 h 00. L'ennemi attaque avec de l'infanterie et des chars. Des combats se déroulent sur tout le front.

9 h 30. Attaque ennemie contre l'usine de tracteurs repoussée. 10 tanks brûlent dans la cour de l'usine.

10 h 00. Les chars et l'infanterie ont taillé en pièces le 109e régiment de la 37e division (général Jéloudov).

11 h 30. Le flanc gauche du 524e régiment d'infanterie de la 95e division écrasé. 50 chars environ se dirigent vers les positions du régiment.

11 h 50. L'ennemi a occupé le stade près de l'usine de tracteurs. Nos détachements encerclés sur le stade essaient de se frayer une sortie.

12 h 00. Le chef du 117e régiment de la garde, le général Andriêïev, a été tué.

12 h 20. Message radio envoyé d'un pâté de maisons par un détachement du 416e régiment : « Encerclés. Nous n'avons plus d'eau ni de munitions. Nous périrons, mais nous ne nous rendrons pas. »

12 h 30. Les stukas attaquent l'état-major du général Jéloudov. Le général est dans son abri effondré, sans liaisons. Sommes entrés en contact avec les détachements de la division.

13 h 10. Deux abris de l'état-major de l'armée se sont écroulés. Un officier a les jambes coincées sous les ruines. Impossible de le délivrer.

15 h 25. La section des gardes de l'état-major engagée dans la bataille.

16 h 35. Le lieutenant-colonel Oustinov commandant un régiment d'infanterie demande un tir d'artillerie sur son état-major. Il est encerclé par des fantassins ennemis armés de mitraillettes.

Les combats sanglants, acharnés, se calmèrent à la fin d'octobre quand les deux camps, assaillants et défenseurs furent épuisés à l'extrême.

Un officier allemand de la 14e division blindée nota dans le journal de la division :

Ce fut une lutte épouvantable et épuisante en surface et dans les profondeurs des ruines, dans les caves et les égouts de cette grande ville. Un homme contre un homme, un héros contre un héros. Nos chars escaladaient de gros tas de gravats, leurs chenilles dérapaient, quand ils se frayaient un chemin à travers les ateliers dévastés, ils ouvraient le feu, leur cible juste devant les canons, dans des rues étroites bloquées par les murs des maisons démolies ou dans des cours d'usines. Quelques-uns de nos colosses blindés ont été détruits ou ont sauté sur des mines.

À la fin du mois d'octobre, il semblait que tous les sacrifices endurés par les défenseurs pendant des mois de combat n'avaient servi à rien. Ils avaient été repoussés dans une bande étroite au bord de la Volga et combattaient dans quelques secteurs coupés les uns des autres. L'usine *Octobre rouge* était aux mains des Allemands, sur le site des usines *Barricades*, des combats acharnés se poursuivaient. Dans la fabrique de tracteurs, les défenseurs tenaient trois nids de résistance séparés.

Staline envisageait-il la possibilité de perdre Stalingrad ? Cela aurait signifié perdre la guerre aussi. Deux armées (celles de Paulus et de Hoth) auraient pu, une fois la ville conquise, renforcer les troupes combattant dans le Caucase et atteindre l'objectif stratégique que Hitler avait fixé à ses armées pour l'année. Beaucoup d'indices montrent qu'en octobre 1942, Staline doutait de la possibilité de sauver la ville. À moins que les Alliés ne se préparent à envahir la France. Il se rappelait avec quelle nervosité Hitler avait réagi à l'annonce d'un débarquement à Dieppe, lorsqu'il avait envoyé deux divisions en France, empêchant peut-être par là ses troupes de prendre Stalingrad sur leur lancée.

Staline décida donc d'accroître la pression sur ses alliés et Wendell Willkie[102], envoyé personnel du président Roosevelt, arrivé à Moscou le 20 septembre 1942, lui en souffla l'idée. Son statut informel lui permettait de se comporter très naturellement et de ne pas se soucier des réactions que ses prises de position pouvaient susciter à Washington ou à Londres. Il ne prenait cependant pas en considération l'influence qu'il exercerait sur les plans de Staline.

Admiratif de l'effort de guerre soviétique, il déclara le 26 septembre, au retour d'une tournée sur le front :

Je suis convaincu que nous pouvons aider les Russes en ouvrant en commun avec la Grande-Bretagne un véritable deuxième front en Europe, dans les délais les plus brefs qu'accepteront nos chefs militaires.

Staline entrevit derrière de telles déclarations l'acceptation du président Roosevelt, et peut-être même une certaine incitation à exercer une pression sur le premier ministre britannique et à l'obliger d'accepter les plans américains d'invasion de l'Europe.

La presse soviétique se lança à l'attaque. Staline accordant à un correspondant de l'agence américaine *Associated Press* une interview publiée par les journaux moscovites déclara :

Dans la situation présente, le deuxième front a une importance toute particulière [...] ; l'aide des Alliés à l'Union soviétique manque d'efficacité [...] ; il est important que les Alliés remplissent leurs obligations en entier et dans les délais fixés.

L'attaque dirigée contre les Britanniques s'intensifiait. Viatcheslav Molotov évoqua l'affaire Rudolf Hess que la presse soviétique avait, semblait-il, oublié tout à fait :

Le gouvernement soviétique estime nécessaire que tout dirigeant de l'Allemagne nazie venant à tomber aux mains d'un État en guerre contre l'Allemagne de Hitler comparaisse immédiatement devant un tribunal spécial, avec toutes les rigueurs du droit pénal.

La *Pravda* reprit la balle au bond :

Il apparaît que Rudolf Hess est allé en Angleterre en uniforme d'aviateur allemand. C'est pourquoi il n'est pas traité en criminel, mais en prisonnier de guerre. Il suffit donc qu'un criminel de guerre change de vêtements pour pouvoir échapper à ses responsabilités pour ses crimes innombrables. De cette manière, l'Angleterre deviendra une terre d'asile pour les gangsters.

L'intrigue ne fit que s'accélérer.

L'épouse de Hess n'a pas fait en vain appel à un certain représentant britannique pour demander la permission de rejoindre son mari. On peut en conclure que Frau Hess ne le considère donc pas comme un prisonnier de guerre. Hess est-il donc un criminel ou, peut-être, le ministre plénipotentiaire du gouvernement nazi en Angleterre, jouissant de tous les privilèges de l'immunité diplomatique ?

La femme de Rudolf Hess a-t-elle vraiment demandé aux autorités britanniques de lui permettre de rendre visite à son mari ? On n'en sait rien, mais cela n'avait aucune importance.

Par un étrange concours de circonstances, les Britanniques eux-mêmes prêtèrent la main à cette campagne menée contre eux en publiant alors dans le bulletin *Britanskiï Soïouznik**, une brochure du ministère de l'Information pour les lecteurs soviétiques, la photographie d'une pianiste avec une note informant que « *Madame* Hess » avait donné un concert au London Royal Exchange. Pour n'importe quel Anglais, il était évident qu'il s'agissait de Myra Hess[103], pianiste britannique en renom. Les Russes qui ne la connaissaient pas étaient convaincus que l'épouse de Rudolf Hess séjournait à Londres où elle se produisait dans les salles de concert.

À l'époque, les dépêches de Staline à Churchill se firent sèches et laconiques. Les relations anglo-soviétiques n'avaient jamais été aussi mauvaises depuis que Churchill avait proposé son aide.

Staline n'oubliait pas que les Alliés craignaient autant l'effondrement de l'Union soviétique qu'une nouvelle alliance avec Hitler, envisageable si la défaite de l'Armée rouge devenait évidente. Or la situation sur le front était aussi mauvaise qu'en juillet 1941, lorsque Pavel Soudoplatov avait pris langue avec l'ambassadeur Stamenov pour l'engager à servir d'intermédiaire dans l'ouverture de négociations avec les Allemands. Staline avait décidé de ressortir cet épouvantail, mais on ne peut pas savoir s'il le

* « L'allié britannique ». (N.d.T.)

considérait comme un moyen de pression sur ses alliés ou si cette fois, craignant que le sort de Stalingrad ne fût réglé d'avance, il n'envisageait pas la nécessité de pactiser avec Hitler.

En Allemagne, le ministre Joachim von Ribbentrop savait que les Russes cherchaient un moyen d'engager des négociations de paix. Il en avait été informé par Peter Kleist, expert pour les affaires de l'Est dans son ministère, qui, fin septembre 1942, avait rencontré à Stockholm Edgar Klaus, résident de l'Abwehr dans cette ville. Celui-ci lui avait appris que dès le 7 juillet 1942, Alexandra Kollontaï, accompagnée d'Andriéï Alexandrov, résident soviétique du service de renseignements du NKVD, avait présenté une proposition de discuter la question du retour aux frontières de 1939 entre l'Union soviétique et l'Allemagne. En septembre 1942, Kleist rencontra directement madame Kollontaï accompagnée du conseiller d'ambassade Vladimir Siémionov. Cette fois encore, l'entretien porta sur d'éventuels pourparlers de paix. Il était évident que les diplomates soviétiques suivaient exactement les directives de Moscou, venues de l'échelon suprême. Aucun des agents de la représentation diplomatique n'aurait osé envisager de telles propositions sans l'ordre du Kremlin.

Staline informé par son service de renseignements qu'à Bletchley Park les Britanniques déchiffraient les dépêches diplomatiques allemandes en conclut que les résidents et les diplomates allemands transmettaient à Berlin des informations sur leurs contacts avec les diplomates soviétiques. Churchill devait par conséquent être immédiatement au courant des manœuvres soviétiques.

Au début, Ribbentrop ne prêta pas grande attention aux approches soviétiques. En juillet, lors de la première rencontre à Stockholm, les offensives russes s'enlisaient et les Allemands travaillaient à réaliser leur projet de s'emparer de Stalingrad et du Caucase. Ribbentrop pensait donc qu'il fallait mettre les Russes à genoux avant d'entamer des pourparlers de paix. En septembre 1942 non plus, il ne jugea pas opportun de prendre en compte les signaux venus de Stockholm et il fourra dans le coffre-fort le rapport au sujet des offres soviétiques de paix. Il ne le ressortit qu'en novembre et il l'emporta dans le bureau de Hitler.

Staline voulait-il vraiment entrer en pourparlers avec le Führer ? La situation à Stalingrad après le 14 octobre était très difficile, mais pas désespérée. Les défenseurs, acculés à la Volga, se battaient. On ne pouvait encore préjuger de l'issue de la bataille. Pour les Allemands, dans le Caucase non plus, tout n'allait pas pour le mieux. Ils s'étaient certes emparés de Maïkop, mais les nappes de pétrole et les réservoirs brûlaient, minés par des détachements de partisans. Éteindre les incendies, remettre les installations en état et reprendre l'exploitation normale des puits aurait pris des mois aux Allemands. Et pourtant, Staline ordonna à ses diplomates de chercher à entrer en contact avec eux. Peut-être son jeu avait-il, comme d'habitude, plusieurs objectifs, mais le premier consistait à endormir la méfiance de l'ennemi et à l'induire en erreur. En octobre et au début de novembre, cela lui était nécessaire comme jamais, s'il voulait réaliser son grand projet de terminer comme il l'entendait la bataille de Stalingrad. La première condition pour réussir était de garder le secret et de surprendre les Allemands. Il ne fallait pas qu'ils se doutent qu'une puissante offensive allait tomber sur eux d'un jour à l'autre.

Le 7 novembre 1942, au début de l'après-midi, Hitler monta dans son train spécial dans la petite gare de la *Wolfsschanze*[104] pour aller à Munich où chaque année il rencontrait dans une vieille brasserie ses camarades de parti qui, en 1923, avaient marché à ses côtés sur l'Odeonsplatz pour essayer de s'emparer des bâtiments administratifs et de prendre le pouvoir, d'abord en Bavière, puis dans toute l'Allemagne.

Il était préoccupé par la situation incertaine en Afrique du Nord. Quelques jours auparavant, le feld-maréchal Erwin Rommel avait fait un rapport sur l'obligation de retirer ses troupes d'El Alamein, ce qu'il avait fait sans attendre l'accord du Führer.

Aussitôt après, étaient arrivées des informations sur un grand convoi allié aperçu près de Gibraltar, mais personne ne pouvait fournir d'indications sur sa destination. La Kriegsmarine, la Luftwaffe et l'Abwehr avaient des avis absolument divergents. Hitler lui-même pensait que les bateaux alliés allaient vers Tripoli et Benghazi.

Cependant sur la Méditerranée, les bâtiments alliés, divisés en deux groupes opérationnels, changeaient brusquement de direction et se dirigeaient vers les côtes de l'Algérie et du Maroc. Simultanément, dans l'Atlantique, une troisième formation approchait des côtes marocaines, réalisant le plan de la grande invasion désignée par le nom de code *Torch*[105].

Le 8 novembre, le train de Hitler s'arrêta dans une petite gare de Thuringe, où il apprit par la BBC que les troupes alliées avaient débarqué à Alger, Oran et Casablanca. Nul ne connaissait encore les dimensions de l'opération.

À la gare de Bamberg, le ministre von Ribbentrop monta dans le train de Hitler, à la nouvelle de l'invasion alliée, il avait immédiatement quitté Berlin pour examiner avec le Führer la situation nouvelle. Il n'aurait pas osé entreprendre quelque action diplomatique que ce fût sans l'acceptation préalable du guide.

– *Mein Führer*, la situation des puissances de l'Axe dans le secteur de la Méditerranée devient difficile, dit-il de la façon bien à lui d'aborder des sujets connus de tout le monde. Mais on peut s'en sortir si vous décidez un certain relâchement sur les autres fronts.

Il voulait ainsi suggérer qu'il fallait annuler des opérations de grande envergure en Union soviétique et transférer des forces dans le secteur de la Méditerranée. Cette remarque n'était pas dénuée de sens. Il comprenait que la combativité des soldats britanniques et encore moins des Américains n'était pas comparable à celle des Allemands, forgés au feu. Donc, si des divisions allemandes avaient été à pied d'œuvre sur la terre d'Afrique, elles seraient vite venues à bout de l'ennemi. Ribbentrop avait aussi une réponse toute prête à la remarque de Hitler qu'une telle solution n'était pas envisageable en raison de la situation en Union soviétique. Il poursuivit :

– Permettez-moi d'approcher Staline par l'intermédiaire de l'ambassadrice de Russie à Stockholm, *Madame* Kollontaï, pour voir s'il n'engagerait pas des négociations de paix avec nous, même au prix des territoires que nous avons déjà conquis à l'Est.

Hitler se leva d'un bond, le visage bouffi de colère.

– Nous ne pouvons parler que de l'Afrique du Nord !, hurla-t-il. De rien d'autre ! À l'heure d'une faiblesse passagère, nous ne pouvons nous permettre de sonder l'adversaire qui se prépare à frapper, ajouta-t-il plus calmement.

Ribbentrop effrayé par cet éclat n'essaya même pas de soutenir son point de vue. Les sautes d'humeur de Hitler lui avaient toujours inspiré une grande épouvante, il n'est donc pas surprenant que dans cet entretien non plus, il n'ait pas osé présenter tous les arguments justifiant sa proposition d'entrer en pourparlers avec Staline. Il ne dit pas que depuis quatre mois, les Russes essayaient d'engager des négociations informelles.

Hitler n'y aurait pas attaché beaucoup d'importance. Il comprenait la nécessité de combattre les Alliés en Afrique du Nord et de l'Ouest, bien qu'il n'ait jamais attaché à ce théâtre d'opérations autant d'importance qu'à l'Europe. Mais il pensait que la situation en Ukraine allait s'éclaircir une fois pour toutes d'un jour à l'autre. Il recevait des rapports prétendant que les défenseurs de Stalingrad acculés au fleuve faiblissaient et qu'une attaque puissante les obligerait à capituler. Cette bataille devrait être finie avant l'arrivée du froid. Et quand les combats au sud de l'Union soviétique auraient été menés à bien, il pourrait retirer une partie de ses troupes et les envoyer chasser d'Afrique les forces alliées d'invasion.

Mais il se trompait. Les Russes réussirent à cacher les préparatifs de l'opération qui devait changer le cours de la guerre.

L'opération *Monastère*

Les États sont réticents à dévoiler les secrets de l'espionnage. On ne fait pas grande impression en affirmant que des espions ou des agents ont décidé de l'issue d'une bataille ou de toute une campagne. Le courage du soldat, le génie des stratèges et l'abnégation des ouvriers illustrent bien plus joliment les pages de l'Histoire. Et pourtant, on a de nombreuses raisons de penser qu'en ce qui concerne Stalingrad, comme pour quantité d'autres batailles décisives, les espions ont joué un grand rôle.

Cette curieuse histoire a commencé dans l'après-midi d'une chaude journée de juillet 1941.

Un homme et une femme traversaient le cloître du monastère de Novodiévitchi. Ils s'arrêtèrent devant un vieillard assis sur une saillie du mur.

– Nous voudrions acheter une croix, dirent-ils. Où pouvons-nous en trouver une ?

Le vieillard les examina un moment avec attention. Il finit par répondre, incrédule :

– Acheter une croix ? Pourquoi des jeunes gens achèteraient-ils une croix aujourd'hui ?

– Mon mari va au front et je voulais lui offrir un petit crucifix et le faire bénir, expliqua la jeune femme.

Le vieillard montra d'un signe de tête la porte de la chapelle.

– Là-bas, dans une demi-heure, le métropolite dira la messe. Il le bénira.

Il se rassit sur le muret et suivit le couple des yeux jusqu'à ce qu'il disparaisse dans la chapelle. Le voyant ressortir, il se leva et marcha à sa rencontre.

– Si je puis me permettre, dans quelle formation vas-tu, jeune homme ?

– Dans la cavalerie, une tradition de famille.

– Et qui dans ta famille a servi dans la cavalerie ? demanda encore le vieillard de plus en plus intéressé. Puisque vous achetez une croix, sans doute pas dans la 1re armée de ce gibier de potence de Boudionny ?

– Je m'appelle Démianov, répondit l'homme à voix basse, Alexandre Démianov. Et voici ma femme, Tania…

– Le fils de Sierguiéï ? Du général Sierguiéï Démianov ?

Le vieillard continuait de les regarder avec méfiance.

L'homme confirma en hésitant :

– Oui…

– Vous ressemblez à votre mère, jeune homme. Le vieillard rayonnait. Je l'ai connue dans le temps, quand elle fréquentait l'institut de Smolny. Qu'elle était belle ! La plus belle femme de Pétrograd. Ah ! que dis-je ? De toute la Russie ! Votre mère et votre père venaient souvent chez moi…

Il s'arrêta tout net, comme si un souvenir lui était revenu.

– Je suis le prince Glébov…

Il s'interrompit encore. Il glissa les mains sur le tissu rude de sa vareuse. Comme s'il avait compris que sa longue barbe blanche, sa chevelure ébouriffée, ses pantalons attachés par une ficelle et sa vareuse jetée par-dessus sa chemise à laquelle il manquait des boutons allaient empêcher les jeunes gens de le croire, il répéta :

– Oui, je suis le prince Glébov. Allons là-bas. Il montra d'un geste un banc à l'ombre. Il est rare de rencontrer le fils d'un soldat aussi glorieux que le général Démianov.

La conversation à l'ombre fut brève. Glébov eut tout juste le temps de raconter qu'en 1913, en tant que représentant de la société foncière, il avait reçu le tsar à Kostroma, et que sa femme faisait partie de l'entourage le plus proche de la tsarine.

Le jeune Démianov était pressé, mais il promit de revenir le lendemain, ce que le vieillard ne crut pas trop. Apparemment, les gens se dérobaient souvent devant ses souvenirs importuns. Et pourtant, Démianov revint, le prince s'en montra touché. Il écouta avec attention la relation du dernier rejeton d'une famille illustre. Le père d'Alexandre avait été tué, le sabre à la main, en 1915. Son oncle, chef du contre-espionnage des blancs, s'était battu dans le nord du Caucase, jusqu'au jour où, tombé aux mains des tchékistes, il était mort, probablement du typhus, alors qu'ils l'emmenaient à Moscou. Sa mère, une beauté de Saint-Pétersbourg, avait refusé de quitter la Russie après la révolution, bien que le général Sierguiéï Oulagaï en personne, chef des émigrés blancs à Paris, le lui ait proposé.

L'histoire de sa famille aristocratique pesait lourdement sur la vie du jeune Alexandre en Union soviétique. On lui avait refusé l'accès aux universités socialistes. Il n'avait suivi que des cours d'électricité. Il avait été arrêté, accusé par un camarade de préparer un attentat. Il fut toutefois remis en liberté quand il apparut que l'accusation était absolument fantaisiste.

En écoutant ce récit, le prince Glébov aurait dû dès cet instant commencer à se méfier. La police secrète gardait des gens dans les camps pour des motifs beaucoup plus futiles, et elle avait relâché Démianov !

Il était venu à Moscou, où il avait travaillé comme électricien dans un atelier cinématographique, s'attirant la bienveillance et l'amitié de nombreuses étoiles du cinéma soviétique, du célèbre metteur en scène Mikhaïl Rom entre autres.

De surcroît, Alexandre révéla au prince son plus grand secret : il appartenait à une organisation monarchiste secrète : *Le Trône*, qui projetait de renverser Staline.

Ainsi naquit l'amitié entre un vieillard de soixante-dix ans et un homme de trente ans. Mais bientôt, Alexandre dut partir pour le front.

Ils ne se rencontrèrent plus jamais, mais à plusieurs reprises diverses personnes questionnèrent le prince Glébov sur Alexandre. Et toujours, il en dit le plus grand bien. Il mourut peu après. Il ne se douta jamais que celui à qui il avait accordé sa sympathie et sa confiance était un agent du NKVD qui suivait à la lettre les instructions de Mikhaïl Maklarski, l'officier qui le dirigeait.

En 1929 probablement, quand Alexandre était en prison, il s'était décidé à collaborer avec la police politique secrète. Peut-être voulait-il échapper aux conséquences de l'accusation d'avoir participé à un complot. Il fut aussitôt envoyé à Moscou, et dès qu'il commença à travailler dans un atelier cinématographique, on lui ordonna de pénétrer le milieu des acteurs et travailleurs du cinéma, tâche qu'il exécuta avec zèle. Sa femme Tania l'aida beaucoup. Elle était la fille d'un médecin moscovite renommé, l'un des rares autorisés à avoir un cabinet privé.

Grâce à ses origines aristocratiques, Démianov réussit à entrer en relation avec des diplomates, dont certains travaillaient à l'ambassade d'Allemagne. Ils étaient intéressés par ce jeune homme qui n'excluait pas d'entreprendre une lutte active contre le régime responsable de la chute de sa brillante famille. On ignore s'il a commencé alors à collaborer avec le service de renseignements allemand, sous le contrôle du NKVD évidemment, mais le résident de l'Abwehr a certainement informé Berlin de l'existence de ce jeune homme qui haïssait le stalinisme. Ces rapports ont beaucoup aidé Alexandre lorsque, un soir d'hiver, en 1941, il gagna à skis les lignes allemandes où il se présenta comme déserteur. Il avait réussi sans s'en rendre compte à traverser un champ de mines, ce qui étonna beaucoup les Allemands. Ils jugèrent qu'il devait en connaître le plan, puisqu'il l'avait parcouru sans encombre. La conclusion était claire : Démianov était un espion que le NKVD essayait de leur refiler. On l'emmena à la centrale à Smolensk, où l'on s'aperçut qu'il figurait dans le fichier du service d'espionnage allemand dès avant la guerre sous le pseudonyme de « Max ».

Les Allemands virent aussi d'un très bon œil son appartenance à l'organisation monarchiste *Le Trône*. C'était pour eux une excellente recommandation, les membres de cette société secrète anticommuniste étant forcément leurs alliés. Les excellentes références que lui avait fournies le prince Glébov renforcèrent encore leur confiance envers l'espion.

En février 1942, Démianov fut parachuté avec deux autres agents dans la région d'Iaroslav. Ils se perdirent à cause d'une tempête de neige mais réussirent à gagner Moscou séparément. Ces circonstances eurent pour « Max » l'avantage de lui permettre de préparer son appartement pour recevoir les autres agents, ses chefs du NKVD avaient en effet décidé de les laisser en liberté pour pouvoir connaître tous leurs contacts. Il y avait toutefois un risque que Démianov signala : ces hommes entraînés au sabotage pouvaient faire sauter quelques objectifs dans la capitale. On para au danger dès qu'ils se présentèrent chez lui. Sa femme versa dans leur thé un puissant somnifère et, pendant leur sommeil, des spécialistes du NKVD désamorcèrent les détonateurs de leurs charges explosives.

« Max » eut vite fait de gagner la confiance de ses chefs de l'Abwehr. Ils commencèrent à le croire surtout quand il leur fit parvenir des renseignements sur l'offensive projetée par le général Joukov dans la région de Rjev.

Quand les troupes soviétiques s'élancèrent, les Allemands bien préparés repoussèrent les assaillants en leur infligeant de lourdes pertes. Le général Joukov qui commandait l'opération n'apprit jamais que ses plans avaient été, sur l'ordre de Staline, révélés aux Allemands par « Max ». La vie de quelques milliers de soldats soviétiques avait été le prix à payer pour rendre l'agent plus crédible...

Sans nul doute, « Max » fut l'élément principal dans le grand jeu du NKVD et du GROU dont l'objectif était de cacher les préparatifs de l'offensive projetée dans le secteur de Stalingrad.

Démianov ne pouvait pas savoir qu'il n'était pas seul à porter le pseudonyme de « Max », l'Abwehr avait donné ce prénom à plusieurs agents opérant en Union soviétique. Il arrivait souvent aux services de renseignements de désigner tout un groupe par un seul pseudonyme. À l'Ouest, par exemple, trois employés de la mission militaire de Suède à Londres s'appelaient « Joséphine », ils travaillaient aussi dans le cadre de l'opération visant à induire les Allemands en erreur au sujet de l'offensive de Stalingrad.

Tous ceux qui se nommaient « Max » étaient-ils connus du contre-espionnage soviétique ? La question reste posée. Aucun des officiers du NKVD qui contrôlaient et dirigeaient Démianov n'a trahi ce secret. Peut-être parce que seuls les plus hauts fonctionnaires tels Béria ou Koboulov connaissaient la vérité, et ne la partageaient pas avec les officiers subalternes. Toutefois, si les autres « Max » ont réussi à ne pas être démasqués, leurs rapports, authentiques, eux, ne faisaient que renforcer la crédibilité de ceux de Démianov, et les Allemands ne pouvaient que se réjouir d'avoir réussi à introduire leurs agents jusqu'au sommet.

Le 4 juin 1942, « Max » informait que :

Le 2 juin, une division d'infanterie, un régiment d'artillerie, un régiment de chars moyens sont allés d'Astrakhan à Tikhoretsk, vraisemblablement en route pour Rostov. Le 3 juin, un convoi de 300 chars lourds et moyens est allé de Stalingrad à Krasnodar, en direction de Taman.

Un rapport sensationnel de « Max » arriva le 14 juillet 1942 :

À Moscou, un conseil de guerre auquel participaient entre autres Chapochnikov, Molotov, Vorochilov, et également les attachés anglais, américain et chinois s'est achevé dans la nuit du 13 juillet. Chapochnikov a annoncé un recul jusque derrière la Volga, de sorte que les Allemands seront obligés de passer l'hiver devant le fleuve [...]. Des attaques seront menées sur deux points : au nord d'Orel et au nord de Voronej. Une flotte aérienne et des détachements blindés seront employés. Une attaque de diversion sera probablement effectuée dans le secteur de Kalinine.

Après les avoir vus confirmés à plusieurs reprises, les Allemands ajoutaient foi aux rapports de « Max » autant qu'on peut croire un espion. Le commandant du groupe d'armées Centre demandait tous les jours au chef de son service de renseignements si on avait reçu des informations de « Max ». Un officier aussi expérimenté que le général Heinz Guderian dit un jour à Walther Schellenberg[106], quand celui-ci prit la direction des renseignements, qu'aucun espion n'était aussi important et aussi précieux que « Max ».

Or le jeu du NKVD allait encore plus loin. L'homme qui était chargé d'assurer la bonne réception des télégrammes de « Max » était lui aussi un agent soviétique. Il s'appelait Franz Kauders, c'était un Juif né en 1903 à Vienne. À l'âge de vingt-quatre ans, il était allé à Zurich, puis à Paris et à Berlin. Obligé de quitter l'Allemagne après l'accession de Hitler au pouvoir en 1933, il s'était réfugié à Budapest, où il avait pris contact avec le résident local de l'Abwehr. Ses relations avec les services de renseignements soviétiques remontaient vraisemblablement à cette époque, ce qui serait tout à fait naturel : un homme persécuté par les nazis entrait en lutte avec eux de la manière la plus évidente, en mettant ses capacités et ses relations au service de l'espionnage d'un pays ennemi. Et l'Abwehr, appréciant les succès de Kauders, qui avait collecté de nombreux renseignements précieux sur la situation en Yougoslavie, l'avait envoyé à Sofia, où il prit la direction du bureau local du service de renseignements collectant les informations venues d'Union soviétique. C'est ainsi que « Max » passa sous sa tutelle.

Kauders était le premier maillon qui analysait et jugeait les rapports venus d'Union soviétique. Il commit une erreur qui attira sur lui l'attention du chef du bureau de l'Abwehr à Sofia, Wagner. Celui-ci remarqua qu'il n'envoyait pas de messages chiffrés à Moscou avec des instructions pour les agents, ce qui lui parut tout à fait surprenant. Il le convoqua pour lui demander des explications et apprit qu'il utilisait la radio de la police bulgare, parce que *leur mentalité* convient mieux aux Russes*.

Wagner était fouineur. Il chercha à savoir si la station radio de la police bulgare était en liaison avec « Max ». Il s'aperçut que non.

Kauders expliqua à ses chefs de Berlin :

– J'ai fait cette réponse pour que monsieur Wagner ne nous gêne pas dans nos opérations. En fait, en raison des meilleures conditions, les télégrammes sont envoyés de la petite ville portuaire de Samsun en Turquie.

Cette explication se révéla également mensongère. Wagner se présenta avec les preuves de la trahison dans le bureau de l'amiral Wilhelm Canaris, chef de l'Abwehr, où se trouvait aussi le colonel Rudolf von Marogna-Redwitz, responsable des contacts avec les agents soviétiques. Tous deux rejetèrent pourtant les accusations portées contre Kauders, en affirmant que par lui, l'Abwehr recevait les renseignements les plus complets et les plus dignes de confiance.

* Des Bulgares.

– La Luftwaffe estime, dit Rudolf von Marogna-Redwitz, que les rapports de Kauders sont les meilleurs, décisifs pour la conduite des opérations.

Canaris trancha :

– Je vous demanderai de le tenir à l'œil.

Et il ajouta en appuyant bien :

– Mais de ne pas le gêner dans son travail.

Le NKVD trama une intrigue très subtile d'où il ressortait que l'Armée rouge préparait une offensive, mais contre le groupe d'armées *Centre*, ce qui était conforme à la vérité. Même le colonel Reinhard Gehlen, méfiant et analysant exceptionnellement bien la situation, se laissa leurrer par ce jeu et ne remarqua pas les préparatifs de l'offensive dans le secteur de Stalingrad.

Dans un rapport intitulé : *Une brève estimation des positions de l'ennemi*, du 18 novembre 1942, veille de l'offensive soviétique, il dressait le tableau suivant :

[…] Théâtre d'opérations du groupe d'armées B :

Dans le secteur de la 4e armée blindée, de la 6e armée et de la 3e armée roumaine, l'ennemi a amené trois brigades blindées, appartenant probablement au 13e corps blindé, ce qui indique un nouvel accroissement des forces de l'ennemi dans le secteur du 6e corps roumain. Il y a lieu de penser que les attaques prévues, même limitées, peuvent dépasser les dimensions locales, même si rien n'indique que les formations blindées transférées dans le secteur du 6e corps roumain doivent entrer en action à cet endroit.*

Sur le front de la 3e armée roumaine, on ne note que des combats locaux. L'arrivée d'autres divisions russes (la 111e division d'infanterie qui appartient aux réserves de la 61e armée) laisse penser que l'ennemi renforce ses positions.

De tels rapports, rédigés dans le style caractéristique de Gehlen qui évitait de trancher par des explications claires parvinrent au commandement de la Wehrmacht la veille de

* Au sud de Stalingrad.

l'offensive soviétique à Stalingrad. Ils laissaient entendre qu'il ne se passait rien de particulier sur le front, à part les mouvements de routine.

Or depuis le 13 septembre 1942, le commandement soviétique préparait une opération d'envergure. Joukov et Vassilevski s'étaient présentés chez Staline avec les plans d'une grande offensive. Ils proposaient une attaque sur le flanc de la 6e armée du général Paulus lancée à l'assaut de Stalingrad et couverte par les troupes roumaines qu'ils considéraient comme faibles, incapables d'opposer une résistance sérieuse.

– Les Allemands eux-mêmes estiment qu'une de leurs divisions en vaut deux de leurs alliés, à l'exception des finlandaises, argumenta Vassilevski.

Staline hésitait. Il aurait préféré poursuivre la défense de la ville et ne pas se risquer à passer à l'offensive. Peut-être comprenait-il l'importance des pertes entraînées par ce genre d'opérations, et un échec pouvait causer la chute de la ville avec toutes ses conséquences catastrophiques. Il finit par accepter, mais les doutes ne le quittaient pas. Au début de novembre, il était encore prêt à annuler l'opération, baptisée du nom de code *Uranus*. Il s'inquiétait de l'insuffisance de la supériorité numérique des troupes soviétiques. En effet, l'Armée rouge pouvait lancer dans la bataille en tout quatorze armées interarmes et une armée blindée forte de 1 400 chars, 17 000 canons et mortiers et 1 276 avions. Les forces allemandes étaient égales, mais la Wehrmacht avait environ cent avions de plus.

Cela inquiétait tout particulièrement Staline. Le 11 novembre, il téléphona à Joukov qui se trouvait déjà sur le front de Stalingrad :

– L'expérience de cette guerre prouve qu'on ne peut gagner contre les Allemands sans la supériorité aérienne, dit-il. Si elle ne nous est pas assurée, il est préférable de remettre l'opération à un peu plus tard.

Quatre jours avant le début de l'offensive, il téléphona encore une fois. Il déclara que Joukov devait décider seul de la date du début de l'opération. Il le chargeait ainsi de toute la responsabilité, et Joukov n'hésita pas à l'accepter. Il savait que les forces étaient égales, globalement, sur l'ensemble du front, mais pas sur les axes principaux où il avait projeté d'attaquer. Là, il avait une nette supériorité : trois ou quatre fois plus d'hommes et quatre fois plus de matériel, de canons et de mortiers en particulier. Et le plus important était que les Allemands ne se rendaient pas compte le moins du monde de ce qu'allait apporter la nuit du 18 au 19 novembre 1942. La surprise allait se révéler l'arme la plus puissante de Joukov.

Stalingrad

La nuit était très froide. La pluie qui tombait depuis le matin avait gelé et couvert les rues d'une épaisse couche de glace dans laquelle, comme les lampes autrefois, se reflétait la flamme des maisons incendiées. On sentait venir l'hiver et cette perspective remplissait de crainte à divers degrés les assaillants et les défenseurs. La ville détruite n'avait plus de gaz ni d'électricité. Le seul moyen de chauffer les endroits où s'étaient réfugiés les habitants était de brûler du bois, mais de pareils feux ne gardaient pas longtemps la chaleur et les provisions s'épuisaient vite. Les soldats allemands qui avaient déjà fait connaissance avec l'extrême rigueur de l'hiver russe, bien que mieux préparés qu'un an auparavant, appréhendaient aussi les semaines à venir.

Les ténèbres étaient à tout instant rayées par les trajectoires des projectiles traçants qui filaient dans les airs, ou par les brusques éclats des explosions. Des fulgurations s'allumant soudainement sur le fond des nuages de novembre signifiaient infailliblement que quelque part sur la Volga, les Allemands essayaient de s'emparer d'un objectif et intensifiaient leur tir d'artillerie.

Comme d'habitude, à deux ou trois heures du matin, ces clartés commençaient à s'éteindre. Le calme tombait sur Stalingrad comme si assaillants et défenseurs s'étaient préparés au repos, pourtant le silence ne s'établissait pour de bon que vers cinq heures.

Cette nuit-là, il se produisit quelque chose d'étrange. Une grande lueur apparut d'abord dans le ciel du Nord, inégale, comme si mille éclairs s'étaient fondus en un. Ensuite, un grondement se fit entendre. Lointain, étouffé, il s'éteignit peu à peu. Les soldats sommeillant dans les tranchées, emmitouflés dans des couvertures et dans du papier, levèrent la tête. Ce devait être un orage, mais en novembre, sur la steppe, il n'y a pas d'orages ! Jamais...

Un instant plus tard, la même lueur éclaira le ciel au nord. Vive, on aurait dit un éclair. Et le même roulement leur parvint aux oreilles. Ils se levèrent. Nul ne pouvait s'y tromper. Le ciel s'allumait loin, au nord-ouest, quelque part derrière le Don et là-bas, il n'y avait pas d'Allemands. Les minutes s'écoulaient. Personne ne pouvait plus avoir de doutes : « Les nôtres avancent ! » De divers points de Stalingrad s'élevèrent des chapelets de balles traçantes et les panaches des fusées éclairantes s'épanouirent dans le ciel, comme si toutes les troupes avaient voulu participer à la lointaine canonnade.

Ce jour-là, à l'aube, le 19 novembre, le front du Don et le front Sud-Ouest s'ébranlèrent au nord de la ville. Le choc était si violent et si puissant que la ligne d'armées roumaines commença à craquer en dépit d'une résistance acharnée. Le seul espoir était l'entrée en action du XLVIIIe corps blindé du général Ferdinand Heim, mais celui-ci avait perdu ses troupes. Il avait sous ses ordres la 22e division blindée complètement épuisée par les combats pour Stalingrad et la 1re division blindée roumaine égarée quelque part dans la steppe, et le commandement d'une unité combattante de la 14e division lui avait été retiré. Le corps blindé qui aurait pu arrêter l'offensive soviétique était ainsi bloqué à l'arrière, incapable de venir dégager les Roumains* dont les

* Hitler ordonna de fusiller le général Heim, mais en fin de compte, l'exécution n'eut pas lieu.

forces fondaient rapidement sous le feu soviétique. Au bout de trois jours, leur défense lâcha et les soldats s'élancèrent dans une fuite éperdue.

Au sud de la ville, les troupes du front de Stalingrad se mirent en mouvement. La situation de la veille se répéta : la 4e armée roumaine se battit vaillamment, mais elle n'était pas en état d'arrêter le rouleau compresseur blindé. Le 21 novembre, le front de Stalingrad fit sa jonction avec celui du Don, enfermant la 6e armée de Paulus et une partie de la 4e armée blindée de Hoth.

Staline réagit nerveusement à la nouvelle du succès de ses armées. Il restait assis en silence devant la carte sur laquelle était dessiné un grand cercle rouge entourant les troupes allemandes. Si on réussissait à les anéantir, ce serait un tournant dans cette guerre. Était-ce possible ? Il ne connaissait pas le nombre des soldats de la Wehrmacht enfermés, mais il pensait que la 6e armée était assez forte pour entreprendre de briser le cercle. Il y avait lieu de penser que les Allemands appuieraient les efforts de Paulus en frappant de l'extérieur. Cependant, la 6e armée restait dans la poche sans essayer de rompre les lignes soviétiques encore faibles. Pourquoi ?

C'est que Hitler avait décidé du sort des unités encerclées en ordonnant :

La 6e armée se formera en hérisson et attendra d'être secourue de l'extérieur.

Pourquoi agit-il ainsi ?

Les dictateurs sont très chatouilleux sur le chapitre de l'honneur. Ils veulent que le peuple voie dans chacun de leurs actes, dans chacun de leurs pas, une volonté de fer et une vision prophétique des événements. En effet, le 30 septembre et le 8 novembre, il avait promis au peuple que ses soldats ne se retireraient pas de Stalingrad et que cette ville maudite portant le nom d'un bolchevik haï tomberait sous leurs coups. Comment aurait-il donc pu accepter deux semaines plus tard la retraite des armées chargées d'accomplir cette mission ? Ou peut-être craignait-il que, comme en 1941, le repli dans les conditions hivernales ne puisse se transformer en fuite panique ?

Pour le général Paulus, chef de la 6e armée, l'ordre du Führer signifiait que, privé de toute possibilité de manœuvrer, il ne pouvait compter que sur un secours venu de l'extérieur. Il tenta d'écarter la menace de destruction de son armée. Le 23 novembre au soir, il télégraphia à Hitler :

L'ennemi n'a pas encore fermé la poche à l'ouest et au sud-ouest, mais cela ne tardera pas. Nos réserves de munitions et de carburant s'épuisent. Il faut absolument retirer toutes nos divisions de Stalingrad.

La réponse arriva dans la nuit du 23 au 24 novembre :

Le Führer n'accepte pas le retrait des troupes.

278 000 soldats allemands de la 6e armée et une partie de la 4e armée blindée se retrouvèrent bientôt dans une poche longue de soixante kilomètres et large de quarante. Combien de temps pourraient-ils tenir, privés d'approvisionnements ?

L'armée de Paulus consommait quotidiennement environ 400 tonnes de munitions, de carburant et de ravitaillement acheminés par 17 ou 18 trains de marchandises. Le minimum aurait été 300 tonnes et, comme l'Armée rouge avait bloqué les routes et les lignes de chemin de fer, il aurait fallu que cette quantité d'approvisionnements arrive par la voie des airs. Cela voulait dire que chaque jour 300 avions environ auraient dû se poser sur les sept aérodromes compris dans le secteur de la 6e armée. Était-ce possible ?

Hitler posa la question au chef de la Luftwaffe, Hermann Göring. Celui-ci donna une réponse affirmative. Il se référa à la défense du IIe corps encerclé en février 1942 dans la région de Démiansk où 96 000 soldats avaient opposé une résistance désespérée à un ennemi supérieur et repoussé les attaques, même quand les Russes avaient jeté au centre de la poche deux brigades de parachutistes. Un apport constant par les airs d'armes, de munitions et de ravitaillement avait permis de tenir. Jour après jour, sur les aérodromes de campagne du corps encerclé atterrissaient de cent à cent cinquante avions de transport. Ils avaient apporté en tout 65 000 tonnes de ravitaillement et évacué 34 500 blessés et malades. Göring ne voulait pas voir qu'à Stalingrad la situation était tout à fait différente, ou il n'en eut pas le temps (quand Hitler l'interrogea sur la possibilité de ravitailler l'armée de Paulus, il se préparait à aller faire des achats à Paris). À peu de chose près, trois fois plus de soldats que dans le secteur de Démiansk se trouvaient encerclés. Il leur fallait donc beaucoup plus d'approvisionnements, et cela à la plus mauvaise saison. Les pluies, les nuages bas, les brouillards beaucoup plus fréquents en novembre qu'en février pouvaient paralyser le trafic aérien pendant de nombreux jours.

Dès la fin novembre, la température tomba à trente-cinq degrés en-dessous de zéro. Les tempêtes de neige commencèrent. Le froid limita l'efficacité de l'aviation allemande et le nombre d'appareils qu'on réussissait à faire démarrer et à mettre en état de voler. Un ravitaillement régulier aurait exigé mille avions de transport *Ju52/3m*, alors que la Luftwaffe n'en avait que 750, et encore, sur les aérodromes de nombreux pays d'Europe, et en Afrique. En conséquence, l'armée de Paulus encerclée recevait quotidiennement 90 tonnes de ravitaillement au lieu des 300 indispensables !

Mais Hitler ne voulait pas s'en remettre au pont aérien, il pensait que la 6e armée ne resterait pas longtemps enfermée. Il confia la tâche de briser la ligne de troupes soviétiques à l'un de ses meilleurs chefs, le feld-maréchal Erich von Manstein, qui devait mener au combat le groupe d'armées *Don*. C'était, semblait-il, une force suffisante pour rompre le cercle soviétique. Mais dans ce groupement, tout était dans le nom, derrière lequel il ne se cachait pas grand-chose. Le feld-maréchal n'avait sous ses ordres que cinq divisions blindées, quatre divisions d'infanterie et trois divisions de campagne de la Luftwaffe, en plus quelques unités roumaines, épuisées à l'extrême. Hitler affaiblit encore ces forces en envoyant une des divisions blindées sur les arrières de la 8e armée italienne mise à mal. Manstein ne pouvait que compter sur le temps susceptible d'empêcher l'aviation soviétique d'intervenir, et sur la force indéfectible de la 6e division blindée, transférée de France le 27 novembre, disposant de 160 chars *PzKpfw IV*, d'un bataillon de 30 chars lourds *Tiger*, de 42 canons automoteurs et de 22 véhicules lourds blindés, enfin sur l'affaiblissement des divisions soviétiques également exsangues.

Pendant ce temps, les réserves des troupes encerclées fondaient à vue d'œil. À compter du 8 décembre 1942, les soldats recevaient journellement 200 grammes de pain, 120 grammes de viande fraîche ou 200 grammes de cheval, 50 grammes de fromage ou 75 grammes de saucisson, 30 grammes de beurre, ou de margarine ou de saindoux, trois rations d'alcool, trois cigarettes, un cigare ou 25 grammes de tabac. En comparaison du ravitaillement de la population des pays occupés, c'était beaucoup, plus que ce que touchaient les soldats soviétiques, plus que ce qu'avaient les habitants de Léningrad assiégée, obligés de se contenter jour après jour de 125 à 250 grammes de pain d'avoine ou de cellulose. Mais les magasins allemands se vidaient rapidement. Les forces de Paulus s'épuisaient et il était évident que dans quelques semaines l'armée réduite à la misère ne pourrait plus repousser une offensive soviétique décisive.

Le 12 décembre 1942 fut lancée la contre-offensive allemande qui devait briser l'étau soviétique autour de la 6e armée. Au sud, la 6e division blindée, reposée et très bien équipée, avança comme un bélier, démolissant la défense soviétique. En deux jours, elle détruisit quarante et un chars et s'enfonça de cinquante kilomètres. Il ne lui en restait plus que quarante-huit jusqu'aux lignes de défense du général Paulus ! Si près !

Hitler décida de soutenir l'attaque et, le 15 décembre, il ordonna de lancer dans la bataille la 17e division blindée, en position jusqu'alors sur les arrières des troupes italiennes, mais elle avait à peine trente chars en état de combattre.

Au nord avançaient deux divisions blindées du groupe d'armées *Hollidt*.

Et il arriva soudain ce que redoutait Manstein et ce à quoi Hitler ne voulait pas penser en enlevant une division blindée de derrière la faible 8e armée italienne. Les Russes remarquèrent cette manœuvre et c'est sur ce point que, le 16 décembre, ils dirigèrent l'offensive de trois de leurs armées. Après trois jours d'une résistance désespérée, les Italiens prirent la fuite, laissant dans le front une énorme brèche que les Allemands n'étaient déjà plus capables de colmater. Les troupes soviétiques les chassèrent des deux localités de Tatsynska et de Morozovsk où se trouvaient les aérodromes d'où partaient les avions ravitaillant la 6e armée. Les nouveaux terrains d'aviation se trouvaient à 120 kilomètres à l'ouest. La distance à parcourir par les avions de transport s'allongeait, la conséquence immédiate en fut une diminution du nombre des vols et des fournitures.

Le général Paulus exigeait 1 800 tonnes de vivres et 4 000 tonnes de carburant pour qu'une partie de ses détachements puissent tenter de traverser les lignes soviétiques et de faire leur jonction avec les divisions venant du sud. La Luftwaffe mobilisa toutes ses forces, le 18 décembre, elle apporta à l'armée de Paulus 270 tonnes, soit trois fois le volume fourni journellement jusqu'alors, mais ce n'était pas suffisant pour qu'un groupe de choc puisse prendre l'offensive. Il restait une possibilité : la 6e armée tout entière quitterait Stalingrad pour franchir les lignes soviétiques. On pouvait penser qu'une attaque concentrée de deux côtés, de l'intérieur et de l'extérieur, ouvrirait le cercle. Toutefois, donner un tel ordre à la 6e armée aurait signifié pour elle l'obligation d'abandonner environ 10 000 blessés dont le sort aurait été réglé d'avance s'ils étaient tombés aux mains des Russes. La décision appartenait à Hitler, mais il savait que les forces de Paulus retenaient à Stalingrad soixante-dix divisions et brigades soviétiques qui, libérées des combats devant la ville, auraient isolé les troupes allemandes dans le sud de l'Union soviétique.

– La 6e armée doit rester sur ses positions, même si je ne réussis pas à la délivrer avant le printemps, dit Hitler.

Il ne comprenait toujours pas à quel point la situation était critique. Il condamnait toute l'armée, qui n'opéra aucun déplacement.

Le temps était de plus en plus mauvais. Les jours de plus en plus courts et les fréquentes tempêtes de neige entraînèrent une interruption des fournitures.

Le 24 décembre, les rations alimentaires des soldats furent réduites une fois de plus. Pour le déjeuner, on leur distribuait du riz ou un tout petit peu de viande de cheval, pour le dîner, 200 grammes de pain, deux boulettes de cheval, 20 grammes de beurre et du café. On ajoutait quelquefois 115 grammes de pain et 30 grammes de sucre. Il était évident que les réserves ne dureraient pas longtemps et qu'il faudrait d'un jour à l'autre diminuer encore les rations.

Le général Paulus adressa ce jour-là une proclamation à ses soldats :

Les Russes font des efforts incessants pour tenter d'entamer des pourparlers avec le commandement de l'armée ou de ses unités. Le but est évident : ils veulent briser notre volonté de résistance en faisant des promesses. Nous savons tous ce qui nous menace quand nous cesserons de nous défendre : la mort sous les balles de l'ennemi, ou par la faim et les souffrances de la captivité en Sibérie. Une chose est certaine : celui qui se rend ne reverra plus jamais ses proches. Il ne nous reste qu'une possibilité : nous battre jusqu'à la dernière cartouche. C'est pourquoi toute proposition de négocier sera rejetée, laissée sans réponse et ceux qui parleront de rédition s'exposeront à la mort.

Staline reçut une traduction de cette proclamation du chef de la 6e armée. Cela le tranquillisa. Il savait qu'à Stalingrad, il avait gagné.

On touchait à l'heure du règlement définitif, qui devait peser sur le cours de toute la guerre. Le 10 janvier 1943 à 8 h 05, 7 000 canons et mortiers soviétiques ouvrirent un feu concentré sur les positions de la 6e armée. Deux armées soviétiques attaquèrent après un déluge de feu et de fer de cinquante-cinq minutes.

Le 22 janvier à seize heures, Paulus télégraphia à Hitler :

Nous ne réussissons plus à contenir la pression des Russes. Il n'est pas possible non plus de recevoir des munitions des fronts voisins. Nous n'aurons bientôt plus de vivres. Plus de 12 000 blessés ne sont pas soignés. Quel ordre devrais-je donner à des soldats qui n'ont pas de munitions et sont sous le feu massif de l'artillerie, des chars et de l'infanterie ?

En guise de réponse à cette dépêche, Hitler nomma, le 30 janvier 1943, Paulus feld-maréchal. Il récompensait les services d'un combattant courageux, mais il n'était pas guidé par l'admiration pour la bravoure du chef et de ses hommes. Il comprenait que le jour était proche où la 6e armée serait épuisée et obligée de hisser le drapeau blanc car les soldats n'auraient plus de quoi tirer sur l'ennemi. Il voulait que Paulus ne se laisse pas faire prisonnier mais se suicide. Il aurait été un héros ayant combattu jusqu'au bout en gardant pour lui la dernière cartouche. Son exemple en aurait incité d'autres à lutter. Il avait élevé Paulus à cette dignité parce que depuis 1871, aucun feld-maréchal allemand ne s'était rendu à l'ennemi !

Le 31 janvier 1943, le feld-maréchal Paulus signa la capitulation du groupe *Sud*. En revanche, il refusa d'ordonner la capitulation des unités qui se défendaient au nord, affirmant que, étant prisonnier de guerre, il n'en avait pas le droit.

Le 2 février 1943, la résistance des derniers éléments allemands était brisée.

À Stalingrad périrent 147 200 soldats des troupes allemandes ou de celles de leurs alliés, 91 000, dont 24 généraux furent faits prisonniers. Bien peu sont revenus en Allemagne après la guerre. Les Russes s'emparèrent de 6 000 canons et de 60 000 véhicules à moteur. L'Armée rouge, à partir de ce moment, prit l'initiative stratégique.

Un jour de février, dans un camp de transit où les officiers avaient été rassemblés avant d'être emmenés en Sibérie, arriva une équipe cinématographique. Elle s'arrêta devant le baraquement où avaient été regroupés les officiers allemands les plus élevés en grade. L'opérateur planta sa caméra devant un tabouret en bois et fit signe qu'il était prêt à commencer son travail. Les hommes du NKVD firent alors sortir le feld-maréchal Paulus. Il ne portait que son uniforme malgré le froid. Il s'était seulement coiffé d'une chapska fourrée. Il s'assit bien droit sur le tabouret. Il fixait la caméra. On lui ordonna ensuite de s'asseoir de profil, puis de l'autre côté. Il était gêné de ce spectacle devant la caméra qui ronflait.

Ensuite vinrent les autres généraux. Tous s'assirent docilement sur le siège jusqu'à ce que l'opérateur ait fini son travail et leur permette de s'en aller. Ils ne savaient pas qu'ils venaient de figurer dans un film pour Staline. Il voulait regarder ceux qu'il avait vaincus…

L’incertitude

John Cairncross, un homme grand, mince, à la chevelure coupée de mèches blanches contrastant avec son visage jeune, arrêta sa voiture devant la bibliothèque publique dans le quartier londonien de Hempstead. Pendant quelques minutes, il resta assis derrière le volant, faisant semblant de feuilleter un livre. En réalité, il scrutait attentivement les alentours, cherchant à découvrir quelque signe de danger, mais rien ne troublait la paix de cet après-midi d’un samedi de mars dans ce quartier aisé. Il descendit et entra rapidement dans la salle où il disparut entre les rayons.

Il choisissait toujours la même heure, juste avant la fermeture de la bibliothèque quand presque aucun lecteur ne venait plus chercher de livres. Et cette fois non plus, il n’y avait personne, sauf un homme assis à une petite table devant une fenêtre. Petit et gros, portant des lunettes, les cheveux blond clair peignés tout plats en arrière, il avait l’air de quelqu’un qui passe beaucoup de temps à lire. Il jugea apparemment qu’il avait encore besoin d’un volume, car il alla demander au bibliothécaire le titre qui lui manquait. Ensuite, il passa aussi entre les rayons. En voyant Cairncross, il sourit aimablement et se mit à examiner les dos des ouvrages. Ils restèrent ainsi un moment, observant la salle de lecture par les intervalles entre les livres et au-dessus.

– Salut, dit l’homme. En plus des matériaux, as-tu quelque explication ?

Cairncross répondit tout bas :

– Non.

Et montrant le livre qu'il venait de déposer sur le rayon, il ajouta :

– C'est particulièrement important.

– La prochaine rencontre ?

– Je te le ferai savoir comme d'habitude.

Il sortit de la bibliothèque. L'homme lui emboîta le pas. C'était Anatoliï Gorski[107], employé de l'ambassade soviétique, mais en réalité officier du NKVD, qui depuis 1940 dirigeait à Londres plusieurs agents. La bibliothèque dans laquelle il rencontrait Cairncross était l'un de ses quelques points de contact (sa prédilection allait à Kensington Park près de l'ambassade soviétique).

Ils se quittèrent au coin de la rue. Cairncross monta dans sa voiture et regagna son appartement londonien, tandis que Gorski allait à l'arrêt d'autobus. Parmi les livres qu'il portait sous le bras se trouvait celui que son complice lui avait donné. Dans ses couvertures étaient collés des billets renfermant des rapports. Il ne connaissait pas encore l'importance des renseignements qu'il allait pouvoir envoyer à la centrale de Moscou.

John Cairncross qui travaillait vraisemblablement depuis 1934 pour le service de renseignements soviétique avait accès à des sources importantes. Son intelligence exceptionnelle l'avait fait embaucher au ministère des Affaires étrangères. Il devint ensuite secrétaire de lord Hankey, sur le bureau de qui arrivaient les documents secrets concernant les activités des services spéciaux britanniques. Toutefois, c'est seulement son travail à Bletchley Park, où les décrypteurs britanniques déchiffraient les messages allemands qui lui permit de glaner les informations les plus secrètes sur les plans allemands. Bien qu'à partir de l'été 1941, les services britanniques, sur l'ordre de Winston Churchill, aient informé les Russes des découvertes les plus importantes, en cachant naïvement qu'elles provenaient du décodage d'*Enigma*, les matériaux collectés par Cairncross leur donnaient un aperçu complet de la situation. Ils furent ainsi mis au courant, en avril 1943, de l'offensive projetée. À la fin du même mois, les services de renseignements britanniques communiquèrent des informations à ce sujet, mais celles de Cairncross étaient plus complètes.

Staline, qui vivait dans l'euphorie après la victoire de Stalingrad, alors que son entourage, puis la presse et le peuple tout entier s'étaient mis à glorifier le génie militaire de leur chef, craignait une offensive allemande. Il voyait bien que la victoire était encore loin et qu'une erreur dans l'évaluation de l'ennemi pouvait changer la situation.

Les Allemands avaient perdu une bataille, mais pas la guerre. Ils représentaient toujours une puissance économique et militaire et en dépit des pertes énormes sur le front, Hitler avait de plus en plus de réserves à sa disposition. En 1943 justement, le potentiel allemand se mit à croître brusquement. Ceci parce que le ministère de l'Armement fut confié à Albert Speer qui fut doté de pouvoirs très étendus. Cet architecte de trente-sept ans constata avec stupeur un invraisemblable gaspillage dans l'économie de guerre. Les rapports de la commission visitant sur son ordre les usines montrèrent qu'on pouvait encore augmenter considérablement la production. Par exemple, sur 117 manufactures de tapis, elles étaient tout juste cinq à fournir 90 % de la production totale. Speer ordonna de fermer les 112 autres et d'affecter leurs machines et leurs ouvriers à la production de guerre. En 1942, vingt-trois firmes fabriquaient trois cents types de verres prismatiques. Sur l'intervention de Speer, le nombre de verres différents fut réduit à quatorze et sept usines furent chargées de les fabriquer. En 1942, 334 usines produisaient des mitrailleuses et des canons pour les avions. Le nouveau ministre n'en laissa subsister que 64. Ces réformes dans l'industrie eurent pour effet un accroissement énorme de la productivité et une économie absolument invraisemblable de temps et de matières premières. Pour les moteurs d'avions *BMW 801*, par exemple, on consommait à la fin de 1942 dix fois moins de plomb, sept fois moins de cuivre, six fois moins de zinc et moitié moins d'aluminium qu'en 1940. Si l'on considère qu'à la fin de 1942, on avait construit presque 4 000 moteurs de ce type, ces économies signifiaient quelque chose.

La Wehrmacht reçut des armes nouvelles. 1943 s'avéra une année cruciale pour les formations blindées, qui furent équipées de nombreux types d'excellents véhicules de combat, décidément supérieurs à ceux des ennemis. La production de chars *Panther*[108] fut lancée en janvier 1943 et un mois plus tard, les premiers exemplaires étaient prêts à servir sur le front. Hitler les vit sur un polygone et il était persuadé qu'ils viendraient à bout des *T 34* soviétiques jusqu'alors supérieurs aux chars de combat allemands par l'épaisseur et le profilé de leur blindage, par la force de leur canon, leur vitesse et leur maniabilité.

Les chars *Panther* étaient d'excellents véhicules blindés, développant une grande vitesse et très maniables grâce à un mécanisme permettant de faire tourner les chenilles dans des directions opposées. Ils pouvaient faire demi-tour sur place. Les plaques de blindage épaisses et inclinées protégeaient bien l'équipage, et les obus à noyau de wolfram tirés par un canon de 75 long pouvaient traverser le blindage de n'importe quel char soviétique. Les premiers avaient aussi des défauts : les imperfections du système de refroidissement, du système de transmission et de la suspension empêchaient de les employer au combat. Plus tard seulement, les modèles *A* et *G* se révélèrent de terribles adversaires des *T 34* soviétiques.

Les troupes allemandes devaient recevoir une arme encore plus puissante : les chars lourds *Tiger*[109] avec lesquels ne pouvait rivaliser aucun engin de combat soviétique. Leur blindage de cent millimètres d'épaisseur couvrant les organes les plus importants les rendait presque insensibles à l'explosion des obus soviétiques et leur canon de 88 millimètres, le meilleur du monde, pouvait détruire à une distance de 1 200 mètres environ n'importe quel blindé soviétique, qui aurait dû s'approcher à cinq ou six cents mètres pour tirer avec succès. Ces quelques centaines de mètres étaient décisifs dans un duel au canon.

Grâce à une erreur du commandement allemand, les Russes apprirent très tôt leur existence. En août 1942, quatre *Tiger* furent envoyés à l'essai sur le front de Léningrad. Ils durent se battre sur un terrain très défavorable, boisé et marécageux, et ils furent détruits par les canons antichars russes. Mais leur apparition avait alarmé le commandement soviétique conscient que bientôt, ce ne seraient pas quatre véhicules de ce type, mais des centaines qui allaient monter au front, protégés par leur blindage épais, fortement armés, et qui mettraient en déroute la défense soviétique. Aussi les Russes s'activèrent-ils fébrilement à équiper leurs troupes de véhicules de combat capables de s'opposer aux *Tiger*. La tâche était d'autant plus urgente que les essais effectués en janvier 1943, après la prise d'un de ces engins intact, montrèrent que les obus du canon de 76 millimètres du *T-34* ne perçaient pas son blindage. Mais les usines *Kirov* à Tchélabinsk travaillaient déjà à la construction d'un canon automoteur lourd. Le 4 janvier 1943, le constructeur avait résolu le problème, et les équipes des usines de Tchélabinsk reçurent l'ordre de fabriquer un prototype en vingt-cinq jours. Un délai à donner le vertige, il fut pourtant respecté. Ainsi naquit le canon automoteur *SU-152*[110] armé d'un puissant canon-obusier de 152 millimètres assez fort pour détruire un *Tiger*.

Mais les Allemands n'avaient pas dit leur dernier mot. En janvier 1943, un char encore plus puissant fut commandé aux usines Henschel, le *Königstiger*, couvert à l'avant d'un blindage de 180 millimètres et armé d'un canon de 88.

Cette révolution dans l'évolution des blindés, arme décisive, avec l'aviation, dans les batailles de la Seconde Guerre mondiale, s'accompagna d'un accroissement des effectifs de la Wehrmacht qui passèrent de 8 410 000 hommes en 1942 à 9 480 000 en 1943, chiffre qui de toute la guerre ne fut jamais dépassé.

Où allaient-ils frapper pour reprendre l'initiative stratégique perdue à Stalingrad ?

La ligne de front s'étendait sur 1 600 kilomètres de Léningrad à Rostov sur la mer d'Azov. Avant que Cairncross n'envoie par l'intermédiaire de Gorski les documents décryptés, le général Joukov avait déjà parié sur le secteur de Koursk. Là, au sud de Moscou, le front faisait ventre, dessinant ce qu'on appelait le saillant de Koursk. La situation se présentait ainsi depuis février 1943, lorsque les armées de trois fronts avaient repoussé les Allemands devant cette ville, important nœud de communications. Sa prise leur aurait permis d'améliorer les transports le long du front et de faciliter le ravitaillement des armées, le transfert de troupes et autres opérations de même nature. Les Russes de leur côté voulaient tenir Koursk à n'importe quel prix et cette détermination laissait prévoir qu'ils ne reculeraient pas, quel que dût être le nombre de victimes. En frappant sur ce point, on aurait donc pu détruire le fer de lance de l'Armée rouge. C'est ce que proposa le feld-maréchal Erich von Manstein, et Hitler saisit l'idée au vol.

Le 18 février 1943, il visita le quartier général du commandant en chef du groupe d'armées *Sud* à Zaporojie, le feld-maréchal Erich von Manstein. Il prononça une allocution devant les officiers. Il leur dit :

– L'issue de la bataille décisive dépend de vous. À mille kilomètres des frontières du Troisième Reich il en va du sort de l'Allemagne pour aujourd'hui et pour demain. Des divisions de plus en plus nombreuses partent pour le front de l'Est. Vous allez recevoir une arme extraordinaire, inconnue jusqu'à présent.

La dimension des préparatifs allemands révélée par l'espionnage fit réagir Staline avec une grande nervosité. Il pensa qu'il fallait jouer l'atout que représentait la connaissance des projets de l'ennemi, et le devancer, frapper de toutes ses forces avant qu'il ne soit prêt à lancer son offensive.

Joukov s'y opposa. À son avis, il était plus raisonnable de préparer dans le saillant de Koursk les armées à la défense, de freiner l'élan de l'attaque allemande puis de faire donner des réserves qui décideraient de l'issue de la bataille. Il présenta cette proposition le 8 avril 1943, s'attendant à ce que le chef suprême la rejette, comme cela se produisait d'ordinaire dans un passé récent, et ne démorde pas de son idée d'une attaque préventive. Or, Staline convoqua un conseil pour le 12 avril, écouta patiemment les opinions des commandants des fronts qui soutenaient tous son projet et... ordonna de former des lignes de défense qui repousseraient l'attaque allemande. Il acceptait donc le plan de Joukov, ce qui sauva probablement l'Armée rouge d'une défaite.

On entreprit devant Koursk la construction d'un gigantesque système défensif : huit lignes jusqu'à une profondeur de 300 kilomètres. La longueur totale des tranchées et des boyaux de liaison atteignait 10 000 kilomètres. Ils constituaient un rempart solide pour 1 336 000 soldats appuyés par plus de 19 000 canons et mortiers, 3 444 chars et 2 172 avions. Les troupes soviétiques étaient nettement supérieures aux forces allemandes.

Toutefois, les chefs devaient répondre à la question de savoir comment les disposer. Une estimation erronée des intentions de l'ennemi, une mauvaise répartition des forces, leur concentration hors des axes principaux des assauts auraient donné l'avantage aux Allemands et auraient pu entraîner une défaite. Est-ce que les renseignements communiqués par les services britanniques ont aidé à prendre les décisions les plus importantes pour l'issue de la bataille ? Certainement, mais les Russes ne l'ont jamais reconnu.

Le commandant du front central, le général Konstanty Rokossovski estimait que, sur les 360 kilomètres défendus par ses armées, l'endroit le plus menacé était un secteur de 35 kilomètres près de la ville de Ponyr. Et c'est là qu'il dirigea 80 % de ses chars, 70 % de son artillerie et 60 % de ses soldats.

Le général Nikolaï Vatoutine, commandant du front de Voronej, décida que sur une zone de 244 kilomètres de long que devait défendre son armée forte de 626 000 soldats, le plus menacé était un tronçon de 164 kilomètres, et c'est là qu'il concentra 90 % des chars, 83 % des soldats et 86 % de l'artillerie.

Le puissant groupement de la région militaire de la Steppe du général Ivan Koniev fut gardé en réserve ; ses armées pourraient appuyer les unités de première ligne affaiblies par les combats. Leur rôle s'avéra considérable.

Fin juin, les masses d'hommes et de matériel rassemblées sur un front se déroulant sur des centaines de kilomètres aux environs des villes d'Orel, Koursk et Kharkov étaient prêtes à se battre. Elles étaient destinées à arrêter l'attaque allemande et à frapper le coup décisif.

Les Allemands dirigèrent sur le théâtre de la bataille projetée la 9e et la 2e armée interarmes, la 4e armée blindée, ainsi que le groupe opérationnel *Kempf*, en tout 900 000 soldats, 10 000 canons et mortiers, 2 700 chars et 2 050 avions.

Le plan prévoyait de lancer le 5 juillet 1943 à trois heures du matin une préparation d'artillerie de deux heures, après quoi le gros des troupes attaquerait. Le commandement allemand voulait briser la défense soviétique par le fer et par le feu et atteindre Koursk le plus vite possible. Il se décida à jeter presque toutes ses forces dans la bataille sans garder les réserves nécessaires. Il n'évaluait pas bien les forces et les préparatifs de défense des Russes. Il ne voyait pas que ses plans n'étaient pas un secret pour l'ennemi.

Cette bataille qui devait, une bonne fois, décider de l'issue de la guerre à l'Est absorbait Staline au point qu'il relégua au second plan les activités politiques et diplomatiques. Certes, il ne négligeait pas d'inciter les Alliés à ouvrir un deuxième front en 1943, comme ils en avaient pris l'engagement un an plus tôt, mais il ne croyait pas cela possible. Et il se produisit soudain un tournant dans la politique, très propice aux plans de Staline.

La radio de Berlin annonça le 13 avril 1943 la découverte à Katyn près de Smolensk de fosses communes où étaient enterrés des officiers polonais assassinés par le NKVD. Trois jours plus tard, les autorités soviétiques publiaient un communiqué officiel :

Une bande de menteurs à la solde de Goebbels répand depuis deux ou trois jours d'horribles et calomnieuses informations fabriquées par eux-mêmes au sujet de prétendues exécutions en masse par les organes soviétiques dans la région de Smolensk au printemps de 1940. Les déclarations des Allemands ne laissent aucun doute quant au sort tragique des prisonniers de guerre polonais qui se trouvaient en 1941 dans les territoires à l'ouest de Smolensk où ils étaient employés à des travaux de construction, ni de ceux qui, avec de nombreux citoyens soviétiques habitant la région de Smolensk tombèrent aux mains des bourreaux allemands après le retrait des troupes soviétiques de la ville. […] Les Allemands cherchent à rejeter sur les Russes la responsabilité de leurs propres crimes effroyables. […] Ces assassins professionnels allemands qui ont tué des centaines de milliers de citoyens polonais en Pologne ne convaincront personne par de tels mensonges et calomnies.

Ce communiqué indiquait clairement la ligne qu'allait suivre la politique soviétique : nier tout et rejeter la faute sur les Allemands. Ils avaient beaucoup de chances d'être crus par un grand nombre de personnes parce que les crimes allemands étaient de notoriété publique : exécutions en masses, rafles et déportations pour le travail forcé, prises d'otages, pacification du ghetto de Varsovie, commencée le 19 avril 1943, instauration de camps de la mort. Les crimes soviétiques, eux, n'étaient pas encore connus. En outre, il n'était guère possible de prouver que les officiers polonais avaient été assassinés par le NKVD qui pouvait, lui, fabriquer aisément des preuves de la culpabilité des Allemands. Il ne s'en priva pas. Il n'y avait aucune chance non plus de voir, dans l'affaire du crime de Katyn, les puissances occidentales soutenir le gouvernement polonais. Churchill et Roosevelt qui ne réagissaient pas aux informations concernant l'assassinat de millions de Juifs ne pouvaient risquer le moindre geste de solidarité avec le gouvernement polonais pour 10 000 officiers massacrés*.

Les démocraties ne voulaient pas se mettre à dos l'allié qui à l'Est supportait le poids de la guerre. Le premier ministre polonais Władysław Sikorski, lui, ne pouvait pas ne pas réagir à la découverte des tombes de Katyn. La douleur et l'indignation des Polonais étaient immenses, dans le pays comme à l'étranger, ils attendaient de lui un geste énergique mais le gouvernement britannique le mit en garde pour qu'il n'aille pas trop loin. Churchill lui dit :

– C'est une guerre que nous devons gagner, le temps n'est pas aux querelles.

Le 16 avril, le gouvernement polonais adressa un appel à la Croix-Rouge internationale pour demander une enquête sur les circonstances de l'assassinat des officiers polonais à Katyn. En agissant ainsi, Sikorski ne préjugeait donc absolument pas de la culpabilité du NKVD et ne formulait

* Les Allemands avaient annoncé la découverte des corps de 10 000 officiers à Katyn, ce qui ne correspondait pas à la vérité. Dans la forêt de Katyn, 4 231 prisonniers de guerre polonais avaient été assassinés et enterrés. À Miednoïe et à Piatikhatka, c'étaient plus de 11 000, mais en 1943, l'existence de ces fosses communes n'était pas connue.

aucune accusation contre le système soviétique. De son côté, le gouvernement allemand adressa à la Croix-Rouge internationale la même proposition que les Polonais. Staline trouvait là un argument pour renforcer sa réaction négative, d'autant que la Croix-Rouge internationale soumettait l'envoi à Katyn d'une commission spéciale à l'accord du gouvernement soviétique. C'est donc une commission organisée par les seuls Allemands qui se rendit sur les lieux du crime. Elle ne comptait parmi ses membres qu'un seul représentant d'un pays neutre : la Suisse. Tous les autres étaient des hommes de science venus de pays occupés ou alliés : Finlande, Italie, Roumanie, Bulgarie, France, Hollande et Tchécoslovaquie. Staline avait donc suffisamment de possibilités de rejeter l'accusation et d'agir contre la Pologne. Depuis longtemps, il attendait l'occasion à saisir pour rompre les relations avec le gouvernement polonais. Or celle qui se présenta était un crime commis sur son ordre.

Churchill essaya d'intervenir pour prévenir une rupture des relations polono-soviétiques. Dans un télégramme à Staline du 24 avril, il s'efforçait d'expliquer la réaction de Sikorski, comme s'il avait voulu se la faire pardonner :

Sa situation est très difficile. Il est loin de prendre une position pro-allemande ou de s'allier aux Allemands, mais il risque d'être renversé par les Polonais, qui le jugent trop peu énergique envers les Soviétiques. S'il quittait son poste, nous pourrions avoir quelqu'un de pire. C'est pourquoi j'espère que votre décision de « rompre » les relations peut être interprétée plutôt comme un sérieux avertissement et ne sera pas rendue publique tant que d'autres solutions n'auront pas été envisagées. Une annonce publique de la rupture aurait le plus mauvais effet aux États-Unis, où les Polonais sont nombreux et influents.

Mais Staline ne voulait pas laisser une pareille occasion lui échapper, elle couronnait magnifiquement ses menées contre une alliance avec la Pologne, en cours depuis deux mois.

En février 1943, il ordonna de lancer une campagne de propagande visant à montrer que la frontière de la Pologne d'après la guerre devrait suivre la ligne Curzon*, ce qui signifiait que l'Union soviétique conserverait les territoires polonais occupés en septembre 1939. À Kharkov reprise par les armées soviétiques fut organisée une réunion du gouvernement ukrainien. Olexandr Korniïtchouk[111], futur vice-commissaire aux Affaires étrangères, déclara :

– Il semble qu'en cette période difficile vécue par les Polonais, toutes les couches de la société polonaise devraient être unies dans le même sentiment national et la même pensée sacrée : chasser les Allemands. [...] Et pourtant, non : il existe des groupes importants de Polonais à Londres qui font tout pour briser le front uni des ennemis de Hitler. [...] La noblesse polonaise n'a rien appris. Ils ne reconnaîtront jamais le peuple ukrainien !

Peu après, le 2 mars, l'agence TASS publia un article accusant les Polonais de dénier les droits des Ukrainiens et des Biélorusses... *malgré la Charte de l'Atlantique. Même lord Curzon, hostile à l'Union soviétique, avait compris que la Pologne ne pouvait réclamer les territoires ukrainiens et biélorusses,* écrivait l'organe du parti communiste. C'était un exposé officiel des visées du gouvernement soviétique.

On créait ainsi l'atmosphère convenable pour la naissance d'une organisation appelée à devenir l'instrument de la politique stalinienne envers la Pologne et le support du gouvernement dans le pays, où entrerait l'Armée rouge à la poursuite des Allemands. Staline, conséquent à

* George Nathaniel Curzon (1859-1925). Homme politique britannique, ministre des Affaires étrangères de 1916 à 1924, présenta en 1920 un projet de tracé d'une frontière entre la Pologne et l'Union soviétique à partir de Suwałki, en passant par Sejny, Grodno, et plus loin le long du Bug. Plus au sud, la frontière devait être fixée selon la ligne du front au jour de la signature de l'armistice. La frontière polono-soviétique établie par le traité de Riga en 1921 était à 200 km à l'est de la ligne Curzon.

l'extrême, commençait ainsi à réaliser la vision de Lénine de la formation d'une couronne d'États socialistes le long des frontières de l'Union soviétique.

En mars 1943 naquit l'Union des patriotes polonais et son organe de presse, *Wolna Polska**, annonça immédiatement que l'intention des Polonais était de recouvrer *chaque arpent de terre polonaise, et de ne pas formuler de prétentions aux territoires d'autres peuples*. On trouva bientôt aussi dans ses colonnes de vives attaques contre le gouvernement polonais non soumis à l'URSS.

Il était donc évident que Staline préparait un nouveau gouvernement à sa botte, disposé à instaurer un régime socialiste dans la Pologne libérée des Allemands. Mais avait-il déjà une idée sur la façon de se débarrasser du gouvernement légal du premier ministre Sikorski, avec qui il avait noué officiellement des relations diplomatiques, le reconnaissant comme le seul représentant du peuple ? La campagne de propagande qu'il lança en février 1943 et la création de l'Union des patriotes polonais montraient sans équivoque qu'il cherchait un prétexte pour rompre ces relations qui le gênaient dans la réalisation de ses plans. La découverte des fosses de Katyn et la réaction du premier ministre Sikorski le lui fournirent.

Le quotidien *La Pravda* poursuivit la campagne contre le gouvernement de la République de Pologne :

Les mensonges de Goebbels ont été repris non seulement par ses plumitifs allemands mais aussi, à l'étonnement général, par les cercles ministériels du général Sikorski. [...] Le ministère polonais de l'Information connaît parfaitement les objectifs de la provocation allemande et devrait se dire : « Nous connaissons les mensonges de la propagande allemande et comprenons à quoi visent les récentes révélations ». Or, au lieu de cela, le ministère de l'Information ne trouve rien de mieux que de prier la Croix-Rouge internationale de

* « La Pologne libre ». (N.d.T.)

mener une « enquête » sur quelque chose qui n'a jamais eu lieu, ou plutôt qui a été monté de toutes pièces par les bourreaux de Berlin qui cherchent maintenant à attribuer leurs crimes aux organes soviétiques. [...] Nous ne devrions pas nous étonner que Hitler en appelle aussi à la Croix-Rouge.

Staline tenait le prétexte attendu depuis longtemps, et il entendait bien en profiter. En ordonnant à la presse soviétique de parler des mensonges allemands, il pouvait accuser le gouvernement polonais de sentiments amicaux envers l'Allemagne hitlérienne, et même de collaboration.

Et en effet, le 21 avril, La Pravda publia à la une un éditorial :

Le fait que la campagne antisoviétique a été lancée simultanément dans la presse allemande et dans la presse polonaise et menée sur la même base, ce fait surprenant permet de supposer qu'elle résulte d'un accord entre l'occupant ennemi en Pologne et les cercles ministériels pro-hitlériens de Mister *Sikorski. La déclaration du gouvernement polonais prouve que les éléments pro-hitlériens sont très influents au sein du gouvernement polonais et qu'ils vont toujours plus loin pour envenimer les relations entre la Pologne et l'Union soviétique.*

L'objectif visé par la politique soviétique était évident. Dans la nuit du 24 au 25 avril 1943, le commissaire Viatcheslav Molotov convoqua l'ambassadeur polonais et lui remit une note informant de la suspension des relations avec le gouvernement polonais. Dans la note soviétique, le terme employé était « suspendre » et non pas « rompre ». Mais cela ne voulait pas dire grand-chose. Les relations avec un gouvernement qui ne convenait pas du tout à Staline étaient coupées. Il avait les mains libres pour en organiser un nouveau.

Churchill et Roosevelt essayèrent d'intervenir pour empêcher un tel développement de la situation. Quelques heures après la présentation par Molotov de la note sur la rupture des relations, le premier ministre de Grande-Bretagne envoya un télégramme à Staline, dans lequel il justifiait Sikorski, il promettait de *faire taire les journaux polonais qui attaquent le gouvernement soviétique et Sikorski parce que celui-ci cherche à collaborer avec le gouvernement soviétique*, et il appelait à ne pas rompre les relations avec le gouvernement polonais.

[...] Je suis plus que jamais convaincu que si les relations entre les gouvernements russe et polonais sont rompues, seuls nos ennemis en profiteront. La propagande allemande a monté toute cette affaire pour susciter une faille dans les rangs des peuples unis.*

Ce sont les mots du premier ministre britannique : *La propagande allemande a monté toute cette affaire.* Il ne pouvait mieux affirmer ne pas croire à l'assassinat des officiers polonais par le NKVD.

Le lendemain, le président Roosevelt envoya un télégramme. Cela ne servit à rien. Staline ne pouvait laisser échapper l'occasion lui permettant d'écarter l'obstacle le plus sérieux à la réalisation de ses plans d'assujettissement de la Pologne : les relations avec le gouvernement légal.

Il avait déjà tout ce qui lui était indispensable : les hommes qui devaient former un gouvernement dans la Pologne libérée, loyaux envers Staline, la structure politique sous la forme du parti polonais des travailleurs fondé en janvier 1942 par ce qu'on appelait le groupe d'initiative importé d'URSS, et une armée formée après l'évacuation de l'armée Anders, sur laquelle le nouveau pouvoir s'appuierait.

Sikorski avait perdu sur toute la ligne.

Bien des mois plus tard, on vit arriver à Katyn, depuis septembre 1943 aux mains des Soviétiques, une commission spéciale ayant à sa tête l'académicien Bourdenko. Nul ne pouvait s'étonner de la présence de l'écrivain Alexiéï Tolstoï[112], du métropolite Nikolaï ou du commissaire du peuple à la Culture. Il était évident qu'ils étaient obligés de

* Dans l'original : « German propaganda has produced this story. »

faire ce qu'attendait Staline. Mais dans cette délégation se trouvait aussi Kathie Harriman, la fille de l'ambassadeur américain Averell Harriman. Pourquoi avait-elle accepté de participer à ce spectacle de cauchemar ?

La commission examinant les corps affirma sans le moindre doute que le crime avait été commis en juillet 1941, donc quand les Allemands étaient déjà dans la région de Katyn. Les résultats des autopsies étaient renforcés par des preuves : des poches des uniformes des cadavres furent extraites des lettres écrites par les officiers polonais en mars 1941 et des journaux portant les mêmes dates. Les douilles et les balles *Geko* fabriquées en Allemagne et retrouvées dans les corps et sur le lieu du crime étaient censées constituer la preuve suprême de la culpabilité des Allemands. Personne évidemment ne révéla que depuis le milieu des années trente, le NKVD utilisait ces munitions achetées en Allemagne. Il se trouva des témoins comme le professeur Bazylevski, maire adjoint de Smolensk qui déclara avoir entendu son chef, le maire, au temps où ces territoires étaient occupés par les Allemands, parler de la liquidation des officiers polonais. Un cheminot attesta que, à cause des attaques allemandes contre les lignes de chemin de fer en juillet 1941, il n'avait pas été possible d'évacuer les officiers polonais et qu'ils étaient restés, sains et saufs, dans les camps. Les habitants de Smolensk témoignant devant la commission soviétique affirmèrent qu'avant l'entrée des Allemands dans leur ville, ils allaient souvent pique-niquer dans les bois de Katyn. Ils prétendaient que les Allemands avaient enfermé la forêt derrière une haute clôture et interdit son accès à la population locale.

Les Russes ne permirent pas à une commission internationale indépendante d'entrer dans la forêt de Katyn, ils organisèrent seulement une conférence de presse, les journalistes étrangers furent autorisés à poser des questions aux membres de la commission de Bourdenko.

Les Russes ne se donnèrent pas grand-peine pour convaincre le monde entier qu'ils n'étaient pas les auteurs du crime. À quoi bon, en effet ? Personne ne juge les vainqueurs.

L'heure décisive

L'heure décisive approchait. Des masses de soldats étaient prêtes au combat. Quand devait-il commencer ? La réponse à cette question valait son pesant d'or.

Parmi les nombreux messages décryptés à Bletchley Park, l'un que les déchiffreurs anglais lurent le 25 avril 1943 était particulièrement important, le feld-maréchal Maximilian von Weichs, chef du groupe d'armées *Sud*, parlait du rôle essentiel de l'opération de Koursk pour saigner à blanc les troupes soviétiques. Il donnait les dates et les principaux axes des attaques !

Stewart Menzies, chef du service de renseignements britannique hésitait à communiquer ces informations. Il craignait qu'en donnant aux Russes trop de documents, on ne dévoile le secret du centre de Bletchley Park. En outre, Menzies, un anticommuniste, était convaincu qu'une aide exagérée consoliderait leurs forces et leur permettrait dans un proche avenir de dominer l'Europe. Il ne se trompait pas. Le premier ministre Winston Churchill était toutefois d'un autre avis et il lui ordonna de leur annoncer l'imminence d'une offensive à Koursk. Évidemment, cela n'avait guère d'importance, étant donné que John Cairncross avait fourni en même temps à Gorski les originaux déchiffrés des communiqués, des ordres et des rapports allemands.

Le 5 juillet 1943 à 1 h 20, soit deux heures avant le début de l'offensive prévue par les Allemands, 2 460 canons soviétiques ouvrirent le feu contre leurs lignes.

132 avions d'assaut et 285 chasseurs frappèrent leurs positions de tir et leurs terrains d'aviation. Cette action inattendue désorganisa leurs préparatifs.

Ils attaquèrent avec du retard, à 5 h 30, mais la masse de blindés lancés à l'assaut semblait avancer irrésistiblement pour écraser les remparts soviétiques. Au nord du saillant, sur un front d'une largeur de quarante kilomètres environ, 500 chars allemands s'ébranlèrent. Ils étaient encore plus nombreux dans le secteur sud. Quelque mille chars de combat appartenant à huit divisions blindées, appuyés par une division d'infanterie, une division motorisée et un bataillon de chars lourds avançaient vers les retranchements soviétiques.

La plus grande bataille de chars de l'histoire était engagée.

Les lignes de défense pourtant bien préparées plièrent sous l'avalanche. Au nord, les divisions blindées s'enfoncèrent sur une profondeur de six à huit kilomètres.

Au sud où les divisions blindées *SS Das Reich, Totenkopf* et *Adolf Hitler* étaient entrées en action, les Allemands remportèrent des succès encore plus importants. En deux jours, ils enfoncèrent la première ligne et pénétrèrent comme un coin sur une profondeur de dix à dix-huit kilomètres. Dans la nuit du 10 au 11 juillet, ils tournèrent en direction de Prokhorovka pour atteindre Koursk par un détour. Ils voulaient à tout prix élargir le coin étroit formé par l'avance de leurs troupes.

Les Russes étaient décidés à les en empêcher. Ils lancèrent dans la bataille les réserves de la région militaire de la Steppe ; la 5e armée blindée de la garde en cantonnement à 300 kilomètres du champ de bataille partit au secours des détachements qui s'affaiblissaient. C'était une question d'heures…

Pendant ce temps, le 11 juillet, à soixante kilomètres environ au nord du champ de bataille principal, les Russes entreprirent des actions de harcèlement. Là se trouvait la 2e armée blindée allemande, aux alentours de la ville d'Orel. En l'attaquant, les Russes la fixaient et l'empêchaient d'aller participer au combat. Les Allemands prirent d'abord ces actions à la légère, mais le lendemain, ils se rendirent compte qu'ils avaient affaire à une attaque puissante de plusieurs armées. Leur élan se brisa. Ce moment-là marquait un tournant important.

Au sud, les chars de la 5e armée de la garde approchaient du champ de bataille. Ils avaient emprunté des chemins de campagne pleins de bosses et de trous, où la poussière s'insinuait par tous les interstices des véhicules. On ne donnait pas aux équipages le temps de se reposer. Les arrêts étaient limités au strict minimum pour réparer et prendre du carburant.

En trois jours, les chars avaient parcouru 300 kilomètres et ils se lancèrent tout droit dans la mêlée. Le temps manquait pour réparer, effectuer les révisions nécessaires sur de nombreux engins, réapprovisionner.

Le 12 juillet à 8 h 30 à Prokhorovka, les chars et les soldats de la 5e armée blindée de la garde attaquèrent. La plus grande bataille de chars de l'histoire fit rage, 1 200 engins allemands et soviétiques étaient aux prises. Les Allemands en perdirent 400 au cours des dix-huit heures de combat. C'est ce jour-là que fut brisée leur offensive contre Koursk et que la balance pencha en faveur des Soviétiques, même s'ils étaient encore loin de la victoire. Les Allemands disposaient toujours d'une force considérable, mais ils commençaient à manquer de munitions et de carburant. Dans cette bataille d'engins mécanisés, le ravitaillement jouait un rôle essentiel. Les divisions blindées consommaient une quantité énorme d'essence et de gasoil.

Les réservoirs des *T-34* en contenaient 830 litres avec lesquels l'engin pouvait parcourir 360 kilomètres en rase campagne, il consommait donc 230 litres tous les cent kilomètres. Sur le sable, dans la boue et pendant les combats, où le conducteur manœuvrait avec les moteurs à pleine puissance, la consommation augmentait considérablement. Il fallait loger dans le char cent obus pour le canon et environ 3 000 cartouches pour les mitrailleuses. Dans le secteur de Koursk, les Soviétiques avaient 3 444 chars. Parmi eux se trouvaient aussi des *KV* lourds, des canons automoteurs lourds *SU-152* qui brûlaient en rase campagne huit cents litres de gasoil tous les cent kilomètres. Il y avait aussi des *T-70* légers plus économiques. Pour se battre, cette énorme armada d'acier avait besoin tous les jours de milliers de tonnes de carburant, de munitions, de pièces de rechange. Au cours de la bataille, les Russes acheminèrent sur Koursk plus de 140 000 wagons de ravitaillement militaire. Les Allemands auraient sans doute eu besoin de la même quantité, mais pour eux, l'approvisionnement posait un problème énorme parce qu'ils avaient affaire, en plus des troupes régulières, à un ennemi particulièrement dangereux : les partisans.

Fin avril 1943, 1 019 groupes opéraient derrière leurs lignes, pour la plupart sous la direction centrale de Moscou où avait été élaboré un plan prévoyant de paralyser vingt-six nœuds de communications importants sur les arrières du groupe d'armées *Sud* pour que devant Koursk les divisions soient à court de munitions et d'essence.

D'avril à juin 1943, les partisans firent sauter 1 700 trains, dont plus de 80 % sur les voies ferrées du sud, qui conduisaient donc dans la région de Koursk. La capacité de la ligne principale Kovel-Sarny-Kiev tomba au sixième de sa valeur normale. Dans le seul mois de juillet, les partisans effectuèrent 1 200 sabotages de voies ferrées. Le général Schenckendorff, chef des détachements de protection du groupe d'armées *Centre*, signala le 9 mai que 59 bataillons ne suffisaient pas pour combattre efficacement les maquisards. C'était encore un aspect de la guerre sur les arrières :

les partisans fixaient des forces, des approvisionnements et des moyens non négligeables qui ne pouvaient pas être dirigés sur le front.

À partir de la mi-juillet, le centre de gravité des combats se porta au nord, dans le secteur d'Orel. Là, dix jours d'engagements sanglants avaient épuisé les troupes allemandes qui n'avaient pas assez de réserves pour compenser les pertes. Elles reculèrent. De la fin juin à la fin septembre, elles cédèrent cent kilomètres aux Soviétiques, qui exerçaient une pression de plus en plus forte.

Le chef du groupe d'armées *Centre* écrivait :

L'état-major est conscient que notre intention initiale de frapper l'ennemi le plus possible pendant la retraite de nos troupes est irréalisable en raison de leur combativité réduite et de leur épuisement.

Le 5 août, les Soviétiques libérèrent Orel.

Le même jour, dans la soirée, on tira à Moscou des salves d'artillerie en l'honneur des vainqueurs. C'est alors que s'établit la tradition de célébrer ainsi les victoires.

Le 11 août, les troupes soviétiques entrèrent dans les faubourgs de Kharkov, d'où les Allemands avaient été contraints de retirer cinq divisions blindées pour verrouiller la marche des deux fronts Sud-Ouest et Sud en direction du bassin du Donets. Le front de Voronej et le front de la Steppe s'approchant de Kharkov avaient leur tâche facilitée, toutefois, une bataille sanglante s'annonçait parce que les Allemands avaient laissé pour défendre la ville dix-huit divisions dont quatre blindées, soit plus de 300 000 soldats appuyés par 600 chars.

Des combats acharnés durèrent jusqu'au 23 août, lorsque les Allemands durent battre en retraite en abandonnant Kharkov.

À Moscou, dans la soirée, les canons saluèrent de nouveau les vainqueurs par vingt salves.

Staline avait gagné. La route de l'Europe lui était ouverte car la deuxième grande défaite de la Wehrmacht avait mis sa puissance à mal, elle n'avait plus la force de reprendre l'initiative stratégique passée aux mains des Russes.

Quelques jours plus tard, la presse soviétique fit paraître en première page en gros titres une information relative à la constitution à Moscou les 12 et 13 juillet 1943 d'un Comité national « l'Allemagne libre » dirigé par Erich Weinert[113], communiste allemand et poète, qui venait juste d'achever son poème *Dank für Stalingrad*, publié à Moscou. Les vice-présidents étaient le commandant Carl Hetz et le lieutenant Graf von Einsiedl qu'on disait petit-fils de Bismarck. Ils étaient évidemment prisonniers de guerre, amenés à Moscou depuis les camps, comme de nombreux autres membres de cette organisation qui se proposait de débarrasser l'Allemagne de Hitler et de former un gouvernement populaire.

Un tel gouvernement ne peut être formé que par des gens qui se sont levés contre Hitler et sont décidés à s'affranchir des ennemis du peuple – de Hitler, de ses patrons et de ses compagnons. [...] Ce n'est qu'avec un tel gouvernement que l'Allemagne pourra, en tant qu'État souverain, discuter les conditions de paix.

Staline, en instituant le Comité national « l'Allemagne libre », réalisait son plan de décembre 1941, lorsqu'il avait envisagé la création d'une organisation qui, après la victoire, serait devenue le gouvernement de l'Allemagne vaincue. Il n'est pas possible de dire quelle taille devait avoir dans ses plans cet État socialiste allemand : le pays tout entier ou seulement une partie ? Il devait sans aucun doute se rendre compte que les Alliés ne le laisseraient pas s'emparer de toute l'Allemagne. Mais la moitié lui suffisait. Cela signifierait déjà que l'Armée rouge se serait rapprochée de Paris de mille kilomètres par rapport à ses positions de 1939. La Pologne prenait de plus en plus d'importance.

Comment se débarrasser de Churchill ?

Roosevelt et Churchill s'inquiétaient. Staline avait agi de façon à montrer on ne peut plus clairement sa volonté de mener dans les affaires européennes une politique indépendante sans consulter ses alliés. Le temps était venu où il fallait absolument discuter de la forme à donner au monde d'après-guerre, ce qu'on ne pouvait faire par correspondance. Le président Roosevelt était disposé à rencontrer Staline pour fixer d'homme à homme les principes de leur action future, sans exclure toutefois *a priori* la participation de Churchill. Dès novembre 1942, il avait envisagé une conférence avec les deux hommes d'État en Algérie. En même temps, il rejetait une proposition de Churchill suggérant que le général George Marshall en route pour Alger s'arrête à Londres afin de décider d'une position commune, anglo-américaine.

– Je ne veux pas que Staline ait l'impression que nous avons tout décidé entre nous avant de le rencontrer. Je pense que nous nous comprenons si bien qu'une conférence préalable entre nous n'est pas nécessaire, répondit-il.

Churchill ne renonça pas :

– (Si nous ne nous rencontrons pas d'avance pour prendre les décisions indispensables) Staline nous accueillera par la question : « Avez-vous le plan d'ouverture du deuxième front en Europe, que vous m'avez promis pour 1943 ? »

Mais Roosevelt ne considérait pas que cela pût constituer le problème primordial et surtout, il était décidé avant tout à ne pas porter atteinte aux relations avec Staline. Il craignait toujours que le dictateur soviétique n'engage des négociations avec Hitler, probablement conscient, lui, qu'il ne gagnerait plus la guerre. L'arrêt des hostilités intéressait donc les deux dictateurs. Staline pouvait proposer le retour aux frontières de 1941, et Hitler aurait pu y consentir.

En effet, à Stockholm, madame l'ambassadrice Alexandra Kollontaï et des envoyés secrets du Kremlin poursuivaient des entretiens avec les représentants des services de renseignements allemands. Le 18 juin 1943, Edgar Clauss, industriel d'origine juive d'Europe de l'Est qui s'était installé avant la guerre en Suisse avec sa femme d'origine russe, entra en contact avec Peter Kleist, agent du ministère des Affaires étrangères d'Allemagne. Clauss parlait couramment l'allemand et le russe et on disait qu'il connaissait Trotski et Staline. Il aurait rencontré Kleist après avoir eu deux longs entretiens à l'ambassade soviétique. Il semblait devoir servir d'intermédiaire, et c'est ce qui arriva en effet.

À l'entendre, « les Russes étaient décidés à ne plus se battre une heure ni même une minute de plus ». Ils considéraient que Hitler aveuglé par l'idéologie s'était laissé entraîner dans la guerre par des intrigues des puissances capitalistes. Ils croyaient l'Armée rouge capable de résister au choc de la Wehrmacht mais craignaient que l'affrontement n'affaiblisse considérablement leur position, après la victoire finale, à l'heure de la confrontation avec les démocraties.

À la fin de juillet ou au début d'août 1943, Kleist, sur l'ordre du ministre Ribbentrop, rencontra de nouveau Clauss qui lui dit que les Russes étaient prêts à envoyer le vice-commissaire aux Affaires étrangères, Vladimir Diékanozov, mener des négociations à Stockholm, mais à une condition : la démission de Ribbentrop ou de Rosenberg.

Les Britanniques ont certainement dû être au courant de ces démarches du Kremlin en décryptant les dépêches de l'ambassade d'Allemagne à Stockholm ou les rapports de Kleist envoyés au ministère des Affaires étrangères. Si tel est le cas, ils ont informé Washington. Les Alliés avaient donc vraiment des raisons d'être inquiets.

Roosevelt n'en insista que davantage pour rencontrer Staline et il ne se laissa pas rebuter par des refus. Il décida d'envoyer à Moscou un diplomate connu là-bas et apprécié pour être très favorable au Kremlin, l'ancien ambassadeur Joseph Davies, qu'il chargea d'une lettre assez personnelle.

La solution la plus simple et la plus pratique serait une brève rencontre informelle cet été, écrivait le président. Où auraient-ils pu se rencontrer ? En Afrique, il fait trop chaud. En Islande ?

Pour être tout à fait franc, il serait difficile de ne pas inviter monsieur Churchill, avouait Roosevelt, et il proposait une rencontre à deux au bord du détroit de Béring, soit du côté américain, soit du côté soviétique. Il se disait prêt à ne prendre avec lui que son conseiller Harry Hopkins, un interprète et un sténographe. On procéderait à un échange d'idées, sans aucune déclaration officielle.

L'ambassadeur Davies déclara après son retour de Moscou.

– Staline est méfiant et mal disposé.

Cher Monsieur Roosevelt ! ainsi commençait la lettre de Staline que Davies rapporta de Moscou. *Cet été, probablement au début de juin, nous pensons que les Allemands lanceront une nouvelle grande offensive sur le front germano-soviétique. [...] Tant que je ne sais pas comment la situation évoluera sur le front germano-soviétique en juin, je ne peux pas promettre de quitter Moscou ce mois-là. C'est pourquoi je propose que nous nous rencontrions en juillet ou en août. [...] Monsieur Davies vous informera personnellement du lieu de la rencontre.*

Mais le 8 août 1943, Roosevelt reçut un télégramme de Staline :

Contrairement à notre attente, les Allemands ont commencé leur offensive en juillet, pas en juin, et maintenant les combats se déroulent avec la plus grande violence sur le front germano-soviétique. – Il voulait évidemment parler de la bataille de Koursk – *[...] il est évident qu'en raison de la gravité de la situation, le commandement soviétique doit redoubler d'efforts et faire preuve de la plus grande vigilance en ce qui concerne les opérations de l'ennemi. Cela m'oblige aussi à faire abstraction pour un certain temps des autres problèmes et obligations et à donner la priorité aux tâches du commandant suprême qui exigent de moi la direction du front. Je suis obligé de me rendre plus souvent sur divers secteurs du front [...]. J'espère que vous partagez avec moi la conviction que dans ces circonstances, je ne saurais entreprendre un long voyage et que par là même, je ne pourrai pas cet été ni cet automne tenir la promesse que je vous ai faite par l'intermédiaire de monsieur Davies. Je le regrette vivement, mais les événements, comme vous le savez, sont plus forts que les hommes et nous devons nous incliner devant eux. Mais une rencontre entre des représentants qualifiés de nos deux pays me semble indiquée. Dans le contexte militaire actuel, elle pourrait avoir lieu à Astrakhan ou à Arkhangelsk.*

Il pouvait sembler compréhensible que pendant des combats acharnés, le commandant en chef ne veuille pas quitter le pays. À un certain moment, Staline se mit à souligner dans ses télégrammes à Roosevelt le fait qu'il suivait de très près le déroulement des opérations sur le front. Il écrivait par exemple le 8 août :

Je viens juste de rentrer du front et c'est seulement maintenant que je peux répondre à votre lettre du 16 juillet. Je ne doute pas que vous soyez conscient de la situation militaire chez nous et que vous comprendrez mon retard. Il me faut de plus en plus souvent aller visiter personnellement divers secteurs du front.

Il mentait. Pendant toute la guerre, il s'est rendu deux fois sur le front : la première, en octobre 1941, par la route de Volokolamsk, mais il n'est pas allé jusqu'aux premières lignes, la deuxième, le 1er août 1943. Cette fois-là, un train spécial l'emmena en compagnie de Béria et de gardes en civil au cantonnement du commandant du front Ouest. Il rencontra le chef du front, le général Sokolovski, écouta son rapport et alla se coucher. Le lendemain, il se rendit chez le chef du front de Kalinine devant Rjev. Il n'alla pas jusqu'aux tranchées, n'eut aucun entretien avec les soldats. Il passa la nuit dans une maison villageoise à Khorochev et revint à Moscou le lendemain.

Staline changea à l'improviste son comportement envers ses alliés. Réticent, même hostile, donnant l'impression d'être prêt à pactiser avec Hitler, il se montra tout à coup vivement intéressé par une rencontre avec Roosevelt et Churchill.

Que s'était-il passé ?

En août 1943, il était déjà sûr de la façon dont la situation sur le front de l'Est évoluerait. Ses troupes conservaient l'initiative stratégique qu'elles tenaient depuis la victoire de Stalingrad, et elles avançaient vers l'ouest. Il avait établi les fondements d'un ordre nouveau dans les pays où l'Armée rouge allait entrer dans quelques mois : l'Union des patriotes polonais et le Comité « l'Allemagne libre » développaient leurs activités, les effectifs de l'armée polonaise formée à Sieltse sur l'Oka grossissaient de jour en jour.

Dans le sud de l'Europe, tout changeait rapidement. Les armées des alliés occidentaux avaient achevé la conquête de la Sicile le 17 août 1943 et deux semaines plus tard, le 3 septembre, elles débarquèrent près de Reggio di Calabria, commençant la campagne dans la péninsule des Apennins. Le même jour, le gouvernement italien dirigé par le maréchal Pietro Badoglio accepta de capituler devant les Alliés, ce qui fut tenu secret jusqu'au 8 septembre par crainte d'une contre-attaque des Allemands, mais Staline était certainement au courant des plans des Alliés et du gouvernement italien.

Qu'est-ce que cela signifiait ? Les Alliés avaient établi une puissante tête de pont pour poursuivre leur offensive. Dans quelle direction pouvait-elle être dirigée : au nord, vers l'Allemagne, ou à l'est, sur les Balkans ? Staline savait que le premier ministre britannique insisterait auprès du président Roosevelt pour qu'il envoie les armées d'invasion alliées vers l'est. Avec la conquête de la Grèce, c'était le seul moyen pour la Grande-Bretagne de s'assurer le contrôle des rivages de la Méditerranée, si importante pour l'Empire. Depuis la Grèce, les forces alliées se porteraient vers le nord et chasseraient les Allemands de Bulgarie, de Roumanie, de Hongrie, de Tchécoslovaquie et de Pologne. La libération de ces pays par les armées alliées aurait entravé ses plans, il se rendait compte que depuis la Grèce, elles atteindraient plus vite la Baltique que les siennes le Bug[114]. Il serait plus difficile en effet aux Allemands de défendre les territoires du sud de l'Europe, ne serait-ce qu'en raison du réseau ferroviaire. Bien développé dans le sens ouest-est et beaucoup moins dans le sens nord-sud, il permettait aux Allemands d'envoyer plus facilement et plus rapidement leurs divisions d'Union soviétique en France qu'en Grèce.

Et Churchill s'occupait très activement de réaliser ses plans.

Le 8 septembre 1943, un officier britannique se posa à Rhodes en parachute. Il était chargé de pousser le commandant de la garnison italienne, forte de 30 000 hommes, à accepter la capitulation proclamée par le gouvernement italien et à se ranger du côté des Alliés. La mission ne fut pas menée à bien car avant que les Italiens n'aient pris une décision, la garnison allemande comptant 7 000 soldats passa à l'attaque et prit rapidement le contrôle de toute l'île qui avait une importance stratégique considérable.

Les Britanniques ne baissèrent pas les bras. Ils intensifièrent leurs actions de commandos, firent venir du Proche-Orient une brigade d'infanterie. Au début d'octobre, presque 4 000 soldats britanniques étaient engagés dans les combats pour la domination des îles dans cette partie de la mer Égée. Un mois plus tard, ils étaient déjà 5 000. Les Allemands comprenaient l'importance stratégique des îles, ils n'entendaient pas se retirer et ils renforçaient aussi leurs garnisons. Les combats s'intensifiaient. Les pertes britanniques témoignent de leurs dimensions : 4 800 soldats tués, blessés ou disparus, quatre croiseurs endommagés, six destroyers coulés et quatre endommagés, deux sous-marins coulés ainsi que dix unités plus petites, 113 avions abattus.

Staline ne pouvait plus avoir le moindre doute sur les intentions de Churchill. Il lui fallait réagir, sinon, l'Europe de l'Est lui échapperait. Dans ces conditions, jouer les alliés offensés et menacer de pactiser avec Hitler ne suffisait plus. Au début d'octobre, il se décida donc à accepter les aimables propositions de Roosevelt d'une rencontre au sommet. Il avait là une partie à engager dans laquelle l'enjeu était très élevé : l'avenir de l'Europe. Mais il ne savait pas ce qu'il pouvait faire avec Churchill qui voyait clair dans ses cartes et tentait de le devancer et de gagner avant lui les faveurs de Roosevelt. Comment se débarrasser de ce Britannique ?

Une solution se présenta d'une façon inattendue. Un espion soviétique découvrit que les Allemands préparaient un attentat contre la vie du président Roosevelt à Téhéran.

En 1942, Nikolaï Kouznietsov se posa en parachute derrière la ligne de front en Ukraine. Il avait des papiers au nom de Zibert, parfaitement imités fournis par George Miller, chef du bureau des passeports illégaux du NKVD. Ils le présentaient comme un Allemand domicilié à Riga où en 1941 il avait été mobilisé dans l'armée allemande, et sa division combattait devant Léningrad d'où il avait été envoyé en permission à Rovne. Dans les conditions de la guerre, il était pratiquement impossible de vérifier ces informations, d'autant moins qu'en fabriquant les faux, les hommes de Miller avaient choisi des noms authentiques. Si elle avait voulu vérifier l'identité du lieutenant Zibert, la Gestapo aurait sans difficulté trouvé à Riga des traces de la famille Zibert qui, en 1940, juste avant l'annexion de la Lettonie par les Russes avait émigré à Berlin.

Au cours de son service à Vinnitsa, ville d'Ukraine près de laquelle Hitler avait établi son quartier général, il avait appris qu'Otto Skorzeny[115] se trouvait là et préparait cet attentat. Les circonstances dans lesquelles il avait réussi à pénétrer le secret étroitement gardé n'ont jamais été tout à fait élucidées. L'un des informateurs a pu être le général Hans Oster[116], le plus proche collaborateur de l'amiral Wilhelm Canaris, chef de l'Abwehr. Il remarqua Zibert alors qu'il cherchait des hommes jeunes pour effectuer une opération contre le Haut commandement soviétique. On ignore s'il se rendit compte qu'il avait affaire à un espion soviétique.

Peut-être raconta-t-il inconsidérément au jeune lieutenant qu'il avait été à Téhéran, c'était suffisant pour que Kouznietsov fasse la liaison avec les préparatifs du détachement de Skorzeny. Il prit la chose si au sérieux qu'il avertit Moscou où son rapport fut rapproché de ceux d'autres informateurs et qu'on en conclut que les Allemands préparaient un attentat contre l'un des participants à la conférence de Téhéran, ou contre tous.

On ne peut exclure non plus qu'Oster qui travaillait pour les services de renseignements soviétiques sous le pseudonyme de « Werther » ne soit allé à Vinnitsa sous prétexte de rechercher des candidats pour le travail de renseignements, mais en réalité pour rencontrer

Kouznietsov. Cela est d'autant plus vraisemblable qu'après l'anéantissement par la Gestapo et l'Abwehr du réseau d'espionnage soviétique « l'Orchestre rouge » en France et en Belgique, les canaux de communication du général Oster avec Moscou pouvaient avoir été coupés ou être devenus si peu sûrs qu'il préférait ne plus les utiliser, de peur d'être démasqué. Le temps dont il disposait pour faire parvenir à Moscou les renseignements sur le projet d'attentat était très court. La solution la plus simple était donc de se rendre en Ukraine et d'envoyer de là cette information d'une importance énorme.

Lorsque le 27 novembre 1943, l'avion du président Roosevelt appelé « La Vache sacrée » se posa sur l'aérodrome de Téhéran, l'homme le plus préoccupé était le chef de sa garde personnelle, Michael F. Reilly. Des informations sur les plans allemands lui étaient déjà arrivées antérieurement. Elles venaient d'Allen Dulles, résident des services de renseignements américains en Europe, qui n'avait toutefois pas réussi à obtenir de détails sur les plans de l'attentat. Et les conditions dans lesquelles Reilly devait protéger le président étaient exceptionnellement défavorables. En Iran agissaient de nombreux groupes antibritanniques accessibles à la propagande allemande et prêts à collaborer avec les Allemands, les conjurés pouvaient donc compter sur une aide efficace.

La première idée de Reilly fut de persuader le président de rencontrer Churchill et Staline dans un endroit plus sûr, par exemple à Malte, entièrement sous contrôle britannique, où les agents allemands n'auraient pas pu compter sur la collaboration de la population locale. Mais l'île, objet jusqu'à une date récente des attaques acharnées des avions italiens et allemands, n'était plus qu'un tas de décombres et il était impossible de trouver un endroit convenable pour tenir la conférence et pour loger les hôtes distingués. En outre, Staline insistait pour que la rencontre ait lieu à Téhéran parce que, à ce qu'il prétendait, il pouvait de là contacter sans obstacles le grand état-major, étant donné la proximité des frontières soviétiques. En réalité, le choix de Téhéran était dicté par des raisons beaucoup plus prosaïques : Staline craignait de monter en avion et il ne pouvait surmonter la peur d'un long voyage.

Le chef de la garde présidentielle pouvait seulement compter sur le colonel Norman H. Schwarzkopf, qui travaillait en Perse depuis longtemps, chargé d'assurer la sécurité des transports d'armes depuis les ports jusqu'en Union soviétique. En novembre, il s'occupa de la protection de la délégation américaine et il affirma que l'ambassade où devait résider le président était parfaitement préparée. Et en effet, le bâtiment entouré d'un mur élevé, avec de nombreux postes de garde munis d'armes automatiques, donnait absolument un sentiment de sécurité. Mais là s'arrêtaient les garanties de Schwarzkopf. Qu'en serait-il lorsque le président sortirait de cette forteresse ? L'ambassade était située loin du centre et des ambassades soviétique et britannique. Les déplacements par les ruelles étroites de la ville offriraient une excellente occasion d'effectuer l'attentat.

Reilly comprenait fort bien que, quelle que soit la décision à ce sujet, ce n'était pas lui qui la prendrait. C'est pourquoi il apprit avec joie que Churchill avait proposé au président de loger à l'ambassade britannique, située tout près de l'ambassade soviétique. Autrement dit, les conférences auraient eu lieu dans des bâtiments proches les uns des autres, grâce à quoi la durée des déplacements de Roosevelt aurait été réduite au minimum, et une haie de Sikhs montés aurait été disposée sur son passage. Roosevelt refusa pourtant l'invitation.

– Le chef d'un état souverain se saurait être l'hôte d'un hôte sur une terre étrangère, répondit-il.

Pour cette même raison, le président déclina l'invitation de Staline, mais celui-ci la renouvela le lendemain, le 28 novembre. Cette fois, dans un entretien avec l'ambassadeur Averell Harriman, il fit savoir qu'on avait arrêté à Téhéran trois comploteurs en train de préparer une attaque qui aurait eu lieu lors de la traversée de la ville par le président.

Roosevelt était dans sa chambre quand Harriman et Reilly vinrent l'informer de l'attentat préparé par les Allemands. Les détails du complot révélés par les renseignements soviétiques montraient sans équivoque que la menace était réelle et considérable. Toutefois, le président prit sans aucun doute sa décision surtout sur l'avis de son conseiller de confiance, Harry Hopkins, et celui-ci manœuvrait de façon à donner à Staline les meilleures conditions possibles pour négocier avec Roosevelt.

Personne ne saurait accuser Hopkins d'avoir été un agent soviétique, mais beaucoup d'actions de cet homme politique restent inexpliquées. Au début de 1943 par exemple, il informa l'ambassade soviétique à Washington que le FBI avait installé des écoutes dans la chambre où Zaroubine, employé de l'ambassade, en réalité un espion, devait remettre de l'argent à Steven Nelson, militant du parti communiste. C'est probablement aussi Hopkins qui informa l'ambassade soviétique des résultats des entretiens entre Roosevelt et Churchill en mai 1943. Quelles étaient ses motivations ? Il déclara toujours que, étant donné l'importance de la guerre en Union soviétique, ce pays devait recevoir toute l'aide possible. Et le président le croyait sans réserve.

Churchill pouvait-il prendre mal le fait que, face à des signes évidents de danger, le président se soit décidé à accepter l'invitation soviétique ? Non, évidemment. Mais dans le même temps, Roosevelt avait refusé l'hospitalité des Britanniques. Il lui était facile, il est vrai, d'expliquer les raisons de sa décision. Le bâtiment de l'ambassade britannique n'était pas grand et y loger toute la délégation américaine aurait causé de grands embarras tant aux invités qu'à leurs hôtes.

Ce matin-là, le président des États-Unis se transporta dans le bâtiment principal de l'ambassade soviétique et ses hôtes s'installèrent dans un plus petit situé à l'arrière du complexe d'immeubles.

À la nouvelle du déménagement des Américains, le général Alan Brooke, conseiller de Churchill, soupira :

– Cette conférence est finie avant de commencer.

L'installation des Américains dans l'ambassade soviétique avait encore un autre aspect : les écoutes donnant à Staline une vue plus complète des projets et des réactions du président et de ses conseillers.

Harry Hopkins nota :

Les domestiques qui faisaient les lits et nettoyaient les chambres étaient des agents du NKVD, police secrète très efficace, et sous leurs vestes blanches on voyait nettement sur leurs hanches de gros renflements. Ce fut une période fébrile pour Michael F. Reilly et ses hommes du service secret de la Maison-Blanche, entraînés à soupçonner tout le monde et n'aimant pas du tout que quelque individu portant sur lui plus qu'un cure-dents s'approche du président.

Selon les déclarations faites des années après la guerre par Sergo, le fils de Béria, qui parlait couramment l'allemand et l'anglais, son père lui avait donné à traduire les bandes avec les enregistrements des conversations les plus importantes des Américains, dont une entre Roosevelt et Churchill. Chaque jour, Béria préparait pour Staline un rapport constituant un résumé des enregistrements. Qu'apprit Staline en écoutant Roosevelt et ses plus proches collaborateurs ? Comment ses décisions en furent-elles changées ? Les archives soviétiques n'ont pas encore révélé de documents à ce sujet...

Évidemment, le président devait se rendre compte que les Russes ne perdaient pas un seul de ses propos. Sans nul doute, les hommes de sa garde devaient l'avoir averti d'un tel risque, mais il était impossible d'avoir cela à l'esprit chaque jour, à chaque minute, du matin au soir. Qui n'a pas suivi un entraînement fastidieux n'est pas capable de voir qu'il lui faut faire attention à chaque parole, à chaque réaction. Surtout quand il revient dans sa chambre fatigué, énervé, ou au contraire très satisfait. C'est justement là-dessus que comptaient ceux qui les écoutaient, ils espéraient que ce vieil homme qui supportait mal le voyage et le séjour à Téhéran commettrait beaucoup d'erreurs, oublierait de garder les secrets et dirait quelque chose de particulièrement important pour Staline.

Le 28 novembre à midi, Reilly entra dans la chambre où le président se reposait pour lui dire que Staline allait venir dans quelques minutes présenter ses respects au président américain.

Roosevelt se rendit au salon dans son fauteuil roulant et se tourna vers la porte pour saluer le dictateur soviétique. Il aperçut un petit homme souriant et bien reposé dans un uniforme moutarde avec de grandes épaulettes et une seule décoration accrochée sur la poitrine.

– Je suis heureux de vous voir, dit Roosevelt.

Vladimir Pavlov, l'interprète qui suivait Staline d'un demi-pas, traduisit immédiatement. Roosevelt poursuivit :

– Voilà longtemps que je voulais arriver à cette rencontre.

Cette conversation à laquelle n'assistaient que les interprètes (Pavlov et pour Roosevelt Charles « Chip » Bohlen, futur ambassadeur des USA à Moscou) dura une demi-heure. Il n'y a pas lieu de penser que Roosevelt et Staline soient allés au-delà d'un échange de remarques générales sur la situation dans le monde. Il leur fallait faire connaissance. Ils avaient encore beaucoup de temps pour discuter entre quatre yeux les questions les plus importantes pour le monde d'après la guerre.

La menace d'attentat, elle, était écartée, le contre-espionnage soviétique avait arrêté trois agents allemands. Quand ils avaient appris cela, les commandos allemands déjà entrés en Perse et cachés dans les montagnes aux alentours de Téhéran s'étaient enfuis. Le détachement de Skorzeny ne vint pas en Iran. Lui-même a toujours gardé la plus grande réserve dans ses déclarations au sujet de cette affaire. Dans ses Mémoires, il dit seulement :

Heureusement, le Junkers Ju 290 *du groupe qui devait se rendre en Perse n'a pas décollé, à cause d'un accident. […] Et comme les principaux agents allemands en Iran avaient disparu, j'ai abandonné tout le projet. […] Puisque j'avais rejeté le plan, ils se sont adressés, selon toute vraisemblance, à Canaris*[117]*, mais par la suite, on ne m'a plus jamais parlé de cette affaire.*

De qui Skorzeny parlait-il ? Qui a pu s'adresser à Canaris ? Il s'agissait sans nul doute d'Ernst Kaltenbrunner[118] et de Walther Schellenberg membres du service de sécurité SS. Ils avaient dû demander à l'ancien chef de l'Abwehr de les aider, car les seuls agents opérant à Téhéran étaient ses hommes et eux seuls pouvaient entreprendre de réaliser l'attentat. Il est douteux que Canaris, antifasciste, écarté des fonctions de chef des renseignements militaires ait pu aider les SS.

Mais cela n'avait plus d'importance…

Téhéran

Winston Churchill se rendit bientôt compte que ses appréhensions les plus noires étaient tout à fait fondées et, pourtant, lors de la première réunion, quand il avait présenté sa proposition de faire débarquer des forces d'invasion alliées dans les Balkans, elle avait semblé pouvoir être acceptée par les Alliés. Churchill affirmait que cette opération n'avait d'autre but que de détourner l'attention des Allemands du théâtre de l'invasion principale, soit du Nord de la France.

C'était une explication plausible, car les Alliés devaient compter avec la présence en France, en Belgique et en Hollande de quelques dizaines de divisions allemandes et une contre-attaque menée par des unités blindées pouvait décimer les armées d'invasion dépourvues d'artillerie lourde, de chars et sans retranchements sur les côtes. Or l'apparition des armées anglo-américaines en Grèce aurait obligé les Allemands à y transférer de nombreuses troupes, affaiblissant du même coup leur défense en France. Compte tenu de l'insuffisance des lignes de communication menant du nord au sud de l'Europe, de l'activité des partisans et de la supériorité de l'aviation alliée, il aurait fallu si longtemps pour ramener ensuite ces troupes en France que les armées d'invasion auraient fortifié leurs têtes de pont, reçu des chars et du matériel lourd déchargés dans des ports artificiels, et qu'elles se seraient mises en état de se défendre.

Mais Roosevelt et Staline changèrent bientôt d'avis et rejetèrent l'idée de Churchill qui, sentant qu'il était en train de perdre gros, devint nerveux et irritable.

C'est pendant le grand dîner donné par les Russes que cela apparut le plus nettement.

Quelques heures auparavant, Churchill avait en s'habillant dit entre ses dents à son médecin, sir Charles Moran :

– On ne peut rien faire de plus.

Puis il avait bougonné à plusieurs reprises :

– Les affreux, les affreux…

Les autres membres de la délégation britannique étaient dans les mêmes dispositions. Le général Alan Brooke que le docteur Moran rencontra dans le corridor quand, en sueur, il allait dans sa chambre pour changer de chemise, lui dit :

– Je devrais aller vous voir pour vous demander de m'enfermer dans un asile d'aliénés. Je ne supporterai bientôt plus cela…

– Mais, que s'est-il passé ?

– Après sept heures de délibérations, nous ne sommes pas plus avancés d'un pouce…

Brooke se tut et rentra dans sa chambre.

Selon l'habitude soviétique, pendant toute la réception, Staline et le ministre des Affaires étrangères Viatcheslav Molotov portèrent des toasts sans fin. Peut-être est-ce à cause de l'excès de vodka que Staline se leva de table un verre à la main et déclara qu'après la guerre le grand état-major allemand devrait être liquidé, ce qui empêcherait une renaissance future du militarisme allemand.

– Le fonctionnement des armées hitlériennes dépend de 50 000 officiers et savants. S'ils sont pris et fusillés, la puissance militaire de l'Allemagne sera anéantie, dit-il.

Churchill eut une réaction très vive :

– Ni le Parlement ni le peuple britanniques ne toléreront une exécution massive. À peine commencée, une telle action se retournera contre ceux qui en seront responsables. L'Union soviétique ne devrait se faire aucune illusion à ce sujet.

– Il faut en fusiller 50 000 ! insista Staline.

Churchill devint tout rouge.

– Je préférerais me tirer une balle dans le jardin, et tout de suite, plutôt que d'exposer mon honneur personnel et celui de mon pays à une telle infamie, dit-il en élevant fortement la voix.

– Bon, disons, pas cinquante, mais 49 000 intervint le président Roosevelt désireux de détendre l'atmosphère lourde.

Elliott, le fils du président américain, présent à la réception on ne sait en vertu de quoi car personne ne l'avait invité, se leva et dit :

– Je suis d'accord avec la proposition de Monsieur Staline et je suis certain que l'armée américaine soutiendra ce projet !

Churchill qui ne pouvait souffrir ce fils prétentieux et qui avait une très piètre opinion, tout à fait justifiée d'ailleurs, de lui comme soldat et comme chef, se leva brusquement de sa chaise, posa sa serviette et sortit dans le vestibule. Là, il s'assit dans un fauteuil et alluma un cigare. Un moment plus tard, la porte de la salle à manger s'ouvrit et Staline apparut avec un interprète.

– Il voulait seulement plaisanter, dit-il en commentaire au faux pas d'Elliott. Rentrons dans la salle.

Il alla à Churchill et lui passa le bras autour de la taille. Bien des mois plus tard lors d'un banquet à Yalta, Staline revint à cette idée de fusiller les 50 000 officiers allemands les plus élevés en grade, mais Churchill ne réagit plus.

Sans aucun doute, l'algarade de Téhéran exprimait l'atmosphère très tendue qui régnait depuis le début des négociations, et aussi le fait que Churchill était conscient que Staline avait pris aux côtés de Roosevelt sa place d'allié le plus proche. Et en fait, les intérêts britanniques et américains tiraient déjà à hue et à dia.

Roosevelt savait qu'un débarquement des armées anglo-américaines en France permettrait à l'Armée rouge d'entrer dans les pays voisins et peut-être même d'arriver en Allemagne. Il en résulterait pour ces États le risque évident de tomber sous la domination de Moscou. Certainement, Roosevelt pensait qu'il réussirait à y sauver la démocratie malgré la présence des armées soviétiques. Il n'est même pas exclu que, conscient de ce danger, il l'ait accepté comme le prix à payer pour la construction d'un monde nouveau. D'ailleurs, l'endroit le plus précieux en Europe était le bassin de la Ruhr et ce grand centre de l'industrie allemande devait rester aux mains des alliés occidentaux, ce qui ne pouvait être garanti que par l'invasion de la France.

Quant à Churchill, il était guidé par l'impératif de conserver l'Empire britannique pour lequel la région d'Europe la plus importante était la Méditerranée. Mais ses alliés ne se laissaient pas leurrer par l'assurance que l'invasion de la Grèce ne visait qu'à détourner l'attention des Allemands. Le premier jour de délibérations qui s'acheva par une brouille pendant le dîner à l'ambassade soviétique fut la journée la plus calamiteuse du premier ministre dans ses combats politiques. Et pas la dernière…

Nul ne sait combien de fois Roosevelt et Staline se sont rencontrés dans les appartements de l'ambassade soviétique, encore que le président ait été gêné par la barrière de méfiance qu'il sentait dans ses entretiens avec Staline, tant qu'il ne lui vint pas un beau matin l'idée de briser la glace.

Il dit tout à coup à Churchill qu'il venait de rencontrer dans le corridor menant à la salle de conférence :

– Winston, j'espère que tu ne m'en voudras pas pour ce que j'ai l'intention de faire aujourd'hui.

Le premier ministre était toujours de mauvaise humeur. Il souffrait d'un refroidissement et il se sentait avec cela comme un amoureux évincé témoin par-dessus le marché de la façon dont les galanteries de son pire ennemi étaient payées de retour.

À peine se trouvèrent-ils dans la salle de conférence que le président se pencha vers Staline et se mit à lui chuchoter quelque chose. Il leva la main comme s'il s'était efforcé de parler en sourdine, pas assez toutefois pour empêcher les Britanniques assis un peu plus loin de l'entendre.

– Winston est aujourd'hui insupportable, il a dû se lever du pied gauche.

– Un sourire énigmatique parcourut le visage de Staline et je pensai que j'étais en bon chemin, a dit plus tard Roosevelt à Madame Frances Perkins, secrétaire au Travail. Aussitôt assis à la table de conférence, je me mis à piquer Churchill, pour son cigare et pour ses habitudes, pour être trop britannique, John Bull. Staline et moi remarquâmes qu'il s'empourprait et qu'il avait l'air furieux. Plus il se comportait ainsi, plus Staline souriait, il finit par éclater d'un gros rire et j'entrevis pour la première fois depuis trois jours un rayon de lumière. J'entretins cette atmosphère, tant que Staline et moi nous mîmes à rire et je l'appelai oncle Joe. [...] Depuis lors, nous avons eu des contacts personnels et il s'est même permis des plaisanteries. La glace était fondue et nous avons parlé en hommes et en frères.

Les délibérations étaient à peine terminées que Roosevelt invitait Staline dans son appartement et celui-ci s'empressa d'accepter car il comprenait à merveille où le président voulait en venir avec son humeur rigolarde et ses railleries à l'égard de Churchill pendant la réunion du matin. Il savait que ses attentions avaient été bien reçues. Il lui fallait obtenir le plus possible.

Le sténogramme de cette conversation a été rendu public.

– Je vous ai invité parce que je voulais discuter cette question vite et franchement, dit Roosevelt en saluant Staline. Cela a un rapport avec les événements intérieurs dans la politique américaine.

– Personnellement, je ne voudrais pas me présenter aux élections de 1944, mais si la guerre dure toujours, j'y serai obligé. Il y a aux États-Unis six ou sept millions de Polonais, je suis réaliste et je ne voudrais pas perdre leurs voix. Je suis d'accord avec vous en ce qui concerne l'ouverture d'un deuxième front, mais je voudrais voir les frontières orientales de la Pologne reculées plus loin à l'ouest et les frontières occidentales repoussées même jusqu'à l'Oder. J'espère que vous comprenez que, à cause des élections, à Téhéran, et même au cours de l'hiver prochain, je ne participerai en rien à quelque décision que ce soit sur cette question. Publiquement, je ne me mêlerai à aucune solution.

Staline répondit qu'il comprenait le président. Ce dernier ne pouvait exprimer plus clairement sa permission de soumettre la Pologne à l'Union soviétique. Il parlait en effet à un homme dont les armées étaient entrées dans les territoires de l'est de ce pays, et par ces paroles, il acceptait l'exaction commise alors. Il annonçait que pendant les mois à venir, il ne ferait aucune déclaration touchant les affaires polonaises, or ces mois-là avaient une importance fondamentale car il était évident que l'Armée rouge allait bientôt entrer en territoire polonais. C'est ce qui arriva en janvier 1944, « cet hiver » donc, comme disait Roosevelt. Staline avait ainsi les mains libres.

– En Amérique, il y a de nombreux Lituaniens, Lettons et Estoniens, poursuivit Roosevelt en revenant aux élections proches. Les États-Unis n'entreront pas en guerre si les Russes occupent de nouveau ces trois pays, mais pour les

Américains, la grande affaire est le droit (des populations de ces pays) de disposer d'eux-mêmes. Je suis convaincu que les gens voteront pour un rattachement à l'Union soviétique.

– Les trois républiques baltes n'avaient pas leur autonomie au temps du dernier tsar, qui était l'allié de la Grande-Bretagne et des États-Unis, répondit Staline. Personne alors ne soulevait la question de l'opinion publique, et je ne vois pas pourquoi nous devrions le faire aujourd'hui.

– La vérité dans cette affaire est que l'opinion publique ne connaissait pas le problème et ne le comprenait pas.

Roosevelt donnait clairement le champ libre à Staline.

– Il faudrait que les gens soient informés et un certain travail de propagande devrait être nécessaire.

Staline n'entendait pas discuter le problème de la Lituanie, de la Lettonie et de l'Estonie. Il était évidemment prêt à accepter que la population de ces pays, qu'il préférait appeler des républiques soviétiques, ait la possibilité de participer à un référendum, mais il savait quel en serait de toute façon le résultat. La terreur subie en 1940, les déportations, la liquidation de l'intelligentsia et des milieux les plus patriotiques avaient porté leurs fruits, les peuples de ces trois pays baltes avaient perdu tout moyen de s'opposer efficacement à un retour à l'Union soviétique.

Staline sortit satisfait de l'appartement de Roosevelt. Il avait reçu l'assurance que le président ne se mêlerait pas des affaires de l'Europe centrale. Il ne restait plus qu'à convaincre ces Britanniques entêtés.

La question du lieu du débarquement pour l'invasion du continent fut réglée le 30 novembre. À la fin du petit déjeuner, Roosevelt plia sa serviette et s'adressa en souriant à Staline :

– Monsieur Churchill et moi avons pris aujourd'hui une décision sur une proposition de nos états-majors joints : l'opération *Overlord* (tel était le nom de code du débarquement dans le nord de la France) sera lancée en mai, en même temps qu'un débarquement dans le sud de la France.

– Je suis satisfait d'une telle décision, répondit Staline, mais en même temps, je voudrais vous dire, à vous et à monsieur Churchill, que quand le débarquement commencera, nos troupes seront prêtes à attaquer les Allemands.

Ce soir-là, une grande réception fut donnée à l'ambassade britannique pour célébrer le soixante-neuvième anniversaire de Winston Churchill.

À une grande table au milieu de laquelle trônait un énorme gâteau portant soixante-neuf bougies, Churchill avait placé à sa droite le président Roosevelt et à sa gauche Staline, assis sur le bord de sa chaise, quelque peu intimidé par le nombre de couverts disposés de chaque côté de son assiette.

– Une belle collection de couverts, dit-il à l'interprète, le major Birse, assis un peu en arrière entre Churchill et lui. C'est un problème : lequel utiliser ? Il faudra que vous me conseilliez, et que vous me disiez aussi quand je dois commencer à manger. Je ne connais pas vos habitudes.

– Mangez s'il vous plaît quand vous voudrez et comme vous voudrez, conseilla l'interprète.

Churchill qui avait certainement compris de quoi on parlait derrière lui proposa de dîner à la Russe, c'est-à-dire que chacun mangerait et porterait un toast quand bon lui semblerait.

Ces paroles mirent fin aux doutes du dictateur qui se leva aussitôt et en faisant le tour de la table un verre à la main se mit à porter des santés aux convives. Il était si émoustillé qu'à un certain moment, il décida de boire à la santé du serveur iranien, ce qui mit celui-ci dans un embarras bien visible.

Ce soir-là se produisit encore un incident amusant quand, n'ayant d'yeux que pour Staline, un serveur porteur d'un grand plateau de glaces le pencha et en fit tomber tout le contenu sur le costume flambant neuf de l'interprète Vladimir Pavlov qui ne sourcilla même pas.

Pendant que des boules multicolores coulaient sur sa veste, il traduisait les paroles de son patron :

– Monsieur Staline dit que l'Armée rouge est digne du peuple soviétique.

Pour le dédommager de la maladresse du serveur, Churchill octroya à Pavlov la médaille « Pour dévouement en service commandé », ce à quoi Staline répondit en décorant l'interprète britannique, le major Birse, de l'ordre du Drapeau rouge.

Le dîner s'acheva. Le président déjà visiblement fatigué alla se reposer mais Churchill et Staline restèrent assis pour prendre encore un verre.

– Je voudrais pouvoir appeler *Mister* Churchill mon ami, dit tout à coup Staline.

– Appelle-moi Winston, proposa Churchill. Derrière ton dos, je t'appelle Jojo.

– Non, je veux vous appeler mon ami. Je voudrais avoir le droit de vous appeler mon excellent ami.

Ils trinquèrent.

Churchill porta un toast :

– Je bois aux masses prolétariennes.

– Je bois au parti conservateur, répondit Staline.

Lors de la dernière réunion de la conférence de Téhéran, le soir, on ne parvint à aucun accord, mais Staline ne voulait la conclusion d'aucun accord. Tout document aurait pu lui lier les mains. Sur une remarque du président que Moscou devrait renouveler les bonnes relations avec la Pologne, Staline fit remarquer aigrement que « le gouvernement de Londres, comme il appelait le gouvernement polonais, collaborait avec les Allemands et tuait les partisans ».

Il voulait bien sûr de bonnes relations avec la Pologne, expliqua-t-il, mais seulement avec un gouvernement antinazi. En ce qui concernait le territoire de ce pays, il devrait s'agrandir uniquement aux dépens de l'Allemagne.

– Les accords de 1939 ont fait revenir les territoires ukrainiens à l'Ukraine et les biélorusses à la Biélorussie.

Staline parlait des accords des ministres soviétique et allemand des Affaires étrangères du 23 août et du 28 septembre 1939 qui dépeçaient la Pologne.

– C'est la ligne Ribbentrop-Molotov, dit le ministre britannique des Affaires étrangères Anthony Éden.

– Appelez cela comme vous voudrez, répliqua sèchement Staline. Nous la considérons toujours comme bonne et juste.

Toutefois, Churchill et Roosevelt avaient déjà décidé de la forme future de la Pologne et cela convenait très bien à Staline. Churchill déclara quand les discussions touchaient à leur fin :

– Le cœur de l'État et du peuple polonais doit être situé entre ce qu'on appelle la ligne Curzon et l'Oder, en rattachant à la Pologne la Prusse-Orientale et la Silésie.

– Si les Anglais sont d'accord pour que les ports de Klaipeda et de Königsberg nous soient attribués, nous acceptons la formule proposée par monsieur Churchill.

La conférence de Téhéran était terminée.

Le lendemain matin, le 3 décembre, le président Roosevelt s'envolait de Téhéran pour discuter au Caire avec Churchill la stratégie pour 1944. Staline rentra à Moscou autorisé par les Alliés à réaliser son projet de construire une ceinture de pays satellites le long des nouvelles frontières de l'Union soviétique. C'était une tâche ardue. Il ne fallait pas s'attendre à ce que la Pologne, la Tchécoslovaquie ou la Hongrie s'abandonnent aussi facilement à Moscou, mais l'armée la plus puissante du monde, l'Armée rouge allait entrer d'un mois à l'autre sur leur territoire. Et ne plus s'en aller…

1944

Staline commandait l'armée la plus puissante du monde. Au commencement de 1944, elle comptait 13 000 000 de soldats, elle possédait 337 200 canons et mortiers, 24 400 chars et canons automoteurs, 20 200 véhicules et transports blindés, 32 100 avions, dont 8 400 bombardiers, 8 800 avions d'assaut exceptionnellement redoutables et efficaces pour combattre les chars, 16 900 chasseurs, et 496 000 véhicules automobiles.

L'industrie soumise à une discipline de fer atteignit une productivité exceptionnelle malgré les destructions énormes. Pendant le deuxième semestre de 1941 par exemple, les usines soviétiques n'avaient pu fournir à l'armée que 5 600 chars, en 1944, elles en construisirent 21 200.

Derrière le grand complexe des usines d'armement fonctionnait une zone immense soigneusement cachée aux Alliés et au peuple russe. Environ deux millions de forçats, obligés de travailler de douze à seize heures par jour, vivant dans les baraquements glacés des camps sibériens, si mal nourris que les rations journalières permettaient à peine de survivre, produisaient 15 % des munitions. Il semble inimaginable que ces gens employés dans des usines d'armements aient pu fabriquer 9 200 000 mines antipersonnel, 25 500 000 obus, plus d'un million et demi de masques à gaz.

Dans l'avant-dernière année de la guerre, l'Union soviétique possédait une puissante industrie d'armements que ses alliés occidentaux renforçaient continuellement en la dotant de la technologie la plus moderne.

Les fournitures du prêt-bail ne pouvaient compenser quantitativement le matériel livré à l'armée et détruit dans les opérations militaires. Rien qu'en 1943, par exemple, l'Armée rouge perdit 26 700 avions et 22 400 chars ; pendant toute la durée de la guerre, elle reçut des Américains et des Britanniques 14 795 avions et 7 065 chars. Mais le plus important ici, ce n'étaient pas les chiffres. Les puissances démocratiques en lui livrant une technologie de pointe permirent à l'Union soviétique de produire l'armement et le matériel de guerre dont l'absence en 1941 avait été l'une des principales causes de la grande défaite. Les camions Studebaker, les *jeeps*, les véhicules amphibies *DUKW* et Ford *GPA*, les groupes électrogènes, les postes de radio et les téléphones de campagne et aussi les chaînes de production complètes d'usines d'aluminium et d'usines chimiques donnèrent à la production soviétique d'armements une tout autre dimension.

Staline ne craignait plus le résultat des attaques sur le front. Lorsque le 24 décembre 1943, le tir de 936 canons du 1er front d'Ukraine du général Vatoutine marqua le début de l'offensive dans le secteur de Jitomir, en face de lui, les armées du feld-maréchal Erich von Manstein ne pouvaient pas lui opposer grand-chose. Deux armées interarmes et deux armées blindées étaient très affaiblies. Entre juillet 1943 et juillet 1944, Manstein perdit 405 000 soldats, et 221 000 lui furent envoyés du Reich, recrutés à la hâte, insuffisamment instruits. L'état du matériel aussi était alarmant. Les renforts venus d'Allemagne ne suffisaient pas à compenser les pertes considérables. En conséquence, la plupart des divisions n'avaient guère plus que la moitié de leurs chars. La résistance du XXIVe corps blindé, bien qu'il fût appuyé par le XLVIIIe corps blindé, s'effondra au bout de quarante-huit heures de combats acharnés. Les progrès des armées soviétiques menacèrent vite le groupe d'armées *Sud* et le groupe d'armées *A* de destruction. Le rouleau compresseur blindé soviétique roulait déjà vers le sud-ouest de l'Europe.

Dans le secteur de Léningrad, les armées soviétiques lancèrent le 14 janvier 1944 des opérations destinées à détruire le groupe d'armées *Nord*. Après cinq jours de combats, elles encerclèrent une partie des forces allemandes dans le secteur de Krasnoïe Selo. Le 20 janvier, elles libérèrent les abords de Léningrad et d'autres attaques eurent pour effet de rejeter les armées allemandes loin à l'ouest.

Les alliés occidentaux informèrent Staline des préparatifs de débarquement dans le nord de la France et cette fois, il avait la certitude qu'ils s'acquitteraient de leurs obligations. À la fin de 1943, Hitler avait déjà ordonné de renforcer les défenses à l'ouest du continent. Les renseignements soviétiques communiquèrent la directive numéro 51 de novembre 1943, dans laquelle Hitler disait :

Le danger à l'Est n'est pas écarté, mais la plus grande menace se présente à l'Ouest : une invasion anglo-saxonne ! À l'Est, la taille du territoire nous permet de perdre des zones étendues, même à grande échelle, sans atteindre dangereusement le système vital de l'Allemagne. Il en va autrement à l'Ouest. Si l'ennemi réussit à rompre notre défense sur un large front, les conséquences immédiates seront incommensurables. Tout indique que l'ennemi lancera son offensive contre les frontières occidentales de l'Europe au plus tard au printemps, mais peut-être plus tôt. [...] C'est pourquoi j'ai décidé de renforcer la défense, particulièrement sur les lieux à partir desquels l'Angleterre sera bombardée. Ce sont des secteurs que l'ennemi doit attaquer, et qu'il attaquera [...] et ce sont les points où se dérouleront les combats les plus importants contre les forces de débarquement.

Il était évident que le commencement de l'invasion obligerait Hitler à renforcer encore sa défense à l'Ouest, et il ne pouvait le faire qu'en retirant de nombreuses divisions du front de l'Est. Cela signifiait qu'une fois la défense allemande affaiblie à l'Est, l'avance des armées soviétiques s'accélérerait.

Dans la directive de Hitler, le passage parlant de défendre tout particulièrement les secteurs depuis lesquels les Allemands pensaient bombarder l'Angleterre était inquiétant. Il ne s'agissait pas de raids aériens car ils avaient échoué en 1940 et rien n'indiquait que les Allemands fussent prêts à les reprendre alors que les Alliés avaient tout à fait la maîtrise des airs. Hitler pensait à une arme nouvelle, les bombes volantes *V-1*, les fusées *V-2* dont Staline connaissait l'existence, ainsi que les armes *V-3* et *V-4*[119] ignorées des Alliés. Il ressortait de la directive qu'il ne s'agissait pas pour le Führer d'attaquer les concentrations de troupes de débarquement car il savait parfaitement que la nouvelle arme ne serait pas prête avant que les Alliés n'entreprennent l'invasion. Et en effet, le bombardement de Londres par les *V-1* commença dans la nuit du 13 au 14 juin 1944 et les fusées *V-2* entrèrent en action le 8 septembre. Hitler pensait donc à des attaques terroristes contre les villes anglaises et, pourtant, l'histoire de cette guerre avait montré qu'on ne pouvait pas vaincre par ce moyen. À quoi voulait-il donc arriver ? Pourquoi ordonna-t-il à un moment crucial de la guerre de faire des recherches et de fabriquer des fusées et de nouveaux projectiles, de construire pour eux de grandes rampes de lancement protégées par une ceinture de fortins, au lieu de concentrer l'effort défensif sur le renforcement des armées du front de l'Est qui s'affaiblissaient ? En effet, le feld-maréchal Erich von Manstein, en décembre 1943 déjà, au moment du départ de l'offensive soviétique, était allé au « Bastion du loup » pour convaincre Hitler de la nécessité de renforcer ses armées.

– Si le Haut commandement ne nous donne pas immédiatement des renforts importants, notre aile sud s'effondrera et abandonnera Nikopol.

Même la perspective de perdre les mines de magnésium de Nikopol n'effraya pas Hitler. Il ne donna pas son accord pour l'envoi de nouvelles unités.

Il avait un autre plan. Il pensait qu'un puissant bombardement prolongé de Londres et d'autres villes de Grande-Bretagne obligerait le gouvernement de ce pays à chercher un accord avec lui et à mettre fin aux opérations militaires à l'Ouest. C'était sa dernière chance. Il ne lui restait rien d'autre.

Une telle perspective pouvait inquiéter Staline, d'autant plus que les deux agents soviétiques Kim Philby et Anthony Blunt faisaient état de contacts entre les renseignements britanniques et américains et les antifascistes allemands projetant de renverser Hitler. Il était évidemment normal que les pays en guerre s'efforcent d'affaiblir l'adversaire, de semer le trouble dans le mécanisme de gouvernement, de renverser le dirigeant de la nation ennemie. Rien n'aurait donc dû susciter les soupçons de Staline quant à la loyauté de ses alliés. C'est plus tard seulement que cette question devait provoquer une crise sérieuse dans les relations entre eux et l'Union soviétique.

Un autre front préoccupait Staline, un front intérieur. Plus l'Armée rouge se rapprochait de la victoire définitive, plus il était décidé à régler le problème des nationalités. Son esprit vindicatif lui suggérait des plans de règlements de comptes avec ceux qui lui avaient failli et qui avaient collaboré avec les Allemands. Les premiers frappés par les répressions furent les Allemands de la Volga dont les ancêtres s'étaient installés en Russie il y avait des siècles. Depuis le premier jour de la guerre, Staline n'avait pas confiance en eux. En août 1941, on ne peut pas savoir si ce fut sur son ordre ou sur celui de Béria, des agents du

NKVD en uniformes de parachutistes allemands avaient été envoyés sur le territoire de plusieurs villages habités par des Allemands. Ils avaient demandé aux paysans de les cacher jusqu'à l'arrivée des troupes allemandes. Les gens n'avaient pas refusé et ce fut le prétexte à des répressions massives. Les premières déportations avaient commencé le 28 août 1941 mais elles n'avaient vraiment pris leur cours normal que le 22 septembre 1941 à la suite de la résolution numéro 70 288 du Comité national à la Défense.

1. Déporter dans la République socialiste soviétique du Kazakhstan les Allemands du district de Zaporojie (63 000 personnes), du district de Stalinsk (41 000 personnes) et de celui de Vorochilovgrad (5 487 personnes).

Ainsi commençait le document qui décida de la vie de plus de 100 000 Allemands de la Volga.

En 1944, Staline revint à ce projet. Environ 250 000 Allemands furent envoyés dans l'est de la Sibérie et dans le nord du Kazakhstan.

On leur adjoignit d'autres groupes nationaux que Staline considérait comme hostiles au pouvoir soviétique.

En février 1944, des détachements du NKVD entrèrent en Tchétchénie. Dans de nombreux villages, la population fut rassemblée sur la place centrale, pour la faire participer aux cérémonies d'anniversaire de l'Armée rouge. Elle se trouva alors encerclée par les agents du NKVD. Chaque famille eut le droit d'emporter trente kilos de bagages. Ainsi commença la déportation des Tchétchènes. Au total, un demi-million d'entre eux furent emmenés en Sibérie.

Les Tatars de Crimée à qui Staline reprochait d'avoir trahi et collaboré furent traités avec la même cruauté. Selon les documents du NKVD, 191 000 personnes de cette nationalité furent déportées en Ouzbékistan et au Kazakhstan et 52 000 d'entre elles, soit presque un tiers, moururent en un an et demi.

Pendant ces grands regroupements de populations, qui commencèrent en 1944 et se poursuivirent encore après la guerre, trois millions et demi d'êtres humains furent arrachés à leurs maisons et emmenés loin à l'Est.

Les tenailles

Pour le troisième anniversaire du déclenchement de la guerre, Staline voulut faire une démonstration de la grande supériorité qu'il avait acquise sur l'ennemi.

Quatre fronts soviétiques comptant presque deux millions et demi de soldats disposaient de 31 000 canons et mortiers, 5 200 chars et canons automoteurs et environ 6 000 avions. Une masse aussi considérable d'hommes et d'armes donnait aux Russes une énorme supériorité : du simple au double pour le nombre de soldats, de un à trois pour l'artillerie, à plus de quatre pour les chars et de un à cinq pour l'aviation.

Pendant des semaines, des réserves avaient été amassées dans le secret absolu. Chacun des quatre fronts recevait quotidiennement cent trains de carburant, de munitions et d'armes. 12 000 camions attendaient fin prêts à distribuer ce ravitaillement aux unités combattantes. Dans les hôpitaux, 294 000 lits avaient été préparés pour les blessés et il s'avéra que cette quantité n'était pas exagérée puisque pendant plus de deux mois de combats, 590 000 soldats furent blessés.

Cette énorme force s'ébranla le 23 juin 1944 et obtint d'emblée un grand succès. Au cours des cinq premiers jours, quatre fronts soviétiques rompirent les lignes de défense allemandes en six endroits et, dans le secteur de Bobrouïsk et de Vitebsk, cernèrent de grandes masses de soldats allemands, ils avancèrent. Le 3 juillet, ils libérèrent

Minsk, capitale de la Biélorussie, en encerclant 100 000 Allemands.

Le 3 juillet, tôt le matin, Staline convoqua dans son cabinet les généraux Joukov et Antonov. Il voulait entendre de leur bouche la relation des grandes victoires. Tous deux le regardaient avec surprise. Ils ne l'avaient jamais vu souriant, plaisantant. Il était de si bonne humeur qu'à la fin de la conférence, il les invita à déjeuner.

– L'Armée rouge doit achever sa grande tâche à Berlin, dit-il à un certain moment. Le deuxième front n'est qu'un moyen de finir la guerre plus vite.

Il parlait du débarquement des Alliés en Normandie, qui avait eu lieu le 6 juin 1944.

– Vos troupes peuvent-elles libérer l'est de la Pologne et atteindre la Vistule au cours de cette offensive ? demanda-t-il à Joukov.

– Oui, camarade Staline, répondit le général avec conviction. Nous y arriverons facilement !

– C'est bien. Vous devez atteindre Varsovie et Berlin ensuite.

Staline se laissait aller à l'euphorie dans laquelle l'avaient plongé les progrès éclair de son armée. Il semblait oublier que la Wehrmacht était encore puissante.

Au milieu de 1944, les forces armées allemandes comptaient 9 400 000 soldats (dont 6 500 000 dans l'armée de terre), qui occupaient des territoires beaucoup plus grands que celui du Reich en 1939. L'économie allemande employait 36 000 000 de travailleurs (dont 7 000 000 d'étrangers recrutés de force) ; 61 % d'entre eux travaillaient pour les besoins de l'armée. C'était trois fois plus qu'en 1939 où 21 % seulement de la main-d'œuvre étaient affectés à des tâches au service de l'armée. La production industrielle atteignit alors le plus haut niveau de toute la guerre, tant du point de vue de la quantité et de la modernité que de la qualité. Les troupes recevaient de nouveaux types d'armes en avance sur l'époque dans laquelle ils étaient produits. Les usines aéronautiques livrèrent presque 40 000 appareils, et parmi eux des avions à réaction qui surpassaient à tous points de vue les appareils alliés. La production de chasseurs grimpa en flèche. En janvier 1944, les usines allemandes en fabriquèrent un peu plus de mille. En juin, la Luftwaffe en reçut deux fois plus : 2 034.

Il en allait de même dans tous les domaines touchant les armements. L'organisation exceptionnellement efficace de la production réalisée par le ministre Albert Speer permit de poursuivre un approvisionnement régulier de la Wehrmacht.

L'effondrement n'eut lieu qu'en août 1944, quand les troupes soviétiques occupèrent la Roumanie, interrompant les fournitures de pétrole à l'Allemagne.

Il fallut pourtant laisser encore passer bien des mois avant que l'économie allemande après avoir perdu ses sources de matières premières et ses établissements industriels en Silésie, en France, en Belgique et en Hollande, commence à équiper insuffisamment l'armée. Au milieu de 1944, ses réserves étaient encore énormes.

L'Armée rouge était déjà sur le sol polonais. Staline s'attelait à la construction d'une ceinture de pays satellites parmi lesquels la Pologne était le plus important, et le plus difficile à soumettre. Elle devait être la clé de voûte de ce cordon de territoires socialistes. Il fallait s'attendre à ce que le gouvernement polonais cherche à empêcher un tel développement des événements, même s'il n'avait pas beaucoup d'arguments.

Victor Lébiédiev, ambassadeur soviétique auprès des gouvernements en exil à Londres (belge, tchèque, norvégien et hollandais), informait de ses entretiens avec le représentant polonais Stanisław Grabski[120] qui agissait selon les ordres du premier ministre Stanisław Mikołajczyk[121].

Les propositions polonaises ne convenaient absolument pas à Staline. Qu'aurait-il enfin gagné à accepter de nouer des relations diplomatiques comme le proposait Grabski, de compléter le protocole signé en juillet 1941 sur la coopération des armées en territoire polonais et de tracer une ligne de démarcation, jusqu'au moment où serait fixée la frontière entre la Pologne et l'Union soviétique ? Cela lui aurait lié les mains et l'aurait empêché de réaliser son plan. Toutefois, il ne pouvait pas les rejeter, ce qui l'aurait présenté sous un mauvais jour à la veille du règlement du problème polonais qu'il entendait obtenir à l'aide des soldats et non des diplomates.

Aimable et souriant, Lébiédiev accueillit évidemment les propositions polonaises, il souligna la disposition du gouvernement soviétique à engager des négociations. Il semblait que le gouvernement polonais fût en mesure de remporter un succès, même minime ! Mais Lébiédiev soumit l'ouverture de négociations à des conditions qui pouvaient être considérées comme offensantes pour le gouvernement polonais : le président et le commandant en chef devaient démissionner, le gouvernement devait accepter la ligne Curzon comme frontière définitive de la Pologne, annuler la constitution de 1935 et rétracter publiquement « les calomnies au sujet de Katyn ».

L'Armée rouge agissait avec une brutalité égale à celle des diplomates, même si la situation sur le front tempéra d'abord les mesures que les chefs soviétiques se préparaient à prendre contre les unités de l'Armée polonaise de l'Intérieur qui reçurent même une certaine aide militaire dans les combats pour Vilna commencés dans la nuit du 6 au 7 juillet 1944 ; mais après la prise de la ville, les Russes ordonnèrent aux soldats polonais de la quitter.

Les événements évoluèrent à une cadence toujours accélérée. Le 16 juillet, le colonel Aleksander Krzyżanowski[122] *alias* Wilk, commandant des unités de l'Armée de l'Intérieur qui avaient pris Vilna, fut appelé au poste de commandement soviétique à une conférence qui devait porter sur la création d'une division d'infanterie et d'une brigade de cavalerie et ses soldats ne le revirent plus. Les officiers de son état-major furent arrêtés. Les soldats polonais essayèrent d'échapper au piège, mais ils furent encerclés dans la forêt de Roudnitsa et bien peu purent s'échapper de la souricière soviétique. Capturés, ils furent envoyés au camp de Miedniki et de là en Sibérie. Environ 5 700 soldats polonais de la Résistance de la région de Vilna subirent le même sort.

Les Russes se comportèrent pareillement avec les forces armées polonaises dans la région de Lvov où des détachements de la 5e division de l'Armée de l'Intérieur et d'un régiment de uhlans de Jazłoviec avaient participé à la prise de la ville.

Staline avait ordonné d'écarter avec la dernière brutalité tous ceux qui auraient pu mettre des entraves au rétablissement du pouvoir soviétique dans les territoires annexés en septembre 1939. À l'époque, après l'entrée de l'Armée rouge en Pologne, il avait ordonné d'assassiner les officiers, les policiers, les aristocrates et les ecclésiastiques enfermés dans les camps de prisonniers de guerre d'Ostaszkow, de Starobielsk et de Kozielsk, car il pensait qu'une fois libérés, ils auraient pu diriger la lutte contre l'occupation soviétique de ces territoires. Quatre ans plus tard, il commandait pour la même raison de déporter les soldats de l'Armée de l'Intérieur.

Staline n'avait pas besoin de se battre pour ces territoires. Ils lui avaient été accordés par ses alliés occidentaux à Téhéran. Il ne faisait qu'ordonner une opération de police afin de ne pas avoir plus tard de difficultés avec une résistance armée, ce qui serait sans doute arrivé après leur rattachement à l'Union soviétique. Son objectif principal était Varsovie. C'est là en effet qu'il projetait d'installer un gouvernement à ses ordres, qui entreprendrait de former un pays socialiste.

Rien n'indique qu'il ait eu tout prêt un plan d'action contre le gouvernement polonais et la Résistance forte d'environ 300 000 soldats, donc une armée avec laquelle il lui fallait compter. Il semble qu'il ait envisagé de former un gouvernement dans la première parcelle de terre polonaise libérée, derrière la ligne Curzon, puis, en s'appuyant sur la puissance de l'Armée rouge en train de chasser les Allemands, de neutraliser l'armée secrète, comme il l'avait fait dans les districts de Vilna et de Lvov. L'entretien qu'il eut avec Joukov et Antonov au Kremlin montre, tout comme les ordres qu'il donna aux troupes franchissant le Bug, qu'il ne prévoyait pas le déclenchement d'une insurrection et que l'Armée rouge devait prendre Varsovie sur sa lancée. Cela aurait donné aux fronts soviétiques une bonne position de départ et un appui solide pour la poursuite de l'offensive sur Berlin. Par-dessus le marché, cela pouvait être un excellent atout dans les menées pour le règlement de la question polonaise.

Ni l'évaluation de la situation ni les informations arrivant de Londres n'indiquaient que les autorités voulaient donner l'ordre de déclencher une insurrection.

Le commandant en chef, le général Kazimierz Sosnkowski[123] semblait conscient qu'une insurrection sans une entente préalable et une collaboration avec les armées soviétiques pouvait conduire à une catastrophe nationale. Et il comprenait aussi qu'un tel accord n'était pas possible. Le 3 juillet 1944, au cours d'une délibération avec le premier ministre Mikołajczyk, il prévint que les Allemands pouvaient dans un très proche avenir renforcer leur défense en faisant venir cent trente divisions qui s'opposeraient farouchement à l'accès de leur pays.

– Dans ces conditions, dit Sosnkowski, il est difficile d'envisager la possibilité de s'emparer d'un territoire assez étendu ou d'un centre important pour plus de quelques jours.

Il préconisait la multiplication des actions de diversion, « au-delà desquelles il est impossible d'aller dans les conditions données ». Il considérait une insurrection comme un acte désespéré.

Le premier ministre Mikołajczyk était d'un avis différent. Il craignait que des groupes promoscovites ne mettent à profit l'absence d'opérations militaires concrètes de la part de l'Armée de l'Intérieur pour susciter un soulèvement en Pologne.

Nous ne pourrons pas nous taire quand les bolcheviks entreront en Pologne. S'il s'agit de l'Armée de l'Intérieur, nous lui avons crié que le temps était venu, pour ne pas être accusés d'une entente secrète avec les Allemands. [...] puisque de toute façon, la lutte ouverte est déjà allumée à l'Est, nous nous demandons si elle ne mériterait pas déjà d'être appelée insurrection ? écrivait Mikołajczyk dans une dépêche du 4 juillet pour la Pologne, ce qui pouvait être compris comme un appel à l'insurrection.

Dans le pays, la délégation du gouvernement semblait toutefois évaluer lucidement ses forces et la possibilité de remporter une victoire.

Au besoin, nous bloquerons l'appel de Berling[124] *à l'insurrection, écrivait Jan Stanisław Jankowski*[125]. *C'est nous qui déciderons de la date du soulèvement. Il n'est pas question que, en considération des combats à l'Est, nous proclamions maintenant l'insurrection. Cela provoquerait une répression sanglante massive et sèmerait la confusion chez nous.*

Le risque de voir des groupes promoscovites allumer l'insurrection semblait très réel. Les appels lancés sur les ondes à la population polonaise en témoignaient.

Le 29 juillet, la radio de Moscou proclamait :

Sans aucun doute, Varsovie entend le grondement des canons dans la bataille qui lui apporte sa libération. Ceux qui ne se sont jamais pliés sous le joug de Hitler se joindront de nouveau, comme en 1939, à la lutte contre les Allemands, cette fois pour l'action décisive. L'Armée polonaise formée en URSS, entrant maintenant sur le sol polonais, se joindra à l'Armée populaire pour former un corps de troupes polonaises, le bras armé de notre peuple dans sa lutte pour l'indépendance. Demain, les fils de Varsovie se trouveront aussi dans ses rangs. Avec l'armée alliée, ils chasseront l'ennemi vers l'ouest, nettoieront la terre polonaise de la plaie hitlérienne et donneront un coup mortel à la bête de l'impérialisme prussien.

À qui s'adressait cet appel ?

Le lendemain, la station de radio soviétique Tadeusz Kościuszko appelait :

Varsovie vibre jusque dans ses fondations du grondement des canons. Les troupes soviétiques avancent rapidement et s'approchent déjà de Praga[126]*. Elles viennent vous apporter la liberté. Les Allemands repoussés de Praga s'efforceront de se défendre à Varsovie. Ils voudront tout détruire. À Białystok, ils ont tout fait sauter pendant six jours. Ils ont assassiné des milliers de nos frères. Faisons tout ce qui est en notre pouvoir pour les empêcher de recommencer à Varsovie ! Peuple de Varsovie ! Aux armes ! Que toute la population se tienne aux côtés du Conseil national populaire, aux côtés de l'armée clandestine de Varsovie !*

Ces émissions et les tracts lancés par avion au-dessus de Varsovie étaient-ils une provocation à l'égard du commandement de l'Armée de l'Intérieur, pour allumer l'insurrection que les Allemands, face à la passivité de l'Armée rouge, auraient noyée dans le sang ?

On peut penser que non : *Que la population se tienne aux côtés du Conseil national populaire*. C'était appeler à un soulèvement que devaient lancer des groupes communistes. Toutefois, il ne s'agissait pas de luttes sanglantes et de longue haleine dans Varsovie, auxquelles l'Armée populaire n'était absolument pas préparée, mais d'escarmouches avec les unités allemandes se retirant de la capitale. Sans aucun doute, les détachements de l'Armée de l'Intérieur y auraient participé car ils n'auraient pas pu rester inactifs alors que les armes auraient parlé dans les rues. Cela n'aurait d'ailleurs plus eu d'importance car la propagande soviétique aurait pu sortir un atout considérable : l'insurrection lancée par les groupements communistes qui avaient sauvé Varsovie de la destruction.

Les combats auraient pris fin au bout de quelques jours grâce à l'entrée dans la capitale des détachements de la 1re armée polonaise. Qu'aurait gagné Staline ? Une totale légitimation des groupes auxquels il voulait donner le pouvoir en Pologne. Un pouvoir qui aurait eu d'autant plus de poids et de prix qu'il aurait pris naissance dans le combat pour le sauvetage de Varsovie.

En juillet 1944, il existait déjà un système prosoviétique d'autorité gouvernementale créé par le Conseil national populaire instauré dans la nuit de la Saint-Sylvestre 1943 comme « parlement clandestin » et par le Comité polonais de libération nationale créé le 21 juillet 1944 comme un gouvernement aux compétences et au domaine limités. Les arrières politiques de ces organes du nouveau pouvoir étaient constitués par le parti polonais du travail, parti communiste créé un an avant la constitution du Comité national populaire par des militants envoyés d'Union soviétique. Le 26 juillet, les représentants du Comité polonais de libération nationale signèrent à Moscou un accord sur la prise de pouvoir dans les territoires libérés par l'Armée rouge. Il était donc évident que cette force militaire donnerait le pouvoir à un nouveau gouvernement dans les territoires occupés. Il en serait ainsi à Varsovie également. Les actions des armées soviétiques montrent sans équivoque qu'initialement, les plans prévoyaient la prise rapide de Varsovie.

Le commandement de l'Armée rouge sous-estimait la force des armées allemandes et la détermination du commandement. Il comptait que la Wehrmacht se replierait sur la ligne de la Warta et même peut-être plus loin, jusqu'aux fortifications de l'ancienne frontière germano-polonaise où elle organiserait la principale ligne de défense des frontières du Reich. Tels étaient en fait les plans initiaux de l'*Oberkommando der Wehrmacht* et les Allemands commencèrent à agir dans ce sens, ce qui trompa le commandant du 1er front de Biélorussie, le maréchal Konstanty Rokossovski[127] dont les armées marchaient sur Varsovie. Il ne tint pas compte non plus du fait que ses troupes étaient déjà épuisées. Pendant l'opération de Biélorussie, le front de Rokossovski qui comptait au départ un peu plus d'un million de soldats en perdit 281 000 tués ou blessés.

Le 25 juillet, quand les Allemands semblaient avoir quitté Varsovie, Hitler nomma chef du grand état-major des forces terrestres le général Heinz Guderian, vétéran des batailles de chars de 1939 en Pologne et de 1940 en France, puis en Union soviétique.

Guderian se rendait bien compte qu'il ne fallait pas se retirer de la ligne de la Vistule, ce qui aurait découvert le « ventre mou » de la Prusse-Orientale. Sans aucun doute, les Russes auraient tiré parti de cette situation favorable pour attaquer la Prusse-Orientale à partir du sud, coupé les lignes de communication, dont le nœud principal était à Varsovie, et ils auraient facilement encerclé la 4e armée et la 3e armée blindée. La perte de ces formations aurait été un coup dur pour la Wehrmacht. C'est pour cela que Guderian estimait nécessaire d'arrêter l'évacuation des troupes de Varsovie et de se mettre à défendre âprement la ville.

La 9e armée allemande reçut l'ordre suivant :

Toutes les unités qui transiteront par Varsovie doivent marcher vers l'est en ordre exemplaire en empruntant les rues principales. Leur comportement doit mettre un terme à toutes les rumeurs qui circulent parmi la population locale, selon lesquelles nous n'aurions pas la volonté de défendre la ville avec tous les moyens de notre puissance.

Conformément à cet ordre, la 9e armée passa sur la rive droite de la Vistule pour aller affronter l'offensive soviétique. Elle était trop faible pour cela, il fallait donc la renforcer. La division blindée et parachutiste *Hermann Göring*[128] aguerrie en Italie se dirigea donc sur Varsovie.

Et il arriva ce à quoi on pouvait s'attendre dans une conjoncture dans laquelle on sous-estimait la force et les possibilités de l'ennemi. Une puissante attaque des formations allemandes freina l'élan de l'offensive soviétique. La défense allemande s'avéra trop forte pour pouvoir être brisée par les moyens préparés par les Russes à cet effet. Toutefois, c'est la décision de Staline qui préjugea du déroulement des combats. La nouvelle du déclenchement d'une insurrection à Varsovie le surprit et l'inquiéta. Une victoire de l'Armée de l'Intérieur pouvait créer une situation tout à fait nouvelle, très incommode pour le dictateur soviétique. Cela aurait signifié que les unités de l'Armée rouge entrant à Varsovie auraient été accueillies par la délégation du gouvernement polonais légal. Staline aurait été obligé soit de le reconnaître, soit de procéder à la pacification, ce qui aurait sans aucun doute considérablement détérioré ses rapports avec ses alliés occidentaux. Aucune de ces éventualités n'était donc acceptable. Pour cette raison, il ordonna d'arrêter l'offensive du 1er front de Biélorussie.

Sur ces entrefaites, le premier ministre du gouvernement polonais, Stanisław Mikołajczyk se rendit à Moscou. L'insurrection de Varsovie devait être un argument important dans ses entretiens avec Staline. À condition que les Polonais remportent un succès.

Staline ne se pressait pas de recevoir Mikołajczyk. Il voulait voir comment se déroulaient les combats dans la ville. Au bout des deux premiers jours, il pouvait déjà miser sur l'échec de l'insurrection.

Le déclenchement des combats surprit les Allemands, bien que le docteur Ludwig Hahn, chef du *Sicherheitsdienst*, le service de sécurité SS, ait déclaré : *Les autorités allemandes ne se sont laissées surprendre que jusqu'à un certain point. Nous, au quartier général du SD, nous n'avons pas été pris du tout au dépourvu. [...] J'ai reçu confirmation que la rébellion avait bien éclaté le 1er août entre onze heures trente et midi. Nous avons entrepris immédiatement d'organiser la défense.*

Le premier jour, la victoire semblait être à portée de main des insurgés. Le commandement allemand était désorganisé et les meilleures unités de police avaient été retirées de la ville. Malgré tout, la supériorité était du côté des Allemands qui pouvaient engager dans la bataille dans la partie de la ville située sur la rive gauche de la Vistule quinze ou seize mille soldats qui, même s'ils ne représentaient pas une grande valeur guerrière, étaient bien armés.

Les Polonais qui dépassaient l'ennemi à tous points de vue, moral, détermination, formation, avaient désespérément peu d'armes et de munitions : entre 1 500 et 3 000 insurgés à peine pouvaient aller au combat avec un fusil ou un pistolet. Dès les premières heures, les Allemands avaient donc la supériorité.

Les insurgés ne réussirent à s'emparer d'aucune des positions stratégiques de Varsovie : ponts, gares, aérodromes. De jour en jour, leur situation empirait. Les réserves d'armes, de munitions, de médicaments, de nourriture, déjà insuffisantes au commencement de la bataille, se réduisaient rapidement. Beaucoup d'entre les meilleurs tombèrent dans les combats acharnés pour les positions allemandes.

Au contraire, les Allemands se renforçaient. Dès le 2 août, ils amenèrent devant Varsovie des unités blindées. Le corps de von dem Bach se concentra. De Poznań, seize compagnies de police et une compagnie SS se dirigèrent sur la ville. Depuis d'autres endroits du pays arrivèrent un régiment de gardes, la brigade d'assaut SS RONA de Kamiński et le régiment SS *Dirlewanger*. Les Allemands engagèrent aussi dans la bataille une arme face à laquelle les insurgés étaient absolument impuissants, les bombardiers en piqué *Ju 87 Stuka*. Partant de l'aérodrome d'Okęcie*, ils ne perdaient pas de temps pour arriver sur leurs objectifs et après avoir largué leurs bombes et vidé les chargeurs de leurs mitrailleuses et de leurs canons, ils refaisaient vite le plein de munitions.

Les Allemands firent venir aussi un énorme mortier qu'ils appelaient *Karl*, en l'honneur du général Karl Becker qui l'avait construit avant la guerre. Ce mortier pesait 124 tonnes et se déplaçait sur un châssis à chenilles mû par un moteur de 580 chevaux à la vitesse de dix kilomètres par heure. Il tirait six obus par heure. Chacun d'eux pesait 2 170 kilos. Quand il en tombait un sur une maison, il perçait le toit, traversait les plafonds jusqu'à la cave où il explosait en démolissant l'immeuble tout entier.

Les Varsoviens apprirent vite à reconnaître le hurlement au départ de projectiles qu'ils appelaient « vaches » ou « armoires ». Ce bruit annonçait la mort : l'éclatement des projectiles des lance-fusées *Nebelwerfer*. Ils lançaient d'abord des charges explosives et ensuite, ils bombardaient avec des projectiles incendiaires. Le pétrole enflammé que contenait chacun d'eux se répandait sur deux cents mètres carrés environ. Pour brûler les immeubles sur une superficie d'un hectare, il fallait environ cinquante obus incendiaires. Si quelqu'un se trouvait dans le champ de tir, il avait une chance inouïe s'il réussissait à s'abriter derrière des murs qui le protégeaient du souffle puissant ou arrêtaient les flammes qui jaillissaient à deux ou trois mètres de hauteur.

* L'aérodrome de Varsovie.

Les Allemands employèrent, également, un mortier à fusées fixé sur un châssis de char *Tiger*. Le premier exemplaire de cette arme fut construit en août 1944, et dix-huit seulement furent fabriqués, dont un au moins entra en action à Varsovie. Il tirait des projectiles énormes d'un diamètre de trente-huit centimètres propulsés vers leur cible à l'aide d'un moteur. Leur portée était de 4 600 mètres, elle permettait aux Allemands de frapper les positions des insurgés de très loin, absolument à l'abri de leurs armes.

Pour bombarder la capitale polonaise depuis les environs de Pruszków, le plus gros canon sur rails de la Deuxième Guerre, *Gustav*, fut lui aussi utilisé. À cause de son poids et de ses dimensions énormes*, il devait être démonté pour le transport à l'aide de grues, ce qui exigeait environ six semaines, et ses éléments étaient répartis sur des wagons. Après la mise en position des affûts sur rails, le canon s'appuyait sur deux wagons placés sur des voies parallèles. 1 420 soldats étaient affectés au montage, au service et à la garde de *Gustav*. Il pouvait tirer par heure deux ou trois obus soufflants pesant quatre tonnes soixante-quinze, mesurant sept mètres soixante de long, à une distance de quarante-six kilomètres sept cents, ou deux projectiles antichars de sept tonnes cent à trente-sept kilomètres huit cents.

Une pareille force avait devant elle seulement quelques milliers d'hommes armés de fusils, de mitraillettes, de grenades, de quelques lance-fusées antichars *PIAT*, de mortiers de petit calibre, d'arbalètes fabriquées avec des ressorts de voitures et destinées à lancer des bouteilles incendiaires et rien de plus.

Staline reçut le premier ministre Mikołajczyk le 3 août. Il se présenta encore une fois à ses alliés occidentaux comme

* poids : 1 328,9 t ; longueur : 42,97 m ; hauteur : 11,58 m ; largeur : 7,01 m.

un homme politique disposé à trouver un compromis et ne refusant donc pas les négociations avec les représentants d'un gouvernement avec lequel un an auparavant, il avait ordonné de rompre les relations diplomatiques. Mais il savait déjà que le premier ministre polonais n'avait pas d'arguments. Il pouvait donc se permettre des remarques sarcastiques du style :

– Qu'est-ce que votre Armée de l'Intérieur ? Qu'est-ce que c'est qu'une armée sans artillerie, sans char, sans aviation ? Elle n'a même pas assez d'armes personnelles. À la lumière de la guerre moderne, ce n'est rien ! Ce sont de minuscules détachements de partisans et non une armée régulière. J'entends dire que le gouvernement polonais leur a ordonné de chasser les Allemands de Varsovie. Je ne comprends pas comment ils pourraient y parvenir, en effet, c'est au-dessus de leurs forces. D'ailleurs, ces hommes ne combattent pas les Allemands mais se cachent dans les bois. Ils ne sont pas en état de faire autre chose.

Il se comportait comme un vainqueur envers un vaincu, qu'il traitait avec un mépris condescendant. Staline était bien le vainqueur.

Les Balkans, les Balkans

L'Armée rouge était sur la Vistule et cela signifiait que Staline voulait d'abord être le maître du jeu en Pologne, quitte à retarder la réalisation de ses desseins d'aller le plus vite possible à Berlin et peut-être même sur le Rhin. Il comprenait parfaitement que les armées de Hitler allaient accomplir ce dont les siennes et le NKVD auraient été obligés de se charger si l'insurrection n'avait pas éclaté : éliminer tous les chefs de la Résistance et détruire l'Armée de l'Intérieur. L'étouffement de l'insurrection, la mort des soldats les plus patriotes, l'internement des chefs de la lutte clandestine signifiaient l'écrasement de l'armée secrète. Elle perdait ainsi la force qu'elle aurait sans aucun doute employée après la guerre à défendre l'indépendance.

Dans le même temps, dans le sud de l'Europe, les choses évoluaient au mieux pour Staline. L'Armée rouge occupait les Balkans. Les puissantes offensives de deux fronts, lancées le 20 août 1944 de Pascani à la mer Noire, avaient brisé la défense du groupe d'armées *Ukraine Sud* et des forces roumaines, et progressaient rapidement en direction de Ploesti et de Bucarest. Le nouveau gouvernement roumain nommé par le roi Michel après le renversement du dictateur Ion Antonescu[129] avait accepté les conditions d'armistice des Soviétiques et déclaré la guerre à l'Allemagne.

Le 8 août 1944, l'Armée rouge franchit la frontière de la Bulgarie, dont le gouvernement déclara aussi la guerre à l'Allemagne.

Au nord du Danube, le 2e front d'Ukraine se dirigeait vers la grande plaine hongroise et marchait sur Budapest, mais en raison de la forte résistance des armées allemandes et hongroises et du temps affreux, il s'arrêta aux abords de la capitale, tandis que le 3e front d'Ukraine atteignait le lac Balaton après le forcement du Danube au sud de Budapest. Le dictateur hongrois, Miklós Horthy[130] était déjà décidé à sortir de la guerre et à conclure un armistice avec les Russes. Le 15 octobre, il déclara à la radio :

– Il est clair aujourd'hui que les Allemands perdront la guerre. [...] La Hongrie est arrivée à des accords préliminaires d'armistice avec la Russie et suspend les hostilités contre ce pays.

Seule l'intervention des commandos d'Otto Skorzeny qui enlevèrent le fils de Horthy, puis l'arrestation du régent lui-même, empêchèrent le gouvernement hongrois de mettre fin aux combats contre l'Armée rouge.

En Yougoslavie, le 3e front d'Ukraine et les partisans communistes brisèrent la résistance de la garnison allemande de Belgrade et l'obligèrent à se retirer le 20 octobre 1944.

Les Balkans étaient aux mains des Soviétiques, ce qui inquiétait énormément Churchill. Il pensait devoir intervenir sans délai auprès de Staline pour prévenir un renforcement des influences soviétiques dans cette partie de l'Europe qu'il considérait comme absolument primordiale pour l'Empire britannique. Il se rendit à Moscou en sachant que l'attendait un marchandage serré avec Staline, qu'il connaissait déjà comme un négociateur inflexible. Il avait toutefois des arguments qui, pensait-il, adouciraient la rigidité du dictateur.

C'est pourquoi le 15 octobre 1944, en s'asseyant en face de lui à la table du bureau du Kremlin, il n'avait pas envie de perdre son temps à des manèges diplomatiques. Il prit une demi-feuille de papier et se mit à tracer des colonnes au crayon.

Roumanie :	Russie 90 % Autres 10 %
Grèce :	Grande-Bretagne 60 % (en accord avec les USA) Russie 10 %
Yougoslavie :	50 %-50 %
Hongrie :	50 %-50 %
Bulgarie :	Russie 75 % Autres 25 %.

Il posa son crayon et passa la feuille à Staline. Celui-ci la lut attentivement, la marqua d'un gros trait bleu en signe d'acceptation et la rendit à Churchill.

On peut avoir l'impression qu'en cet instant, le premier ministre britannique se glorifiant de diriger le peuple le plus démocratique du monde ne se sentit guère différent de ce « bandit caucasien ».

– La façon dont nous avons réglé ce problème ne sera-t-elle pas considérée comme trop cynique ? demanda-t-il. Brûlons ce papier.

– Non, gardez-le, répondit Staline avec un petit sourire ironique.

Il sentait que ces comptes ne voulaient pas dire grand-chose. De quelle manière Churchill voulait-il après la guerre faire valoir ses 25 % d'influence en Bulgarie ? Par le nombre de sièges au Parlement ou par celui des portefeuilles de ministres ouvertement probritanniques ? Ou peut-être par les effectifs de l'armée, dans laquelle un quart des officiers se serait déclaré pour la Grande-Bretagne ?

Sans doute Churchill n'était-il pas exempt de naïveté dans son estimation de l'honnêteté de Staline, comme le président Roosevelt d'ailleurs. Il avait conclu un marché, obtenu facilement l'acceptation de sa proposition d'un partage des influences dans les Balkans, confirmée par le paraphe bleu de Staline sur la demi-feuille de papier. Après cette transaction allait venir l'heure de payer pour ces reculades à propos des Balkans.

Churchill ne se rappelait pas combien il avait critiqué son prédécesseur Neville Chamberlain pour avoir à Munich[131] donné une partie de la Tchécoslovaquie à Hitler. Il avait dit alors au Parlement :

– Le gouvernement avait le choix entre la honte et la guerre. Il a opté pour la honte, il aura la guerre.

Peut-être toutefois le rapprochement avec cette époque où les représentants de quatre puissances européennes avaient décidé du sort d'une partie de la Tchécoslovaquie hors de la présence des représentants de ce pays commanda-t-il à Churchill de ne pas régler la question des frontières de la Pologne et de l'Union soviétique à l'Est sans consulter le gouvernement polonais. Il proposa la participation du premier ministre Stanisław Mikołajczyk aux débats. Évidemment, il s'attendait à ce que les Polonais n'acceptent pas de mettre plus de la moitié de leurs pays entre les mains d'une puissance qui, après le 17 septembre 1939, avait pris ces territoires par la force, leur avait imposé son régime par la terreur et avait déporté 600 000 personnes. Mais quels arguments Mikołajczyk pouvait-il avancer ? Il n'avait aucun soutien, à part celui des Britanniques ! Il fallait lui faire prendre conscience tout de suite de la difficulté de sa position. Churchill fit rapidement le premier pas en acceptant la participation à côté du gouvernement légal de Mikołajczyk des représentants du Comité polonais de libération nationale. Ensuite, il poussa son ministre des Affaires étrangères Anthony Éden à faire comprendre au premier ministre polonais qu'il régnait à Moscou un accord total entre les gouvernements britannique et soviétique.

Mais cela ne donna aucun résultat. Pendant les discussions au Kremlin, le premier ministre polonais refusa d'accepter le tracé de la frontière polonaise suivant la ligne Curzon.

Churchill décida de rejeter les convenances diplomatiques et de lui dire sans ambages qu'il n'y avait pas à discuter et qu'il lui fallait accepter ce que Staline proposait.

– Vous n'êtes pas un gouvernement si vous ne pouvez prendre aucune décision, cria Churchill. Vous êtes des trouble-fête qui voulez bouleverser l'Europe. Je vous laisserai seuls avec vos problèmes. Vous n'avez pas le sens de la responsabilité si vous sacrifiez les gens du pays, ceux devant lesquels vous restez insensibles, sans aucun égard face à leurs souffrances ! Vous n'avez aucun souci de l'avenir de l'Europe, vous ne vous intéressez qu'à votre propre intérêt, étroit, minable, égoïste.

Churchill avoua par la suite à son médecin :

– J'ai été très brutal envers Mikołajczyk. Il s'entêtait et j'ai perdu mon sang-froid.

Il ajouta plus tard :

– Je lui ai brandi mon poing sous le nez.

Dans la relation du médecin, il n'y avait certainement pas la moindre exagération car Churchill se laissa aller à des menaces contre le gouvernement polonais.

– Je dirai à la face du monde combien vous vous êtes montrés déraisonnables. Je m'adresserai à d'autres Polonais. (Il pensait évidemment aux organisations promoscovites.) D'autant que le gouvernement de Lublin peut travailler de manière très satisfaisante. Il sera le gouvernement légal. Vos arguments ne sont qu'une tentative criminelle de semer la discorde entre les Alliés à l'aide de votre *liberum veto*. Je ne sais pas si le gouvernement britannique continuera de vous reconnaître !

Finalement, Churchill changea pourtant de ton et décida d'amener Mikołajczyk à des concessions.

– Si vous acceptez la ligne Curzon, les États-Unis se voueront davantage à la reconstruction de la Pologne et vous accorderont sans doute des prêts importants, probablement même sans que vous ayez à les solliciter.

Nous vous aiderons également, mais après la guerre, nous serons pauvres. Vous êtes dans l'obligation d'accepter les décisions des grandes puissances.

Que pouvait faire le premier ministre d'un gouvernement dont les armées combattaient à des centaines de kilomètres de la Pologne, alors que la capitale était un champ de ruines et que l'Armée rouge se trouvait dans ses faubourgs, qu'en plus, la seule armée régulière dans le pays était subordonnée à des organisations communistes qui se changèrent vite en Parlement et en gouvernement, et que ses alliés lui refusaient leur soutien ?

Les négociations de Moscou aboutirent à une impasse, ce qui favorisait Staline. Il avait déjà une solution toute prête et il considérait les discussions avec le gouvernement de Mikołajczyk comme un faux-fuyant diplomatique sans importance destiné à justifier son soutien au Comité polonais de libération nationale comme au seul organisme responsable disposé à collaborer avec toutes les parties du nouvel ordre européen. Quand, le 24 novembre 1944, Stanisław Mikołajczyk renonça à ses fonctions de premier ministre, Staline sauta immédiatement sur ce prétexte pour justifier son soutien au gouvernement provisoire, nouvel avatar du Comité polonais de libération nationale.

Cependant, en décembre 1944, les circonstances changèrent brusquement et Staline devint pour Churchill et pour Roosevelt un allié encore plus précieux. Les événements de décembre scellèrent le sort de la Pologne. Dans les Ardennes, les troupes allemandes, que l'on tenait déjà pour tout à fait battues, passèrent à l'improviste à l'offensive.

Adolf Hitler jugeait fort justement que les Britanniques et les Américains avaient démesurément étiré leurs forces. Sur un front de 700 kilomètres, ils n'avaient que 70 divisions, fatiguées par-dessus le marché et dépourvues de réserves suffisantes.

Les unités américaines avaient besoin chaque jour de 20 000 tonnes de nourriture, de médicaments et de matériel, de 24 000 000 de litres de carburant et de 2 000 tonnes de munitions, or le seul port par lequel elles recevaient leurs approvisionnements était Cherbourg, à des centaines de kilomètres du front. Certes, elles avaient déjà enlevé le port d'Anvers aux Allemands, mais ceux-ci étaient maîtres du tronçon de quatre-vingts kilomètres de l'Escaut réunissant le port à la mer et ils bloquaient le trafic. En conséquence, la 7e division blindée américaine restait clouée devant Metz faute de carburant.

Hitler décida de profiter d'une situation aussi favorable, estimant que c'était la seule occasion d'infliger de lourdes pertes aux alliés occidentaux. Il résolut d'envoyer ses armées au combat dans les Ardennes, sur un terrain accidenté aux frontières de la Belgique, de la France et du Luxembourg, là où en 1940 ses soldats avaient remporté une victoire éclatante qui avait décidé du résultat de toute la guerre à l'Ouest.

Le 16 décembre avant l'aube, plusieurs centaines de canons allemands ouvrirent le feu sur les positions alliées. Simultanément, une unité spéciale, *Einheit Steilau* de la brigade Otto Skorzeny entrait en action, elle comptait neuf groupes de quatre hommes en uniformes américains se déplaçant dans des *jeeps*. Leur tâche consistait à semer la confusion dans les rangs alliés, à détruire les lignes de communication, à attaquer les états-majors.

Tout sembla d'abord se dérouler suivant les plans de Hitler et le ciel paraissait favorable aux assaillants. Une épaisse couche de nuages touchait presque la terre enneigée, enveloppant tout d'un brouillard dans lequel les avions alliés ne pouvaient pas pénétrer. Et tant qu'ils restaient sur les aérodromes, les chars allemands parmi lesquels se trouvaient les engins les plus puissants de la Seconde Guerre mondiale, des *Königstiger*[132], pouvaient réduire en poussière la défense américaine.

Les armées allemandes se lancèrent sur un front de cent trente kilomètres contre cinq divisions américaines qui ne s'attendaient pas à une attaque. La 5e armée blindée du général Hasso von Manteuffel attaquant au centre s'enfonça le plus profondément dans les défenses américaines, mais malgré des succès initiaux, elle ne réussit pas à s'emparer de deux carrefours cruciaux dans les villes de Saint-Vith et de Bastogne qu'elle fut obligée de contourner pour poursuivre sa marche vers la Meuse. Au sud, la 7e armée du général Erich Brandenberger fut arrêtée, après avoir d'abord progressé, par deux divisions américaines. Au nord, la 6e armée blindée SS de Joseph Sepp Dietrich fut immobilisée au bout de trois jours aux abords de Liège.

Le temps passait et la grande rupture escomptée par Hitler ne se produisait pas. Les Américains, bien que pris au dépourvu, avaient résisté au premier choc et pour leur bonheur, au bout de quelques jours, le temps s'améliora assez pour permettre aux avions alliés de décoller. Les divisions défendant le nœud de routes stratégiques à Bastogne purent tenir et repousser les attaques des unités de la 5e armée blindée grâce aux fournitures d'armes et de ravitaillement qui leur parvenaient par les airs. Les avions de la 9e armée aérienne américaine exécutèrent le 22 décembre 1 300 vols de parachutages pour les défenseurs des secteurs stratégiques. Le lendemain, deux mille bombardiers et chasseurs alliés attaquèrent trente et un objectifs, désorganisant l'acheminement de munitions et de carburant des colonnes allemandes. Au sud, la 3e armée du général George S. Patton passa à la contre-offensive. Dans le nord, la 1re armée américaine accentuait la pression.

Pendant ce temps, les unités allemandes consommaient rapidement les modestes réserves qui avaient pu être préparées en novembre et en décembre. Après cinq jours de combats, les équipages des redoutables *Königstiger* auxquels ne pouvait se mesurer aucun char allié les abandonnaient au bord des routes faute d'essence dans les réservoirs. Cela coûta plus cher aux unités blindées allemandes que les projectiles ennemis. La perte des champs pétrolifères roumains occupés à la fin d'août par l'Armée rouge se faisait déjà nettement sentir dans l'économie allemande, ainsi que les destructions infligées aux raffineries et aux entrepôts de carburant par les avions alliés dans la période qui avait précédé l'invasion en Normandie.

Dès le 24 décembre 1944, il était évident que l'offensive dans les Ardennes avait échoué, mais les combats se poursuivaient. Les pertes des Alliés étaient lourdes : 76 980 soldats blessés, tués et prisonniers. Le premier jour de 1945, 700 avions de la Luftwaffe attaquèrent 27 aérodromes alliés, détruisant 156 appareils qui n'avaient pas eu le temps de décoller.

Winston Churchill pensait que seule la reprise par l'Armée rouge de l'offensive sur la Vistule longtemps ajournée obligerait Hitler à retirer de nombreuses divisions de l'Ouest, mettant par là même un terme à la bataille des Ardennes, dans laquelle les Alliés avaient subi des pertes si cuisantes. Il écrivit dans un courrier à Staline :

Je vous serais reconnaissant de bien vouloir me faire savoir si nous pouvons compter en janvier sur une grande offensive russe à partir de la Vistule ou sur un autre théâtre d'opérations. Je ne révélerai ces informations absolument secrètes à personne, sauf au maréchal Brooke et au général Eisenhower, et encore à condition qu'ils gardent le secret le plus absolu. Je considère cette question comme urgente.

Ce même jour, le 6 janvier, alors que Churchill envoyait cette dépêche, le maréchal Arthur Tedder[133] devait se rendre à Moscou pour voir avec Staline comment hâter l'offensive soviétique à partir de la Vistule, mais les mauvaises conditions atmosphériques empêchèrent le départ de son avion.

Votre dépêche du 6 janvier m'est parvenue le 7, répondit Staline. Je regrette que le maréchal Tedder ne soit pas encore arrivé à Moscou. Il est extrêmement important de profiter de notre supériorité en artillerie et en aviation. C'est pourquoi nous avons besoin d'un beau temps favorable aux vols, sans nappes de brouillards empêchant un tir d'artillerie bien ajusté. Nous préparons une offensive mais le temps est présentement défavorable. Considérant la position de nos alliés sur le front de l'Ouest, le grand état-major a décidé de terminer les préparatifs à une cadence accélérée et de commencer une offensive sur une grande échelle sans tenir compte du temps, sur toute la longueur du front central, dans la deuxième quinzaine de janvier au plus tard.

Le 12 janvier 1945, les premières formations de la grande masse d'hommes et de matériel préparés pour cette opération partirent des têtes de pont de la Vistule. Le front en position sur le fleuve avait 2 200 000 soldats, 6 500 chars, plus de 39 000 canons et mortiers, 4 800 avions de combat.

Le 1er front d'Ukraine ouvrit la série d'attaques à partir de la tête de pont de Sandomierz, le soir, il s'était enfoncé de quinze kilomètres dans les défenses allemandes. Deux jours plus tard, les unités du 1er front de Biélorussie se lancèrent à leur tour.

L'Armée rouge progressa à grande allure vers l'ouest et le sud de la Pologne.

Le maréchal Tedder n'arriva à Moscou que le 15 janvier et il alla immédiatement voir Staline.

Dans le corridor du Kremlin, il portait sous le bras deux boîtes de cigares, cadeau du général Eisenhower, boîtes qui parurent très suspectes aux gardes vigilants à l'extrême selon leur habitude. Ils n'osèrent cependant pas arrêter l'invité britannique et contrôler le contenu des paquets. Staline, lui, regarda attentivement les boîtes que lui avait données le Britannique.

– Quand cela va-t-il éclater ? demanda-t-il.

Le maréchal jeta un coup d'œil sur sa montre, faisant semblant de vérifier l'heure à laquelle le détonateur était programmé.

– Dès que je sortirai d'ici, répondit-il avec un visage impassible.

Staline se mit à rire et passa son bras sous le sien. Il le conduisit à son bureau où il avait étalé une carte des opérations de ses fronts. Pendant de nombreuses minutes, il expliqua la direction des principales attaques, la résistance à laquelle on s'attendait et les délais de réalisation des projets successifs.

– Je ne pense pas que nous puissions terminer la guerre avant l'été, dit-il pour finir.

Cette fois, c'est lui qui bluffait. Avec un visage impassible.

Il ne révéla pas la vitesse à laquelle ses troupes avançaient vers l'ouest. Il n'informa pas le représentant de ses alliés que ses officiers projetaient de forcer le passage de l'Oder sur leur lancée parce qu'ils s'attendaient à ce que les Allemands établissent leur principale ligne de défense derrière le fleuve. Et en fait, c'est ce qui arriva.

Staline se préparait déjà à livrer la bataille décisive, non seulement contre les armées allemandes, mais aussi contre ses alliés. Il était convaincu que Hitler n'avait, face à la défaite totale, qu'une chance : conclure un accord avec les Occidentaux. La cessation des combats à l'Ouest et l'arrêt des bombardements des villes et des usines allemandes lui permettraient de jeter toutes ses forces sur le front de l'Est et d'essayer d'enrayer l'avance de l'Armée rouge. La rupture de l'alliance antihitlérienne aurait eu pour objectif d'amener Staline à engager des négociations de paix avec l'Allemagne et à finir la guerre avant le franchissement par ses armées des anciennes frontières du Reich. Dans son esprit, une telle solution aurait servi aussi les Britanniques et les Américains. Il n'arrivait pas à croire que les dirigeants des puissances démocratiques puissent être naïfs et myopes au point de croire au retour de la démocratie dans les pays occupés par l'Armée rouge et au maintien de l'alliance après la guerre.

C'est pourquoi il n'avait pas l'intention de donner à Tedder des informations véridiques sur l'état de ses armées et sur la vitesse à laquelle elles avançaient vers l'ouest.

– À mon avis, la guerre ne finira pas avant l'été, dit-il. En Allemagne, l'atmosphère n'est pas favorable à un renversement de Hitler. L'effondrement final sera vraisemblablement provoqué par la faim. Ils ont plus d'opiniâtreté que de raison, ils n'auraient pas dû lancer une offensive dans les Ardennes. C'était stupide de leur part.

Le maréchal Tedder devait rapporter de Moscou l'assurance de Staline que l'offensive soviétique serait poursuivie pour empêcher les Allemands de transférer à l'Ouest davantage de forces afin de poursuivre le combat dans les Ardennes. Les choses se passèrent ainsi. Il revenait en plus avec l'impression que cette offensive n'atteindrait Berlin que dans l'été de 1945.

La guerre est vraiment finie

Le président Roosevelt avait fort mauvaise mine. Pendant les mois écoulés depuis la conférence de Téhéran, il avait vieilli. Ses épaules étroites tremblaient visiblement et son visage avait pris un teint terreux. Sans aucun doute, la campagne électorale qu'il avait gagnée en novembre 1944 avait grandement épuisé le peu de forces que les progrès de la maladie lui avaient laissé.

Quand on le sortit de l'avion *Sacred Cow* qui arrivait de Malte le 4 février 1945, il donnait l'impression d'être mortellement fatigué et seule la présence des caméras sur l'aérodrome de Crimée l'obligea à se redresser et à sourire. Il avait demandé à rencontrer Staline en Écosse ou à Malte, mais le dictateur soviétique avait rejeté cette proposition, affirmant ne pouvoir quitter son pays. Il savait à quel point l'Américain était mal portant, mais il ne pouvait voir là qu'une circonstance propice à ses plans.

L'avion de Churchill atterrit, lui aussi, sur l'aérodrome de Sati en Crimée quelques minutes plus tard et vers midi, les deux délégations, l'américaine et la britannique purent se rendre dans les palais que leurs hôtes soviétiques avaient préparés pour eux à Yalta, à 150 kilomètres de l'aérodrome.

Staline avait attribué à Roosevelt et aux personnalités qui l'accompagnaient le palais le plus imposant, situé à Livadia, le tsar Nicolas II l'avait achevé en 1911 dans le style de la Renaissance italienne. Les Britanniques, eux, résidaient plus loin, dans la localité d'Aloupka, où on avait mis à leur disposition le palais du prince Mikhaïl Vorontsov, représentant du tsar. Il était plus petit et plus modeste, mais en parfait état car il abritait pendant les combats pour la Crimée le quartier général et l'état-major du feld-maréchal Erich von Manstein. Il était tout à fait au goût de Churchill et deux lions en pierre sur la terrasse qui lui rappelaient le symbole de la puissance britannique lui plurent tout particulièrement, ainsi que les tableaux de maîtres britanniques collectionnés par le père de Mikhaïl Vorontsov lorsqu'il était ambassadeur du tsar à Londres.

Staline, qui habitait avec sa suite le palais du prince Ioussoupov, nommé *Villa* dans la presse soviétique, était parfaitement préparé aux négociations avec ses alliés. Il savait quels étaient leurs plans et comment ils projetaient de les réaliser.

L'espionnage soviétique avait soigneusement préparé les matériaux pour le dictateur. En décembre 1944 s'était tenu un conseil commun du NKVD et du GROU, présidé par Viatcheslav Molotov, où avaient été précisés les sujets particulièrement importants pour la politique soviétique avant « la grande conférence qui se tiendra dans les prochains mois ».

Une équipe spéciale avait été formée au cours de ce conseil, chargée de dresser les portraits psychologiques des hommes politiques susceptibles de prendre part à la conférence des grandes puissances. Pour cela, Pavel Soudoplatov se présentant comme un fonctionnaire de la chancellerie de Molotov sous le pseudonyme de Pavel Matviéïev avait dîné à Moscou avec Averell Harriman au restaurant *Agravia*. Le prince Janusz Radziwiłł arrêté par le NKVD en janvier et amené à Moscou avait participé à cet entretien comme interprète. On lui avait confié cette tâche en raison de la vieille amitié et des intérêts communs en Pologne qui avaient lié avant la guerre cet aristocrate polonais et le diplomate américain.

Soudoplatov demanda sans détours à Harriman quels objectifs se fixait le gouvernement américain et ce qu'il voulait obtenir au cours de la conférence. Étrange question dans une conversation entre diplomates. Tout aussi étonnante d'ailleurs que la rencontre de l'ambassadeur américain lui-même avec un fonctionnaire soviétique* dont il venait à peine de faire la connaissance. Harriman aurait-il donc montré plus de sympathie et de compréhension pour les intérêts soviétiques que Harry Hopkins ? La conversation prit un tour encore plus inhabituel quand Soudoplatov mit soudain l'ambassadeur en garde contre les relations de sa fille avec certains jeunes hommes dangereux.

– C'est un avis très amical, dit-il, comme s'il n'avait pas voulu laisser soupçonner une tentative de chantage envers l'ambassadeur américain. Ni notre gouvernement ni aucune de ses institutions ne se permettraient une action contre vous ou contre votre famille. Vous jouissez de l'estime de nos dirigeants.

Harriman pouvait facilement se rendre compte de la valeur de telles assurances de la part du NKVD.

Ils se virent encore à l'hôtel *Sovietskiï*. Que donnèrent ces rencontres ? S'agissait-il seulement de rassembler des matériaux pour une analyse psychologique des membres de la délégation américaine ?

Des matériaux précieux affluaient de Londres. Deux agents informaient en détail sur les préparatifs britanniques. Donald MacLean[134], employé à l'ambassade britannique à Washington, avait accès aux documents les plus secrets établis pendant les conférences américano-britanniques, et au ministère des Affaires étrangères à Londres, Guy Burgess[135] étudiait les rapports secrets des séances du

* Soudoplatov a affirmé qu'il avait rencontré Harriman pour la première fois le 13 janvier 1945 dans le cabinet de K. Novikov, chef d'un département du commissariat aux Affaires étrangères. Le journal de l'ambassadeur ne confirme pas ses dires.

gouvernement et les directives orientant la politique britannique à l'égard de l'Union soviétique.

Staline voyait encore plus clair dans la politique américaine grâce à Harry Hopkins dont la sympathie envers l'Union soviétique ne faiblissait pas, et à Alger Hiss[136], haut fonctionnaire du Département d'État et conseiller du président, connu des renseignements soviétiques sous le pseudonyme de « Ales ». Pour les questions économiques qui devaient constituer un sujet important dans les négociations de Yalta, les Soviétiques étaient informés par les rapports de Harry Dexter White[137], proche collaborateur du secrétaire au Trésor Henry Morgenthau.

Non seulement, ces hommes fournissaient à Staline des renseignements très précieux, mais ils étaient aux côtés du président Roosevelt à Yalta et ils eurent une influence directe sur ses décisions.

Staline se rendait compte de sa supériorité. Son Armée rouge était une puissance qui dépassait le potentiel militaire de ses alliés. La Pologne, comme toute l'Europe centrale et méridionale, était entre ses mains. Ses soldats étaient sur l'Oder et le temps était proche où ils allaient se lancer dans l'ultime offensive contre Berlin. Ses alliés ne lui étaient déjà plus nécessaires, mais eux avaient au contraire besoin de lui, par-dessus tout, Roosevelt, pour la construction d'une organisation capable de garantir la paix au monde. Il savait pourquoi son prédécesseur, le président Wilson, n'y était pas parvenu en 1918 : les États-Unis s'étaient retirés de la politique européenne et l'Union soviétique en avait été écartée. En conséquence, la Société des Nations n'avait pas répondu aux espoirs qui avaient entouré sa naissance. La grande œuvre de Roosevelt, l'Organisation des Nations Unies devait fonder son efficacité sur la collaboration de deux puissances : les États-Unis et l'Union soviétique. Et Roosevelt était prêt à sacrifier tout à cette idée, surtout la Pologne.

Et en fait dans les marchandages portant sur la forme à donner à l'ONU, Staline était disposé à faire des concessions, au point qu'après la conférence de Yalta, les Américains prétendaient avoir reçu plus qu'ils n'avaient cédé. Ils considéraient comme leur plus grand succès le fait que Staline ait renoncé à exiger le statut de membres de l'ONU pour toutes les républiques soviétiques, ce qui aurait donné à l'Union seize voix, et qu'il se soit contenté de celles de l'Ukraine et de la Biélorussie. On avait réussi à établir le mode de scrutin au Conseil de Sécurité et à régler nombre d'autres questions dont dépendait l'institution et le bon fonctionnement de la nouvelle organisation internationale.

Sur la question polonaise, Staline fut inflexible, il savait que les Alliés occidentaux étaient prêts à traiter l'avenir de ce pays comme le prix des concessions qu'il leur avait consenties sur d'autres points. La question des frontières semblait déjà décidée et les dirigeants occidentaux se contentèrent de faire appel à la magnanimité du dictateur soviétique pour qu'il jette encore un os aux Polonais.

– Il serait préférable pour ma position dans mon pays que le gouvernement soviétique puisse encore donner quelque chose à la Pologne, dit Roosevelt.

Il pensait à Lvov.

Churchill ajouta :

– À de nombreuses reprises, j'ai fait devant le Parlement des déclarations pour soutenir les droits soviétiques à la ligne Curzon, ce qui signifie que l'Union soviétique garderait Lvov. J'ai été très critiqué pour cela, tout comme *Mister* Éden, par le parti que nous représentons. J'ai pourtant toujours considéré que la Russie avait souffert en luttant contre les Allemands et qu'après tous ses efforts pour libérer la Pologne, ses revendications ne s'appuient pas sur la force, mais sur le droit. Mais si une grande puissance, l'Union soviétique, faisait le geste généreux suggéré par le président envers un pays beaucoup plus petit, nous soutiendrions cordialement une telle action.

Staline n'avait même pas à répondre à de pareilles propositions, car dans la bouche des dirigeants de grands pays, elles sonnaient comme une plaisanterie. Ils gardaient pourtant l'espoir de réussir à sauver la démocratie et la souveraineté de la Pologne.

– La chose la plus importante est un gouvernement stable pour la Pologne, dit Roosevelt. Aux États-Unis, l'opinion publique est contre le gouvernement de Lublin car il ne représente qu'une faible partie de la population polonaise. Ce que les gens veulent, c'est l'instauration d'un gouvernement d'unité nationale qui résoudrait les différences internes. Un gouvernement qui représenterait tous les principaux partis politiques.

Le premier ministre Churchill vint en aide au président :

– La question de la souveraineté de la Pologne m'intéresse plus que des tracés de frontières. Je veux que les Polonais aient une maison en Europe et la possibilité de mener leur vie à leur manière.

Il acheva son intervention par ces mots :

– Le gouvernement de Sa Majesté soutient avec chaleur la proposition du président.

En ce qui touchait l'indépendance de la Pologne, le ton des déclarations des chefs des deux puissances mondiales rappelait plutôt un hommage rendu qu'une tentative d'assurer les fondements de la souveraineté d'un pays allié qui avait connu le premier les atrocités de la guerre et dont les citoyens avaient versé tant de sang pour la défense des intérêts des Alliés en Afrique, en Italie et en France.

Staline ne répondit pas tout de suite. Il sentait parfaitement la complaisance dans les déclarations de Roosevelt et de Churchill et leur acceptation tacite de sa mainmise sur la Pologne. Il demanda une suspension de séance de dix minutes, il voulait peut-être seulement donner l'impression d'être obligé de consulter ses collaborateurs.

Après la pause, quand tous se retrouvèrent dans la grande salle du palais impérial, il commença ainsi :

– Vous avez dit, Monsieur le Premier ministre, que pour la Grande-Bretagne le problème polonais était une question d'honneur. Pour la Russie, ce n'est pas seulement une question d'honneur, mais de sécurité. D'honneur parce que dans le passé, les Russes ont commis envers la Pologne beaucoup de péchés que le gouvernement soviétique s'efforce de racheter. De sécurité parce que d'importants problèmes stratégiques du gouvernement soviétique dépendent de la Pologne. [...] Au cours de l'histoire, elle a toujours été le corridor par lequel arrivaient les ennemis qui nous attaquaient. [...] Il est de l'intérêt de la Russie comme de celui de la Pologne que ce pays soit fort et puissant, et il est de son intérêt comme du nôtre que ce corridor soit fermé par ses troupes.

Staline arrivait au cœur du problème : le régime de la Pologne libre.

– Monsieur le Premier ministre a dit qu'il voulait instituer ici un gouvernement polonais. Je suis certain qu'il ne s'est pas exprimé avec précision. Sans la participation des Polonais, nous ne pouvons pas former un gouvernement polonais.

Staline se moquait ouvertement de Churchill.

– Ils (les Polonais) disent que je suis un dictateur, mais j'ai suffisamment le sens de la démocratie pour ne pas former un gouvernement polonais sans les Polonais. En tant que militaire, je veux la paix et la tranquillité sur les arrières de l'Armée rouge. Le gouvernement de Lublin pourrait maintenir l'ordre, mais les agents du gouvernement de Londres ont déjà tué deux cent douze soldats soviétiques.

Les négociations s'éternisaient. Pendant des jours, on discuta sur la forme du gouvernement polonais, les Alliés occidentaux obtenaient pas à pas des concessions de Staline. Se rendaient-ils compte qu'elles ne signifiaient pas grand-chose ? Sans doute. La réorganisation du gouvernement provisoire *sur une plus large base démocratique avec la participation des dirigeants démocratiques de la Pologne et des Polonais de l'étranger*, l'organisation d'élections libres, c'étaient là des promesses auxquelles Staline pouvait vite se dérober.

L'amiral William Leahy[138] dit à Roosevelt à propos de décisions touchant les affaires polonaises :

– Monsieur le Président, cette formule est si élastique qu'on peut l'étirer de Yalta jusqu'à Washington sans qu'elle casse.

– Je le sais, Bill, répondit le président, mais c'est le mieux que je puisse faire actuellement pour la Pologne.

Le vieux président malade assis dans son fauteuil roulant reconnaissait devant son conseiller l'échec de toute sa politique pendant la guerre. Il avait souvent justifié sa flexibilité devant Staline par la nécessité d'obtenir l'aide des troupes soviétiques pour la lutte finale contre le Japon. Mais ce n'était pas vrai.

L'invasion de l'archipel du Japon et la prise d'assaut de Tokyo auraient pu coûter des pertes énormes à l'armée américaine. Les Japonais étaient réellement décidés à se défendre jusqu'au dernier soldat. Ils croyaient avoir encore assez d'hommes et d'armes pour changer l'issue de la guerre, en tout cas pour éviter une capitulation humiliante. Ils pouvaient y arriver en mettant en œuvre le plan *Ketsu-Go* (Décision). Ses auteurs supposaient que les Américains envahiraient d'abord l'île de Kyushu d'où ils partiraient quelques semaines plus tard à l'assaut de celle de Honshu aux environs de Tokyo. 65 divisions d'infanterie, deux divisions blindées, 25 brigades, trois brigades de la garde et sept brigades blindées avaient été désignées pour repousser cette attaque.

Les forces des défenseurs devaient compter 2 350 000 soldats et 32 000 000 de membres de la milice et d'organisations paramilitaires. En tout 34 350 000 combattants. C'était plus que les effectifs réunis des armées des USA, de la Grande-Bretagne et de l'Union soviétique, mais leur valeur guerrière était minime, et encore plus les moyens en armes et en munitions.

Pour les unités de la défense intérieure, on avait recruté tous les hommes de quinze à soixante ans et toutes les femmes de dix-sept à quarante-cinq ans. Ceux pour qui on manquait de fusils devaient s'armer de fusils de chasse, de mousquets de musée, de lances en bambou, de sabres et d'arcs.

Les côtes du Japon devaient être défendues par 19 croiseurs ayant chacun à peine 3 500 tonnes de carburant, 38 sous-marins et une flottille de 3 294 unités de types les plus divers, entre autres 300 « torpilles vivantes » et 2 000 canots à moteur remplis de dynamite. Dans les airs, les avions-suicide kamikaze devaient constituer l'arme la plus redoutable. Dans les combats pour Okinawa[139], les avions-suicide avaient infligé aux Américains des pertes sérieuses, coulant 36 bâtiments et en endommageant gravement 164, mais c'étaient alors des avions de combat, chasseurs et bombardiers qui partaient pour les missions-suicides. Pour la défense de Tokyo, les avions manquaient déjà et l'état-major japonais envisageait l'utilisation d'avions de sport et de transport, qui n'avaient guère de chances de traverser la défense antiaérienne américaine, terrestre et aérienne.

Le plan japonais était donc plus important psychologiquement que militairement, et il aurait sans nul doute entraîné un nombre considérable de victimes, mais du côté japonais.

L'entrée de l'Union soviétique dans la guerre contre le Japon n'aurait rien changé parce que l'intervention des unités de l'Armée rouge aurait fixé les armées du Kuan-tung et de la Corée stationnées sur le continent asiatique. Elles étaient faibles, dépourvues d'armes et de réserves en quantité suffisante. Loin des îles mères, elles n'avaient aucune chance d'aller dégager la capitale assiégée. Les Japonais manquaient de bateaux de transport, de navires et d'avions d'escorte qui auraient pu assurer aux transports de troupes une défense efficace contre les avions, les sous-marins et les bâtiments de surface. Même s'ils avaient réussi à mobiliser assez de bateaux, une tentative de faire venir de Mandchourie l'armée du Kuan-tung se serait terminée par un massacre en mer. Les avions américains étaient maîtres des airs, les sous-marins bloquaient efficacement les routes maritimes et la plupart des ports étaient minés. Les Américains n'avaient pas à craindre que les Japonais soient secourus à partir du continent par des troupes que les armées soviétiques auraient arrêtées. En réalité, ils ne redoutaient pas tellement la défense suicidaire des armées et de la population dans les îles. Mais ils ne tenaient pas à envoyer leurs soldats combattre et périr sous les glaives de candidats à la mort lancés sur eux de manière suicidaire. Ils voulaient anéantir toute résistance avant que le premier soldat américain ne mette le pied sur le sol japonais.

En 1945, 5 400 000 obus à gaz, 1 250 000 bombes d'avion et 112 000 réservoirs avec lesquels on pouvait répandre des gaz étaient entreposés dans les arsenaux américains.

L'ordre d'utiliser l'arme chimique ne pouvait être donné que par le président et un conseil se tint à ce sujet dans son cabinet à la Maison-Blanche, le 18 juin 1945. On discuta sans doute le plan élaboré par le chef de la section spéciale, le colonel Becker, selon lequel l'objectif de la première attaque chimique devait être un quartier nord de Tokyo comptant 950 000 habitants. Le premier raid aurait eu lieu à huit heures du matin quand la plupart des citadins se rendaient à leur travail et se trouvaient ainsi dans les rues sans aucune protection. On s'attendait donc à ce que le gaz transporté par le vent intoxique 776 000 personnes dans un rayon de trois kilomètres.

Au total, pendant les bombardements effectués entre le 16 octobre et le 1er novembre 1945 sur Tokyo et quelques autres villes, les avions américains devaient lâcher plus de 56 000 tonnes de bombes à gaz. Les auteurs de ce projet estimaient qu'il y aurait au Japon cinq millions de morts et beaucoup plus de blessés.

Un tel plan était-il réalisable ? Les explosions de deux bombes atomiques se révélèrent si efficaces que les Américains ne furent pas obligés de recourir à l'arme chimique.

Dans ces conditions, le fait d'attendre l'aide des Russes en Extrême-Orient et par là même d'être obligé de maintenir de bonnes relations avec l'Union soviétique n'étaient que des faux-fuyants destinés à cacher la faiblesse de l'Amérique et le fiasco politique du président Roosevelt.

Pendant qu'à Yalta se poursuivaient les discussions sur la composition du gouvernement polonais et sur les élections libres, Staline enfermait la Pologne dans un étau d'acier. Après avoir franchi la frontière du pays, les détachements du NKVD procédèrent à l'extermination des gens, à la liquidation des groupements politiques et militaires considérés comme dangereux pour le pouvoir soviétique. La police secrète soviétique fondait toujours ses activités sur l'idée qui avait mené à l'assassinat en avril-mai 1940 des officiers polonais des camps d'Ostaszków, de Starobielsk et de Kozielsk. Après le passage du Bug, le NKVD et le contre-espionnage *Smiersz* s'en prirent en premier lieu à l'Armée de l'Intérieur et aux partis politiques susceptibles de s'opposer à l'instauration d'un pouvoir prosoviétique.

Le général Ivan Siérov[140] écrivait le 11 janvier 1945 dans un rapport à Lavrientiï Béria :

On a rapporté en dix jours l'arrestation par nos groupes opérationnels de renseignements des régiments de la division mixte du NKVD et des organes polonais de sécurité publique de

237 individus, soit au total 13 142 depuis le 15 octobre 1944, parmi lesquels on a démasqué 9 101 membres de l'Armée de l'Intérieur, dont 264 détenaient des armes illégalement, 168 membres de l'OUN, 3 609 autres.

Staline ne craignait pas la réaction des démocraties. Il ne s'attendait pas à ce qu'après la guerre les Alliés exigent le respect des engagements de Yalta en ce qui concernait le rétablissement de la démocratie en Pologne. Il voyait qu'une alliance de puissances aux régimes absolument différents ne pouvait pas durer. Elle avait été nouée face à la menace nazie et elle était condamnée à s'effondrer une fois celle-ci disparue.

Pendant toute la guerre, il n'avait pas cru un instant à la sincérité des intentions de la Grande-Bretagne et des États-Unis. Il s'attendait à ce qu'ils concluent un beau jour un armistice avec l'Allemagne pour que toutes les armées allemandes se portent à l'Est et arrêtent la marche victorieuse de l'Armée rouge avant qu'elle ne franchisse les frontières de leur pays. Cela n'eut pas lieu parce que Churchill et Roosevelt étaient décidés jusqu'au bout à épargner le sang de leurs propres soldats…

La dernière offensive

– Quel degré de crédibilité ?

Staline rendit la feuille de papier que Béria eut grand soin de ranger immédiatement dans sa serviette.

– Jusqu'à présent, les informations de cet agent ont été sûres, répondit-il après un moment de réflexion. Le problème réside dans le fait que nous n'avons pas de confirmation par d'autres sources.

– Si c'est un rapport de Berlin, vérifiez auprès des camarades de Genève. Ils doivent avoir flairé quelque chose, mais ils ne sont peut-être pas certains et ils suspendent l'envoi de messages.

– Mais que ferons-nous si ce que nous avons appris sur des pourparlers entre les Américains et les Allemands est véridique ?

Staline ne répondit pas. Depuis longtemps, il s'attendait à de telles nouvelles, mais lorsque le 4 mars 1945, Béria lui montra le rapport des services de renseignements selon lequel un groupe d'officiers allemands demandait à rencontrer en Suisse les émissaires du commandement des forces alliées, il fut très surpris.

Il alla à la fenêtre et resta longtemps silencieux. Il comprenait que l'affaire était sérieuse. Un premier signal qui avait éveillé ses soupçons et son inquiétude quant aux intentions des Alliés lui était déjà parvenu lors de la conférence de Yalta pendant laquelle s'était produit un menu événement auquel personne n'avait guère prêté attention mais qui éclata au bout de quelques semaines avec une telle force que l'alliance américano-soviétique faillit en être détruite.

Le 6 février, au deuxième jour de la conférence, le général Alexiéï Antonov, chef d'état-major de l'Armée rouge, avait demandé au général Marshall si les Américains ne savaient pas où était la puissante 6e armée blindée SS qui avait pris part aux combats dans les Ardennes et avait commencé à se porter à l'Est à la fin de l'offensive.

– J'ai reçu hier une dépêche contenant des renseignements sur les mouvements de certaines divisions de la 6e armée quittant le front de l'Ouest, répondit Marshall. Je vais réunir toutes les informations à ce sujet et je vous les communiquerai.

Marshall voulait sans doute se faire passer devant Antonov pour mieux renseigné qu'il ne l'était en fait. Immédiatement après cette conversation, il alla trouver le chef d'état-major des armées anglaises et lui demanda qui pourrait le mettre au courant de ce qui intéressait Antonov. Le Britannique ne pouvait guère l'aider, il savait pourtant ce qu'il fallait faire. Évidemment, la 6e armée poursuivait les liaisons par radio, que les Britanniques interceptaient et déchiffraient à Bletchley Park, mais pour utiliser les informations ainsi obtenues, il fallait l'accord du chef des services secrets britanniques, Stewart Menzies. Celui-ci accepta et le 9 février, les chefs d'état-major, l'américain et le britannique, envoyèrent des dépêches à Moscou pour dire que les Allemands formaient deux groupes d'armées, dont l'un se dirigeait sur la Poméranie et l'autre, avec la 6e armée blindée SS, vers la région de Vienne et d'Ostrava pour attaquer en direction de Łódź.

Le général Antonov prit cette réponse pour argent comptant et envoya dans ces directions des forces importantes pour repousser la 6e armée blindée. Quand l'attaque fut lancée, le 6 mars, il apparut que la 6e armée était dans le secteur du lac Balaton, et les Russes non préparés à la combattre dans ces lieux subirent de lourdes pertes.

Le 30 mars, le général Antonov écrivit au général Marshall.

Je considère de mon devoir d'informer le général Marshall (de l'inexactitude des données concernant la 6e armée) *pour qu'il puisse tirer les conclusions convenables au sujet de ses sources d'information.*

Staline pensa que ses alliés occidentaux avaient à dessein induit en erreur le commandement de l'Armée rouge pour l'empêcher de prendre Vienne. Comment expliquer en effet qu'ils aient « perdu » une grande formation telle qu'une armée blindée et l'aient située tout à fait ailleurs ?

Un rapport des services de renseignements venu de Berlin que lui présenta Béria indiquait que les alliés occidentaux avaient fait un pas de plus dans leur jeu contre leur partenaire. Ils envisageaient d'arrêter la guerre contre les Allemands ! En effet, si des officiers supérieurs allemands cherchaient à engager des pourparlers avec les Alliés, cela voulait dire que Hitler en personne se cachait derrière eux, car après l'échec de l'attentat du 20 juillet 1944 contre lui, la Gestapo avait liquidé l'opposition antinazie et tué les officiers qui voulaient mettre fin aux combats.

Que voulait donc Hitler en envoyant des parlementaires ou en les laissant aller à Zurich ? Il se rendait bien compte qu'il avait perdu la guerre et qu'il ne lui restait plus qu'à préserver le Reich de l'entrée des troupes soviétiques. Il pouvait y parvenir en signant un armistice à l'Ouest et en jetant toutes ses forces sur le front de l'Est. Elles étaient toutefois trop maigres face à la puissance de l'Armée rouge pour pouvoir la vaincre et l'arrêter sur l'Oder.

Qu'aurait-il donc fait face à une telle supériorité de l'ennemi ?

Il aurait renoncé à ses fonctions et les officiers ayant négocié la cessation des opérations auraient appelé un gouvernement qui aurait demandé un armistice à Staline. Poursuivre la guerre n'aurait plus eu aucun sens. Une telle manœuvre diplomatique aurait pu faire obstacle aux plans de Staline de conquérir Berlin, sans compter que, avec l'arrêt des combats à l'Ouest, les armées anglo-américaines auraient pu arriver dans la capitale du Reich avant les Russes.

Les craintes de Staline étaient tout à fait justifiées. Les choses prenaient effectivement la tournure qu'il avait prévue.

À la fin de 1944, quand l'offensive dans les Ardennes fut brisée, quand il était évident que plus rien ne sauverait l'Allemagne, le SS-Obergruppenführer Karl Wolff[141], commandant des troupes SS en Italie, était convaincu de la nécessité de prendre langue avec les Américains. Ce n'était pas une trahison car le 6 février, Hitler avait dit devant le ministre Ribbentrop que si la mise en service de l'arme secrète tardait, le premier pas à franchir serait de négocier avec les Alliés. Wolff réalisait donc les instructions du Führer. Il eut recours à l'entremise de Luigi Parilli, industriel italien, pour contacter Allen Dulles[142], chef des renseignements américains résidant à Zurich. Parilli par l'intermédiaire du chef des renseignements suisses, le major Max Weibel, informa Dulles que l'officier SS le plus élevé en grade en Italie voulait le rencontrer.

Après avoir vérifié longuement et soigneusement la véracité de ces informations, Dulles se rendit dans un petit hôtel zurichois où le 12 mars 1945 Karl Wolff se présenta ponctuellement à vingt-deux heures, habillé en civil, avec deux autres officiers SS et Gero von Gaevernitz, militant de l'opposition antihitlérienne que Dulles connaissait.

– Le commandement s'engage lors du retrait des unités à ne pas détruire les installations industrielles et les moyens de communication et à assurer la libre circulation des troupes américaines et britanniques en Italie du Nord et en Autriche, déclara Wolff.

Il souligna que c'était son initiative personnelle et qu'il n'attendait en échange aucune garantie d'immunité ou de pardon.

– Je pense que l'Allemagne devrait sortir de la guerre pour mettre fin à la destruction inutile d'hommes et de matériel, dit Wolff.

Pour prouver sa sincérité, il proposa de diffuser en commun avec le chef des unités de la Wehrmacht en Italie, le feld-maréchal Albert Kesselring[143], un appel aux officiers et aux soldats pour qu'ils cessent les combats et s'affranchissent de l'autorité de Hitler et de Himmler.

– Si je réussis à convaincre le feld-maréchal, Hitler et Himmler ne pourront pas prendre de mesures préventives.

Évidemment, Staline ne savait rien de cet entretien ni de ce que décidèrent les émissaires des forces armées allemandes et le chef du service de renseignements américain en Europe. Il pouvait supposer que les pourparlers ne dureraient pas longtemps parce qu'aucune des parties n'avait beaucoup de temps. Les Américains, les Britanniques et les Allemands partageaient la même crainte : les armées soviétiques arrêtées sur l'Oder allaient soudain s'élancer. Elles n'étaient pas loin de Berlin et les forces dont disposait la Wehrmacht pour les arrêter étaient maigres.

– Attendons pour voir si nos alliés vont nous mettre au courant, dit enfin Staline. Ils devraient le faire.

Et cette fois, il ne se trompait pas.

Le 11 mars 1945, les Américains informèrent Viatcheslav Molotov de la proposition allemande d'engager des pourparlers. Le lendemain, le commissaire aux Affaires étrangères, sans aucun doute sur l'ordre de Staline, répondit à l'ambassadeur américain que le gouvernement soviétique n'avait rien contre des négociations en Italie, à la condition que trois officiers soviétiques y participent. Le Département d'État rejeta cette prétention, estimant que puisque seules les armées des alliés occidentaux combattaient en Italie, c'était à eux de mener des négociations ayant trait à l'arrêt des opérations.

Moscou réagit avec colère. Molotov remit à l'ambassadeur une note exigeant l'arrêt de toute négociation. Les Britanniques et les Américains n'entendaient toutefois pas s'y soumettre et ils poursuivirent les pourparlers.

Le 19 mars 1945, une rencontre eut lieu dans une villa joliment située sur les bords du lac Majeur près d'Ascona, non plus avec les représentants du service de renseignements, mais déjà avec le commandement allié.

Dans le même temps, le cardinal Schuster se rendait depuis Milan au Vatican en tant qu'émissaire de Benito Mussolini. Le dictateur italien espérait encore que le pape accepterait d'user de son autorité pour empêcher les fascistes de conclure un accord avec les Américains. Ce fut un épisode dû uniquement à l'initiative de Mussolini, certainement même à l'insu de Hitler. Toute l'affaire n'avait aucune importance quant à l'évolution de la situation en Italie, car depuis longtemps déjà, les armées du Duce ne comptaient plus, mais l'espionnage soviétique informa Staline de la mission du cardinal. Staline décida d'agir d'autant plus énergiquement que les informations arrivant ainsi au Kremlin dessinaient le tableau d'un grand complot pour faire cesser les combats en Italie et permettre le transfèrement des troupes allemandes sur le front de l'Est.

Le président Roosevelt, comme effrayé par le courroux de son allié, envoya le 25 mars une dépêche par laquelle il s'efforçait de calmer le conflit qui pointait d'une façon inattendue aux dernières heures de la guerre. Il expliquait que les pourparlers en Italie n'avaient pas *d'implications politiques et ne constituaient pas une violation du principe de la capitulation sans conditions. Il exprima son regret que les pourparlers de capitulation aient développé une atmosphère de crainte et de méfiance.*

La correspondance ultérieure sembla envenimer la situation.

Le 3 avril, Staline répondit d'une manière peu en accord avec les formes en usage dans les relations entre les chefs d'État :

Vous affirmez que jusqu'à présent, des négociations n'ont pas été engagées. Vous n'êtes pas informé jusqu'au bout. Mes camarades de l'armée, sur la foi de renseignements en leur possession, ont la certitude que des négociations ont eu lieu et qu'elles ont abouti à un accord avec les Allemands, prévoyant que le chef des armées du front de l'Ouest, le maréchal Kesselring, ouvrira le front devant les Anglo-américains et leur permettra d'aller à l'Est, en échange de quoi les Britanniques et les Américains ont promis d'adoucir les conditions d'armistice avec l'Allemagne. Je pense que mes camarades ne sont pas loin de la vérité.

Roosevelt avait de quoi s'énerver en lisant ces mots. Les phrases suivantes étaient encore plus nettes :

En conséquence, sur le front de l'Ouest, les Allemands ont suspendu les opérations militaires contre l'Angleterre et les États-Unis. Dans le même temps, ils poursuivent la guerre contre la Russie, l'alliée de la Grande-Bretagne et des USA.

Staline ne tenait pas tellement à convaincre le président qu'il avait raison. Il savait qu'une seule chose pouvait changer le cours des événements : la prise de Berlin. Mais ses alliés n'allaient-ils pas le devancer ?

Selon les estimations soviétiques, les Allemands avaient à l'Ouest soixante divisions. Toutefois, après la défaite dans les Ardennes dans les derniers jours de 1944, ces unités ne représentaient pas une grande valeur guerrière. Elles manquaient de carburant, de munitions et de bases arrière et les soldats étaient démoralisés. Les Alliés pouvaient lancer dans la bataille 80 divisions au complet, dont 23 blindées. L'aviation anglo-américaine était maîtresse des airs et pouvait paralyser les mouvements des rares colonnes blindées allemandes qui avaient encore du carburant. La situation stratégique indiquait que les Occidentaux pouvaient aller à Berlin plus vite que les Russes.

La 9e armée américaine commandée par le général William Simpson[144] s'assura deux têtes de pont sur la rive droite de l'Elbe. Dès le 15 mars, deux de ses divisions, la 83e d'infanterie et la 2e blindée, étaient prêtes à attaquer le long de l'autoroute Magdebourg-Berlin et compte tenu du fait que les Allemands concentraient le gros de leurs troupes à l'Est pour résister aux armées soviétiques, ses soldats auraient pu atteindre rapidement la capitale du Reich. Le général Simpson fut convoqué inopinément à Wiesbaden à une réunion au quartier général du commandant du 12e groupe d'armées, le général Omar Bradley[145]. Là, une grande surprise l'attendait.

Le général Bradley lui dit en guise de salutation :

– Je veux t'annoncer que tu dois arrêter tes armées là où elles sont. Tu ne peux pas avancer. Tu dois te retirer derrière l'Elbe.

– Par le diable, d'où est-ce que tu sors ça ? s'écria Simpson furieux. J'aurais pu arriver à Berlin en vingt-quatre heures.

Bradley coupa court à la discussion, certifiant que l'ordre venait du commandant en chef des forces alliées, le général Eisenhower :

– Je reviens justement de chez Ike.

Six jours plus tard, le général Walter Bedell Smith, chef d'état-major d'Eisenhower, déclara aux journalistes que « Berlin n'était plus important » en même temps qu'il prétendait fermement que le point de vue du commandement des armées alliées ne résultait pas d'un accord avec les Russes, ce qui, évidemment, était un mensonge.

Autant les Américains étaient enclins à s'en tenir à ce qui avait été décidé avec les Russes, autant les Britanniques semblaient prêts à rompre l'accord et à prendre Berlin. Les troupes de leur 21e corps d'armées se préparaient à l'assaut et on pouvait commencer à se demander si les Américains réussiraient à influencer leur chef fougueux, le maréchal Bernard Montgomery[146] pour qu'il renonce à ses projets d'entrer à Berlin. Ceci d'autant que Churchill le soutenait.

Staline estima que seule une offensive de l'Armée rouge pouvait couper court à toutes les hésitations.

Les armées du 1er front de Biélorussie étaient sur l'Oder et tenaient des têtes de pont à partir desquelles elles pouvaient commencer la bataille pour Berlin. Plus loin au sud, sur la Neisse, se trouvaient celles du 1er front d'Ukraine commandé par le maréchal Ivan Koniev[147]. Mais il manquait l'aile nord car le front commandé par le maréchal Rokossovski était engagé dans de durs combats en Poméranie et n'avait pas atteint l'Oder. Staline estima qu'il ne pouvait pas attendre. Il convoqua au Kremlin le maréchal Guiéorguiï Joukov.

L'avion du maréchal atterrit sur l'aérodrome de Khodynka le 29 mars. Joukov pensait qu'on allait le conduire chez Staline sur-le-champ. Il apprit avec soulagement que le généralissime avait fixé la rencontre à une heure plus tardive, ce qui lui permettait de se reposer un peu après un long vol de sept heures.

L'ordre l'appelant à Moscou ne précisait pas l'objet de son voyage, mais il ne doutait pas qu'il s'agissait de mettre la dernière main au plan de l'offensive contre Berlin. Il prévoyait qu'elle serait lancée au commencement de mai, ce qui lui semblait un délai très court. Les armées du 1er front de Biélorussie, qu'il commandait, étaient très fatiguées et dépourvues de réserves. Depuis le 12 janvier, date à laquelle elles avaient commencé la marche à partir de la Vistule, elles avaient atteint l'Oder en vingt-trois jours.

Les divisions d'infanterie avaient parcouru de vingt à vingt-deux kilomètres par jour, et les divisions blindées et motorisées de trente à trente-cinq. Pendant cette marche à travers la Pologne, elles avaient perdu plus de 77 000 soldats. Il fallait se préparer soigneusement et solidement à la bataille pour la capitale du Troisième Reich, les Allemands en effet se défendraient sans aucun doute jusqu'au dernier soldat et les combats dans les villes étaient toujours très durs. Le front de Joukov avait donc besoin de renforts, il lui fallait emmagasiner des centaines de milliers de tonnes de munitions, de carburant, de vivres et cela exigeait du temps car les lignes de communication s'allongeaient démesurément. Certes, en territoire polonais, on avait augmenté l'écartement des rails pour ne pas avoir à changer les châssis des wagons, mais même avec la meilleure organisation possible, la préparation des troupes prendrait forcément des semaines et des semaines.

– À l'Ouest, le front allemand s'est effondré définitivement et vraisemblablement, les hitlériens n'ont pas l'intention d'entreprendre quoi que ce soit pour arrêter la poussée des armées alliées, dit Staline quand Joukov entra dans son cabinet tard dans la soirée. Et dans le même temps, sur tous les axes importants de notre offensive, ils renforcent leurs groupements. Voici une carte, prenez connaissance des derniers renseignements sur les armées allemandes.

Joukov alla à une longue table le long du mur, devant une fenêtre. Pendant quelques minutes, il analysa la situation. Quand il se releva après avoir examiné les cartes, Staline demanda :

– Quand nos troupes peuvent-elles passer à l'offensive ?

– Le 1er front de Biélorussie – il parlait de ses armées – peut commencer dans deux semaines au plus tard. Le 1er front d'Ukraine sera certainement prêt aussi dans le même délai. Le 2e front de Biélorussie, d'après tout ce que nous savons, pour liquider définitivement l'ennemi dans le secteur de Gdańsk et de Gdynia, sera retenu là-bas jusqu'à la mi-avril et ne sera pas en état de lancer une offensive à partir des rives de l'Oder en même temps que le 1er front de Biélorussie et le 1er front d'Ukraine.

– Eh bien, il faudra lancer l'opération sans attendre Rokossovski – Staline parlait du commandant du 2e front de Biélorussie – . Peu importe s'il est en retard de quelques jours.

Joukov regarda Staline sans rien dire. Il savait à quoi il voulait en venir : devancer les Alliés à tout prix ! Il devait s'être produit un événement extraordinaire qui poussait Staline à hâter à toute force l'opération sur Berlin. Quoi ? Un instant plus tard, Staline répondit à cette question. Il alla à un bureau près de la fenêtre et tira une feuille de dessous un tas de papiers. Il la donna à Joukov :

– Lisez cela…

C'était une note venue d'« un étranger qui vous veut du bien », faisant état de conversations entre de hauts officiers hitlériens et des représentants des Alliés au sujet d'une possible capitulation des armées allemandes à l'Ouest et de l'ouverture de la route de Berlin.

– Et qu'en dites-vous ? demanda Staline quand Joukov reposa la feuille de papier.

Mais il n'attendit pas la réponse. Il poursuivit :

– Je ne pense pas que Roosevelt violerait les accords de Yalta, mais Churchill est capable de tout.

Staline convoqua le général Alexiéï Antonov, chef du grand état-major.

– Téléphonez à Koniev et dites-lui de venir le 1er avril au quartier général avec le plan d'opérations du 1er front d'Ukraine et pendant ces deux jours, travaillez avec Joukov sur le plan d'ensemble.

Les deux officiers saluèrent et sortirent du bureau de Staline.

Le maréchal Ivan Koniev arriva au Kremlin le 1er avril. Dès la première rencontre, il dit clairement combien il tenait à conduire à Berlin les armées qu'il commandait. Staline lui ayant demandé s'il serait obligé de les regrouper, il répondit :

– Toutes les mesures nécessaires seront prises. Nous nous regrouperons à temps pour prendre Berlin.

Staline fixa aux commandants des fronts un délai très court : quarante-huit heures pour dresser les plans de la prise de la ville. Les deux officiers les présentèrent le 3 avril.

Joukov s'était décidé à attaquer sur l'axe principal avec quatre armées interarmes et deux armées blindées. Avec les forces du deuxième échelon du 1er front de Biélorussie, il projetait de lancer dans la bataille 768 100 soldats. L'offensive devait être précédée de l'avalanche du feu de 11 000 canons.

C'est Koniev qui avait les forces les moins nombreuses. Il pouvait envoyer à l'attaque trois armées interarmes et deux divisions blindées comptant 511 700 soldats en tout, il avait donc besoin de renforts. Staline lui accorda deux armées supplémentaires.

Il accepta les plans présentés par les chefs des fronts, mais il ne tenait pas à donner à Joukov une position privilégiée. En traçant sur la carte la ligne délimitant leurs fronts, il ne dépassa pas la ville de Lübben, à environ soixante kilomètres au sud-est de Berlin. Il leur dit :

– En cas de résistance acharnée de l'ennemi aux approches de Berlin à l'est et éventuellement d'un arrêt de l'attaque du 1er front de Biélorussie (celui de Joukov), le 1er front d'Ukraine (Koniev) doit être prêt à attaquer Berlin par le sud avec des armées blindées.

Le soir du même jour, les deux chefs allèrent à l'aérodrome d'où ils s'envolèrent pour leurs quartiers généraux. L'opération la plus importante de la Seconde

Guerre mondiale en Europe commençait, après laquelle le Troisième Reich devait cesser d'exister.

Joukov savait qu'il disposait d'une force devant laquelle les armées allemandes seraient obligées de plier. Il ne lui restait qu'à savoir dans combien de temps cela se produirait et si Koniev ne le devancerait pas.

Il décida de lancer l'offensive le 16 avril à trois heures du matin. L'expérience lui disait que c'était le meilleur moment, car c'est là que les soldats ennemis sont les moins prêts à repousser une attaque et se laissent le plus facilement surprendre. Sur un petit secteur avaient été concentrés 1 150 chars et canons automoteurs, 14 628 canons et mortiers et 1 531 lance-fusées. Au premier jour des combats, 1 200 000 projectiles devaient être tirés. L'avalanche de feu devait abasourdir l'ennemi, détruire ses lignes de défense, obliger les unités prêtes à résister à se retirer plus loin.

De l'autre côté de l'Oder, les troupes du groupe d'armées *Vistule* étaient en position, commandées par le général de division Gotthard Heinrici[148], un vieil officier expérimenté qui avait eu sous ses ordres pendant trois ans de grandes formations sur le front de l'Est. Il connaissait bien la technique d'attaque russe et il avait mis au point une tactique simple, mais efficace de protection de ses propres troupes quand commençait le tir de préparation d'artillerie. Il ordonnait à ses unités de reculer de deux kilomètres environ et les obus ennemis tombaient sur les retranchements désertés. Il appelait cela « taper sur un sac vide ». Quand l'avalanche d'artillerie cessait, ses soldats avaient le temps de se mettre en défense ou de passer à la contre-attaque, ce qui surprenait toujours l'ennemi. Il agit ainsi le 15 avril quand après avoir analysé dans son poste de commandement à Schönewalde les rapports du service de renseignements, il conclut que les troupes soviétiques lanceraient l'assaut le lendemain aux premières heures du matin. Il commanda immédiatement au général Theodor Busse, chef de la 9e armée, de retirer ses soldats sur une deuxième ligne de défense. Dans la nuit du 15 au 16 avril, les tranchées et les ouvrages visés par les canons russes étaient désertés.

À trois heures exactement, trois fusées vertes s'allumèrent dans les airs, donnant le signal de commencer la préparation d'artillerie. Les lueurs des bouches de milliers de canons éclairèrent le ciel, un instant plus tard, un grondement sourd et prolongé se fit entendre, puis tout se confondit en un roulement incessant.

Joukov était satisfait. Aucun tir ennemi ne répondait, ce qui signifiait que les obus soviétiques avaient détruit les positions défensives et fait fuir ceux qui les tenaient. Après une canonnade d'une demi-heure, des milliers de fusées multicolores s'allumèrent dans l'espace. Alors, des colonnes bleu clair qui s'avivaient de seconde en seconde brillèrent au-dessus de la ligne de front. C'étaient cent quarante projecteurs antiaériens placés tous les deux cents mètres et dirigés vers les retranchements ennemis. Les silhouettes des soldats et des chars qui émergeaient des tranchées et s'avançaient vers les défenses allemandes disparaissaient dans une lumière éblouissante.

Depuis son poste de commandement, Joukov regardait ce spectacle avec fierté, certain que les soldats allemands, dont très peu avaient pu survivre à la terrible avalanche de fer et de feu, éblouis par la lumière des projecteurs, n'auraient plus la force de s'opposer au rouleau compresseur cuirassé qui se dirigeait vers les hauteurs de Seelow. Toutefois, dès les premières heures de combat, il se rendit compte qu'il s'était trompé. La lumière des projecteurs n'était rien d'autre qu'une représentation spectaculaire et elle gênait plus les assaillants que les soldats allemands revenant à leurs tranchées. Les chars perdaient leur élan sur les positions des armes antichars parfaitement préparées.

Les canons de 88 millimètres, d'une efficacité extraordinaire, les destructeurs de chars et les soldats armés de *Panzerfaust* récoltèrent une terrible moisson parmi les engins soviétiques lancés à l'assaut.

– Par le diable, qu'est-ce que cela veut dire ? Pourquoi tes unités sont-elles bloquées ? hurla Joukov en réponse au général Tchouïkov quand celui-ci lui fit part de l'efficacité de la défense allemande.

– Camarade maréchal, répondit calmement Tchouïkov, peu importe que nous soyons cloués au sol pour plus ou moins longtemps. L'offensive est déjà victorieuse. La défense allemande s'est durcie et elle a réussi à nous arrêter un moment.

Joukov savait que Tchouïkov devait avoir raison. L'énormité des moyens rassemblés pour cette opération donnait la certitude que la résistance serait brisée, mais pour lui, prendre Berlin avant Koniev revêtait une importance primordiale.

Pendant ce temps, au sud, où la défense allemande était plus faible, les armées du 1er front d'Ukraine avançaient plus rapidement vers la ville. La 3e armée blindée de la garde du général Pavel Rybalko avait pris Zossen où se trouvait le grand quartier général de la Wehrmacht.

Sentant déjà la victoire, le maréchal Koniev envoya des renforts.

Le 18 avril, les troupes de Joukov brisèrent la défense allemande au pied des hauteurs de Seelow et s'élancèrent en direction de la capitale. Maintenant, la question se posait en effet de savoir lequel des deux fronts atteindrait le premier le point reconnu comme le centre de Berlin, le Reichstag. Les deux concurrents, Joukov et Koniev avaient des chances égales, et ils voulaient tous deux les utiliser.

Le 20 avril, jour anniversaire de Hitler, Joukov ordonna à ses armées :

Se rendre maîtres des faubourgs de Berlin à n'importe quel prix !

L'ordre donné en même temps par le maréchal Koniev était formulé dans les mêmes termes :

Je vous ordonne d'accomplir cette tâche avant la fin de la journée à n'importe quel prix !

Ils se dépêchaient, sans se soucier du nombre des soldats qui paieraient de leur vie ou d'une infirmité cette hâte inutile. Mais c'est Staline qui prit la décision définitive. Dans l'ordre numéro 11074 du 23 avril, il partageait Berlin entre les deux fronts. La ligne délimitant les secteurs que devaient prendre les troupes de Joukov et de Koniev passait à deux cents mètres à peine à l'ouest du Reichstag. Le Parlement allemand que Staline considérait comme le symbole altier du Troisième Reich se trouvait en fin de compte dans le secteur des armées de Joukov, mais le maréchal Koniev n'avait pas l'intention d'accepter cela. Il ne voulait pas se souvenir maintenant que Joukov lui avait sauvé la vie. C'était en 1941. La responsabilité d'Ivan Koniev était indéniable dans l'effondrement du front à Viajma et l'ouverture de la route de Moscou devant les Allemands, et Staline punissait cela de mort. Joukov avait eu le courage de lui dire qu'il n'améliorerait rien par de telles méthodes et qu'il ne relèverait le moral de personne, et que cela ne ferait que produire un effet négatif sur les troupes. *Je lui ai rappelé qu'on avait ainsi fusillé [...] Pavlov, et qu'est-ce que cela avait donné ? Rien. [...] Et que Koniev n'était pas Pavlov, que c'était un homme intelligent. Qu'on aurait encore besoin de lui.*

Il avait ainsi sauvé Koniev, car Staline avait finalement décidé de lui retirer le commandement du front, mais de ne pas le faire comparaître devant un tribunal, qui aurait sans nul doute prononcé une sentence de mort.

Des années plus tard, Koniev n'avait pourtant pas l'intention de céder à son sauveur le titre glorieux de vainqueur de Berlin. Toutefois, que pouvait-il faire puisque Staline en avait décidé autrement ? Mais pendant des combats de rues, toutes sortes de choses peuvent arriver. La résistance imprévue de l'ennemi peut arrêter les soldats de l'une des armées pendant que l'autre qui n'a pas à faire face à un feu meurtrier peut progresser de quelques centaines de mètres.

Joukov s'attendait à ce que le commandant du front d'Ukraine puisse tenter, malgré l'ordre de Staline, de franchir la ligne de démarcation entre leurs armées. A-t-il donné l'ordre d'attaquer les unités de Koniev si elles s'approchaient trop de la ligne tracée par Staline ? On ne peut guère compter trouver la preuve d'une telle décision. Le 28 avril, les soldats de la 3e armée blindée du général Pavel Rybalko essuyèrent le feu des unités de Joukov. De telles erreurs se produisaient sur le front et il n'est pas possible de voir là un geste intentionnel. Pourtant, ce jour-là, le maréchal Joukov se plaignit à Staline que les unités de Koniev tiraient exprès sur ses soldats. Koniev présenta la même accusation.

Le 29 avril, il téléphona à Joukov.

– Que faites-vous ? cria-t-il dans l'appareil. Vous ne voyez pas que vos chars et vos avions attaquent les miens et tuent mes hommes ?

– Non, je ne vois rien que de la poussière et de la fumée, répondit Joukov sans s'émouvoir, et il raccrocha le combiné.

Les accrochages mutuels, dont personne ne donnera plus la mesure, n'influaient plus sur l'allure de l'avance des armées soviétiques. Le sort de Berlin était déjà scellé.

Le 2 mai 1945, le commandant de la place, le général H. Weidling, remit les clefs de la ville au général Tchouïkov, le héros de Stalingrad.

Cependant, les armées des alliés occidentaux étaient près de la capitale. À la poursuite de l'ennemi, les Britanniques avaient dépassé de quatre-vingts kilomètres la ligne sur laquelle ils auraient dû s'arrêter selon les décisions de Yalta. Quant aux Américains, ils étaient allés à environ deux cents kilomètres plus loin à l'est, atteignant Torgau et Chemnitz.

Sur ces entrefaites, les événements prirent un tour inattendu dans le nord de l'Allemagne. Là, le chef du groupe d'armées *Nord-Ouest*, le feld-maréchal Ernst Busch, envoya une délégation au quartier général du maréchal Bernard L. Montgomery à Lunebourg pour fixer les conditions d'une reddition de ses troupes, qui eut lieu le 4 mai à 18 h 20. Cet acte concernait les armées allemandes faisant face au 21e groupe d'armées commandé par Montgomery en Hollande, au nord-ouest de l'Allemagne y compris les îles de la Frise et Helgoland et d'autres îlots du Schleswig-Holstein et du Danemark, et il prévoyait que les opérations militaires cesseraient le 5 mai à huit heures du matin.

Toutefois, les Allemands n'en restèrent pas là.

L'un des signataires de l'acte de Lunebourg, l'amiral Hans-Georg von Friedeburg, auquel se joignit le général Alfred Jodl, se rendirent en hâte à Reims, au quartier général du commandant des forces alliées, le général Eisenhower, mais celui-ci rejeta catégoriquement une capitulation partielle et exigea une reddition des troupes allemandes sur tous les fronts. Les discussions durèrent longtemps, tant que, ne voyant aucune possibilité de voir Eisenhower changer de position, la délégation allemande signa l'acte de capitulation dans la nuit du 7 mai à Reims dans une salle de classe.

Du côté des Alliés occidentaux, le chef d'état-major du commandant suprême des forces alliées, le général Walter Bedell Smith apposa sa signature et, du côté soviétique, le général de brigade Ivan Sousloparov. Le document prévoyait l'arrêt des hostilités le 8 mai à vingt-trois heures et une minute. On expliqua que le délai de quarante- huit heures nécessaire aux Allemands pour poser les armes résultait de la difficulté de faire connaître la décision de capituler aux unités éparpillées en Allemagne et privées de liaisons avec le quartier général. En fait, il s'agissait de permettre à un plus grand nombre possible de soldats allemands de gagner l'Ouest et d'échapper à la captivité soviétique.

On peut avoir l'impression que Staline ne fut pas informé que la signature de la capitulation était envisagée. Quand il l'apprit, il téléphona furieux à Joukov.

– Aujourd'hui, dans la ville de Reims, les Allemands ont signé l'acte de capitulation sans conditions, dit-il. Le peuple soviétique, et non pas nos alliés, a porté sur ses épaules le plus gros du poids de la guerre, c'est pourquoi l'acte de capitulation doit être signé en présence des commandants en chef de tous les pays de la coalition antihitlérienne et non en présence du seul commandant suprême des forces alliées.

Il téléphona plus tard au chef d'état-major de l'artillerie, le général Nikolaï Voronov :

– Qui est ce « célèbre » général d'artillerie Ivan Sousloparov ?

Et sans attendre de réponse, il cria :

– Vous n'avez pas veillé à éduquer convenablement vos hommes ! Le général Sousloparov sera rappelé à Moscou et sévèrement puni !

Malgré cette menace, Sousloparov, bien que rappelé effectivement à Moscou, eut la vie sauve car son exécution aurait mis les Russes dans un éclairage inconfortable. Ils préférèrent sauver les apparences et considérer le document de Reims comme un « protocole préliminaire » ou un acte de capitulation en Allemagne du Nord. Toutefois, on ne pouvait plus reculer le temps. Le premier ministre de Grande-Bretagne, Winston Churchill, et le président des USA, Harry Truman, proposèrent que les chefs de gouvernements annoncent le 8 mai la victoire sur l'Allemagne. Staline protesta. Tirant argument de la poursuite des combats, il proposa de faire une telle déclaration le 9 mai. Churchill répondit le premier :

– Reporter ma déclaration de vingt-quatre heures comme vous le proposez me sera impossible.

Le président Truman affirma le 8 mai dans une lettre remise à l'ambassadeur Andriéï Gromyko :

Veuillez informer le maréchal Staline que la lettre qu'il m'a adressée est arrivée à la Maison-Blanche aujourd'hui à une heure du matin. Toutefois, quand je l'ai reçue, les préparatifs étaient déjà si avancés qu'il est apparu impossible pour moi de repousser le moment d'annoncer la nouvelle de la capitulation de l'Allemagne.

Staline ne réussit à obtenir qu'une chose : faire admettre aux Alliés la reconnaissance de l'acte de Reims comme une capitulation provisoire avant la signature de l'acte véritable à Berlin. Il dit dans un entretien téléphonique avec Joukov :

– Je me suis mis d'accord avec les Alliés pour que la signature de l'acte de Reims soit traitée comme un protocole provisoire de capitulation. Demain arriveront à Berlin les représentants du Commandement suprême allemand et aussi du Commandement suprême des forces alliées. Je vous confie la représentation du Commandement suprême soviétique.

Le 8 mai à 23 h 45, dans les bâtiments de l'école du génie du quartier berlinois de Karlshorst, arrivèrent les représentants des Alliés : le maréchal de l'aviation britannique Arthur Tedder, le général américain Carl Spaatz, le général français Jean-Marie de Lattre de Tassigny. De Flensburg furent amenés l'ex-chef du Commandement suprême de la Wehrmacht, le feld-maréchal Wilhelm Keitel, le commandant de la marine de guerre, l'amiral Hans Georg Friedeburg et le général d'armée d'aviation F. Stumpff.

L'ouverture de la cérémonie de signature de l'acte de capitulation revint au maréchal Joukov. La guerre en Europe était bien finie.

Le premier ministre, Winston Churchill, semblait s'être réveillé d'un mauvais rêve de collaboration et de complaisance envers Staline et estimer que les armées des Alliés occidentaux devaient rester sur les positions atteintes, bien qu'elles se fussent retirées loin vers l'ouest. Le 4 juin 1945, il écrivit dans une dépêche au nouveau président Harry Truman :

Je regarde avec la plus grande crainte le repli des forces américaines sur nos lignes d'occupation dans le secteur central, ce qui amène les troupes soviétiques au cœur de l'Europe occidentale, ce qui provoque le déploiement d'un rideau de fer entre nous et l'Est tout entier. J'espère que ce repli, s'il faut absolument l'effectuer, doit être assorti d'un accord sur les grandes questions qui constitueraient le véritable fondement de la paix dans le monde. En fait, rien de particulièrement important n'a encore été fixé, et nous portons, vous et moi, une grande responsabilité envers l'avenir.

Trop tard. Des négociations relatives à un repli de quelques dizaines de kilomètres des armées anglo-américaines n'auraient pas eu grande influence sur la situation en Europe.

Staline avait gagné cette guerre. Il avait sacrifié au moins 27 000 000 de ses propres citoyens et il estimait avoir acquis le droit de décider des affaires de l'Europe. Il n'attendait pas l'accord des Alliés. Il entreprit immédiatement de former l'Europe qu'il avait vue dans ses plans vingt ans auparavant.

Sa victoire scellait le destin de nombreux peuples européens pour quarante-quatre ans.

Notes

1. VIATCHESLAV MOLOTOV (Viatcheslav Mikhaïlovitch Scriabine, dit) (1890-1986), militant du mouvement révolutionnaire russe, devint secrétaire du Comité central du parti communiste (bolchevique) russe en 1921, et en 1926, membre du Bureau politique. Pendant toute cette période, il soutint Staline dans sa lutte pour le pouvoir, ce qui lui assura plus tard les fonctions les plus hautes de l'État. En 1930, il devint président du Conseil des commissaires du peuple (premier ministre) et réalisa fidèlement la politique stalinienne de collectivisation, et en 1937 et 1938, celle de la Grande Purge dans l'armée et dans le parti. En mai 1939, tout en restant premier ministre, il remplaça au poste de commissaire aux Affaires étrangères (ministre) Maxime Litvinov, considéré comme un homme politique aux sentiments pro-occidentaux. En août 1939, il signa le pacte de non-agression avec l'Allemagne, ce qui permit à Adolf Hitler d'attaquer la Pologne et de déclencher la Seconde Guerre mondiale. Le 28 septembre 1939, il signa un traité d'amitié et de délimitation des frontières avec l'Allemagne. En novembre 1940, il vint à Berlin pour négocier les conditions d'adhésion de l'Union soviétique à l'axe Berlin, Rome, Tokyo, mais il présenta des exigences que Hitler ne pouvait accepter. Après le déclenchement des hostilités germano-soviétiques, le 22 juin 1941, il fut le premier à prononcer une allocution radiodiffusée informant que la guerre avait éclaté. Dans l'obligation de changer la politique extérieure soviétique, il signa en juillet 1941 un

traité d'assistance mutuelle avec la Grande-Bretagne puis, en octobre, un protocole d'aide militaire avec les États-Unis (Prêt-bail). En octobre 1943, il présidait la conférence des ministres des Affaires étrangères à Moscou au cours de laquelle furent établis les principes de la rencontre des « Trois Grands » à Téhéran. De 1943 à 1945, il participa à toutes les conférences les plus importantes. Il fut l'un des créateurs de ce qu'on a appelé l'ordre de Yalta, qui jetait les bases de l'hégémonie de l'Union soviétique en Europe de l'Est. Après la guerre, il tomba en disgrâce auprès de Staline sur l'ordre de qui fut arrêtée en 1949 sa femme Polina Jemtchoujyna, d'origine juive. La même année, Staline le révoqua du poste de ministre des Affaires étrangères. Après la mort de Staline en 1953, il fit partie de ce qu'on a appelé le premier triumvirat (Béria, Malenkov, Molotov) et redevint ministre des Affaires étrangères. En juin 1957, au cours du plénum du Comité central du parti communiste de l'Union soviétique, il fit une tentative manquée de renverser le secrétaire général, ce qui lui valut d'être exclu du Comité central et envoyé comme ambassadeur en Mongolie. Par la suite, il fut chef de la mission de l'URSS auprès de l'Agence internationale de l'énergie atomique à Vienne. En 1961, pour avoir exprimé des critiques lors du XXIIe congrès du parti communiste de l'URSS, il fut exclu du parti et mis à la retraite.

2. Friedrich Werner von der Schulenburg (1876-1944), aristocrate allemand, nommé ambassadeur d'Allemagne à Moscou en 1935. Il croyait possible une collaboration entre les deux pays et il s'efforça d'empêcher la guerre entre eux. Il rentra à Berlin en juin 1941. Après la défaite de Stalingrad en janvier 1943, il se joignit à l'organisation antinazie projetant d'écarter le Führer ; dans le nouveau gouvernement, il devait prendre le portefeuille des Affaires étrangères. Après l'attentat du 20 juillet 1944 contre Hitler, il fut arrêté et exécuté le 10 novembre de la même année. Le même sort fut réservé à son plus jeune fils, Fritz Dietloff, haut fonctionnaire de police en Silésie, exécuté le 10 août 1944 pour avoir participé à l'organisation de l'attentat.

3. Joachim von Ribbentrop (1893-1946), militant du parti nazi, le NSDAP, ministre des Affaires étrangères du Reich, il était commerçant de profession (marié en 1920 avec la fille d'Otto Henkell, producteur de champagne, il obtint la particule « von » en 1925). Il joua un grand rôle dans la conclusion entre Adolf Hitler et Franz von Papen d'un accord qui facilita aux nazis la formation d'un gouvernement. En 1934, il devint directeur du bureau du parti nazi pour les questions de politique étrangère. En octobre 1936, il fut nommé ambassadeur d'Allemagne à Londres et, en 1938, ministre des Affaires étrangères. Dans les années suivantes, il établit les fondements de l'expansion allemande : il joua un rôle important pour amener à l'annexion de l'Autriche et au démembrement de la Tchécoslovaquie, il négocia et conclut une alliance militaire avec l'Italie (le Pacte d'acier), avec l'Union soviétique (pacte Ribbentrop-Molotov et traité de délimitation des frontières), avec le Japon (pacte tripartite). En 1946, reconnu coupable de crimes contre la paix par le Tribunal militaire international de Nuremberg, il fut condamné à mort et exécuté le 16 octobre.

4. Guiéorguiï Joukov (1896-1974), maréchal de l'Union soviétique, le meilleur stratège et chef soviétique, prit part à la Première Guerre mondiale et à la guerre civile, dans l'Armée rouge depuis 1918. À partir du 1er juin 1939, il commanda le 1er groupe d'armées en Extrême-Orient, où en août de la même année il remporta une victoire sur les Japonais sur la rivière Khalkine-Gol. Nommé général d'armée (l'un des trois premiers) le 7 mai 1940, il prit le commandement de la région militaire de Kiev. Le 14 janvier 1941, il fut nommé chef du grand état-major. En juillet de la même année, il rentra dans le service de ligne. À partir du 30 juillet, il commanda de nombreux fronts et simultanément, à partir du 28 juillet 1942, il fut adjoint au commandant en chef. En février 1943, il fut nommé

maréchal de l'Union soviétique. Il fut envoyé dans les secteurs les plus difficiles : il défendit Léningrad (Saint-Pétersbourg), gagna la bataille devant Moscou, il coordonna l'action des fronts pendant les batailles de Stalingrad et de Koursk. Il commanda les armées du 1er front de Biélorussie pendant les opérations de Varsovie et de Berlin. Il dirigea personnellement la prise de la capitale de l'Allemagne. Le 8 mai, il reçut au nom de l'Union soviétique la capitulation sans conditions de l'Allemagne. Jusqu'en mars 1946, il commanda les troupes d'occupation soviétiques en Allemagne. Par la suite, il fut brièvement chef de l'armée de terre. En juin 1946, Staline décida de le liquider, parce qu'il craignait sa gloire de héros de la guerre. La tentative de l'accuser de crimes imaginaires échoua parce que d'autres officiers de grades les plus élevés prirent sa défense, par crainte de subir le même sort. En 1951, il rentra en grâce, sans doute à cause des tensions croissantes dans la politique internationale et de la guerre de Corée qui risquait de se transformer en conflit mondial, dans lequel Staline aurait eu besoin de stratèges expérimentés. En 1955, il devint ministre de la Défense et fut limogé en 1957 par Nikita Khrouchtchev.

5. OUN – Organisation des Nationalistes Ukrainiens fondée en 1929. En février 1940, elle se divisa en deux fractions : l'OUN-B de Stiépane Bandéra et l'OUN-M d'Andra Melnik. C'est surtout dans la première que furent recrutés les combattants des groupes de sabotage entraînés par les Allemands à partir de 1940.

6. Siémione Konstantinovitch Timochenko (1895-1970). Fils illettré d'un paysan (Le futur maréchal était valet de ferme quand il fut incorporé dans l'armée du tsar.), combattant de la Première Guerre mondiale, il était en 1920, pendant la guerre polono-bolchevique, chef de la 6e division de la 1re armée de cavalerie. En 1922, il sortit diplômé de l'académie militaire Frounzé. En septembre 1939, commandant du front d'Ukraine, il marcha sur la

Pologne. Dans la deuxième phase de la guerre soviéto-finnoise, à partir du 7 janvier 1940, il commandait les forces soviétiques. Après le 8 mai 1940, promu au grade de maréchal de l'Union soviétique, il fut commissaire du peuple à la Défense de l'URSS. En juin 1941, après l'attaque allemande, il devint, de par son titre de commissaire, président du Conseil de guerre et commandant en chef en titre des armées soviétiques (en fait, le chef était Staline). Au début de juillet 1941, sur l'ordre de Staline, il alla au front comme commandant du front Ouest et de cinq armées de réserve. Les troupes placées sous son commandement ne réussirent pas à arrêter le choc de 55 divisions allemandes. En septembre 1941, il prit le commandement de la direction Sud-Ouest, et peu après, celle du front Sud-ouest. En avril 1942, pendant l'offensive vers Kharkov, il perdit 250 000 soldats ; le 23 juillet, Staline le rappela à Moscou, sans doute pour sauver sa réputation. À partir d'octobre 1942, il commanda le front de Stalingrad, puis le front Nord-Ouest. Le manque de succès de ses armées fut cause de sa mutation comme représentant du grand quartier général dans les états-majors des 2e et 4e fronts d'Ukraine. Après la guerre, il commanda successivement plusieurs régions militaires.

7. Ivan Vladimirovitch Tiouléniev (1892-1978), servait dans l'armée depuis 1913, dans l'Armée rouge depuis 1918. Pendant la guerre civile, il combattit dans la 1re armée à cheval de Boudionny et il commanda par la suite des unités de cavalerie. En 1936, il fut nommé inspecteur de la cavalerie. En février 1938, il prit le commandement de la région militaire de Transcaucasie. En septembre 1939, à la tête de la 12e armée, il battit les Polonais. En août 1940, après avoir été nommé deux mois auparavant général d'armée, il prit le commandement de la région militaire de Moscou. Le 22 juin1941, il reçut l'ordre de prendre le commandement du front Sud qui venait d'être formé. Blessé à la jambe en septembre de la même année, il fut évacué à Moscou. Après sa convalescence, le 19 janvier 1942, il devint commandant en second de la direction Sud-Ouest. Deux mois plus tard, il reprit son poste de commandant du front de Transcaucasie dont la tâche principale consistait à surveiller la frontière avec la Turquie et à garder les voies d'acheminement des approvisionnements venant de Perse. Après la guerre, il commanda la région militaire de Kharkov. En 1946, il entra au ministère de la Défense.

8. NIKOLAÏ VLASSIK (1896- ?) général de division, adhéra au parti communiste en 1918, et entra dans la Tchéka (Commission extraordinaire pour la lutte contre la contre-révolution et le sabotage) deux ans plus tard. En 1931, recommandé par Mienjinski, chef du Guépéou, il débuta comme garde du corps de Staline. De 1936 à 1943, il travailla au département opérationnel dont il fut le directeur de 1943 à 1946. En février 1947, il prit la direction du département de la protection des dignitaires du ministère de la Sûreté nationale (MGB). En décembre 1952, à la suite d'intrigues de Béria, il fut démis de ses fonctions, exclu du parti et nommé adjoint au commandant du camp de Sverdlovsk. Il fut bientôt arrêté sous l'accusation d'avoir eu des contacts avec W. Stenberg soupçonné d'espionnage. Le 17 janvier 1955, il fut condamné à dix ans de déportation à Krasnodar (la peine fut réduite à cinq ans à la suite d'une amnistie), à la dégradation et à la perte de toutes ses décorations militaires.

9. ALBERT SPEER (1905-1982), architecte de formation, il obtint la confiance et le soutien de Hitler pour les projets de bâtiments publics officiels et de manifestations de masse destinées à la propagande, ce qui fut décisif pour sa carrière. En 1934, il devint l'architecte de Hitler puis successivement : chef de département du Front national allemand du travail, chef de division pour les questions de constructions et d'investissements dans l'état-major de l'adjoint au Führer, en 1942, chef de l'organisation Todt (après la mort de son fondateur) ; en 1943, ministre de l'Armement et de l'industrie de guerre et fondé de pouvoirs général pour les questions d'armement au service du plan de quatre ans. Par ses grandes qualités d'organisateur, il fut l'artisan de la relance de l'industrie allemande d'armement. Arrêté en mai 1945 par les soldats britanniques à Flensburg, il comparut devant le Tribunal militaire international de Nuremberg sous l'accusation de crimes de guerre et de crimes contre l'humanité (utilisation de travailleurs forcés dans l'industrie d'armement) ; reconnu coupable, il fut condamné à vingt ans de prison.

10. ANTHONY ÉDEN (1897-1977), militant de premier plan du parti conservateur britannique, devint, en décembre 1935, ministre des Affaires étrangères dans le gouvernement du premier ministre Neville Chamberlain. Il n'accepta pas toutefois la politique de concessions envers les puissances fascistes (appeasement) et il démissionna en février 1938. En 1939, il rentra dans le gouvernement de Chamberlain où il reçut en septembre le portefeuille de ministre des Dominions. En 1940, lorsque Winston Churchill devint premier ministre, Éden fut nommé secrétaire d'État, et en décembre 1940, ministre des Affaires étrangères, poste qu'il occupa jusqu'en 1945. En 1954, il fut nommé pour la troisième fois ministre des Affaires étrangères et il devint premier ministre l'année suivante. En janvier 1957, après la guerre malheureuse de Suez, il donna sa démission et se retira de la vie politique.

11. STEWART MENZIES (1890-1968), chef des services secrets britanniques (*Secret Intelligence Service*) depuis le 28 novembre 1938. Il organisa et dirigea de nombreuses actions d'espionnage et de contre-espionnage en Grande-Bretagne et dans des pays européens. On lui doit entre autres l'organisation du service de cryptologie à Bletchley Park et du département spécial de liaison (*Special Liaison Unit*) qui fournissait des renseignements à partir du décodage de messages des chefs des unités allemandes sur le front. Après la guerre, il prit sa retraite, mais il reprit du service en 1951 à la demande du premier ministre Winston Churchill. Il repartit bientôt en retraite, ce après que fut démasqué au sein de la centrale des services spéciaux britanniques l'agent soviétique Kim Philby.

12. *PzKpfw III Tauchpanzer*, char amphibie, *PzKpfw Ausf F* remanié, armé d'un canon de 37 ou de 50 mm, *Ausf G* ou *Ausf H*. En tout, 168 chars de cette version furent équipés d'un système permettant d'amener l'air dans l'engin en plongée et d'évacuer les gaz d'échappement ; au sommet de la tourelle était monté un tuyau élastique de treize mètres de longueur équipé d'un flotteur maintenant son extrémité au-dessus de la surface. Les tuyaux d'échappement étaient munis de valves empêchant l'eau d'entrer dans le système d'échappement. Après l'abandon des projets d'invasion de la Grande-Bretagne, au printemps de 1941, les chars furent transformés à Milowice près de Prague et adaptés pour rouler au fond des rivières.

13. John Frederick Charles Fuller (1878-1966), officier britannique, théoricien militaire et historien, entra dans l'armée en 1899. Combattant de la guerre des Boers, officier d'état-major en France pendant la Première Guerre mondiale. Dès décembre 1916, il participa en tant que chef d'état-major d'un corps blindé, à l'établissement des plans d'une attaque de 381 tanks pendant la bataille de Cambrai en novembre 1917. Nommé en 1926 aide de camp du chef du grand état-major impérial, il fut mis à la retraite en 1930 et se consacra dès lors à ses travaux scientifiques. Ses exposés, *Field Service Regulations III* de 1937 devinrent un sujet d'étude des officiers d'état-major, entre autres en Allemagne et en Union soviétique. Il écrivit de nombreux travaux consacrés aux opérations des chars sur le champ de bataille.

14. Mikhaïl Toukhatchevski (1893-1937), officier de l'Armée rouge depuis 1918, il commandait les armées qui marchèrent sur Varsovie en 1920. En qualité de chef du grand état-major (1925-1928), puis de vice-commissaire à la Défense (à partir de 1931), il dirigea la reconstruction et la réforme des armées soviétiques. En 1935, il fut l'un des cinq officiers qui accédèrent au grade de maréchal de l'Union soviétique. Soupçonné d'avoir tenté de fomenter un complot contre Staline en juin 1937, il fut arrêté et condamné à mort. L'exécution du jugement fut le point de départ de la purge dans les forces armées soviétiques. Il fut réhabilité en 1988.

15. *T-34*, l'un des meilleurs chars d'assaut de la Seconde Guerre mondiale construit par l'équipe du bureau d'études de la fabrique de locomotives de Kharkov dirigé par M. Kochkine. Entre l'automne de 1937 et juillet 1939, deux prototypes furent fabriqués et les essais sur le terrain de manœuvre montrèrent la nécessité d'augmenter l'épaisseur du blindage. Le 19 décembre 1939, les constructeurs présentèrent le projet d'un nouveau modèle baptisé *T-34* au comité à la Défense qui décida de lancer la production. Le premier exemplaire expérimental fut prêt en février 1940 et après une période d'essais intensifs, la production en série fut lancée en juin. Dès les premières rencontres avec les *PzKpfw II, III* et *IV*, les chars soviétiques se montrèrent supérieurs : plus rapides, mieux armés, plus maniables et mieux blindés, et les plaques de blindages en plan incliné de la caisse et de la tourelle protégeaient bien l'équipage contre les obus. En 1941 et 1942, ils furent modernisés à de nombreuses reprises : les chenilles furent améliorées, ils furent dotés d'un nouveau type de roues porteuses avec des amortisseurs intérieurs, la boîte de vitesse fut modifiée. La mise en service par les Allemands des chars *Panther* et *Tiger I* ainsi que l'installation sur les *PzKpfw IV* de canons de 75 longs ayant une plus grande puissance de feu amenèrent les constructeurs à apporter des modifications plus importantes. L'installation d'un canon de 85 mm rendait nécessaire la construction d'une nouvelle tourelle et au début de 1944, l'usine numéro 112 entreprit la construction de *T-34-85* armés d'un canon *D-5T* (ultérieurement *ZiS-S-53*) dont l'obus perforait un blindage de 100 mm à une distance de 1 000 m, ce qui permit aux chars soviétiques de lutter d'égal à égal avec les nouveaux modèles allemands. Pendant la Seconde Guerre mondiale, 34 400 chars armés de canons de 76 mm et 18 000 avec des canons de 85 mm furent fabriqués.

Données tactiques et techniques (*T-34-85*) : équipage 5 hommes ; moteur diesel *V-2-34* de 500 ch ; poids 32 t ; blindage de 20 à 90 mm ; armement 1 canon de 85 mm, 2 mitrailleuses *DTM* de 7,62 mm ; vitesse 48 km/h.

16. *KV-I,* char lourd soviétique dessiné en 1938 par l'équipe de constructeurs de l'usine Kirov à Léningrad, fabriqué à partir de 1940. En juin 1941, l'Armée rouge en avait 225. Au cours de l'automne de 1941, les usines furent évacuées à Tchélabinsk et la production reprit avant la fin de l'année et fut poursuivie jusqu'en avril 1943. 4 700 chars dans de nombreuses versions avaient alors été fournis à l'armée (entre autres, le *KV-2* armé d'un canon-obusier de 152 mm, le *KV-8* armé d'un lance-flamme et d'un canon de 45 mm, le *KV-9* avec un obusier de 122 mm). Au commencement de la guerre germano-soviétique, c'était le char le plus puissant sur le champ de bataille. Ses qualités étaient son blindage épais, une suspension moderne à barres de torsion et un moteur diesel fiable lui assurant un grand rayon d'action. Les problèmes de transmission des vitesses étaient mal résolus et le système de direction exigeait une grande force de la part du conducteur. Dès le début de 1944, on commença à remplacer les *KV* par des chars lourds *IS*.

Données tactiques et techniques (*KV-1ɘ*) : équipage 5 hommes ; moteur diesel *V-2K* de 600 ch ; poids 42,5 t ; blindage de 20 à 75 mm ; armement 1 canon de 76,2 mm, 3 mitrailleuses *DT* de 7,62 mm ; vitesse 42 km/h.

17. *BT* (*Byɘtryï tank* « char rapide »), copie du Christie *M-1931* (*T-3*) américain acheté en 1931. La production de masse commença avec la version *BT-5*, équipée d'une tourelle avec un canon de 45 mm. Dans la version *BT-5A* fut monté un obusier de 76,2 mm. Le moteur à essence d'une puissance de 350 ch permettait d'atteindre une vitesse de 65 km/h sur chenilles et 110 km/h sur roues. Mais les *BT* avaient un blindage faible (de 6 à 13 mm). Au moment du déclenchement de la guerre, l'Armée rouge avait surtout des *BT-7-2*, version évolutive du *BT-5*, armés d'un canon de 45 mm et des *BT-7A* avec un obusier de 76,2 mm. Ils étaient équipés d'une nouvelle boîte de vitesses, d'un nouveau moteur de 450 ch et d'un blindage de 6 à 22 mm. Comme tous les chars précédents de ce type, le *BT-7* pouvait rouler sur chenilles ou sur roues. Le *BT-7M* (appelé aussi *BT-8 i* et produit en un petit nombre d'exemplaires) avait la tourelle du char *T-28* avec un obusier de 76,2 mm et la forme du blindage était modifiée.

18. *Pe-2,* avion de bombardement léger construit en 1938 par Vladimir Pétlakov, détenu dans une prison spéciale. Le constructeur avait projeté que ce serait un chasseur bimoteur et le prototype fut essayé en vol en tant que tel, le 7 mai 1939. Il fut décidé de le modifier pour en faire un bombardier en piqué et le nouveau prototype reçut le baptême de l'air au début de 1940. Le *Pe-2* était aimé des équipages pour son pilotage facile, sa stabilité en vol piqué et la possibilité d'effectuer des frappes précises. 11.427 furent fabriqués au total, dont environ 500 chasseurs *Pe- 2V,* et un certain nombre d'appareils de reconnaissance *Pe-2R.*

Données tactiques et techniques : 2 moteurs Klimov *M- 105RA* de 1 100 ch ; envergure 17,16 m ; longueur 12,66 m ; poids au décollage 7 680 kg ; vitesse maximale 540 km/h ; rayon d'action 1 500 km ; armement, 2 mitrailleuses de 7,62 mm, 3 mitrailleuses lourdes de 12,7 mm (ou 2 mitrailleuses lourdes de 12,7 mm et un canon de 20 mm), et 1 100 kg de bombes.

19. *Il-2 Chtourmovik* (« L'assaillant »), prototype d'appareil destiné à combattre les chars, il effectua son premier vol au printemps de 1939. La première version, avec la cabine de pilotage et le moteur protégés par des plaques de blindage pesant 700 kg était armée de 2 canons *ChVAK* de 20 mm et de 2 mitrailleuses *ChKAS* de 7,62 mm ainsi que de 8 fusées de 82 ou 132 mm et de 4 bombes de 100 kg. Par suite à la demande des pilotes, dans le deuxième semestre de 1942, on aménagea une place dans la cabine pour un mitrailleur armé d'une mitrailleuse lourde *UBT* de 12,7 mm protégeant l'appareil contre les attaques par l'arrière. Les armes antichars furent renforcées aussi : un canon *VIa* de 23 mm ou *NS 37* de 37 mm (l'un et l'autre dans certaines versions) fut installé dans l'appareil, la charge de bombes fut portée à 600 kg (entre autres, des bombes antichars *PTAB*). Les obus tirés par les canons du *Chtourmovik* pouvaient perforer le blindage de n'importe quel char allemand. Ces avions jouèrent un rôle significatif dans les combats sur le front de l'Est (à Koursk notamment). Joseph Staline dit qu'ils étaient « aussi importants pour l'Armée rouge que l'air et le pain ». Pendant la guerre furent fabriqués 36 163 *Il-2*.

Données tactiques et techniques (*Il-2M3*) : moteur Mikouline *AM-38F* de 1 600 ch ; envergure 14,6 m ; longueur 11,65 m ; poids maximal au décollage 5 873 kg ; vitesse maximale 450 km/h ; rayon d'action 765 km ; armement, 2 canons *Vla* de 20 mm ou 2 canons *NS-37* de 37 mm dans les ailes ou dans des logements sous les ailes, 1 mitrailleuse *BS* de 12,7 mm, 8 fusées de 82 ou 132 mm, 600 kg de bombes.

20. Richard Sorge (1895-1944), un Allemand, fils de l'un des fondateurs du parti communiste allemand, recruté le 29 janvier 1933 par le service soviétique des renseignements militaires, entra en activité le 6 septembre de la même année, après son arrivée à Yokohama comme correspondant de presse allemand. Grâce à la confiance d'Eugen Ott, attaché militaire allemand, puis ambassadeur d'Allemagne à Tokyo, il eut accès à des documents secrets dont il transmit le contenu à Moscou. Il réussit à obtenir de nombreuses informations grâce à la collaboration des agents de son réseau « Ramsey », parmi lesquels se trouvait Hozumi Ozaki, un proche conseiller du premier ministre japonais Fumimaro Konoe. Le 12 mai 1941, il informa une fois de plus ses patrons d'une concentration de divisions allemandes et le 15 juin, il indiqua la date définitive du déclenchement des opérations militaires contre l'URSS. Au début de septembre 1941, il informa les autorités soviétiques que le gouvernement japonais respecterait les clauses du traité de non-agression du 13 avril 1941, ce qui confirma la possibilité de retirer 15 divisions d'Extrême-Orient et de les envoyer défendre Moscou à un moment critique de la guerre germano-soviétique. Le 18 octobre 1941, il fut arrêté avec 35 agents de son réseau. L'Union soviétique n'adressa pas aux autorités japonaises une demande d'échange de prisonniers. Il fut probablement exécuté en 1944.

21. RUDOLF HESS (1894-1987), le plus proche collaborateur de Hitler depuis le temps du putsch manqué de Munich en 1923 lorsqu'il s'enfuit en Autriche mais rentra volontairement dans son pays et comparut en justice pour purger sa peine en compagnie de Hitler. Depuis 1925, il fut son secrétaire particulier. Le 21 avril 1933, il devint son suppléant, et il fut nommé le 1er décembre 1933 ministre sans portefeuille dans le gouvernement nazi. Il était considéré comme le troisième personnage de l'État (derrière Hitler et Hermann Göring) et on l'appelait la conscience du parti. Dès le 4 février 1938, il fit partie du conseil secret qui élabora entre autres les plans d'agression contre la Pologne. Il ne réussit pas à profiter de son poste et de sa position ni à lutter pour gagner les faveurs du Führer et il se trouva repoussé de plus en plus à l'arrière-plan par Martin Bormann qu'il avait fait entrer à la chancellerie du Führer. Le 10 mai 1941, il gagna l'Écosse dans un avion Messerschmitt *Bf 110* et sauta en parachute. Se présentant comme émissaire de paix, il demanda à rencontrer le prince Hamilton. Hitler le déchut de tous ses titres et fonctions et déclara qu'il était un malade mental. En 1946, il comparut devant le Tribunal militaire international de Nuremberg et fut condamné à la détention perpétuelle pour crimes contre la paix. En 1987, il se suicida dans la prison de Spandau. Encore aujourd'hui, les circonstances de son départ pour la Grande-Bretagne restent inexpliquées. Élucider cette affaire jusqu'au bout ne sera possible qu'après la mise au grand jour des pièces d'archives britanniques.

22. Stafford Cripps (1889-1952), conseiller du roi depuis 1927, entra au Parlement comme député du parti travailliste en 1931. Il fonda la ligue socialiste en 1932 et quatre ans plus tard, il se déclara en faveur de l'ouverture d'un front commun réunissant son parti et les communistes, ce qui lui valut d'être exclu du Labour Party. De mai 1940 à janvier 1942, il fut ambassadeur à Moscou puis il mena des négociations avec l'Inde au nom du gouvernement britannique. Après la guerre, il exerça diverses fonctions nationales et il ne se retira de la vie politique qu'en 1950 pour raisons de santé.

23. Alexandre Poskriébychev (1891-1965) adhéra au parti bolchevique en 1917 et exerça par la suite de hautes fonctions dans le parti, entre autres à Sverdlovsk et à Oufa. Il a probablement participé à l'assassinat de la famille impériale. En mars 1922, il devint assistant du secrétaire du Comité central et par la suite suppléant du directeur du Bureau de contrôle du parti où il était chargé de rassembler des matériaux à charge contre les plus hauts responsables du parti. En 1929, il prit la tête du département administratif du Comité central du parti communiste (bolchevique) de l'URSS. Au début des années trente, il entra au secrétariat particulier de Staline dont il prit la tête en 1934 après la mort du chef du secrétariat. Il fut bientôt le collaborateur le plus proche, et irremplaçable, du dictateur qui appréciait sa connaissance des relations personnelles entre les membres des plus hautes autorités du parti et de l'État ainsi que sa mémoire phénoménale. Cela ne sauva pas son épouse, la belle-fille de Trotski, emprisonnée après la Seconde Guerre mondiale sur l'ordre de Staline. En avril 1953, à la suite d'intrigues de Béria, il fut démis du poste de chef du secrétariat. Après la mort du dictateur, il fut membre du présidium du Conseil suprême. Il prit sa retraite en 1960.

24. NIKOLAÏ FIODOROVITCH VATOUTINE (1901-1944), dans l'Armée rouge depuis avril 1920. Sorti de l'école d'infanterie de Poltava et de l'académie Frounzé (en 1929), il était chef d'état-major de la région militaire de Kiev depuis 1937. En septembre 1939, il combattit en Pologne en tant que chef d'état-major du front d'Ukraine. Il fut nommé adjoint au chef du grand état-major en juin 1940. En juillet 1941, il prit les fonctions de chef d'état-major du front Nord-Ouest, plus tard, au temps des combats devant Moscou, du front de Kalinine, puis de nouveau, du front Nord-Ouest. En mai 1942, il retrouva ses fonctions d'adjoint du chef du grand état-major. Promu au grade de général d'armée le 12 juillet 1942, il prit deux jours plus tard le commandement du front de Voronej et en octobre 1942, le commandement du front Sud-Ouest nouvellement formé qui se distingua pendant la bataille de Stalingrad en avançant de 150 kilomètres en trois jours. En mars 1943, la liquidation définitive des forces allemandes dans le secteur de Stalingrad s'opéra sous son commandement. Nommé général d'armée en février 1943, il commanda le front de Voronej pendant les combats en Ukraine. Blessé dans une embuscade aux environs de Kiev, il mourut le 15 avril 1944.

25. IVAN BOLDINE (1892-1965), général, adjoint au commandant en chef du front Ouest, commanda en juin 1941 la 15e armée dans les combats dans le secteur de Grodno, puis dans celui de Viajma où dès le 7 octobre 1941 ses troupes se trouvèrent encerclées et se défendirent pendant 51 jours, ce qui contribua grandement à freiner la marche des Allemands sur Moscou. À partir du 22 novembre, il dirigea la défense de Toula. Nommé en 1944 général d'armée, il prit le commandement de la 50e armée du 2e front de Biélorussie, qui depuis le Narew atteignit les lacs de Mazurie. Par la suite, il participa en tant qu'adjoint au commandant du troisième front d'Ukraine aux combats contre le groupe d'armées *Centre*.

26. Dmitriï Grigoriévitch Pavlov (1897-1941), général, soldat de l'Armée rouge depuis 1919, diplômé de l'académie Frounzé en 1928. En tant que spécialiste des blindés, il fut envoyé sur le front pendant la guerre civile en Espagne comme commandant des unités blindées de volontaires soviétiques. À son retour, il fut décoré de l'ordre des Héros de l'Union soviétique. Il défendit la thèse selon laquelle les formations blindées autonomes sont inefficaces, appuyée par d'autres officiers supérieurs, ce qui amena en 1937 à la liquidation des corps blindés. Il prit en 1939 la direction de l'administration de l'arme blindée de l'Armée rouge. Le 24 juillet 1940, il devint membre du Conseil Supérieur de la Guerre. Promu général d'armée, il prit le 22 février 1941 le commandement de la région militaire Ouest, transformée le 6 juin 1941 en front Ouest. Le 29 juin, il fut démis de son commandement et remplacé au pied levé par le général Iérémienko et rappelé à Moscou. Arrêté le 22 juillet, il fut condamné à mort et exécuté.

27. Boris Mikhaïlovitch Chapochnikov (1882-1945), officier tsariste, ne fut admis dans le parti communiste qu'en 1930, bien que son professionnalisme lui ait permis de devenir en 1930 chef du grand état-major de l'Armée rouge, poste qu'il occupa jusqu'en 1931, date à laquelle il fut remplacé par Mikhaïl Toukhatchevski. En 1937, Chapochnikov dirigea le jury qui condamna Toukhatchevski à mort pour sa prétendue trahison. En mai 1937, il reprit son poste de chef d'état-major et de vice-commissaire à la Défense. Il fut l'un des auteurs des plans d'agression de la Pologne le 17 septembre 1939 et de guerre contre la Finlande en novembre de la même année. Nommé maréchal de l'Union soviétique le 7 mai 1940, il démissionna de son poste de chef d'état-major une semaine plus tard pour raisons de santé, mais resta vice-commissaire. Après l'agression allemande, il fut, pour une brève période, chef d'état-major du front Ouest et le 20 juillet 1941, il reprit ses fonctions de chef du grand état-major et de membre du quartier général du commandant en chef. Le 26 juin 1942, son état de santé s'étant aggravé, il démissionna de son poste de chef du grand état-major mais resta dans le quartier général du commandant en chef, il resta vice-commissaire à la Défense jusqu'en juin 1943, date à laquelle il devint chef de l'académie militaire Mikhaïl Frounzé, poste qu'il occupa jusqu'à sa mort due à la tuberculose.

28. Grigoriï Ivanovitch Koulik (1890-1950), sous-officier de l'armée tsariste entré dans l'Armée rouge en 1918. Il participa à la défense de Tsaritsyne où il se lia d'amitié avec Staline, ce qui décida de sa future carrière. Diplômé de l'académie militaire M. Frounzé (en 1932), il fut de 1937 à 1941 chef du département de l'artillerie de l'Armée rouge et simultanément, à partir de janvier 1939, vice-commissaire à la Défense. En 1940, il fut promu maréchal. Son incompétence absolue fut la cause de l'écrasement de la 54e armée qu'il commandait devant Léningrad en septembre 1941, ce qui lui valut d'être exclu du Comité central et rétrogradé au rang de général. En avril 1943, il prit le commandement de la 4e armée de la garde qui fut écrasée devant Kharkov en mai de la même année. Exclu du parti communiste en avril 1945, il resta adjoint au commandant de la région militaire de la Volga. Arrêté le 11 mai 1947, il fut condamné à mort et fusillé à Kouïbychev. Réhabilité en 1956.

29. Mikhaïl Piétrovitch Kirponos (1892-1941), général, entré dans l'armée tsariste en 1915, dans l'Armée rouge en 1918. Il se distingua pendant la guerre soviéto-finlandaise comme commandant de la 70e division d'infanterie qui combattait dans le secteur de Vyborg. En juin 1940, il prit le commandement de la région militaire de Léningrad. Le 12 février 1941, il remplaça le général G. Joukov au poste de commandant de la région militaire spéciale de Kiev. En juin 1941, ses troupes obtinrent des succès dans le ralentissement de l'avance des armées allemandes. Il se déclara pour l'évacuation de Kiev, ce qui fut accepté trop tard (le 17 septembre 1941) par le quartier général du commandant en chef. Il fut tué dans une embuscade le 20 septembre 1941.

30. Léon Trotski (Lev Davidovitch Bronstein, dit) (1879-1940), proche collaborateur de Lénine, l'un des dirigeants de la révolution bolchevique de 1917, créateur de l'Armée rouge. Après la mort de Lénine, il prit position contre Staline mais il eut le dessous dans le parti et en 1928, il fut envoyé à Alma-Ata puis obligé de quitter la Russie. En 1940, il fut sur l'ordre de Staline assassiné par un agent du NKVD.

31. Nikolaï Boukharine (1888-1938), idéologue et théoricien du marxisme, membre du Bureau politique. En 1925, il soutint Staline dans la lutte pour le pouvoir mais, opposé à la collectivisation et à l'industrialisation, il entra vite en conflit avec lui, ce qui entraîna son exclusion du parti en 1929, puis son arrestation et son exécution en 1938.

32. Lev Kamiéniev (Lev Borissovitch Rosenfeld, dit) (1883-1936), membre du triumvirat au pouvoir en Russie pendant la maladie de Lénine. En 1926, il rejoignit les opposants à Staline, ce pour quoi il fut écarté en 1929 des instances du parti. Accusé en 1936 de préparer un complot contre Staline, il fut arrêté et exécuté.

33. Grigoriï Zinoviev (Grigoriï Ievséïévitch Apfelbaum, dit) (1883-1936), proche collaborateur de Kamiéniev, il fut condamné à dix ans de prison en 1935 sous l'accusation de « complicité morale » dans l'attentat contre Kirov. Un an plus tard, accusé d'avoir créé l'organisation terroriste coupable de cet attentat, il fut exécuté.

34. Sierguiéï Kirov (Sierguiéï Mironovitch Kostrikov, dit) (1886-1934), chef de l'organisation du parti à Léningrad, membre du Bureau politique, il jouissait d'un grand soutien populaire et menait une politique indépendante. L'attentat réalisé sur l'ordre de Staline le 1er décembre 1934 servit de prétexte au déchaînement de la Grande Purge.

35. Ivan le Terrible (1530-1584), grand-prince de Moscou (1533-1584) et premier tsar de Russie depuis 1547. Son règne établit une Russie soumise au pouvoir central et un Empire englobant des peuples non slaves. Pour organiser une administration centralisée, il recourut à la terreur, dirigée principalement contre la noblesse.

36. Anastase Mikoïan (1895-1978), partisan de Staline dans la lutte pour le pouvoir après la mort de Lénine, participa au pouvoir bolchevique dès 1923, entra au Bureau politique en 1935.

37. Nikolaï Boulganine (1895-1975), fonctionnaire de la police secrète, la Tchéka, depuis 1918. Dans les années trente, il occupa des postes importants au sein des autorités de la république de Russie. De 1938 à 1941, il fut vice-premier ministre et membre du Comité central du parti communiste (bolchevique) de l'Union soviétique.

38. *Junkers Ju 87*, connu couramment sous le nom de *Stuka* (abréviation de Sturzkampfflugzeug, « avion de combat en piqué », dessiné en 1933 par Hermann Pohlmann. La guerre civile en Espagne, où les Allemands envoyèrent ces avions intégrés à la légion « Condor », permit de les essayer au feu, mais les forces aériennes et antiaériennes des républicains étaient trop maigres pour pouvoir faire apparaître tous les défauts du nouvel appareil. En conséquence, après les expériences espagnoles, de légères améliorations furent apportées. La version *Ju 87B* fut équipée d'un moteur de 1 200 ch et ces avions furent produits en masse. Sur la base des expériences fournies par leur utilisation fut lancée en 1941 la production du modèle *Ju 87D* équipé d'un moteur et d'un armement plus puissants (4 mitrailleuses, charge utile : 1 800 kg). Les premiers modèles *Ju 87D-1* parvinrent aux unités de la Luftwaffe au printemps 1941 et dans les mois qui suivirent, l'armée reçut d'autres variantes de *D*. L'avion d'assaut *D-3* est celui qui fut produit en plus grande quantité. La version *D4* était équipée de deux habitacles avec 12 mitrailleuses *MG-81* (6 chacun). Dans la version *D-5*, des canons de 20 mm avaient été installés dans les ailes au lieu des mitrailleuses. Les combats sur le front de l'Est où les Russes engagèrent des chars *T-34* et *KV-1* solidement blindés obligèrent la Luftwaffe à faire entrer en ligne des avions *Ju-87G-1* spécialement adaptés à l'attaque de blindages. Sous les ailes furent montés deux habitacles dont chacun renfermait un canon *BK* (*Flak 18*) de 37 mm muni d'un chargeur de 6 obus. Hans-Ulrich Rudel détient le record dans la lutte contre les unités blindées soviétiques, au cours de 2 530 vols, il détruisit 519 chars soviétiques, son propre avion étant abattu à plusieurs reprises. La production des *Ju 87* fut arrêtée en 1944, 5 700 avaient été construits et avaient combattu sur tous les fronts en Europe et en Afrique du Nord.

Données tactiques et techniques (*Ju 87D-1*) : moteur Junkers *Jumo 211J* de 1 400 ch ; envergure 13,8 m ; longueur 11,5 m ; poids au décollage 6 585 kg ; vitesse maximale 410 km/h ; rayon d'action 1 000 km ; armement 2 mitrailleuses *MG-17* de 7,9 mm tirant à l'avant de l'avion, 2 mitrailleuses *MG-81* de 7,9 mm montées à l'arrière et 250 kg, ou 500, 1 000 ou 1 800 kg de bombes sous le fuselage et 4 bombes de 50 kg, 2 de 250 kg ou 2 de 500 kg sous les ailes.

39. *PzKpfw I* (*Sd Kfz. 101*), char léger allemand construit dans les usines Krupp pour répondre à une commande secrète du Service de l'Équipement de l'Armée en 1933, c'est-à-dire à une époque où d'après les dispositions du Traité de Versailles, l'armée ne pouvait pas posséder de blindés. La production en série du modèle *A* (*Ausführung A*) commença en 1934. Un an plus tard fut lancée la production de la version *B* dans laquelle furent apportées des modifications importantes dans la direction et qui furent équipés d'un moteur dont la puissance était accrue de 20 ch. Ces chars reçurent le baptême du feu pendant la guerre civile en Espagne dans les années 1936-1937. En septembre 1939, ils constituaient le fer de lance des forces blindées allemandes (La Wehrmacht disposait de 1 445 chars de ce type, soit environ 50 % de toutes les forces blindées). Ils furent en service jusqu'en 1942, surtout pour des tâches de reconnaissance. 2 677 chars de ce type furent construits en tout.

Données tactiques et techniques (*PzKpfw 1 Ausf B*) : équipage 2 hommes ; moteur de 100 ch ; poids 5,9 t ; blindage 6 à 13 mm ; armement 2 mitrailleuses *MG-13* de 7,92 mm ; vitesse 40 km/h ; rayon d'action 170 km.

40. Nikolaï Alexiéïévitch Vozniessienski (1903-1950), économiste, entré au parti communiste en 1919. Il enseigna à l'Institut des Professeurs rouges jusqu'en 1935, date à laquelle il fut embauché au département de planification de l'organisation du parti de Léningrad. De 1938 à 1941, puis dans les années 1942-1949, il fut président de la Commission nationale du Plan. Accusé dans ce qui fut appelé l'affaire de Léningrad, il fut condamné à mort et exécuté.

41. Lev Mékhlis (1889-1953), soldat de la Première Guerre mondiale, entré dans l'Armée rouge et dans le parti bolchevique en 1918. Jusqu'en 1920, il commanda une brigade d'infanterie du front Sud. En 1922, il entra au secrétariat de Staline, ce à quoi il dut sa future carrière, puis il devint rédacteur en chef de la *Pravda*, organe du parti communiste (bolchevique) de l'Union soviétique. Le 30 décembre 1940, il devint vice-commissaire à la Défense et chef du Service politique central de l'Armée rouge qui participait très activement à la Grande Purge. Depuis septembre 1940, il était commissaire au Contrôle national. Pendant la guerre contre l'Allemagne, il reprit son poste de chef du Service politique central de l'Armée rouge. Depuis

1942, il portait en tant que représentant du quartier général du commandant en chef la responsabilité directe de la défaite dans la presqu'île de Kertch, ce qui lui valut d'être privé de son poste et envoyé sur le front où il commanda un corps. Mais il rentra vite en grâce et devint membre des conseils de guerre de plusieurs fronts, entre autres ceux de Voronej, de Briansk, le front Ouest, le 2e front de la Baltique, le 2e de Biélorussie et le 4e d'Ukraine.

42. ANDRIÉÏ I. IÉRÉMIENKO (1892-1970), général, entré dans l'armée tsariste en 1913, dans l'Armée rouge en 1918. Lors de l'agression contre la Pologne en septembre 1939, il commandait le 6e corps cosaque. En décembre 1939, il prit le commandement de la 1re armée d'Extrême-Orient. Le 19 juin 1941, il fut convoqué à Moscou où il se vit confier le front Ouest commandé par le général Dmitriï Pavlov. Dès le 2 juillet, il reçut l'ordre de charger le maréchal Siémione Timochenko du commandement du front et d'être son adjoint. Après la destruction des armées de ce front au début de juillet, Iérémienko prit le commandement du front de Briansk nouvellement formé (le 16 août 1941). Après des succès initiaux de l'offensive contre le groupe d'armées *Centre*, le front fut disloqué à la suite de l'offensive allemande du 30 septembre. Iérémienko blessé devant Orel le 13 octobre fut hospitalisé pendant deux mois. Malgré la défaite du front qu'il commandait, il fut promu général d'armée et il se vit confier le commandement de la 4e armée de choc, ce qui était une manifestation évidente de la sympathie de Staline à qui plaisait ce chef brutal connu pour la vulgarité exceptionnelle avec laquelle il traitait ses subordonnés. Le 13 février 1942, il fut blessé une nouvelle fois. Le 7 août 1942, il prit le commandement du front Sud-Ouest devant Stalingrad où il n'évita les conséquences de la colère de Staline, exaspéré par le manque de résultats décisifs dans les combats contre les Allemands, que grâce à l'intervention de Nikita Khrouchtchev, commissaire politique. Pour cette raison, la direction de la principale contre-offensive fut confiée à Rokossovski. Jusqu'à la fin de la guerre, il commanda divers fronts.

43. Kiryll Miérietskov (1897-1968), membre du parti bolchevique depuis 1917, devint l'année suivante commissaire politique dans l'Armée rouge. En 1931, envoyé suivre une formation en Allemagne, il y resta un an malgré son ignorance de la langue. En 1936, il alla combattre en Espagne. Après son retour à Moscou en juin 1937, il évita le sort de la plupart des combattants et occupa le poste d'adjoint au chef du grand état-major. En 1938, il devint chef de la région militaire de Léningrad et dût de ce fait commander les troupes qui commirent l'agression contre la Finlande. En raison de son incompétence absolue, il fut relevé de ces fonctions le 7 janvier et prit le commandement d'une armée mais sa carrière militaire n'en pâtit pas, puisque le 4 juin 1940, il fut promu général d'armée, en outre, il devint membre du Conseil supérieur de la Guerre et, le 14 août 1940, chef du grand état-major. Après une conférence évaluant les résultats du kriegspiel organisé en janvier 1941, il fut démis de ce poste et on lui confia les fonctions de chef du Service de la formation des cadres. Il fut probablement arrêté en février 1941, à l'insu du chef du NKVD, sous l'accusation d'espionnage au profit de la Grande-Bretagne. Le 21 juin 1941, il devait en vertu d'une décision du Bureau politique prendre le commandement du front Nord, mais en fin de compte, on lui confia pour une courte période le poste de commandant de la 11e armée, il alla ensuite à Léningrad comme représentant du quartier général du commandant en chef. Là, il commanda une armée, puis un front. Le 26 octobre 1944, il fut élevé à la dignité de maréchal de l'Union soviétique. Après la guerre, il commanda plusieurs régions militaires. Il prit sa retraite en 1964.

44. Viktor Abakoumov (1908-1954), général d'armée. Il prit du service dans le NKVD en 1932, d'abord à Moscou, puis dans le bassin du Donets et à Rostov. De 1938 à 1941,

il travailla probablement dans le service des renseignements militaires, le GROU. Le 25 février 1941, il prit le poste de vice-commissaire au NKVD et après le déclenchement de la guerre avec l'Allemagne, il dirigea l'opération de liquidation des plus hauts chefs militaires accusés par Staline de lâcheté et de trahison. En décembre 1942, il prit la tête du service de contre-espionnage qu'il dirigea jusqu'en mars 1946. Immédiatement après la guerre, sur l'ordre de Staline, il rassembla des matériaux chargeant le maréchal Guiéorguiï Joukov. Le 10 octobre 1946, il devint ministre de la Sécurité nationale (MGB) et sur l'ordre de Staline, il entreprit d'organiser la terreur (en particulier l'affaire de Léningrad). Le 7 décembre 1951, dénoncé par Mikhaïl Rioumine comme espion occidental, il fut arrêté en même temps que sa femme et son fils. Enfermé dans les prisons Léfortovo, Boutyrki et Loubianka, il ne fut pas jugé du vivant de Staline. Le 19 décembre 1954 seulement, il fut condamné à mort à Léningrad pour participation à « l'affaire de Léningrad » et exécuté le 24 du même mois.

45. SACHSENHAUSEN (appelé aussi Sachsenhausen-Oranienburg), camp de concentration nazi près du village du même nom à trois kilomètres au nord d'Oranienbourg, au nord-ouest de Berlin. Il avait été créé en 1936 comme partie d'un ensemble englobant Buchenwald (Allemagne centrale) et Dachau (Allemagne du sud). À partir de 1938, il reçut de grands transports de prisonniers, surtout des Juifs de Berlin, de Hambourg et de Poméranie. Pendant toute la guerre, le camp renfermait de 11 000 à 48 000 prisonniers. Sur environ 200 000 qui y ont été emmenés, 100 000 ont été assassinés ou sont morts de faim, de maladies ou des conditions épuisantes du travail dans les usines d'armement proches. Sachsenhausen a été libéré le 27 avril 1945 par les troupes soviétiques.

46. ARVID HARNACK (1901-1942), fils d'un historien allemand connu ; au milieu des années vingt, il se lia au mouvement communiste. En 1932, lors d'un séjour à

Moscou, il accepta de collaborer avec le Komintern. En 1933, il entra au ministère allemand de l'Économie. À la fin de 1940, il fut recruté par les renseignements soviétiques auxquels il fournit des informations importantes concernant la politique et l'économie allemandes. Arrêté le 20 septembre 1942, il fut condamné à mort et exécuté avec plusieurs dizaines de membres de son réseau d'espionnage.

47. Bien que s'étant rangée dans le camp de l'Axe après son adhésion au Pacte tripartite, et malgré les incessantes demandes de Hitler, la Bulgarie refusa d'envoyer des troupes en URSS. L'ambassade d'URSS à Sofia pu même y continuer ses activités tout au long de la guerre.

48. Alexandra Mikhaïlovna Kollontaï (1872-1952), fille d'un général de l'armée tsariste, épouse d'un officier de l'armée tsariste, renonça en 1898 à sa famille et se lia au mouvement social-démocrate. En 1916, elle voyagea à travers les États-Unis, faisant des déclarations contre l'entrée en guerre des USA. Après la révolution d'octobre 1917, elle occupa les fonctions de commissaire à l'Assistance sociale. Elle mena une campagne contre l'institution du mariage et en faveur de la simplification de la procédure de divorce. Accusée de négliger ses obligations, elle n'échappa à l'exécution que grâce à l'intervention de Lénine. En 1922, elle entra au commissariat aux Affaires étrangères, et un an plus tard, elle alla occuper un poste diplomatique en Norvège. Elle travailla ensuite au Mexique (1926-27), puis encore en Norvège (1927-30), ensuite en Suède (1930-45), comme ambassadrice à partir de 1943.

49. Lord Beaverbrook (Maxwell Aitken) (1879- 1964), magnat de presse britannique, devenu ministre de la Production aérienne et membre du Cabinet de guerre, le 10 mai 1940, le jour où Winston Churchill devint premier ministre. Cela suscita de nombreux commentaires défavorables parce que sa nomination fut attribuée à une vieille amitié et les critiques ne cessèrent pas malgré la réussite évidente de Beaverbrook que représentait le doublement de la production d'avions, passée de 850 à 2 000 ; ses détracteurs prétendaient que la production avait augmenté parce qu'on y avait préparé les usines avant lui. En juin 1941, il obtint le portefeuille de ministre des Approvisionnements, en février 1942, celui de ministre de la Production qu'il abandonna bientôt en raison de son état de santé. En septembre 1943, il obtint le titre de lord du sceau privé (Lord Privy Seal) ; il remplit également les fonctions de plénipotentiaire pour le prêt-bail aux États- Unis.

50. STAFFORD CRIPPS (1889-1952), ambassadeur britannique à Moscou dans les années 1940-1942, était un ardent partisan d'une alliance avec l'Union soviétique. En 1941, mis au courant par son gouvernement des préparatifs allemands d'une attaque contre l'Union soviétique, il transmit ces informations à Staline. À son retour en Grande-Bretagne en 1942, il entra dans le Cabinet de guerre de Churchill, mais à la fin de l'année, il devint ministre de la Production aérienne, ce qui signifiait quitter le Cabinet. Dans le gouvernement du successeur de Churchill, Clement Attlee, il occupa les fonctions de ministre des Finances.

51. NOEL MASSON MACFARLANE (1889-1946), dans les années 1941-1942, chef de la mission militaire britannique à Moscou. Nommé en 1942 gouverneur de Gibraltar. En 1944, il rentra à Londres où un an plus tard, il fut nommé député au Parlement.

52. LAURENCE STEINHARDT (1892-1950), diplomate américain, fut dans les années 1939-1948 ambassadeur des États-Unis en Suisse, au Pérou, en Union soviétique, en Turquie et en Tchécoslovaquie.

53. HARRY LLOYD HOPKINS (1890-1946), le conseiller le plus proche et le plus écouté du président F. D. Roosevelt, considéré comme un homme d'un courage et d'un talent hors du commun. À partir de 1933, il fut le principal réalisateur de la politique de l'Ordre Nouveau, qui contribua à mettre fin à la crise économique aux États-Unis. En 1938, il devint ministre du Commerce, mais il abandonna son portefeuille trois ans plus tard en raison de son état de santé. De mai 1940 à novembre 1943, il habita à la Maison-Blanche où le président le traitait comme un membre de sa famille. En mars 1941, il le chargea d'évaluer les besoins et de diriger la fourniture de matériel militaire dans le cadre du prêt-bail, ce qui l'amena à se rendre fréquemment à Londres et à Moscou pour discuter avec Winston Churchill et Joseph Staline de l'aide américaine. En août 1941, quand il renonça à ces fonctions, il devint assistant et conseiller du président pour les Affaires internationales. Après l'entrée en guerre des États-Unis, il prit les fonctions de président de la direction de la répartition des munitions puis devint membre du Conseil de guerre du Pacifique et de la direction de la production de guerre. Après la mort de Roosevelt, il s'appliqua à entretenir de bonnes relations avec l'Union soviétique et fit beaucoup pour sortir de l'impasse née après la conférence de San Francisco.

54. JOSEPH DAVIES (1876-1958), diplomate américain, avait été dans les années 1919-1920 conseiller du président W. Wilson à la conférence de paix à Paris. De 1936 à 1938, il fut ambassadeur en Union soviétique, puis en Belgique. Pendant la guerre, il effectua de nombreuses missions diplomatiques sur l'ordre des présidents Roosevelt et Truman.

55. NIKITA SIERGUIÉÏÉVITCH KHROUCHTCHEV (1894-1971), militant du parti, premier secrétaire de l'organisation moscovite du parti entre 1935 et 1938, puis premier secrétaire du parti communiste d'Ukraine et également membre civil du conseil de guerre de la région militaire de Kiev. Dans les années 1941-1944 avec le grade de général de division, il fut commissaire et membre du conseil de guerre de la direction Sud-Ouest. Dans les années 1944-1947, il fut premier ministre du gouvernement d'Ukraine. Appelé à Moscou par Staline, il reprit la tête de l'organisation moscovite du parti communiste. Après la mort de Staline en 1953, il organisa un complot contre L. Béria et prit le pouvoir en tant que secrétaire général du parti communiste de l'URSS et premier ministre (à partir de 1958), fonctions qu'il occupa jusqu'à son renversement en 1964.

56. Siémione Boudionny (1883-1973), officier soviétique, s'acquit des mérites pendant la guerre civile et pendant la guerre avec la Pologne en 1920, où il commandait la 1re armée de cavalerie. Il fut l'un des deux maréchaux, avec Kliment Vorochilov, à survivre aux purges staliniennes dans l'armée en 1937 et 1938. En juin 1941, il entra au quartier général du commandant en chef ; il obtint le commandement de la direction Sud-Ouest englobant le front Sud-Ouest et le front Sud ainsi que la flotte de la mer Noire. Il n'était toutefois pas à la hauteur des officiers allemands dont les troupes envahissaient l'Ukraine. Le 13 septembre 1941, il fut remplacé par le maréchal Siémione Timochenko, mais il n'était pourtant pas au bout de sa carrière militaire et, dans les années suivantes, il occupa des postes de commandement (entre autres celui de chef de la direction, plus tard front du Caucase du Nord) et, en 1943, il prit le titre de chef de la cavalerie, spécialement créé pour lui (honorifique dans une certaine mesure).

57. Heinz Guderian (1888-1954), officier allemand, dans l'armée depuis 1907. Officier d'état-major pendant la Première Guerre mondiale, il servit ensuite dans la police des frontières, puis il travailla au ministère de la Reichswehr. Il réunit autour de lui un groupe de jeunes officiers qui partageaient ses convictions quant à la force décisive des chars sur les champs de bataille futurs. En 1934, il fut nommé chef d'état-major au commandement des forces blindées, puis commandant de l'une des trois premières divisions blindées (la 2e, à Würzburg), et en 1938, il prit le commandement des forces rapides. En 1937, il écrivit un livre intitulé : *Achtung ! Panzer !*, dans lequel il exposait les possibilités et l'avenir de l'arme blindée. En septembre 1939, pendant la campagne de Pologne, il commandait le 19e corps blindé. En mai 1940, ce corps joua un rôle décisif dans le franchissement de la Meuse et l'offensive éclair à travers le Nord de la France. En 1941, lors de l'agression contre l'Union soviétique, il commandait le 2e groupe blindé (qui devint plus tard la 2e armée blindée) opérant à l'aile droite du groupe d'armées *Centre* qui contribua à la rupture du front soviétique lors des combats devant Białystok, Minsk et Kiev. Le 25 décembre 1941, il fut révoqué par Hitler à cause de la défaite devant Moscou. En 1943, réintégré dans le service actif, il fut nommé inspecteur général des troupes blindées. Après l'attentat du 20 juillet 1944 contre Hitler, il présida le tribunal d'honneur qui décidait de la révocation des officiers mêlés au complot, ce qui permettait de les faire comparaître devant un tribunal. En juillet 1944, il fut nommé chef du grand état-major de l'armée de terre (il remplissait alors les deux fonctions d'inspecteur général et de chef d'état-major). Le 28 mars 1945, Hitler le priva pour la deuxième fois de toutes ses fonctions dans l'armée, parce qu'il s'opposait à ses conceptions militaires.

58. William Christian Bullitt (1891-1967), le premier ambassadeur américain à Moscou. Il s'intéressait aux affaires soviétiques depuis 1919, date à laquelle il vint à Moscou pour la première fois afin de se faire une idée des intentions des bolcheviks. De retour à Washington, il recommanda de nouer des relations diplomatiques avec la Russie soviétique et, cette proposition ayant été rejetée par le président, il donna sa démission. En 1933, après la reconnaissance de l'URSS par le gouvernement américain, il alla comme ambassadeur à Moscou où il resta jusqu'en 1936. Il fut ambassadeur des E.-U. en France jusqu'en 1940.

59. Thomas Woodrow Wilson (1856-1924), vingt-huitième président des États-Unis pendant deux législatures (de 1913 à 1921), il imposa la participation des USA à la Première Guerre mondiale en 1917. Il était partisan de la création de la Société des Nations, mais il ne réussit pas à convaincre le Parlement de ratifier le Traité de Versailles, ce qui amena après la guerre à l'isolationnisme des États- Unis.

60. Averell William Harriman (1891-1986), homme d'affaires et diplomate, participa à Londres en 1941 aux négociations relatives au Prêt-bail, puis il coordonna toutes les opérations touchant l'aide américaine à la Grande-Bretagne. En août 1941, il se rendit à Moscou avec Lord Beaverbrook pour fixer les domaines et les moyens de fournir une aide militaire à l'URSS. En 1943, il devint ambassadeur des États-Unis à Moscou ; il était en contact permanent avec Staline et il participa à toutes les conférences des Alliés. Vraisemblablement, ses entretiens avec le commissaire du peuple aux Affaires étrangères, Viatcheslav Molotov à Yalta au sujet de l'Extrême-Orient l'avaient convaincu que les Russes avaient l'intention d'élargir leurs influences en Asie, ce dont il informa le président Franklin D. Roosevelt. Après la guerre, il fut conseiller non officiel du président Harry Truman pour les questions de politique étrangère.

61. Maxime Litvinov (Maxime Maximovitch Meir Vallakh, dit) (1876-1952), homme politique soviétique, militant du mouvement révolutionnaire depuis 1907, vécut en émigration en Grande-Bretagne, où il épousa Iva Low, une Anglaise ayant des relations étendues dans les milieux politiques. Après le triomphe de la révolution d'octobre en 1917, il fut nommé ambassadeur à Londres. Il devint en 1921 vice-commissaire du peuple aux Affaires étrangères et en 1930, commissaire aux Affaires étrangères. Il était considéré comme un partisan de la collaboration entre l'Union soviétique et l'Occident et un antinazi (il était Juif) et cette réputation lui valut d'être démis de ses fonctions car Joseph Staline s'était décidé à resserrer sa collaboration avec Adolf Hitler. Exclu du Comité central du parti communiste (bolchevique) de l'Union soviétique, le déclenchement de la guerre avec l'Allemagne le sauva d'une arrestation imminente. En 1941, il fut nommé de nouveau vice-commissaire aux Affaires étrangères et, en tant que tel, il alla peu de temps après aux États-Unis comme ambassadeur, où il resta jusqu'en 1943.

62. Hasting Lionel Ismay (of Wormington) (1887-1965), proche collaborateur de Winston Churchill, dont il devint le chef d'état-major en mai 1940 (en tant que ministre de la Défense), il remplit en outre les fonctions de représentant personnel du premier ministre au sein du comité des chefs d'état-major (*Chiefs of Staff's Committee*) et il participa à ce titre à la plupart des conférences internationales.

63. George Catlett Marshall (1880-1959), chef militaire et homme politique américain, combattit en France en tant que chef des opérations de la 1re division d'infanterie américaine, puis de la 1re armée. Pendant la période d'entre-deux-guerres, il était dans l'état-major du général John Pershing. En Chine, il commanda un régiment et une brigade, et il devint en 1938 chef du département de la planification stratégique. Cette même année, il devint adjoint du chef du grand état-major et le 1er septembre 1939, chef du grand état-major. Il travailla activement au développement des forces armées américaines, à la modernisation des armements et à l'établissement d'une collaboration étroite avec la Grande-Bretagne, bien que ses efforts en vue d'une invasion la plus rapide possible du continent aient entraîné de graves frictions avec le gouvernement de Winston Churchill. En 1942, il entra dans le Comité joint des chefs des états-majors. Il participa à toutes les conférences interalliées les plus importantes. En novembre 1945, il fut, à sa demande, mis à la retraite, toutefois, il accepta peu après la mission de représentant des États-Unis en Chine. Dans les années 1947-1949, il fut secrétaire d'État. Il élabora le plan d'aide économique aux pays d'Europe occidentale (qui porte son nom), ce qui lui valut en 1953 le prix Nobel de la Paix.

64. Bletchley Park, manoir victorien à environ 80 kilomètres au nord-ouest de Londres, il fut dès 1939 la résidence d'une équipe de déchiffreurs qui comptait d'abord 150 personnes et fut grossie radicalement après le déclenchement de la guerre (en 1942, il y avait 3 500 personnes, en 1945, 10 000) et les pièces du manoir devinrent insuffisantes, environ une quinzaine de baraquements en bois furent donc construits dans le parc entourant le bâtiment principal. Pendant la guerre, les travailleurs du centre déchiffrèrent des milliers de messages militaires et diplomatiques allemands, ce qui influença le déroulement des opérations.

65. William Frederick Friedman (1891-1969), éminent cryptologue américain, prit en 1929 la direction du *Signal Intelligence Service* chargé d'élaborer les chiffres et les codes pour l'armée et de trouver la clé des chiffres utilisés par les armées et les missions diplomatiques des autres pays. En août 1940, après vingt mois de travail, l'équipe qu'il dirigeait parvint à lire le code des appareils cryptographiques japonais, appelé code pourpre, grâce à quoi les Américains purent prendre connaissance de la correspondance diplomatique et militaire japonaise la plus secrète, ce qui eut une influence significative sur le déroulement de nombreuses batailles dans le Pacifique. Friedman paya ce succès par une dépression nerveuse et trois mois d'hospitalisation. En 1955, quand il se décida à prendre sa retraite, le gouvernement lui accorda la *Medal for Merit*, la plus haute distinction pour les civils. Cette même année, le Congrès reconnut qu'en travaillant pour l'armée, Friedman avait subi de lourdes pertes financières parce qu'il n'avait pas pu vendre ses inventions (entre 1933 et 1941, il avait inventé neuf machines dont certaines étaient si secrètes qu'on ne délivra même pas la documentation pour les brevets), et il lui accorda une récompense de 100 000 dollars.

66. John Cairncross (1913-1995), agent soviétique recruté par l'espionnage soviétique pendant ses études à Cambridge, vraisemblablement en 1934. Il entra deux ans plus tard au ministère des Affaires étrangères. Il travailla dès 1940 comme secrétaire de lord Hankey, ancien ministre chargé de contrôler les services spéciaux, ce qui lui donna accès aux documents les plus secrets. Il travailla à partir de 1941 dans le centre de décryptage de Bletchley Park, et par la suite au département *M16* du contre-espionnage et au ministère des Finances. Après la guerre, suspecté d'activités d'espionnage, il quitta la Grande-Bretagne et ne rentra qu'en 1995. En 1964, il reconnut sa collaboration avec le service de renseignements soviétique, mais il ne comparut pas devant un tribunal. D'après les estimations soviétiques, il était un des agents les plus actifs et il leur a fourni « des tonnes de documents » (il affirmait que les renseignements qu'il avait fournis avaient permis à l'Armée rouge de gagner la bataille de Koursk).

67. Yosuke Matsuoka (1880-1946), homme politique japonais, ministre des Affaires étrangères de juillet 1940 à juillet 1941. À un moment crucial pour le développement de la situation dans le monde, il se déclara en faveur d'un rapprochement avec les puissances fascistes européennes, pensant contraindre de cette manière les États-Unis à des concessions. Le 27 septembre 1940, il signa au nom du gouvernement japonais un accord avec l'Allemagne et l'Italie (appelé pacte tripartite). Pourtant, désireux de préserver l'indépendance politique de son pays et perdant la foi en la possibilité pour l'Allemagne de remporter la victoire dans la Seconde Guerre mondiale, il signa à Moscou le 13 avril 1941 un pacte de non agression avec l'Union soviétique. En 1945, il fut arrêté sous l'accusation de crimes de guerre. Il mourut en prison avant d'être jugé.

68. Fedor von Bock (1880-1945), descendant d'une vieille famille de militaires prussiens ; il se distingua par son courage pendant la Première Guerre mondiale. Dans la période d'entre-deux-guerres, il participa, aux côtés du général Hans von Seeckt, à la création des forces armées allemandes. En 1935, il prit le commandement de l'un des trois groupes d'armées. En 1939, lors de l'agression allemande contre la Pologne, il commandait le groupe d'armées *Nord*. Pendant la guerre en Europe de l'Ouest, il commandait le groupe d'armées B. En reconnaissance des mérites acquis dans les combats en France en juillet 1940, il fut nommé feld-maréchal. Sa bonne étoile militaire s'éteignit lors de l'invasion de l'Union soviétique. En juin 1941, il commandait le groupe d'armées *Centre* attaquant à partir de la Pologne centrale en direction de Moscou. En décembre 1941, quand l'offensive contre Moscou fut enrayée, il fut démis de son poste, mais le 17 janvier 1942, il reprenait déjà le commandement du groupe d'armées *Sud*. Il le perdit en juillet 1942 et ne reprit plus de service actif. Il périt en mai 1945 quand sa voiture fut mitraillée par un avion britannique.

69. Walther von Brauchitsch (1881-1948), devint en 1938 commandant en chef de l'armée de terre et dirigea les campagnes de Pologne, du Danemark, de Norvège, d'Europe de l'Ouest et des Balkans. En juillet 1940, il fut promu au rang de feld-maréchal. À partir de 1940, il dirigea les préparatifs de l'agression contre l'Union soviétique et les opérations militaires commencées le 22 juin 1941. Le 19 décembre 1941, jugé responsable par Hitler de l'échec devant Moscou, il fut écarté du poste de chef de l'armée de terre. Il ne reprit plus de service actif. Il mourut en prison en 1948 juste avant le début du procès où il devait être jugé pour crimes de guerre.

70. *Heinkel He 177 Greif*, bombardier lourd allemand conçu à la fin des années trente dans les usines Heinkel. Dans ce quadrimoteur, un couple de moteurs placés l'un derrière l'autre commandait une hélice. Le maniement des moteurs exigeait une maîtrise inouïe, les avaries répétées dans le système de graissage provoquaient des incendies, les trains d'atterrissage n'étaient pas fiables, et toute la construction de la carlingue était très faible. En conséquence, 50 prototypes s'écrasèrent ou brûlèrent. Sur 1 094 appareils construits jusqu'en 1944, 200 à peine furent utilisés sur le front, et essentiellement pour le transport d'approvisionnements.

Données tactiques et techniques (*He 177A-5*) : moteurs de 2 950 ch ; envergure 31,44 m ; longueur 22 m ; poids maximum au décollage 31 000 kg ; vitesse maximale 488 km/h ; rayon d'action 4 000-5 500 km ; armement 3 mitrailleuses de 7,9 mm, 3 mitrailleuses lourdes de 13 mm, 2 canons de 20 mm, 3 projectiles radioguidés *HS 293* et 2 projectiles *Hs 294* ou 2 *Fritz X* (autres versions, jusqu'à 6 000 kg de bombes).

71. *La-5,* chasseur monoplace en bois conçu par le constructeur soviétique Siémione Lavotchkine. Il surpassait du point de vue de la maniabilité les avions de chasse allemands Messerschmidt *Bf 109* et Focke Wulf *Fw 190A* à une altitude de 3 600 m. Le constructeur se décida à l'équiper d'un moteur de 1 775 ch, soit 175 de plus que celui qui avait été installé initialement, ce qui exigea des transformations de la carlingue. Les résultats positifs des essais amenèrent le constructeur à élaborer en 1943 une version évolutive, le *La-7*. Jusqu'à la fin de la guerre, 5 753 avions de ce type furent construits.

Données tactiques et techniques (*La-5FN*) : moteur de 1 775 ch ; envergure 9,80 m ; longueur 8,5 m ; poids au décollage 3 360 kg ; vitesse max. : 647 km/h ; rayon d'action 765-850 km ; armement 2 canons de 20 mm, 150 kg de bombes.

72. WŁADYSŁAW SIKORSKI (1881-1943), officier de mérite pendant la guerre polono-bolchevique, devint chef du grand état-major de l'armée polonaise en 1921 et en 1922, premier ministre et ministre de l'Intérieur, puis en 1924, ministre des Affaires militaires. Après le coup d'État de mai, opposant à Józef Piłsudski, il fut en 1928 écarté des postes de commandement dans l'armée. En septembre 1939, il gagna la France par la Roumanie. Le 30 septembre, le président Władyslaw Raczkiewicz le chargea de former un gouvernement. Le 7 novembre 1939, il prit les fonctions de commandant en chef. Le 4 janvier 1940, il signa avec le gouvernement français un accord concernant la formation d'une armée polonaise. Après la chute de la France, il conclut un accord avec le premier ministre Winston Churchill pour le transfert de l'armée et du pouvoir polonais en Grande-Bretagne. Le 29 juillet 1941, il demanda au président les pleins pouvoirs pour signer un traité avec l'URSS, ce que le président refusa en raison du contentieux sur les territoires de l'est de la Pologne. Dans ces conditions, le 30 juillet 1940, il signa le traité de sa propre autorité, ce qui provoqua une crise dans le gouvernement polonais. Le 14 août, conformément à l'accord militaire polono-soviétique, il nomma le général Władysław Anders chef de l'armée polonaise en URSS. En mars 1942, il dut se résoudre à accepter l'évacuation d'Union soviétique d'une partie des soldats, pour lesquels on manquait de vivres, il s'opposait toutefois à l'évacuation de toute l'armée. En juillet 1942, étant donné l'accord entre les gouvernements de la Grande-Bretagne et de l'Union soviétique pour l'évacuation du reste des unités polonaises au Proche-Orient, il fut contraint d'accepter cette solution. Après la révélation, le 13 avril 1943, du crime de Katyn, il prit des mesures visant à mettre à jour toutes les circonstances, ce qui servit de prétexte au gouvernement soviétique pour rompre les relations diplomatiques avec le gouvernement polonais. Le 4 juillet 1943, il périt près de Gibraltar dans un accident d'avion dont les causes n'ont pas été élucidées.

73. Wladyslaw Raczkiewicz (1885-1947), juriste et homme politique polonais, il fut à partir de 1921 trois fois ministre de l'Intérieur et voïevode. De 1930 à 1935, il fut maréchal du sénat, et de 1934 à 1939 président de l'association mondiale des Polonais à l'étranger. Le 29 septembre 1939 à Paris, Ignacy Mościski lui transmit les fonctions de président de la République de Pologne. En 1940, il passa en Grande-Bretagne. Il s'opposait aux compromis politiques, qui allaient trop loin, à son avis, acceptés par Władysław Sikorski et Stanisław Mikołajczyk.

74. AUGUST ZALESKI (1883-1972), homme politique et diplomate polonais. Dans l'entre-deux-guerres, il fut entre autres ambassadeur en Grèce et en Italie et ministre des Affaires étrangères (1926-1932). De 1939 à 1941, il fut ministre des Affaires étrangères dans le gouvernement de Sikorski, et de 1943 à 1945 chef de la chancellerie du président. De 1947 à 1972, il remplit les fonctions de président de la république polonaise en émigration.

75. KAZIMIERZ SOSNKOWSKI (1885-1969), proche collaborateur polonais de Józef Piłsudski, dans la période d'entre-deux-guerres, il fut entre autres vice-ministre et ministre des Affaires militaires, membre du Conseil de la Défense nationale (1920-1924), du Conseil de guerre et chef de la région du VIIe corps de Poznań. Lors du coup d'État de mai 1926 (date à laquelle Józef Piłsudski s'empara du pouvoir), il tenta de se suicider. En septembre1939, il prit le commandement du front Sud. À partir de novembre 1939, il fut vice-président (jusqu'en août 1944), vice-premier ministre et commandant de l'association pour la lutte armée. Il était opposé à une collaboration avec l'Union soviétique et n'acceptait pas la ligne politique du premier ministre Władysław Sikorski. Pour ces raisons, il démissionna du gouvernement en juillet 1941. Après la mort de Sikorski, il devint commandant en chef, fonction qu'il remplit jusqu'au 30 septembre 1944. Relevé de ses fonctions pour avoir critiqué les Alliés, il se rendit au Canada où il séjourna jusqu'à sa mort.

76. WŁADYSŁAW ANDERS (1892-1970), commença une carrière de combattant en 1914 comme lieutenant de dragons dans l'armée russe. Il entra dans le 1er corps polonais dès la formation de cette unité. Pendant la guerre polono-bolchevique, il commandait le 15e régiment de uhlans de Poznań. Dans la période de l'entre-deux-guerres, il sortit diplômé de l'École Supérieure de Guerre de Paris. En 1925, il fut commandant de la place de Varsovie, et de 1926 à 1928, chef d'état-major à l'inspectorat général de la cavalerie. Lors du coup d'État de mai 1926, il s'était déclaré en faveur du gouvernement, mais cela n'avait pas nui à sa carrière militaire. De 1928 à 1937, il commandait la brigade de cavalerie de Wolhynie, puis la brigade de cavalerie de Nowogródek avec laquelle il marcha au combat contre les Allemands. Du 12 au 28 septembre, il commandait le groupe opérationnel de cavalerie. Blessé dans une rencontre avec un détachement de l'Armée rouge, il fut emprisonné à Lvov et à Moscou. Libéré le 4 août 1941 après la conclusion du traité polono-soviétique le 30 juillet 1941, il fut nommé le même jour commandant en chef des forces armées polonaises en URSS. Après l'évacuation en mars et en août 1942 de ses unités en Perse, il prit, le 12 septembre, le commandement de l'armée polonaise d'Orient. À partir du 19 août 1943, il commanda le corps polonais et, dans la foulée de ses unités, il arriva le 25 janvier 1944 en Italie où le 2e corps conquit glorieusement le Mont Cassin. À la fin de la guerre, il remplissait les fonctions de commandant en chef et d'inspecteur général des forces armées polonaises. Après la guerre, il resta en Grande-Bretagne où il occupait les fonctions de commandant en chef et d'inspecteur général des forces armées polonaises à l'Ouest. Les autorités de Varsovie le déchurent de la nationalité polonaise.

77. STANISLAW KOT (1885-1975), historien et militant politique. De 1939 à 1941, il fut ministre sans portefeuille du gouvernement en exil et de 1941 à 1942, ambassadeur en URSS. En 1943-1944, il fut ministre de l'Information et après la guerre, ambassadeur à Rome. En 1947, il ne rentra pas en Pologne et passa le reste de sa vie en émigration.

78. RODOLFO GRAZIANI (1882-1955), officier italien. Vice-gouverneur de la Cyrénaïque depuis 1930, il s'acquit la réputation d'un chef brutal en noyant dans le sang le soulèvement de la tribu des Sénoussis. Pendant la guerre d'Abyssinie en 1935-1936, il commandait l'armée du Sud et il devint en mai 1936 gouverneur général et vice-roi de ce pays. En janvier 1938, il rentra en Italie et après des mois d'inactivité, il fut nommé en octobre 1939 chef d'état-major de l'armée de terre, en même temps, il était depuis juin 1940 gouverneur de Libye et commandant en chef des forces armées en Afrique du Nord. L'offensive de ses troupes en septembre 1940 s'acheva par une victoire, pourtant, en décembre de la même année, les armées italiennes furent chassées d'Égypte et perdirent la Cyrénaïque, ce qui entraîna le limogeage de Graziani en février 1941. Il rentra dans la vie politique active en septembre 1943, en devenant ministre de la Défense de la république fasciste de Salo. En 1945, il comparut devant un tribunal sous l'accusation de trahison. Condamné à dix-neuf ans de prison, il fut libéré en 1955.

79. DEUTSCHES AFRIKAKORPS (Afrikakorps) corps expéditionnaire allemand envoyé en Tripolitaine en février 1941 pour soutenir les Italiens en retraite devant la poussée des troupes anglaises. Le 18 février, le général Erwin Rommel en prit le commandement. La 5e division légère (remaniée en août 1941 et rebaptisée 21e division blindée) et 15e division blindée en constituaient le boutoir. Les effectifs de l'Afrikakorps passèrent de 19 000 soldats en avril 1941 à 48 500 en octobre. À partir du 24 mars 1941, ses unités entreprirent des actions de harcèlement, prenant les Britanniques au dépourvu, et au milieu d'avril, elles avaient reconquis la Cyrénaïque, mais elles ne réussirent pas à s'emparer de Tobrouk. Hitler absorbé par l'invasion de l'Union soviétique n'avait guère la possibilité de les renforcer. Le 23 octobre 1942, les Britanniques qui disposaient d'une nette supériorité lancèrent une offensive devant El Alamein et infligèrent des pertes sérieuses aux forces de l'Axe. L'Afrikakorps, bien que considérablement réduit, restait capable de se battre, et il se retira le 5 novembre en Tunisie où il constitua la principale force de manœuvre des forces de l'Axe. En mai 1943, après l'invasion anglo-américaine en Afrique du Nord (Torch), toutes les unités des forces de l'Axe en Afrique capitulèrent.

80. EDVARD BENEŠ (1884-1948), ministre des Affaires étrangères de Tchécoslovaquie de 1918 à 1935, après la mort de Tomas Garrigue Masaryk en 1935, il occupa les fonctions de président de la Tchécoslovaquie auxquelles il renonça en octobre 1938 après la signature par quatre pays européens des accords de Munich qui donnaient aux Allemands une partie de la Tchécoslovaquie. Il alla aux États-Unis le même mois. Après l'occupation de son pays par les Allemands, il organisa le comité national (qui siégea d'abord à Paris, puis à Londres) ; et il en devint le président. En mars 1945, il se rendit à Moscou, d'où il revint à Prague avec le corps tchèque formé en Union soviétique. Elu une nouvelle fois président de la Tchécoslovaquie en 1946, il refusa en juin 1948 de signer la nouvelle constitution et le 7 juin, il fut contraint par les autorités communistes en train de se constituer de démissionner de ses fonctions. Il mourut trois mois plus tard.

81. JAN MASARYK (1886-1948), homme politique tchèque, ambassadeur à Londres de 1925 à 1938. En 1940, il fut nommé ministre des Affaires étrangères du gouvernement en exil à Londres, et de 1941 à la fin de la guerre, vice-premier ministre de ce gouvernement. De 1945 à 1948, il fut ministre des Affaires étrangères de la Tchécoslovaquie. Il mourut en tombant d'une fenêtre. Les circonstances de sa mort n'ont jamais été élucidées, mais tout indique qu'il a été assassiné.

82. HENRY LEWIS STIMSON (1867-1950), juriste américain, secrétaire à la Guerre de 1911 à 1913, secrétaire d'État (ministre des Affaires étrangères) de 1929 à 1933. En juillet 1940, il fut appelé par le président F.D. Roosevelt au poste de ministre de la Guerre. Sa première tâche fut l'instauration du service militaire obligatoire. Il fut un ardent partisan de l'adoption de la loi prêt-bail et de l'accord à la Grande-Bretagne de l'aide la plus poussée possible, il pensait qu'il fallait réaliser au plus vite l'invasion de la France. En 1945, il se déclara en faveur de l'utilisation de la bombe atomique contre le Japon.

83. DWIGHT DAVID EISENHOWER (1890-1969), diplômé de l'école militaire de West Point, commença son service dans l'infanterie en 1915. Muté dans les forces blindées, il fut chargé de former le premier corps de chars d'assaut, ce qu'il réalisa en 1918. De 1933 à 1939, il servit aux Philippines, où il s'acquit une très bonne réputation parmi les soldats. En 1939, il rentra aux USA où il fut vite promu chef d'état-major de la 3e armée. En décembre 1941, il devint chef du département du Plan (*War Plans Division*) au ministère de la Guerre et commença à travailler à l'organisation de l'opération de débarquement en France. Au début de 1942, il alla à Londres, chargé de préparer l'invasion. En juin 1942, il prit le poste de commandant des forces américaines sur le théâtre européen des opérations militaires (ETO-USA). En novembre 1942, il commandait les forces américaines pendant le débarquement en Afrique du Nord (opération *Torch*). Il participa ensuite à l'établissement des plans d'invasion en Sicile et commanda les armées américaines pendant la première phase des combats en Italie. Après son retour à Washington en décembre 1943, il participa à la phase décisive de la planification de l'invasion de l'Europe. Le 15 janvier 1944, il arriva à Londres en tant que chef suprême des forces expéditionnaires alliées en Europe ; il organisa le quartier général des forces expéditionnaires alliées (SHEF) chargé de planifier les préparatifs et le commandement de l'invasion. En juin 1944, il commanda l'opération de débarquement en Normandie, puis les opérations des armées alliées en Europe de l'Ouest. Après la guerre, il occupa le poste de commandant en chef des forces armées américaines en Europe. En décembre 1945, il fut nommé chef d'état-major de l'US Army. Il devint en 1950 commandant en chef des forces de l'OTAN. Il fut élu président des États-Unis en 1953 et il occupa ces fonctions pendant deux mandats, c'est-à-dire jusqu'en 1961.

84. John Sherman (1823-1900), homme politique et financier américain, auteur de nombreux projets de lois relatives aux questions fiscales et commerciales.

85. Reinhard Gehlen (1902-1979), officier des transmissions pendant la campagne de France, servit sur le front de l'Est à partir de 1941. En avril 1942, il prit, avec le grade de lieutenant-colonel, la direction des renseignements militaires en Union soviétique, *Fremde Heere Ost*. Il fut promu général en décembre 1944. Son service collecta une quantité d'informations précieuses sur la force de l'Armée rouge. Hitler considéra comme défaitistes ses rapports réalistes, ce qui provoqua son renvoi le 9 avril 1945. Le 22 mai, il se rendit aux Américains. Le service de renseignements américain apprécia sa connaissance de l'Union soviétique et les documents d'espionnage qu'il avait cachés dans 50 tonneaux en fer-blanc, ce qui l'amena à revenir en juillet 1946 dans la zone d'occupation américaine en Allemagne, où il ouvrit une organisation de renseignements appelée *Gehlen Organisation*, qui avait son siège à Pullach, au sud de Munich. En 1956, il prit la tête du BND, le service de renseignements de la RFA, qu'il dirigea jusqu'en 1968.

86. Alexandre Vassilevski (1895-1977), officier soviétique, fut affecté au grand état-major en 1938, avec le grade de colonel. En mai 1942, il prit les fonctions de chef d'état-major. En septembre 1942, il dressa en commun avec le général Guiéorguiï Joukov les plans de l'offensive d'hiver qui permit à l'Armée rouge de remporter la victoire de Stalingrad, de reprendre le Caucase et de rejeter loin à l'ouest les armées allemandes. En février 1943, Vassilevski avança de deux grades et fut élevé à la dignité de maréchal de l'Union soviétique. Les succès suivants remportés en collaboration avec Joukov concernaient l'offensive victorieuse devant Koursk en 1943, l'offensive d'été de la même année, celle d'hiver et de printemps 1944 pendant lesquelles Vassilevski coordonna les opérations du 3ᵉ et du 4ᵉ front d'Ukraine. En juin et juillet 1944, en commun avec Joukov, il coordonna les opérations des fronts qui détruisirent le plus puissant des groupes d'armées allemands, *Centre*. Jusqu'en février 1945, il coordonna les opérations de trois fronts sur les rives est et sud de la Baltique. En février 1945, il devint membre du quartier général du commandant en chef et commandant du 3ᵉ front de Biélorussie qui prit Königsberg. Du 9 août au 2 septembre, il commanda les troupes soviétiques en Extrême-Orient dans les opérations contre les Japonais.

87. ERICH VON MANSTEIN (1887-1973), éminent stratège allemand, entré au service militaire en 1906. Devint, en 1936, chef d'état-major adjoint des forces terrestres de la Wehrmacht. En 1938, il était chef d'état-major des forces qui occupèrent le territoire des Sudètes. Lors de l'agression allemande contre la Pologne en septembre 1939, il était chef d'état-major du groupe d'armées *Sud*, puis chef d'état-major du groupe d'armées A à l'ouest de l'Allemagne. Il s'était fait remarquer par Hitler en février 1940 en présentant le plan d'attaque de la France à travers les Ardennes, qui fut le fondement du succès des armées allemandes dans la campagne à l'ouest de l'Europe. Pendant la bataille de France, il commandait le 38ᵉ corps. En 1941, au moment de l'agression contre l'Union soviétique, il commandait le 56ᵉ corps blindé, par la suite, la 11ᵉ armée qui occupa la Crimée et s'empara de Sébastopol en juillet 1942. Promu feld-maréchal, il prit en août 1942 le commandement des troupes qui attaquaient Léningrad. En novembre de cette même année, il prit le commandement du groupe d'armées

Don chargé de dégager la 6e armée encerclée à Stalingrad. En février 1943, il fut placé à la tête du groupe d'armées *Sud*. En juillet de la même année, il fut vaincu à la bataille de Koursk. En 1944, il tomba en disgrâce auprès de Hitler pour s'être déclaré pour une stratégie élastique qui, aux yeux de Hitler, conduisait à la perte du terrain conquis, et en mars de la même année, il fut mis à la retraite. Emprisonné après la guerre et condamné en 1949 par un tribunal britannique à 18 ans de prison pour les crimes commis en territoire soviétique par les unités qui lui étaient subordonnées, il fut relâché en 1952.

88. *Pe-8,* le seul bombardier quadrimoteur soviétique construit par Andriéï Toupolev et Vladimir Pétlakov, sous le nom de *ANT-42,* effectua son premier vol le 27 décembre 1936. Les premiers appareils fabriqués en série furent livrés à l'armée en mai 1940. Le premier vol de guerre, un raid sur Berlin, fut effectué le 7 août 1941 et aboutit à un échec : sur onze avions désignés pour l'opération, un s'écrasa au moment du départ, deux autres durent faire demi-tour à cause de pannes de moteurs et deux furent abattus par la défense antiaérienne. En juillet 1942, ils entreprirent des raids sur Königsberg et Berlin, sans grand succès. Pendant la guerre, il ne fut construit que 79 appareils de ce type, en raison du peu d'intérêt du commandement soviétique pour les bombardements stratégiques.

Données tactiques et techniques : 4 moteurs de 1 350 ch ; envergure 39,10 m ; longueur 23,59 m ; poids maximal au décollage 26 800-33 420 kg ; vitesse maximale 427 km/h ; rayon d'action 4 700 km ; armement 3 canons de 20 mm, 2 mitrailleuses lourdes de 12,7 mm, 2 mitrailleuses de 7,62 mm, 4 000 kg de bombes.

89. *General Grant, M3,* char moyen américain dont le prototype fut construit en janvier 1941. Dans la caisse était monté un obusier de 75 mm et dans la tourelle, un canon de 37 mm ; il y avait encore au-dessus une petite tourelle supplémentaire avec une mitrailleuse de 7,69 mm

(0,30 pouce). Les chars produits en série furent mis en service au milieu de 1941 et jusqu'à la fin de la guerre, les usines américaines en produisirent 6 528. En 1941, la Grande-Bretagne en avait déjà acheté mille qui furent appelés *Grant*. Les suivants (*Mark I à VI*), fournis dans le cadre du Prêt-bail reçurent le nom de *Lee*.

Données tactiques et techniques (*M3A5*) : équipage 6 hommes ; 2 moteurs de 375 ch ; poids 28,8 t ; blindage de 30 à 50 mm ; armement 1 canon de 75 mm, 1 canon de 37 mm, 3 mitrailleuses de 7,62 mm ; vitesse 40 km/h.

90. TOBROUK, ville et port à l'est de la Cyrénaïque (Libye), à 150 km de la frontière entre la Libye et l'Égypte. Le 21 janvier 1941, la ville avait été prise par la 6e division d'infanterie australienne et Tobrouk devint une base d'opérations britannique. Le 11 avril, les troupes germano-italiennes l'assiégèrent et jusqu'au 5 mai se lancèrent à deux reprises sans succès à l'assaut de la forteresse. En août, la brigade (Brigade polonaise, N.d.T.) autonome des chasseurs des Carpates fut transportée par mer depuis Alexandrie pour défendre la forteresse. Le 10 décembre 1941, après trois semaines de combats acharnés, Tobrouk fut dégagée par la 8e armée britannique. Le 21 juin 1942, la forteresse se rendit aux troupes germano-italiennes ; le 13 novembre, après la défaite d'El Alamein, les troupes de l'Axe se retirèrent de la forteresse.

91. ERNEST JOSEPH KING (1878-1956), excellent officier de marine, prit en février 1941 avec le grade d'amiral le commandement de la Flotte américaine de l'Atlantique nouvellement créée, et, à compter du 20 décembre 1941, il fut commandant en chef de la marine de guerre des États-Unis. Dans les années 1943-1944, il participa aux conférences interalliées où il se déclara partisan de la concentration de l'effort de guerre des États-Unis dans le Pacifique. Le 15 décembre 1945, il démissionna de son poste.

92. Levant, nom historique des pays de la rive orientale de la Méditerranée ; ce nom fut donné après la Première Guerre mondiale aux territoires sous mandat français en Syrie et au Liban.

93. *B-24 Liberator, Consolidated,* avion de bombardement dont le prototype effectua son premier vol le 29 décembre 1939. De nombreuses innovations y furent apportées, par exemple, de nouvelles ailes, un train d'atterrissage avec une roue à l'avant, une soute à bombe assez haute pour pouvoir y ranger les bombes debout et lever un rideau qui remplaçait les portes, ce qui évitait un accroissement de la résistance de l'air pendant leur lancement. En 1940, la Grande-Bretagne commanda 168 de ces avions qui ne furent pas utilisés comme bombardiers, mais comme appareils de transport. Au commencement de 1942, 139 bombardiers *Liberator MK II* entrèrent en service dans la Royal Air Force mais ils ne furent pas très appréciés. Les systèmes hydrauliques très compliqués à l'intérieur de la carlingue explosaient quand ils étaient atteints par un projectile et changeaient l'avion en torche, en outre, ils s'écrasaient facilement au moment du décollage parce que la puissance des moteurs extérieurs diminuait. Malgré tous leurs défauts, ils furent utilisés massivement en Europe, en Afrique du Nord et en Extrême-Orient où jusqu'au moment de la mise en service des *B-29,* ils constituaient le gros des bombardiers lourds des forces aériennes américaines.

Les usines *Consolidated* produisirent plus de 18 000 appareils *B-24* pour l'US Army Air Force et pour la défense côtière et l'aviation de bombardement britanniques.

Données tactiques et techniques (*B-24M*) : 4 moteurs de 1 200 ch ; envergure 33,53 m ; longueur 20,47 m ; poids total maximal au décollage 29 257 kg ; vitesse maximale 483 km/h ; rayon d'action 3 380 km ; armement 10 mitrailleuses de 12,7 mm (0,5 pouce) et 3 992 kg de bombes.

94. Alan Brooke, vicomte Alanbrooke (1883-1963), l'un des plus intéressants stratèges de la Seconde Guerre mondiale. Sa carrière militaire commença en 1940, lorsque en tant que commandant du IIe corps des forces expéditionnaires britanniques en France, il dirigea la défense de Dunkerque. Rappelé à Londres avant l'évacuation des armées britanniques de France, il fut nommé peu de temps après commandant des Home Forces (l'armée qui défendait la métropole). Devint chef du grand état-major impérial en 1941 et en mars 1942, chef du Comité des chefs d'états-majors. Il était l'un des plus proches conseillers du premier ministre Winston Churchill et il exerça une influence non négligeable sur les décisions du chef du gouvernement. Il était à ses côtés au moment des événements politiques les plus importants, par exemple la conférence de Téhéran. Pendant la guerre, il fut honoré plusieurs fois en récompense de ses services : il fut anobli en 1940, nommé maréchal en 1944, il reçut en septembre 1945 le titre de baron Alanbrooke of Brookeborough et plus tard celui de vicomte (*viscount*).

95. *Churchill*, char lourd britannique construit dans les usines Vauxhall. Les premiers engins fabriqués en série furent livrés aux troupes en 1941. Après qu'il eut été remédié à de nombreux défauts, ces véhicules s'avérèrent propres à des tâches auxiliaires : déminage, pose de passerelles au-dessus des accidents de terrain, installation de « tapis » pour le matériel lourd sur les plages et sur les sols mous, destruction des obstacles naturels, etc. Les premiers *Churchill* armés d'un canon de 40 mm (dans la tourelle) et d'un mortier de 76,2 mm (dans la caisse) furent utilisés dans les combats devant Dieppe en août 1942.

Données tactiques et techniques (*Mk I*) : équipage 5 hommes ; moteur Bedford de 350 ch ; poids 38,5 t ; blindage de 16 à 102 mm ; armement 1 canon de 40 mm, un mortier de 76,2 mm, 2 mitrailleuses ; vitesse 25 km/h.

96. Friedrich Paulus (1890-1957), officier allemand, combattant de la Première Guerre mondiale, depuis 1938, chef d'état-major du XVIe corps et du 4e groupe d'armées. Lors de l'agression de la Pologne, chef d'état-major de la 10e armée. En mai 1940, adjoint du chef du grand état-major de l'armée de terre. Depuis janvier 1942, chef de la 6e armée qui remporta des succès dans la bataille de Kharkov en mai 1942. En juillet 1942, son armée fut envoyée à Stalingrad où elle se trouva finalement encerclée par les troupes soviétiques. La veille de la capitulation que Paulus signa le 31 janvier 1943, contrairement aux ordres de Hitler, il avait été nommé maréchal. En captivité chez les Soviets, il adhéra à l'association des officiers allemands fondée dans l'été 1943 au sein du comité national « l'Allemagne libre ». Il participa à quelques émissions de propagande pour les soldats allemands, ce qui entraîna l'arrestation de sa famille par la Gestapo. En 1946, il fut cité comme témoin à charge devant le tribunal de Nuremberg. Libéré en 1953, il fut assigné à résidence à Dresde en République démocratique allemande.

97. Franz Halder (1884-1972), officier d'état-major de la Première Guerre mondiale, resta dans la Reichswehr où il fut entre autres professeur de tactique, officier d'état-major de division et chef du Truppenamt (grand état-major de la Reichswehr, ainsi baptisé à cause des interdictions du Traité de Versailles). Promu en 1938 au rang de chef d'état-major de l'armée de terre, il dirigea la préparation des plans d'opérations contre la Pologne en 1939, contre la Norvège, l'Europe occidentale, la Grèce, la Yougoslavie et partiellement les plans d'invasion terrestre de la Grande-Bretagne. Sous sa direction fut élaborée l'opération *Barbarossa*, agression de l'Union soviétique. Le 24 septembre 1942, il fut relevé de ses fonctions en raison de divergences de conceptions stratégiques. Après l'attentat du 20 juillet 1944 contre Hitler, il fut arrêté et déporté au camp de concentration de Flossenbourg, ensuite à Dachau où il fut libéré par les forces américaines. Après la guerre, il travailla pendant quatorze ans au service historique de l'armée américaine.

98. VASSILIÏ TCHOUÏKOV (1900-1982), diplômé de l'académie militaire de Frounzé, conseiller militaire de Chiang Kai-shek de 1926 à 1937. Rentré en URSS, il commanda jusqu'en 1939 une brigade et un corps d'armée et ensuite la 4e armée qui occupait l'est de la Pologne. Pendant la guerre soviéto-finnoise, il commandait la 9e armée qui subit des pertes considérables, ce qui lui valut d'être démis de son commandement et envoyé en Chine en décembre 1940 comme attaché militaire. En mars 1942, il regagna l'Union soviétique et fut nommé commandant de la 1re armée de réserve puis, le 22 juillet, commandant à titre provisoire de la 62e armée qui défendait Stalingrad. Il était considéré comme un spécialiste des combats urbains sachant venir à bout des situations les plus difficiles, bien que ne ménageant pas le sang des soldats. En janvier 1943, son armée participa à la liquidation du groupe nord de la 6e armée allemande. Ensuite, rebaptisée 8e armée de la garde, elle combattit dans le saillant de Koursk, en Ukraine, en Biélorussie et en Pologne. En 1945, Tchouïkov reçut des mains du général Krebs la capitulation de la garnison de Berlin. De 1949 à 1953, il commanda les troupes soviétiques en Allemagne, puis dans la région militaire de Kiev. Il fut élevé à la dignité de maréchal en 1955.

99. ALEXANDRE IAKOVLEV (1906-1989), diplômé de l'académie technique des forces aériennes en 1931. Juste avant le déclenchement des hostilités, il dessina le chasseur *Iak-1*. Dans les années 1940-1956, il fut vice-commissaire à l'Industrie aéronautique. En 1945, l'équipe qu'il dirigeait élabora le premier chasseur à réaction *Iak-15*. Après la guerre, il dessina de nombreux modèles d'avions civils et militaires. Il fut décoré sept fois d'ordres staliniens et huit fois de l'ordre de Lénine.

100. Hermann Hoth (1885-1971). Officier de l'armée allemande depuis 1905. Prit en 1938 le commandement du XVe corps d'armée (motorisé), intégré à la 10e armée pendant la campagne de Pologne en 1939. Pendant la campagne à l'Ouest en 1940, il commandait toujours ce corps, et par la suite le XXXIXe corps blindé au sein de la 4e armée. À la fin de 1940, il prit le commandement du 3e groupe blindé, devenu la 3e armée blindée, avec laquelle il entreprit une marche victorieuse dans la guerre contre l'URSS dans le cadre du groupe d'armées *Centre*. D'octobre 1941 à juin 1942, il commanda la 17e armée au sein du groupe d'armées *Sud*. À partir de juin 1942, il prit part en tant que chef de la 4e armée blindée à la marche sur Stalingrad, et à partir du 22 novembre, à l'intérieur du groupe d'armées *Don*, il dirigea les attaques visant à dégager la 6e armée du général Friedrich Paulus. La 4e armée subit des pertes sérieuses, mais elle participa quand même en juillet 1943 à la bataille de Koursk, après laquelle, en novembre de la même année, Hoth fut mis à la disposition du commandement des forces terrestres. Reconnu coupable de crimes de guerre par le Tribunal militaire international de Nuremberg et condamné à quinze ans de prison, il fut libéré en 1954.

101. *PTRD vz. 41*, lance-fusées antichars soviétique construit en 1932 par Diégtiariov sur la base du lance-fusées de 12,7 mm construit antérieurement. Les projectiles renfermaient une petite quantité de matière inflammable qui explosait quand le blindage était atteint, ce qui indiquait au tireur le point d'impact. À partir de 1941, des obus à noyau de wolfram furent mis en service, d'une force de pénétration bien supérieure. Simultanément furent produits des lance-fusées *PTRS vz. 41* construits par Simonov avec un chargeur pour cinq cartouches, mais l'ancien modèle se révéla plus facile à construire et à utiliser, les lance-fusées de Diégtiariov restèrent donc le modèle dominant dans l'Armée rouge jusqu'à la fin de la guerre.

Données tactiques et techniques : calibre 14,5 mm ; poids 17,3 kg ; vitesse initiale du projectile 2 000 m/s. L'obus frappant sous un angle de 90° perçait un blindage de 25 mm à 500 m de distance.

102. WENDELL WILLKIE (1892-1944). Homme politique américain, ardent critique de l'« ordre nouveau » de Roosevelt. Il fut en 1940 le candidat des républicains à la présidence (malgré une campagne tardive, il récolta 22 millions de voix, ce qui était le meilleur résultat obtenu à l'époque par un candidat du parti républicain). En 1941, il se rendit en Grande-Bretagne, au Proche-Orient, en URSS et en Chine. En 1942, il occupa le poste de président-directeur général de la 20th Century-Fox Film Corporation. Son livre *One World* publié en 1943, appel à l'abandon de l'isolationnisme, eut une grande influence sur l'orientation de la politique du parti républicain après la guerre.

103. MYRA HESS (1890-1965), pianiste anglaise connue pour son interprétation des œuvres de Bach, Mozart, Beethoven et Schumann. Elle avait débuté à Londres en 1907. Dans les années 1939-1946, elle donna en permanence des concerts à la National Gallery, même dans la période des bombardements les plus violents sur Londres.

104. « LE BASTION DU LOUP », quartier général du Führer dans les forêts près de Rastenburg en Prusse-Orientale (aujourd'hui Kętrzyn en Pologne). (*N.d.T.*)

105. Le plan d'opérations prévoyait que les formations américaines (Ouest) fortes de 35 000 soldats attaqueraient au Maroc, les anglaises (Centre), 33 000 hommes, à Oran et un groupement américano-britannique (Est) comptant 39 000 soldats, à Alger. L'appui maritime était assuré par : groupement Ouest, 105 bâtiments, dont le porte-avions *Ranger*, 4 porte-avions escorteurs, 3 cuirassés, 7 croiseurs, 38 destroyers ; groupement Centre, 100 bâtiments dont deux porte-avions d'escorte, 2 croiseurs, 13 destroyers ; groupement Est, 93 bâtiments dont 3 porte-avions, 1 cuirassé, 4 croiseurs, 1 monitor, 13 destroyers.

Le général Dwight Eisenhower commandait l'ensemble de l'opération. Les forces françaises dans cette partie de l'Afrique comptaient environ 100 000 soldats, mais le commandement allié ne s'attendait pas à une grande résistance de leur part.

Les convois d'environ 300 bâtiments étaient partis des ports britanniques entre le 22 et le 27 octobre 1942 et des ports américains le 24 octobre. Le 8 novembre après minuit, les troupes britanniques et américaines commencèrent à débarquer de chaque côté d'Alger, rencontrant une faible résistance des troupes françaises. À Alger, le destroyer *Broke* força les filets qui barraient l'entrée du port et débarqua un commando qui devait empêcher la destruction des installations portuaires, 33 000 soldats furent bientôt débarqués dans la ville. À Oran, la première vague d'assaut comprenait des éléments de deux divisions d'infanterie américaines et d'une division blindée (groupement Centre). Dans ce secteur, les batteries des forts et les navires français opposèrent une vive résistance. Dans le secteur de Casablanca, les forces américaines se heurtèrent à une forte résistance des troupes et des bâtiments français. Presque partout, les Français cessèrent le combat le 9 décembre sur l'ordre du commandant en chef, l'amiral Jean Darlan, qui signa un armistice le lendemain. Ce fait marqua le début de l'engagement de l'Afrique du Nord française, puis de l'Afrique Occidentale dans la lutte active contre les puissances de l'Axe.

106. Walther Schellenberg (1910-1952), Brigadeführer SS, chef du service de renseignements du service de sécurité SS (*Sicherheitsdienst*, SD). Sa carrière commença en 1938, quand il se décida à entrer dans les SS, puis à adhérer au parti nazi, le NSDAP. Il se fit remarquer par Reinhard Heydrich qui, en 1935, le fit venir au quartier général du SD à Berlin où il le chargea du contre-espionnage. Dès la création du Service central de Sécurité du Reich (RSHA) en 1939, il fut nommé chef du département du contre-espionnage (Amt IVE) du département IV (Gestapo). Le 9 novembre 1939, il se rendit célèbre en enlevant deux agents britanniques dans la petite ville hollandaise de Venlo. Le 21 juin 1941, il prit la direction du service de renseignements étrangers (section VI du RSHA), qu'il réorganisa rapidement pour en faire une institution efficace. En 1944, il fusionna les sections I et II en un département militaire chargé des renseignements militaires et de la diversion, incorporé à la section VI du RSHA. Comme il avait en même temps la haute main sur le département III de l'Abwehr (incorporé à la Gestapo) et sur le département des renseignements à l'Est, tous les services de renseignements lui étaient subordonnés. Sur la fin de la guerre, il essaya, sur l'ordre d'Heinrich Himmler, d'engager en Suède des négociations avec les Alliés au sujet des conditions d'un traité de paix. Livré aux Alliés, il fut cité comme témoin au procès de Nuremberg. En janvier 1948, un tribunal militaire américain le condamna à six ans de prison. Il fut libéré en 1951.

107. Anatolii Gorski (1904-1983) : agent du service de renseignements du NKVD, travaillant à l'ambassade soviétique à Londres depuis 1936. Rappelé à Moscou en 1939, il reçut une formation spéciale puis revint comme diplomate à Londres où il dirigea quelques agents (entre autres Burgess, Philby et Cairncross). En 1953, quand on s'aperçut que son père était un officier du tsar, il fut écarté du service de renseignements.

108. *PzKpfw V Panther*, construit en 1942 dans les usines MAN. La production en série commença en janvier 1943 et les premiers exemplaires furent prêts à être utilisés sur le front un mois plus tard. Après en avoir fabriqué 20 équipés de moteurs de 650 ch, on monta des moteurs de 700 ch, ce qui améliorait les performances du char. De nouvelles transformations aboutirent à la version *D*. En mai 1943, les premiers engins parvinrent à la 51e et à la 52e *Panzerabteilungen*, et le 5 juillet, ils furent lancés dans la bataille de Koursk, mais une partie d'entre eux tomba en panne avant d'atteindre le champ de bataille. Beaucoup d'autres furent retirés parce qu'il fallait remédier aux défauts des systèmes de refroidissement, des différentiels et des suspensions. Jusqu'à la fin de la guerre, 4 814 chars furent produits, dans les versions *D, A, G,* utilisés couramment sur les fronts de l'Est et de l'Ouest où par leurs qualités de traction, leur puissance de feu et leur blindage, ils surpassaient les chars alliés.

Données tactiques et techniques (*Panther G*) : équipage 5 hommes ; moteur *Maybach HL 230 P 30* de 700 ch ; poids : 45,5 t ; blindage : de 40 à 80 mm ; armement 1 canon de 75 mm, 2 mitrailleuses *MG 34* de 7,92 mm ; vitesse 46 km/h ; rayon d'action : 200 km.

109. *PzKpfw VI Tiger I.* Leur production fut lancée en juillet 1942 et il était prévu que 275 seraient prêts pour l'offensive d'été de mai 1943. C'était à l'époque le char le plus puissant du monde, armé d'un canon de 88 mm d'une grande puissance de feu, protégé par un blindage épais garantissant les organes les plus vitaux contre les projectiles antichars. La fabrication se poursuivit jusqu'en août 1944. 1 354 chars de ce type furent construits au total.

Données tactiques et techniques : équipage 5 hommes ; moteur Maybach *HL 210 P45* de 600 ch ; poids 56,9 t ; blindage de 25 à 100 mm ; armement 1 canon *KwK36 L/56* de 88 mm, 2 mitrailleuses *MG 34* de 7,92 mm ; vitesse 40 km/h ; rayon d'action 140 km.

110. *SU-152.* Canon automoteur lourd soviétique construit par une équipe d'ingénieurs des usines *Kirov* à Tchélabinsk, sur le châssis du char *KV-1* à la fin de 1942. Le 1er mars 1943, le premier lot de 35 canons avait été livré au front. Ils reçurent le baptême du feu à Koursk en juillet 1943, faisant montre d'une énorme puissance de feu et de leur efficacité dans la lutte contre les chars lourds allemands. Toutefois, à cause de leur manque de maniabilité, on arrêta la production en septembre 1943, après en avoir fabriqué

700 ; des canons *ISU-152* montés sur des châssis de chars lourds IS furent mis en service.

Données tactiques et techniques (*SU-152*) : équipage 5 hommes ; moteur diesel de 600 ch ; poids 45,5 t ; blindage 22-75 mm ; armement 1 canon-obusier de 152 mm, 2 mitraillettes ; vitesse 43 km/h ; rayon d'action 330 km.

111. OLEXANDR KORNIÏTCHOUK (1905-1972). Auteur dramatique et militant politique ukrainien, époux de Wanda Wasilewska*, après la guerre vice-premier ministre de la République socialiste soviétique d'Ukraine.

*WANDA WASILEWSKA (1905-1964), Polonaise, vice-présidente du Comité polonais de libération nationale, instrument de Staline pour dominer la Pologne après la guerre. (*N.d.T.*)

112. ALEXIÉÏ TOLSTOÏ (1883-1945). Écrivain soviétique de talent, en émigration de 1919 à 1923, devint à son retour partisan de Staline.

113. ERICH WEINERT (1890-1953). Poète, membre du parti communiste allemand depuis 1929, quitta l'Allemagne en 1933. De 1935 à 1937, il séjourna à Moscou, d'où il se rendit en Espagne pour prendre part à la guerre civile. En 1939, il revint à Moscou où il resta jusqu'en 1945. Rentra en Allemagne après la guerre.

114. Cours d'eau prenant sa source en Ukraine près de Lviv, puis qui se dirige vers l'ouest. Pendant 363 km il marque la frontière de la Pologne avec l'Ukraine et la Biélorussie, puis se jette dans le Narew au lac Zegrze, près de la ville de Serock. Le Narew est un affluent de la Vistule.

115. OTTO SKORZENY (1908-1975), SS Obersturmbann-führer, officier allemand, membre du parti nazi, le NSDAP, prit en 1942 le commandement d'une unité spéciale de commandos SS appelée *Friedenthaler Jagdverbände*. En septembre 1943, il participa à la libération de Mussolini, le dictateur italien détenu dans un hôtel au sommet du Gran Sasso. Bien que chargé seulement d'escorter le prisonnier libéré, il réussit à se faire attribuer le mérite de la réussite de l'opération. Il fut décoré et promu au grade de Sturmbannführer. Après l'attentat du 20 juillet 1944 contre Hitler, il participa à l'arrestation et à la torture de nombreux conjurés. En octobre 1944, Hitler le chargea d'enlever l'amiral Miklós Horthy, régent et dictateur de Hongrie, opération visant à empêcher la capitulation de l'armée hongroise. En préparant l'attaque contre la résidence du régent, il participa le 15 octobre 1944 à l'enlèvement de son fils Miklós « Miki » Horthy, ensuite, il élabora son plan de campagne et dirigea l'attaque des soldats du 502e bataillon de Waffen-SS, renforcés par huit chars *Panther* contre le palais de Budapest, résidence du régent, qui ne s'y trouvait déjà plus, car il avait déjà été arrêté et emmené par Edmund Veesenmayer, ambassadeur d'Allemagne, ce dont Skorzeny n'avait pas été informé. En décembre 1944, lors de la contre-offensive allemande dans les Ardennes, il commanda un détachement de saboteurs revêtus d'uniformes américains. En 1947, le tribunal de Nuremberg le déchargea de la responsabilité de crimes de guerre. En 1949, il s'évada de la prison de Darmstadt où il avait été relégué pour la durée du procès de dénazification, et il passa le reste de sa vie en Espagne.

116. Hans Oster (1888-1945), général, chef d'état-major des renseignements militaires de l'Abwehr de l'amiral Wilhelm Canaris, fut un membre actif de l'opposition antihitlérienne. En août 1939, il avait transmis à l'attaché militaire hollandais Jacob G. Sas les documents sur une rencontre secrète au quartier général de Hitler au sujet d'une attaque projetée contre la Pologne. En 1940, il avait prévenu les Alliés occidentaux des plans d'une agression allemande contre la Norvège, la Belgique, la Hollande et la France. Il fut vraisemblablement pendant toute la guerre un informateur précieux du réseau de renseignements soviétique « Lucy », agissant sous le pseudonyme de

« Werther ». Lié aux organisateurs de l'attentat contre Hitler en juillet 1944, il fut arrêté et exécuté en avril 1945.

117. WILHELM CANARIS (1888-1945), chef du service des renseignements militaires de l'Abwehr de 1935 à 1944, l'un des organisateurs de l'opposition antihitlérienne, il rassembla autour de lui de nombreux officiers des plus hauts grades convaincus que la politique des Nazis conduisait l'Allemagne à sa perte. Il envoya en Grande-Bretagne des émissaires qui, avant la guerre, transmirent à l'adjoint du chef du service de renseignements britannique, Stuart G. Menzies des informations sur la politique de l'Allemagne, les activités de l'opposition et les préparatifs d'un coup d'État. Pendant la guerre, il s'opposa à de nombreux plans de Hitler et il lui communiqua sciemment à plusieurs reprises de fausses informations. En septembre 1943, lorsque le chef du service de renseignements SS, Walther Schellenberg rassemblait les preuves des activités subversives des agents de l'Abwehr, Canaris fut relevé de ses fonctions. Après l'attentat de juillet 1944 contre Hitler, lorsque de nouvelles preuves de ses agissements furent découvertes, il fut arrêté et, après un procès sommaire, pendu au camp de concentration de Flossenbourg le 8 avril 1945.

118. ERNST KALTENBRUNNER (1903-1946), membre du parti nazi autrichien depuis 1930, depuis 1935, chef des SS en Autriche. Juste avant l'occupation de l'Autriche par les Allemands, il fut nommé chef des SS et de la police de Vienne. En 1941, chef des SS et de la police d'Autriche. Après la mort de Reinhard Heydrich (27 mai 1942) il lui succéda comme chef du Service central de Sécurité du Reich (RSHA). En 1946, condamné à mort par le tribunal militaire international de Nuremberg et exécuté.

119. *V-3*, pièce de 150 mm dont le canon mesurait 127 m. L'explosion de charges de poudre placées dans des tubes reliés au canon tous les trois mètres sous un angle de 45° donnait au projectile une vitesse initiale de 1 550 m/s et permettait de bombarder des objectifs situés à 160 km. Ces pièces, par batteries de 5 devaient être installées dans des galeries bétonnées s'enfonçant en pente dans la profondeur de la terre. Les travaux de construction à Marquise Mimoyecques (aux environs de Calais) commencèrent en septembre 1943. Dans une première étape, jusqu'en juillet 1944, 5 puits étaient prévus dans chacun desquels 5 canons auraient été installés, dans la deuxième étape, 5 autres pièces. Un ensemble de 25 canons aurait pu envoyer par jour 600 obus sur Londres. Les Britanniques découvrirent ces travaux le 18 septembre 1943. Le 6 juillet 1944, au cours d'un raid aérien, une bombe *Tallboy* explosa tout près de l'ouverture du premier puits et provoqua son effondrement ainsi que l'affaissement de quelques tunnels. À la fin d'août, la garnison allemande abandonna Mimoyecques en raison des progrès rapides des armées alliées.

V-4. En 1944, le Sturmbannführer Otto Skorzeny proposa après avoir visité le centre de Peenemünde de monter dans la bombe *V-1* une cabine de pilotage. 30 SS de l'unité de Skorzeny et 60 hommes de la Luftwaffe se portèrent volontaires pour piloter le *V-4*. Ils ne volèrent jamais parce que le carburant nécessaire (5 m^3 par vol) ne leur. fut pas attribué.

120. Stanisław Grabski (1871-1949), économiste et militant politique polonais, de 1939 à 1941, il fut emprisonné en Union soviétique. En 1942, il prit les fonctions de président du Conseil National de la République de Pologne à Londres. De 1945 à 1947, il fut vice-président du Conseil National de l'Intérieur.

121. Stanisław Mikołajczyk (1901-1966), député du parti paysan polonais *Piast*. En 1939, il prit part aux combats de la campagne de septembre, ensuite, il passa en Hongrie où il fut provisoirement interné. De 1940 à 1943, il fut vice-premier ministre du gouvernement polonais en exil. Il se déclara pour une entente avec l'Union soviétique. En juin 1945, il participa à la conférence de Moscou relative à la création d'un gouvernement provisoire d'union nationale. De juin 1945 à février 1947, il fut vice-premier ministre pour les réformes agraires. En 1945, il créa le parti paysan polonais dont il fut le président d'octobre 1945 à octobre 1947. Menacé d'être arrêté, il quitta illégalement la Pologne en 1947 et alla habiter aux États-Unis. En 2000, ses cendres furent ramenées en Pologne.

122. Aleksander Krzyżanowski (1895-1951), commandant de l'Armée de l'Intérieur de la région de Vilna de 1941 à 1944, commandait les détachements de l'Armée de l'Intérieur pendant la bataille pour Vilna. Perfidement arrêté le 16 juillet 1944, il fut emmené à Moscou. Torturé dans les prisons du NKVD, il perdit l'ouïe. Après son retour en Pologne en 1948, il fut arrêté de nouveau. Il mourut en prison.

123. Kazimierz Sosnkowski (1885-1969), militant du parti socialiste polonais depuis 1905 et commandant de son Organisation combattante dans les districts de Varsovie, de Radom et du bassin de Dąbrowa, soldat des légions polonaises. Arrêté par les Allemands le 22 juillet 1917, il fut détenu dans la prison de Magdebourg avec Józef Piłsudski. Dans l'armée polonaise depuis novembre 1918, il fut entre autres vice-ministre des Affaires militaires (1919-1920), ministre des Affaires militaires et membre du Conseil de la Défense nationale (1920-1924), membre du Conseil de guerre et commandant de la région militaire du VIIe corps de Poznań. Lors du coup d'État de mai 1926, il tenta de se suicider. De 1927 à 1939, il fut successivement inspecteur des armées *Podolie, Volhynie* et *Podlachie*, et président du Comité pour les questions d'armement et de matériel et président du Comité de l'École supérieure de Guerre. En septembre 1939, il prit le commandement du front Sud. En octobre, il réussit à gagner Paris. Devenu vice-président en septembre 1939, (jusqu'en août 1944), vice-premier ministre et commandant de l'Association pour la lutte armée (jusqu'au 30 juin 1940). Il était opposé à une collaboration avec l'Union soviétique et n'acceptait pas la ligne politique du premier ministre Władysław Sikorski. Pour cette raison, il quitta le gouvernement en juillet 1941. Après la mort de Sikorski, il prit les fonctions de commandant en chef et les remplit jusqu'au 30 septembre 1944. Il s'opposait à la participation du IIe corps à la bataille pour le mont Cassin, estimant que les pertes seraient trop élevées et que le mont ne serait pas pris. Démis par le président de la République de Pologne sous la pression des gouvernements polonais et britannique pour avoir critiqué les Alliés, il alla au Canada où il resta jusqu'à sa mort.

124. Zygmunt Berling (1896-1980), commença son service militaire en 1914 dans les légions polonaises. Il était considéré comme un officier doué mais d'un caractère difficile. Avant le déclenchement de la guerre, il commandait un régiment et fut suspendu en raison de graves négligences de service. En septembre 1940, il alla à Vilna où il fut interné par les autorités soviétiques. Il se déclara alors partisan de la collaboration avec l'Union soviétique. Le 22 juin 1941, il signa une lettre adressée au commissaire aux Affaires intérieures pour réclamer la formation d'une armée polonaise. Lors de l'évacuation d'Union soviétique de l'armée du général Władysław Anders il dirigeait la base d'embarquement de Krasnovodsk, ensuite, il déserta et resta en Union soviétique. Au début de mai 1943, il prit le commandement de la 1re division d'infanterie *Tadeusz Kościuszko* formée en Union soviétique, puis celui du 1er corps des forces armées polonaises formé à partir du 10 août 1943. En mars 1944, il prit le commandement de l'Armée polonaise en URSS, et il devint en juillet 1944 commandant en second puis commandant, de la 1re armée de l'Armée polonaise. En septembre 1944, après l'échec des tentatives pour venir en aide aux insurgés de Varsovie, il fut relevé de ses fonctions de commandant de la 1re armée polonaise et à la suite d'une mésentente avec les communistes exerçant leur tutelle sur l'armée, il fut envoyé étudier à l'académie militaire du grand état-major à Moscou. De 1948 à 1953, il fut commandant de l'académie du grand état-major à Varsovie, après quoi, il fut mis à la retraite.

125. JAN STANISŁAW JANKOWSKI (1882-1953), militant politique, député à la diète dans la période d'entre-deux-guerres, devint directeur du Département du Travail et de l'Assistance sociale de la Délégation du gouvernement de la République de Pologne à l'intérieur du pays. En 1942-1943, il fut délégué adjoint, puis de 1943 à 1945, délégué du gouvernement de la République de Pologne à l'intérieur du pays et vice-premier ministre. Le 31 juillet 1944, il confirma la décision d'entreprendre l'insurrection de Varsovie. En mars 1945, il fut arrêté par le NKVD et emmené à Moscou où il fut condamné en juin 1945 dans le procès des seize à huit ans de prison.

126. PRAGA. Faubourg de Varsovie, à l'est de la Vistule. Là-bas, les Russes sont de vieilles connaissances. Dans sa traduction de *Pan Tadeusz* de Mickiewicz parue à Paris en 1845, Christien Ostrowski écrit : *L'héroïque Jasinski périt le 4 novembre 1794 sur les remparts de Praga, avec Korsak, Grabowski et vingt mille habitants égorgés par Souvarov.* (*N.d.T.*)

127. KONSTANTY ROKOSSOVSKI (1896-1968), fils d'un Polonais et d'une Russe, soldat de l'Armée rouge depuis 1918, il fut emprisonné en 1937 au temps des purges staliniennes dans l'armée. Relâché au printemps de 1940, il prit le commandement d'un corps de cavalerie, puis du 9e corps motorisé. En août 1941, il prit le commandement d'un groupe opérationnel et plus tard encore de la 16e armée qui se battait dans la direction de Moscou, ensuite, il commanda successivement les fronts de Briansk, du Don, du Centre, les 1er et 2e fronts de Biélorussie. Il était considéré comme un très bon officier, estimé des soldats pour son comportement envers eux et parce qu'il était avare de leur sang sur le champ de bataille. En 1945, il devint chef du Groupe Nord des forces soviétiques en Pologne et en 1949, il prit les fonctions de ministre de la Défense nationale et de vice-premier ministre de la République populaire de Pologne ; il eut sa part de responsabilité dans la répression envers les officiers de l'Armée polonaise. En novembre 1956, il rentra en Union soviétique.

128. La *division blindée et parachutiste Hermann Göring* fut formée en juillet 1943 en Sicile avec des réservistes et avec les restes de la division *Hermann Göring* démolie en mai 1943 en Tunisie. Elle combattit en Italie à partir de septembre 1943. En janvier 1944, rebaptisée Fallschirm Panzerdivision *Hermann Göring* (Division parachutiste blindée *Hermann Göring*), elle prit part aux combats devant Anzio et d'autres villes d'Italie. Le 15 juillet, elle fut envoyée à Varsovie. Jusqu'en mai 1945, elle se battit en Pologne et en Allemagne. En mai 1945, ses derniers soldats se rendirent aux Soviétiques et aux Américains.

129. Ion Antonescu (1886-1946), homme politique roumain, ministre de la Défense (1934) et chef du grand état-major (1937). Il fut arrêté en 1938 pour participation à un complot contre le gouvernement francophile. Après l'effondrement de la France en juin 1940 et l'annexion par l'Union soviétique de Bessarabie et du nord de la Bucovine, il appela à la reprise des territoires perdus en s'alliant à l'Allemagne. Le 4 septembre 1940, il devint premier ministre. Après l'abdication du roi Carol II (au profit de son fils Michel I), il se déclara conducator, instituant une dictature à l'instar de Mussolini. En 1941, il engagea la Roumanie dans la guerre aux côtés de l'Allemagne. Il atteignit l'apogée de sa popularité en octobre 1941, lorsque les armées roumaines prirent Odessa, mais au cours des années qui suivirent, la situation sur le front et les pertes énormes des divisions roumaines dans les combats contre l'Armée rouge affaiblirent le soutien populaire à son gouvernement. Il tenta alors de nouer des contacts avec les pays occidentaux, mais il ne voulut pas accepter une capitulation sans conditions des armées roumaines. Le

23 août 1944, le roi Carol nomma un nouveau gouvernement et emprisonna Antonescu, qui comparut après la guerre devant un tribunal populaire et fut condamné à mort. La sentence fut exécutée le 1er juin 1946.

130. Miklós Horthy (1868-1957), officier hongrois, commandant en chef de la flotte austro-hongroise pendant la Première Guerre mondiale. En 1919, il organisa des unités militaires appelées Armée pour la lutte contre la République hongroise des Soviets. En 1920, il prit les fonctions de régent, devenant en fait le dictateur de la Hongrie. Il essaya de résister à la pression allemande qui s'accroissait dans les années trente, et de maintenir de bonnes relations avec les démocraties occidentales. En septembre 1939, il n'autorisa pas les armées allemandes à traverser la Hongrie et il fit preuve de sympathie envers les autorités et les réfugiés polonais. La peur du communisme le conduisit dans le camp fasciste ; le 20 novembre 1940, il adhéra au pacte tripartite (conclu entre l'Allemagne, l'Italie et le Japon), et en avril 1941, les armées hongroises participèrent à l'agression contre la Yougoslavie. En juin 1941, il déclara la guerre à l'Union soviétique et en décembre, aux États-Unis. Avec les défaites allemandes, il essaya de prendre ses distances envers son allié et en mars 1944, il engagea des négociations avec les puissances occidentales, à la suite de quoi les Allemands entreprirent d'occuper la Hongrie. Le 16 octobre 1944, il proposa publiquement un armistice aux troupes soviétiques, mais par suite d'une opération d'Otto Skorzeny, qui kidnappa son fils, il fut contraint de rétracter cette proposition. Le 16 octobre, il fut emprisonné par les Allemands. Il séjourna au Portugal à partir de 1949.

131. Le 29 septembre 1938, une conférence avait réuni à Munich les chefs des gouvernements de la France, de l'Allemagne, de la Grande-Bretagne et de l'Italie dans le but de régler pacifiquement le problème des revendications territoriales de l'Allemagne envers la Tchécoslovaquie. Les représentants du gouvernement tchécoslovaque venus à

Munich n'avaient pas été admis aux négociations, mais ils avaient été retenus sous bonne garde une nuit entière. Le 30 septembre au matin, on leur avait présenté les résolutions. Le traité accordait à l'Allemagne le territoire des Sudètes et en vertu de ses clauses, les troupes allemandes traversèrent la frontière tchécoslovaque quarante-huit heures plus tard. Contrairement aux espérances des gouvernements de la France et de la Grande-Bretagne, la conférence de Munich n'assura pas la paix en Europe ; la facilité avec laquelle Hitler avait obtenu la permission d'annexer une partie de la Tchécoslovaquie l'avait convaincu qu'il pouvait présenter d'autres exigences territoriales.

132. *PzKpfw VI Tiger II*. Le plus gros des chars allemands (longueur 10,26 m, largeur 3,76 m, hauteur 3,08 m, et le plus lourd (68 t) de tous les chars engagés dans les opérations de la Seconde Guerre mondiale, construit dans les usines Henschel en novembre 1943. La production en série commença en janvier 1944. Les premiers exemplaires furent envoyés aux unités écoles en février et en mai 1944, et aux troupes combattantes en juin 1944. Sa grande force était un excellent canon de 88 mm et un blindage épais qui lui permirent de vaincre facilement les chars alliés à l'Est et à l'Ouest. Toutefois, son poids considérable limitait la manœuvrabilité et le rayon d'action (170 km), ainsi que la durée de vie du moteur. 484 engins de ce type furent construits jusqu'à la fin de la guerre. Ils étaient trop peu nombreux, et la supériorité aérienne des Alliés trop grande, pour pouvoir modifier le cours des combats de la fin de la guerre.

Données tactiques et techniques : équipage 5 hommes ; moteur de 600 ou de 750 ch ; poids de 69,4 à 69,7 t ; blindage de 25 à 150 mm ; armement 1 canon de 88 mm, 2 mitrailleuses *MG 34* de 7,92 mm ; vitesse 35 km/h.

133. Arthur Tedder (1890-1967), stratège britannique et commandant en chef des forces aériennes alliées. Quand la Seconde Guerre mondiale éclata, il était directeur général des recherches et du développement au ministère britannique de l'Aviation. En mai 1941, il devint commandant en chef de l'aviation en Méditerranée. Il élabora une nouvelle technique, appelée plus tard le tapis Tedder, et il développa la collaboration entre les forces aériennes et terrestres. En février 1943, il devint chef du Commandement de l'aviation en Méditerranée (*Mediterranean Air Command*) nouvellement créé et il travailla en étroite collaboration avec le général Dwight D. Eisenhower dont il devint l'adjoint en 1944 (quand Eisenhower était commandant en chef des forces expéditionnaires alliées en Europe) et chef des opérations aériennes alliées. Le 8 mai 1945, il représenta les puissances occidentales lors de la signature de l'acte de capitulation sans conditions de l'Allemagne. De 1946 à 1950, il fut chef d'état-major de l'aviation britannique.

134. Donald Maclean (1913-1983), diplomate britannique qui espionnait pour le compte de l'Union Soviétique à partir des années 1930. Noms de code « Hermès », « la feuille », « orphelin », « Stuart ». L'URSS disposant d'agents à l'intérieur du projet Venona, par lequel il fut démasqué, il put être exfiltré avant son arrestation.

135. Guy Francis De Moncy Burgess (16 avril 1911-30 août 1963), espion anglais devenu agent double en faveur de l'Union soviétique (noms de code : « Maedchen », « Hiks »). Il appartenait au groupe d'espions connu sous le nom des « Cinq de Cambridge » qui trahirent leur pays pendant la guerre froide. Burgess et Anthony Blunt contribuèrent à la cause soviétique en transmettant des documents secrets du Foreign Office et du MI5 décrivant la stratégie militaire des Alliés.

136. Alger Hiss (1904-1996), diplômé de John Hopkins University et de Harward Law School, commença à travailler au gouvernement en 1933. Haut fonctionnaire du Département d'État depuis 1944. Conseiller du président pendant la conférence de Yalta. En 1948, il fut accusé par un membre du parti communiste d'avoir appartenu à cette organisation avant la Seconde Guerre mondiale et d'avoir transmis des documents gouvernementaux secrets à l'espionnage soviétique. Au cours d'un deuxième procès, il fut reconnu coupable et condamné à cinq ans de prison. La sentence était fondée sur des indices faibles, mais en 1996 furent révélés des cryptogrammes soviétiques du 30 mars 1945 déchiffrés par les spécialistes américains après la guerre, qui confirmaient la culpabilité de Hiss.

137. HARRY DEXTER WHITE (1892-1948), économiste américain et un employé important du Département du Trésor des États-Unis. Il a participé aux accords de Bretton Woods, et a joué un rôle important dans la création du FMI et de la Banque mondiale. Des sources journalistiques, des archives soviétiques et du FBI indiquent qu'il a participé à des activités d'espionnage pour l'Union soviétique.

138. WILLIAM LEAHY (1875-1959), officier de marine, depuis 1941, chef de l'état-major du président Roosevelt.

139. OKINAWA, île centrale (superficie : 1 200 km^2) de l'archipel de Ryu-Kiu, à 550 kilomètres des principales îles japonaises ; elle fut à partir du 1er avril 1945 le théâtre de la plus grande opération américaine de débarquement dans le Pacifique. Son occupation donnait aux Américains une base importante pour les armées qui devaient envahir le Japon. Dans les combats pour l'île défendue par 120 000 soldats japonais et 30 000 travailleurs coréens, les Alliés engagèrent des formations comptant 450 000 soldats. Les combats contre les unités régulières japonaises durèrent jusqu'au 21 juin 1945. Les Américains perdirent en tout 12 500 tués, 36 500 blessés, 763 avions 36 bâtiments et navires de guerre et eurent 368 unités endommagées. Les Japonais perdirent 110 071 tués, 7 401 blessés et 7 400 prisonniers, 7 830 avions (dont 1 835 *kamikaze*). Environ 42 000 habitants civils d'Okinawa périrent, la plupart par suicide.

140. IVAN ALEXANDROVITCH SIÉROV (1905-1990), officier des renseignements militaires dans les années trente, versé au NKVD. Il se distingua à l'occasion de l'assassinat des officiers polonais et de l'organisation de la terreur en 1940 dans les républiques baltes. Il fut vice-commissaire aux Affaires intérieures de 1941 à 1945. De janvier à avril 1945, il fut chef du NKVD auprès du 1er front d'Ukraine, puis commandant en second du 1er front de Biélorussie pour l'administration civile. En juin 1945, il fut nommé adjoint au chef de l'administration militaire en Allemagne, puis chargé de pouvoirs du NKVD pour les forces d'occupation soviétiques en Allemagne. Après la guerre, il prit les fonctions d'adjoint au chef du GROU. Après la chute de Béria en 1953, il devint vice-ministre des Affaires intérieures. En 1956, il combattit en Hongrie les organisations indépendantistes. Chef du GROU depuis 1958, il fut relevé de ses fonctions à cause de ses proches relations avec le colonel Pienkovski, agent américain démasqué en 1962.

141. KARL WOLFF (1906-1984), général, avant la guerre, chef de l'état-major de Himmler. À partir de septembre 1943, il fut gouverneur militaire de l'Italie du Nord et commandant des troupes SS sur ce territoire. Convaincu de l'inéluctabilité de la défaite, il engagea des négociations avec Allen Dulles pour la reddition des troupes allemandes en Italie (qui eut lieu le 2 mai 1945), grâce à quoi il éluda immédiatement après la guerre sa responsabilité devant le Tribunal de Nuremberg. En 1964, il fut condamné à quinze ans de prison pour avoir ordonné l'assassinat de cent Juifs et envoyé dans les camps environ 300 000 personnes. Il fut libéré en 1969 en raison de son mauvais état de santé.

142. ALLEN DULLES (1893-1969), juriste américain, prit en novembre 1942 la tête du bureau suisse de l'organisation américaine des renseignements du Bureau des services stratégiques (*Office of Strategic Services*, OSS). Sa tâche essentielle consistait à prendre contact avec les membres de l'opposition antihitlérienne en Allemagne. Il mena des négociations avec des envoyés du Reichsführer

SS Heinrich Himmler au sujet de la conclusion de la paix. Il prit part également à l'opération *Sunrise* qui amena à la signature de la capitulation par le chef des SS en Italie, le SS-Obergruppenführer Karl Wolff à la fin d'avril 1945. En 1948, il devint membre du comité de surveillance des activités des services de renseignements américains. Chef de l'Agence centrale de renseignements (CIA) de 1953 à 1961.

143. ALBERT KESSELRING (1885-1960), officier allemand ; entré dans l'aviation en 1933, il commanda la 1re flotte aérienne en 1939 contre la Pologne. En 1940, il prit le commandement de la 2e flotte aérienne qui combattait en Europe de l'Ouest. Il fut nommé feld-maréchal en juillet 1940. Pendant la bataille d'Angleterre, la 2e flotte qu'il commandait constitua la principale menace pour les bases aériennes du sud-est de l'Angleterre. Pendant l'invasion de l'Union soviétique, les avions de sa flotte appuyaient les opérations du groupe d'armées *Centre*. En décembre 1941, tout en restant le chef de la 2e flotte aérienne (jusqu'en 1943), il prit le commandement du théâtre d'opérations *Sud* dans le secteur de la Méditerranée. Après la capitulation des forces de l'Axe en Tunisie en mai 1943, il prit le commandement du théâtre d'opérations Sud-Ouest englobant l'Italie. Le 21 novembre 1943, il fut nommé commandant en chef du groupe d'armées C en Italie. En mars 1945, il prit provisoirement le commandement des armées en France et il engagea des négociations avec le chef du service de renseignements américain en Europe, Allen Dulles. Le 22 avril 1945, il prit le commandement du secteur de défense de l'Allemagne du Sud. Le 7 mai 1945, il se rendit avec ses troupes aux Alliés. En mai 1947, un tribunal britannique le reconnut coupable d'avoir ordonné l'assassinat de 335 civils italiens et le condamna à mort, la sentence fut changée en prison à vie sur l'intervention de Winston Churchill et du premier ministre britannique Clement Attlee. Cette condamnation suscita de nombreuses protestations de juristes et de militaires britanniques (parmi lesquels le maréchal Harold Alexander). Leur action aboutit à la libération de Kesselring en 1950 sous prétexte de son mauvais état de santé.

144. William Hood Simpson (1888-1980), diplômé de l'académie militaire des États-Unis en 1909, il combattit en France pendant la Première Guerre mondiale. À partir de juin 1940, il commanda le 9e régiment de la 2e division d'infanterie, puis le centre de formation des réserves et une division d'infanterie. Le 13 octobre 1942, en tant que chef d'état-major du XIIe corps, il fut nommé général de brigade. En avril 1944, il alla en Grande-Bretagne comme chef de la 9e armée nouvellement formée. Le 5 septembre 1944, son armée, au sein du 12e groupe d'armées fut engagée dans les combats en Normandie. Elle acheva sa route sur l'Elbe. Promu général à quatre étoiles à la fin de la guerre, Simpson dut prendre sa retraite en raison d'une maladie d'estomac.

145. Omar Bradley (1893-1981), officier américain, diplômé de l'académie militaire de West Point en 1915 en même temps que Dwight Eisenhower, ce qui eut une grande influence sur sa future carrière. Au jour de l'entrée en guerre des États-Unis, il était commandant de l'école d'infanterie de Fort Benning. À la fin de 1942, appelé par le général Eisenhower à servir en Afrique du Nord, il prit les fonctions d'adjoint au général George Patton, commandant du IIe corps, qu'il commanda à partir d'avril 1943. Il acquit bientôt l'estime de ses supérieurs et de ses soldats, qui se confirma au cours des combats en Sicile. En septembre 1943, il alla en Grande-Bretagne où il prit le commandement de la 1re armée américaine dont les unités débarquèrent le 6 juin 1944 sur la plage d'Omaha en Normandie. Le 1er août 1944, il prit le commandement du 12e groupe d'armées. Pendant la bataille de France, il dirigea les principales opérations au cours desquelles la contre-offensive allemande fut repoussée et la 7e armée allemande détruite à Falaise, puis la ligne Siegfried rompue, la contre-offensive allemande des Ardennes arrêtée et le Rhin franchi. Il passait pour un chef prudent et méthodique, encore que les Britanniques lui aient reproché son manque d'envergure et de fougue.

146. BERNARD LAW MONTGOMERY (1887-1976), diplômé de l'académie militaire de Sundhurst, servit dans les troupes coloniales britanniques aux Indes ; il combattit en France pendant la Première Guerre mondiale. En avril 1939, il prit le commandement de la 3e division d'infanterie du corps expéditionnaire britannique, qui fut envoyée en France en septembre de la même année. Après l'évacuation en Grande-Bretagne à partir de Dunkerque, il commanda le Ve, puis le VIe corps. En août 1942, il prit en Afrique du Nord le commandement de la 8e armée qu'il conduisit à la victoire dans la bataille d'El Alamein. En 1943, il commandait la 8e armée pendant l'invasion de la Sicile et de l'Italie, et en décembre de la même année, il prit le commandement du 21e groupe d'armées dans les îles Britanniques. Lors de l'invasion en Normandie, il commandait les forces terrestres alliées. À partir du 1er septembre 1944, il dirigea les actions du 21e groupe d'armées dans le Nord de la France, en Belgique et en Hollande. Parmi les opérations planifiées et dirigées par lui, la plus grande erreur fut celle de l'opération *Market Garden* (Arnhem). Le 4 mai 1945, il reçut la capitulation des armées allemandes en Europe du Nord-Ouest. Il commanda les forces d'occupation britanniques en Allemagne jusqu'en 1946.

147. IVAN KONIEV (1897-1973), entra au service militaire en 1915 comme simple soldat dans l'armée tsariste. En 1918, déjà membre du parti communiste, il entra dans l'Armée rouge et prit part à la guerre civile. En 1934, il sortit de l'académie militaire Frounzé, il commanda ensuite un régiment, une division, un corps d'armée. En 1938, il prit le commandement de la 2e armée autonome d'Extrême-Orient, puis celui de la région militaire transbaïkale et de Circaucasie, qu'il dirigea jusqu'en 1941. Pendant la guerre germano-soviétique, il commanda la 19e armée puis, à partir du 14 août 1941, le front Ouest. Le 17 octobre 1941, le front Ouest ayant été scindé, il prit le commandement des armées à l'aile droite, qui formèrent le front de Kalinine. Tenu par Staline pour coresponsable de la défaite devant Moscou, il faillit passer devant un peloton d'exécution ; il fut sauvé par l'intervention du général Guiéorguiï Joukov. En août 1942, il retrouva la responsabilité du commandement des opérations du front Ouest, il prit le commandement du front Nord-Ouest en mars 1943, celui du front de la Steppe (rebaptisé 2e front d'Ukraine) en juin 1943, et en mai 1944, celui du 1er front d'Ukraine dont il emmena les armées à Berlin. En juillet 1945, il prit les fonctions de haut commissaire en Autriche, et un an plus tard, il remplaça le général G. Joukov au poste de commandant en chef de l'armée de terre.

148. Gotthard Heinrici (1886-1971), officier allemand, dans l'armée depuis 1906, soldat de la Première Guerre mondiale, nommé général d'infanterie en mai 1940. Pendant la bataille de France, il commandait le XIIe corps qui se força un passage à travers la ligne Maginot. Dans la guerre contre l'Union soviétique, il commanda d'abord le XLIIIe corps, incorporé en octobre 1941 à la 2e armée blindée de Guderian. Le 20 janvier, il prit le commandement de la 4e armée du groupe d'armées *Centre*. Il élabora une tactique très efficace de retrait de deux kilomètres environ des unités bombardées par l'artillerie ennemie lors de la préparation d'un assaut, et de passage à la contre-attaque après l'arrêt du tir. Le 16 août 1944, il fut placé à la tête de la 1ère armée blindée. Le 20 mars 1945, il remplaça l'incapable Heinrich Himmler au poste de commandant en chef du groupe d'armées *Vistule* défendant la route de Berlin. Le 28 avril, il fut limogé par Hitler pour avoir refusé la résistance à tout prix. En mai, il fut fait prisonnier par les Américains.

Bibliographie

Livres et articles

– ANDREW Ch., *For President's Eyews Only,* London, Harper Collins, 1995.

– ANDREW Ch., Mitrokhin Vasili, T*he Mitrokhin Archive, The KGB and the West,* London, 1999,

– ABRAMOVITCH R., *The Soviet Revolution 1917-1939,* London, 1939.

– ALEKSANDROV V., *The Kremlin* (w tlumaczeniu R. Manckoma), London 1963.

– *Armia Krajowa w dokumentach, 1939-1945,* t. I-V, Londyn, 1970-81.

– ASSMANN K., *The Battle for Moscow, Turningpoinf of the War,* w « Foreign Affairs », nr 28 ze stycznia 1950.

– BERNADOTTE F., *The Fall of The Curtain,* London,Cassel & Co, 1945.

– BLOCH M., *Ribbentrop,* Warszawa, 1995.

– BLUMENTRITT G., artykul w « The Fatal Decision », London, 1956.

– BOBERACH H.,*Meldongen aus dem Reich,* Berlin, Hermann Luchterhand Verlag, 1965.

– BRISSAUD A., *Canaris,* New-York, Grosset and Dunlap, 1974.

– BROSS W., *Gesprache mit Hermann Göring während des Nürnberger Prozesses,* Hamburg, Wolff Verlag, 1950.

– CILIGA A., *The Russian Enigma,* London 1940.

– Clark A., *Barbarossa, The Russian-German Conflict 1941-45*, New York, 1965.
– Compton J.V., *The Svastika and the Eagle : Hitler and the United States, and the Origins of World War II*, Houghton Mifflin, Boston, 1967.
– Dallin A., *German Rule in Russia 1941-45*, Macmillan & Co, New-York, 1957.
– Delarue J., *The History of the Gestapo*, London, Macdonald, 1964.
– Eden G., *Portrait of Churchill*, London, 1946.
– Erickson J., *The Road to Stalingrad. Stalin's War with Germany*, Londyn, 1998.
– Erickson J., *The Soviet High Command 1918-1941*, London 1975.
– Farago L., *The Game of the Foxes*, Book Club Edition, London, 1972.
– Farnsworth B., *William C. Bullitt and the Soviet Union*, New York 1954.
– Foley Ch., *Commando Extraordinary*, Longmans Green & Co., London1954.
– Garthoff R., *How Russia Makes War*, London 1954
– Gehlen R., *The Service* (w tlumaczeniu D. Irvinga), Londyn, 1972
– Gisevius H-B., *To the Bitter End*, London, Jonathan Cape, 1948.
– Glanz D., House Jonathan, *When Titans Clashed: How the Red Army Stopped Hitler*, Kansas, 1995
– Grünberg K., *SS – Gwardia Hitlera*, Warszawa, Ksiazka i Wiedza, 1994.
– Halder F., *Hitler als Feldherr*, München, 1949
– Herring G., *Aid to Russia 1941-1946*, New York, 1976
– *Hitler's Secret Conversations 1941-1944*, New York, 1953
– Höhne H., *Der Orden untere dem Totenkopf*, Hamburg, Verlag der Spiegel, 1966.

– IRVING D., *The Rise and Fall of the Luftwaffe : The Life of Luchtwaffe Marshal Erhard Milch,* Weidenfeld and Nicolson, London, 1973.
– IRVING D., *Wojna Hitlera,* Warszawa, Prima, 1994.
– HOSSBACH F., *Infanterie im Ostfeldzug 1941-42,* Osterde, 1951.
– HYDE M., *Stalin, The History of a Dictator,* New York, 1971.
– KENNAN G., *Russia and the West under Lenin and Stalin,* London.
– KESSEL J., *The Man With Miracoulus Hands,* New-York, Strauss & Cudahy, 1961.
– KESSELRING A., *Zolnierz do konca,* Warszawa, Bellona, 1996.
– KHAN D., *Hitler's Spies,* New York, 1978.
– KIMBALL W., *The Mythical Yalta Myth,* artykul z « Newsletter » (Society for Historian of American Foreign Relations), czerwiec, 1982.
– KITCHEN M., *British Policy Towards the Soviet Union during the Second World War,* New York, 1986.
– LOUIS R., *Imperialism at the Bay: The United States and the Decolonisation of the British Empire 1941-1945,* New York, 1978.
– MAGNUSKI J., *Wozy bojowe LWP,* Warszawa, 1985.
– MCNEAL R., *Stalin, Man and Ruler,* London, 1988.
– MIEDWIEDIEW R., Chruszczow, biografia polityczna, Warszawa, 1990.
– MIKOLAJCZYK S., *The Rape of Poland,* London, 1948.
– MLÉTCHINE L., *Predsiédatiéli* KGB, Moscou, 1999.
– OVERY R.J., *War and Economy in the Third Reich,* Oxford, 1994.
– POLMAR N., ALLEN Th. B., *Spy Book, The Encyclopedia of Espionage,* London, Greenhill Books, 1997.
– RAACK R.C., *Stalins' Drive to the West 1938-1945,* Stanford, 1995.

– RICHELSON J., *A Century of Spies. Intelligence in the Twentieth Century*, Oxford, 1995.
– RUDEL H-U., *Czas wojny*, Lublin, Kagero, 1995.
– SHERWOOD R., *The White Hiuse Papers of Harry Hopkins*, London, 1949.
– SHERWOOD R., *Roosevelt and Hopkins*, New York, 1950.
– SKORZENY O., *Skorzeny's Special Missions*, London, Robert Hale Ltd, 1957.
– SMITH B., *Heinrich Himmler, A nazi in the Making*, Stranford, 1971.
– SMITH B., *Sharing Secrets with Stalin: How the Allies Traded Intelligence 1941 - 1945*, Lawrence 1996.
– SMITH B., Elena Agarossi, *Operation Sunrise: The Secret Surrender*, NewYork, 1979.
– *Strategy and Tactics of the Soviet-German War by Officers of the Red Army and Soviet War Correspondents, Soviet War News*, London, bez daty.
– TARRANT V.E., *Czerwona Orkiestra*, Warszawa, Magnum, 1996.
– TOLAND J., *Adolf Hitler*, London, Anchor Books, 1976.
– TOLLAND J., *The last 100 days*, London, Phoenix, 1995.
– TREVOR-ROPER H.R., *Hitler's Secret Conversations*, London, Weidenfeld & Nicolson, 1953.
– TREVOR-ROPER H.R., *The Last Days of Hitler*, London, Macmillan & Co., 1956.
– ULAM A., *Stalin: the Man and his Era*, London, 1989.
– VOLKOGONOV D., *Stalin, Triumph and Tragedy*, New York, 1991.
– VOZNESENSKI N., *The Economy of the USSR during World War II* (tlumaczenie Wheeler- Bennett) Washington, 1948.
– WEST N., *A thread of Deceit : Espionage Myths of the Second World War*, New-York, Dell, 1986.
– WERTH A., *Russia at war 1941-1945*, New York, 1996.

Documents diplomatiques et officiels

– CENTRAL INTELLIGENCE AGENCY, The Rote Kapelle, *The CIA's History of Soviet Intelligence and Espionage Networks in Western Europe 1936-1945*, Washington, 1984.
– *Correspondence between the Chairman of the Council of Ministers of the USSR and the President of the United States and Prime Minister of Great Britain during the Great Patritic War of 1941-45*, Moscow, 1957.
– *Documents on British Foreign Policy 1919-1939*. Londson, HMSO.
– *Documents on German Foreign Policy* 1919-39, London, 1951-58.
– *Documents on German Foreign Policy* 1918-1945, Seria C (1933-1936) i Seria D (1937-1941) Department of State, Washington i Foreign Office GPO i HMSO 1949-64.
– Foreign Relations of the United States. *Diplomatic Papers. The Soviet Union 1933-39*, Washington,1952.
– Foreign Relations of the United States, *The Conferences at Cairo and Teheran*, Washington, 1961.
– Foreign Relations of the United States, *The Conferences at Malta and Yalta*, Washington, 1955.
– Fremde Heere Ost, Documents of the OKH Intelligence Section « Foreign Armies East » w US Army Foreign Military Studies, New York, 1973.
– Harriman Averell, *Papers*, Library of Congress, Washington.
– Hitler War Directives, Ed. Sigwick & Jackson, 1974.
– Kommunistitchieskaïa partiïa v piériod Viélikoï Otiettchiestviennïï Voïny, Moscou, 1961.
– Nazi-Soviet Relations 1939-1941, Washington, 1948.
– Public Papers of Franklin D. Roosevelt, Washington 1939, *Soviet Casualties and Combat Losses in the Twentieth Century*, Wyd. Greenhill Books, London, 1993.

– ROOSEVELT F., Papers, Franklin D. Roosevelt Library, Hyde Park.
– Soviet Documents on Foreign Policy (1917-41) selected and edited by J. Degras, London, 1948-53.
– STALIN J., War Speeches, London 1946.
– *The Secret History of World War II, Wartime letters and cables of Roosevelt, Stalin and Churchill*, London, W.H. Allen, 1987.

Mémoires

– ALLILOÏÉVA A., *Vospominaïa*, Moscou, 1946.
– AVON E. of, *The Eden Memoirs* (3 tomy), London, 1960-65.
– BELOW N. von, *Bylem adiutantem Hitlera 1937-1945*, Warszawa, 1990.
– BIRSE H., *Memoirs of an Interpreter*, London, 1967.
– BOHLEN C., *Witness to History 1929-1969*, New York, 1973.
– BRADLEY O., *A Soldiers Story*, New York, 1951.
– BRYANT A., *The Turn of the Tide 1939-43, Based on the Diaries of Field Marshal Viscount Alanbrooke*, London, 1959.
– CADOGAN Alexander, *The Diaries of Sir Alexander Cadogan 1938-1945*, London 1971.
– CHUIKOV V.I., *The Beginning of the End*, New York, 1963.
– CHURCHILL W., *Druga wojna gwiatowa*, Gdansk, 1996.
– DAVIES j., *Mission to Moscow*, New York, 1941.
– DIAKOW J., BUSZUJEWA T., *The Red Army and the Wehrmacht From the Secret Archives of the Former Soviet Union*, New York, 1995.
– DULLES A., *Germany's Underground*, New-York, Macmillan, 1947.
– DULLES A., *The Craft of Intelligence*, New York, 1963.
– DULLES A., *The Secret Surrender*, New York, 1966.

- EISENHOWER D., *Crusade in Europe*, New York, 1948
- *The Goebbles Diaries*, London, 1948.
- FRASER D., *Zelazny Krzyz – biografia Rommla*, Warszawa, Wydawnictwo EM, 1997.
- GEHLEN R., *The Service: The memoirs of General Reinhard Gehlen*, New York, 1972.
- HALDER F., *Kriegstagebuch, Kohlhammer*, Stuttgart, 1963.
- HALDER F., *Hitler als Feldherr*, München, 1949.
- HINSLEY F.H., *Hitler's Strategy*, Cambridge, University Press, 1951.
- HULL C., *Memoirs*, London 1948.
- ISMAY L., *Memoirs*, London, 1960.
- IÉRÉMIENKO A., *Vospominaïa i rozmychliéniïa*, Moscou, 1970.
- JONES R.V., *The Most Secret War*, London, 1990.
- KENNAN G., *Memoirs 1925-1950*, Boston, 1967.
- KERSTEN F., *The Kersten Memoirs 1940-1945*, London, Hutchinsons, 1956.
- KERSTEN F., *Totenkopf und Treue*, Hamburg, Robert Mölich Verlag, 1952.
- KRAMARZ J., *Stauffenberg, The Life and the Death of an Officer*, London, Andre Deutsch, 1967.
- LEAHY W., *I was there*, New York, 1950.
- MAISKY I., *Memoirs of Soviet Ambassador. The War 1939-43*, London 1967.
- MAISKY I., *Journey into the Past* (tlumaczenie z rosyjskiego Frederick Holt), London 1962.
- MANSTEIN E. von, *Verlorene Siege*, Bonn 1955.
- *Montgomery of Alamein, Memoirs*, London 1958.
- MORAN LORD (Charles Wilson), *Winston Churchill: Struggle for Survival 1940-1965*, London, 1966.
- PADFIELD P., *Himmler Reichs führer-SS*, Warszawa, 1997.
- PAPEN F. von, *Memoirs*, London, André Deutsch, 1952.

– POTIOMKINE V., *Istoria diplomatsi 1919-1939,* Moscou 1945.
– RIBBENTROP J. von, *The Ribbentrop Memoirs* (tlumacz. O. Watson), London 1954.
– ROKOSSOVSKI K., *Soldatskiï dolg,* Moscou 1984.
– ROOSEVELT E., *As He Saw It,* New York 1946.
– ROOSEVELT F., *Franklin D. Roosevelt and Foreign Affairs,* Cambridge 1969.
– SANDALOV L.: *Piériéjyloïe,* Moscou 1962.
– SCHELLENBERG W., *The Labyrinth. Memoirs,* New-York, Harper & Bros, 1956.
– SCHELLENBERG W., *Wspomnienia,* Wroclaw, KWA, 1989.
– SKORZENY O., *Skorzeny's Special Missions,* London 1957.
– SPEER A., *Wspomnienia,* Warszawa 1990.
– STALIN J., *Stalins's Correspondence with Churchill, Attlee, Roosevelt and Truman 1941-45,* Moskwa i Londyn 1957-1958.
– STETTINIUS E., *Lend-Lease, Weapon and Victory,* New York 1944.
– STETTINIUS E., *Roosevelt and the Russians. The Yalta Conference,* London 1950.
– SUDOPLATOV P., *Special Tasks : The memoirs of an Unwanted Witness - A Soviet Spymaster,* Boston 1994.
– TEDDER A., *With Prejudice : War Memoirs,* London 1966.
– TRUMAN H., *Year of Decisions 1945,* London 1955.
– VANNIKOV B.L.: *Iz zapisok narkoma vooroujéniïa,* Moscou 1972.
– ZUKOW G., *Marshal Zhukov's Greatest Battles,* London, 1969.
– ZUKOW G., *Wspomnienia i refleksje,* Warszawa 1970.

Table des matières

Imprimé en Belgique